做个

的跑者

有智慧

科学化
跑步训练

王顺正　林玉琼　主编

河南科学技术出版社

· 郑州 ·

旗标科技股份有限公司授权河南科学技术出版社独家发行本书中文简体字版本

备案号：豫著许可备字–2021–A–0070

图书在版编目（CIP）数据

做个有智慧的跑者/王顺正，林玉琼主编. —郑州：河南科学技术出版社，2024.3
ISBN 978–7–5725–1185–1

Ⅰ.①做… Ⅱ.①王…②林… Ⅲ.①跑—健身运动 Ⅳ.①G822

中国国家版本馆CIP数据核字（2023）第107876号

出版发行：河南科学技术出版社
　　　　　地址：郑州市郑东新区祥盛街27号　邮编：450016
　　　　　电话：（0371）65788613
　　　　　网址：www.hnstp.cn
策划编辑：李　林
责任编辑：李　林　张　晓
责任校对：崔春娟
封面设计：李小健
责任印制：徐海东
印　　刷：河南文华印务有限公司
经　　销：全国新华书店
开　　本：787 mm×1 092 mm　1/16　印张：19　字数：450千字
版　　次：2024年3月第1版　　2024年3月第1次印刷
定　　价：68.00元

林正常 序

做个有智慧的跑者

跑步运动是人类走路之外，最为常见的运动形式，它是许多运动项目的训练内容，除径赛项目外，几乎所有项目的运动选手，在进行运动能力的提升时，都会用到跑步运动。

顺正与玉琼夫妇过去都曾经是田径选手，对于跑步训练自然比较娴熟，有比较深层的体会。他们俩就读于研究所，在硕士博士班时都主修运动生理学，可谓志同道合。因为夫妇二人的喜好，以及对科学在运动训练实务应用上的使命感，他们将研究心得整理成章，发表于运动生理学网站。

通常在运动生理学网站发表的文章，都会引发一定程度的回响与共鸣。这些同好的回响与共鸣，再次启发了另一主题的思考与探究，形成继续撰写研究心得的动力。日积月累，他们发表了百篇以科学研究为基础的文章。除了兴趣、使命感之外，撰写这些知识性的文章，还需要有勇气，因为字里行间，所呈现的都是要有依据的。

基本上，这些文章都是属于中长跑的科学研究成果在相关议题的应用与延伸，对当前发展得如火如荼的马拉松与铁人三项运动参与者及热衷耐力性运动的爱好者是难得的参考读物。热衷于耐力跑的人，可从这本书中获得不少启发。

期待本书的发行，能够提升长跑运动爱好者的跑步技能，使其对跑步有更深一层的了解，能够因为相关知识的累积，成为更快乐、更有智慧的跑者。

2020 年 8 月

张永政 序

有系统、有方法的跑步知识

　　大家谈到跑步，首先想到的名词是马拉松（Marathon）。将马拉松由地名变为运动项目名称，要归功于一件事、两个人。一件事，根据吴文忠老师《体育史》一书所提，在公元前 490 年，希腊人在马拉松（Marathon）平原同波斯军队作战获胜，士兵菲迪皮茨（Phidippides）从马拉松不停顿地跑到雅典（全程约 40 km）报捷。当他跑到雅典广场宣布胜利的消息后，因精疲力竭倒地死去。两个人，其一是法国语言学家米歇尔·布里尔（Michel Bréal），他根据古希腊的英雄菲迪皮茨从马拉松跑到雅典报捷这一传奇的事件，建议在奥运会上举行这种超长距离的跑步运动；其二是现代奥运之父顾拜旦（Coubertin），他支持了这一倡议，特在 1896 年第一届现代奥运会上举办这项长跑运动并命名为马拉松。

　　国际城市的评比标准之一是该城市举办过国际体育赛事，所以全球各大城市都举办过国际马拉松赛，马拉松在全球风行。根据跑者广场的统计，2014 年路跑赛的场次高达 447 场，许多国际田径总会认证的铜牌赛事（如万金石马拉松）在报名时都已发生"秒杀"现象，有些马拉松比赛甚至要先达参赛标准再抽签（如纽约及波士顿马拉松）。故很多跑者为求能达大会报名标准，参加各种跑步训练班、翻阅文章、书籍，搜寻网络资料，在 Facebook 及博客上求取训练课表（training schedule），在变化的资讯中及各种各样的训练方法中获取个人的训练课表。然而在似是而非或似懂非懂中进行训练，发生运动伤害是常有之事，对爱跑者而言，中断训练是一种很不好的感觉，唯有充实有系统、有方法的跑步知识，才能避免发生此现象。

　　王顺正教授是运动生理专家，在运动生理学网站经常发布跑步的相关知识，他也在 Facebook 提供跑步新知，经常详阅跑步资讯，对我训练台湾体育大学的长跑运动员有很大助益，使我受益良多。欣闻这些跑步相关知识，依据体能及跑步技术等分门别类，分章节、有系统地集结成册。这本书非常适合初学者、跑步爱好者、有经验跑者、国家级选手及教练。详阅书中理论与方法，当阅读至有氧能力章节时会顿悟，原来无氧阈值的跑速是这样换算求得的，同时也会领悟跑步中的一些技巧，如速度的分配。知其所以然并融会贯通，运用于跑步训练与比赛，跑步成绩的提升指日可待。

台湾体育大学中长跑教练　张永政

2020 年 8 月

有效率的训练与方法

如今竞技运动快速发展，离不开高科技与先进技术，以及训练方法、恢复手段的不断演变和创新，尤其是马拉松运动，近年来蓬勃发展，屡屡刷新世界纪录，甚至在运动科学辅助下，马拉松成绩突破了人类不可思议的 2 小时，日本男子马拉松更是三度刷新日本国家纪录。近年来，世界各大城市也纷纷举办特色国际马拉松，跑步俨然成为当今世界的最热门运动之一。

马拉松运动人数快速发展，追求成绩不再只是选手们的专利，大众跑者也不再仅满足于完成比赛，而是追求更好的成绩表现。历史悠久的"波士顿马拉松"制定了参赛标准，让一般跑者对更有效率的跑步训练产生了高度兴趣。

王顺正教授一直致力于耐力型运动研究，经常分享跑步训练与相关知识供教练、选手、跑者查阅。本书集结了长跑科学化训练的研究成果，并加以延伸，从肌力训练、跑步姿势、最大摄氧量、训练周期、环境饮食、运动装备引起的成绩表现，整合跑步科学化训练研究，不论是对教练、专业选手、一般跑者，还是对跑步初学者，都会使他们更了解跑步科学化训练的核心与知识。

本书"后记"介绍了近年来马拉松赛事的变化，以实际案例分析，让跑者们更容易了解科学化训练的差异，其中也提到了训练强度预测方式，其可以让跑者们更有效率地达到跑步运动训练强度。本书是一本非常完善的跑步科学化训练教科书，值得对跑步有兴趣的你拥有。

跑步是当今社会不可缺少的因子，跑步过程中产生的内啡肽，能让我们的心情更放松、更愉悦；现在有许多知名企业家，更把跑马拉松视为人生必须完成的目标之一。本人非常期待本书的出版发行，让更多人了解跑步的奥秘，成为一位自信、快乐的跑者。

高雄市仁武高中长跑教练　简招旺

2020 年 8 月

胡文瑜 序

找到跑步训练问题的答案

　　跑步是一种与生俱来的技能，所谓的拔腿就跑，更是说明跑步是人类特有的天赋。现今说到跑步，大家第一个念头应该就是长跑运动，近几年路跑赛蓬勃发展，参与跑步的人也逐年倍增，除了养成良好的运动习惯，最终目的还是希望突破自己。

　　不论长跑还是短跑，追求的都是快。怎么快？如何快？这是一般跑者、专业跑者，甚至教练，无不绞尽脑汁想去突破的议题。训练模式从早期的"土法炼钢"、超负荷训练转变为现在的科学化、精细化训练。时代在演变，自己从选手转任教练，体验很深。除了训练手段及训练计划外，跑步技术的提升、经过专业设计的竞技装备也是重要的环节，这些手段都是为了寻求更快的速度。由此可见，跑步训练已离不开科学与科技。

　　步频与步幅是决定跑速的两大主因。以短跑来说，从反应、加速、最大速度、速度维持来看，这两大主因扮演着重要的角色。除了上述两大主因外，跑步效率也是值得重视的问题。跑步过程的每一步，都由一个支撑阶段及腾空阶段组成，提高当中的效率，主要依靠缩短单脚着地时间（与地面接触时间）及腾空时间（腿快速前摆）。简单来说，每一步如果可以缩短 0.01 秒，以 100 m 需要跑 50 步来计算，成绩就可以进步 0.5 秒。这些问题在这本书中都有详细的分析，大家可以从中获得更专业的知识。

　　王顺正教授及林玉琼教授一直致力于运动生理学的研究，更是不吝分享相关研究成果，让更多运动爱好者从中获得帮助，成就研究与实务操作的乐趣。这本书的出版，更是跑步爱好者的福音，它集所有精华于一册，不论您是一般跑者、专业跑者、田径教练，都非常适合阅读本书。

　　在运动科学的辅助下，可以清楚了解选手当下的状况，让身为执行教练的我，在训练上更得心应手。不论您是长距离还是短距离跑步爱好者，只要喜爱跑步，都可以从这本书中找到您想要的答案。

台南市新化中学田径队教练　胡文瑜

2020 年 8 月

谢千鹤 序

跑步是一门很有趣的学问

　　身体的健康越来越受到人们的重视，有一句话是这样说的："人活着就要动。"运动已是一生需要的健康方法。跑步是所有运动中最简单、最易上手的一项迷人运动，看似不像球类运动变化多端，只是机械性的重复性动作，但跑着跑着你会发现越来越有趣、越来越上瘾。

　　现代人跑步多是想放松，只要一扯上数字，瞬间就变复杂了。如果能够把跑步的特性、相关条件、训练法、效率、各项科学学问简易呈现，让跑步的人可以轻易地应用，跑步就可以成为一门简单、有趣的运动科学。

　　本书为王顺正、林玉琼老师的文章集结而成。内容涵盖跑者心之所系的问题——体重、腿长、身高、饮食（咖啡、低血糖指数食物）；跑步装备——跑鞋、压力袜（小腿套）、携带式装置；训练处方——轻松跑、节奏跑、长距离慢跑（ long slow distance，LSD ）、间歇训练、休息时间；最大摄氧量的速度、心率、步频、步幅、着地时间；高地训练与低氧训练的实效。兼有五篇论及铁人三项表现的影响变量。

　　每一篇的标题皆可为单独钻研的主题，要在简短的篇幅文字中阐述主题的核心，实为不易，但两位老师化繁为简，帮读者提纲挈领，佐以精确的图表，文末附上引用文献，巨细靡遗，详尽丰富。文章中提供了跑步相关知识及问题，相信跑者都能从中各取所需。从文章中解决跑者心中的疑惑，了解应该怎么跑，身体如何适应训练，如何不过度训练避免造成运动伤害，通过正确的训练及方式，让跑步训练事半功倍。

　　跑步会越跑越上瘾，跑步除了促使我学习跑步科学知识，还磨练了我的心智，让我的世界里增添了许多酸甜苦辣的色彩。

　　祝跑步愉快！

2016 年里约热内卢奥运会马拉松选手谢千鹤　Hsieh, Chien-Ho

2020 年 8 月

科学化跑步训练

"人生的下半场，还可以做些什么？"电视广告的这句话，正是迈入人生下半场的最佳问题。在这个阶段，利用教学、研究、服务、练球、种田……之余的时间，陆续完成百篇以上有关跑步训练的文章，以及多个跑步训练的应用程序，现在看起来确实是相当特别的人生经历，只是用时较长，内容连贯性不强，章节可能有所疏漏。感谢参与讨论与整理文章的同好协助，终于能够使文章集结成册出版成书，完成服务社会的理想。

撰写跑步训练的科学文章，完成科学化跑步训练相关专著，已经是多年前的想法了。本书是第三本《运动生理周讯》文章集结而成的正式出版专著。对于喜爱跑步的人来说，如果以健康的观点来看，每天都快乐地跑一段，可能比弄懂应该怎么跑更重要。但是，采用科学化跑步训练，才能够确实提升训练的效率、增强整体的跑步实力。

什么是科学化跑步训练呢？这包括了解跑步潜能、选定跑步训练方法、选择合适的跑步技术、进行各项辅助训练、了解跑鞋等装备的效益、了解饮食与运动伤害知识、分析训练状况、进行配速规划、善用携带装置……只要能够理解这些系统性的跑步科学知识，并且在实践中体验与应用，就能够更轻松地参与跑步训练，确实提升跑步的乐趣并提高跑步效果。

跑步训练的内容不仅仅是跑步。轻松跑、节奏跑、间歇训练、高强度间歇训练等确实是跑步训练的主要内容，但是长期进行大量跑步训练的跑者，都需要进行肌力训练来提升跑步效率、避免运动伤害。因此，本书将肌力训练的相关资料，放在跑步训练方法的章节中，提醒跑步教练及跑步爱好者，肌力训练对跑步的重要性。

跑步技术与评价方法，是一个很特别的主题，原因是影响长距离跑步表现的因素，主要是跑者的心肺功能，而且，不同能力的跑者并没有相同的跑步技术。跑步时的着地时间、着地指数、垂直硬度、腿部硬度等跑步技术的优劣，主要来自于跑者的天赋（很难通过主观意识来改变）；就算跑步时采用一致的步频，能力不同的跑者，仍然会因为技术的差异，出现不同的跑步表现。理解自己跑步的天赋能力后，选定合适的跑步速度与对应的跑步技术，才是聪明、有智慧的跑者。

进行跑步训练的人，只要使用了携带装置，就会出现大量的跑步数据（运动轨迹、心率监控、配速记录、步频、步幅……）。这些数据记录了跑步的过程，呈现出跑者的特征与能力。通过跑步科学知识的协助，可以让携带装置的应用价值更完整地呈现出来；相对的，本书的相关跑步科学资讯，也需要携带装置的协助记录，来进行进一步的科学分析。期望携带装置的开发者、使用者，也可以好好理解跑步训练的科学知识，一起来享受跑步带来的益处。

提供线上的跑步训练程序让跑者使用，也是科学化跑步训练的特色之一。线上程序包含马拉松成绩预测服务、智慧型设计跑步训练处方、跑步训练状况的评估、临界速度的测量、临界心率的测量、1RM（一次最大反复）肌力的预测、马拉松比赛的配速演算、长跑潜能与现况分析、跑步科学技术，以及铁人三项运动的游泳临界速度、临界划频评估、自行车运动生理能力的评估等。学会使用这些线上程序，就是科学化跑步训练的实际应用。携带装置记录的跑步数据，刚好可以运用于跑步训练程序，进而获得实用的跑步训练资讯。为了让大家有机会好好利用这些程序，我们可能需要培训一些跑步教练（持有跑步教练证），通过执行线上程序，来协助一般跑者安排训练处方和规划比赛。

跑步教练与跑步训练科学家的工作是不同的。跑步教练的训练对象是跑者，训练时需要依据跑者的潜能与生理特质，调整合适的训练计划，并且进行个性化指导、调整与规划比赛；跑步训练科学家的研究对象则是众多跑者所呈现的跑步现象，通常会依照实验设计的规划，收集多位（甚至大量）跑者的跑步资料，进行统计分析、综合评估，确认跑步训练变量的重要性与显著性，并且在学术期刊上发表。学术期刊所发表的跑步科学研究结果，并不一定适合所有的跑者，但是绝对是实验设计、统计分析的综合评析。期望跑步教练、跑步爱好者，能够阅读、理解跑步科学知识与方法，并将之应用在跑步训练上。

最近，2小时内完成马拉松比赛已经成为事实（虽然不是正式比赛）。除了跑者能力、科学化训练方法，配速的策略、跑鞋的选择等都是创新纪录的原因。马拉松比赛的挑战，就是一场身体历练、团队合作、坚强意志的综合磨练，除了训练与比赛，制订休息、恢复、减量的周期训练策略，也是科学化训练的重要条件。在高强度训练、艰苦磨练、修养身心之间找到平衡，才是正确的跑步训练策略。

本书的内容都曾经出现在《运动生理周讯》，每一篇文章各有主题，读者很容易在较短的时间中详细阅读。感谢王鹤森、吴忠芳、林信甫、李昭庆、吴柏翰、王锭尧、吴志铭、黄依婷、何承训、林必宁、程文欣、胡文瑜、王予仕、吴泰昌、蔡昀轩、何梅樱、黄彦霖、叶书铭、张晃源、王颢翔、陈朝福、黄万福、黄瑞毅、王颂方、陈子仪、林冠宇、钟昱凯、林嘉芬、陈履安、吴晨圣、路召薇、吴世杰、陈梁友等人参与文章讨论与提供相关资料。每篇短文最后的结论，通常是综合评析的结果，最值得读者、跑者理解与批判。科学方法的获得就是以发现问题为开端、进而找出问题答案的解谜过程。对很多问题我们提出了可能的答案，但是也呈现出更多需要厘清的问题。欢迎读者提出更多的问题来讨论，进而让跑步的科学化训练能够更完整、更实用。

跑步的科学化训练是相当广泛的科学知识，在此要特别感谢硕士、博士论文指导老师许树渊教授、林正常教授的长期指导。许树渊教授对比赛数据、运动技术的分析研究，对探究跑步技术的相关内容起到了重要的启发作用；林正常教授对运动生理学研究、跑步临界速度、智慧体重控制研究的指导，则是跑步临界速度评估、训练状况评估、跑步潜能分析等相关内容的基础。希望这本书的内容，可以引导更多人参与跑步训练的科学研究，将科学跑步训练的知识与方法传承下去。

对于一般读者来说，在阅读这本书的内容之外，还是要身体力行地去跑步，最好能够使用携带装置记录跑步的距离、时间、心率、着地时间等，并且评估跑步潜能、技术天赋、配速速度等，把自己跑步训练的能力评估资料整理出来；厘清跑步科学理论与方法并实际应用于跑步中，可以斩获最多的跑步运动效益。充分理解跑步科学化训练的内容，并且实际应用在跑步训练和参与比赛上，即是科学化跑步训练的最佳呈现。无论如何，由文字所累积的内容，仅能用来理解跑步的内涵，实际去体验跑步的过程，才能真正享受跑步的好处与乐趣。

感谢旗标科技股份有限公司同意出版，期待这本《做个有智慧的跑者》，是大众乐意阅读、应用的跑步书。

王顺正、林玉琼

2020 年 8 月

目录

第一章　影响跑步表现的个人因素

第二章　跑步能力评估

第三章　跑步训练方法

第四章 跑步的技术

第五章 影响跑步表现的其他训练

第六章　影响跑步表现的其他课题

第七章　相关课题

后记

第一章

影响跑步表现的个人因素

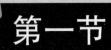

第一节 长距离运动选手的训练年龄

2014 年仁川亚洲运动会的马拉松比赛出现了精彩的最后冲刺，男子马拉松比赛最后由 Mahboob Ali Hasan（2 小时 12 分 38 秒）以 1 秒之差击败 Matsumura Kohei（2 小时 12 分 39 秒），第三名的 Kawauchi Yuki（2 小时 12 分 42 秒）跟冠军也仅有 4 秒的差距。女子马拉松比赛也是仅以 13 秒之差，由 Kirwa Eunice Jepkirui（2 小时 25 分 37 秒）击败 Kizaki Ryoko（2 小时 25 分 50 秒）。依据亚运会网站资料，三位优秀亚洲男子马拉松选手的年龄，分别为 33 岁（1981 年出生）、28 岁（1986 年出生）、27 岁（1987 年出生），男子马拉松比赛前 6 名选手的平均年龄为 31 岁。两位女子马拉松选手（亚运会网站资料）的年龄则分别为 30 岁（1984 年出生）、29 岁（1985 年出生），女子马拉松比赛前 6 名选手的平均年龄为 29 岁。

Lara 等（2014）收集了 2010 年与 2011 年纽约马拉松比赛成绩，发现以每个年龄男、女前 10 名的平均成绩为标准时，男性跑者最佳成绩出现在 27 岁，25~40 岁之间的男性跑者成绩并没有很大的变化，女性跑者最佳成绩则出现在 29 岁（图 1.1）。Lepers 与 Cattagni（2012）收集了 1980—2009 年纽约马拉松比赛，每 10 年的跑者参赛人数与成绩（各年龄段前 10 名的平均比赛成绩）的资料，成绩最佳的年龄段是 20~39 岁，研究也发现 20~39 岁的参赛者有逐渐减少的趋势，40 岁以上的参赛者则显著增加。

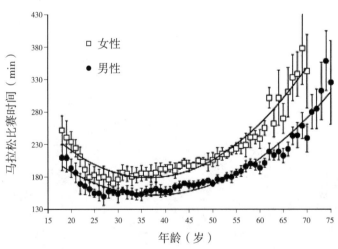

图 1.1　2010 年与 2011 年纽约马拉松比赛每个年龄男、女前 10 名的平均成绩

Stiefel 等（2014）则收集了 1995—2010 年瑞士铁人三项的参赛人数、完赛人数、比赛成绩，并进行了整理，依照每 4 年为一组对不同年龄（18~64 岁）前 10 名成绩进行整理，研究发现参赛人数以 35~44 岁最多，完赛人数则以 30~39 岁人数最多，不管是游泳、自行车、跑

步成绩还是总成绩都是 25~34 岁年龄组的成绩最好（图 1.2）。研究也发现，1995—1998 年间 18~24 岁年龄组前 10 名的游泳成绩优于最近的参赛者，25~34 岁年龄组比赛者的跑步成绩显著进步，这可能是铁人三项成绩进步的最主要原因。

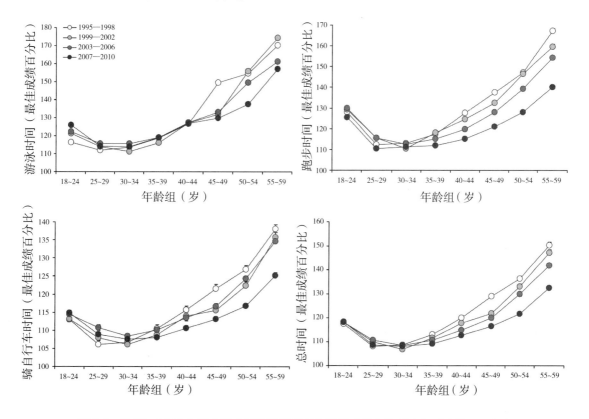

图 1.2　1995—2010 年瑞士铁人三项参赛者各年龄组成绩变化图（Stiefel 等，2014）

我们来看看台湾选手的马拉松与 5 km 成绩进展。张嘉哲（伦敦奥运会参赛选手）在 23 岁时马拉松成绩已经突破 2 小时 20 分，在持续的训练下，其在 29 岁时（2011 年郑开国际马拉松）创造个人最佳的马拉松比赛成绩 2 小时 15 分 56 秒，目前仍是台湾最优秀的马拉松选手之一。另外一位名叫郑子健的选手，在 24 岁（2006 年第十届亚洲马拉松锦标赛）时创造个人最佳马拉松成绩 2 小时 21 分 10 秒，之后即没有更佳的马拉松比赛成绩出现，与在 30 岁左右创造个人最佳马拉松比赛成绩的趋势相比，郑子健似乎有过早放弃训练的现象（图 1.3）。

除了马拉松成绩之外，台湾选手的 5 km 成绩进展，也有类似马拉松成绩进展的趋势。吴文骞是 2004 年雅典奥运会及 2008 年北京奥运会的男子马拉松选手，其 18 岁时 5 km 成绩超过 16 分钟，20 岁时 5 km 成绩突破到 14 分 44 秒，一直到 32 岁左右才创造个人 5 km 最佳成绩。在当时，郑子健与王秋竣的 5 km 成绩似乎仍有突破个人最佳成绩的空间（图 1.4）。

长距离运动选手的运动成绩成长，往往需要在 30 岁左右（甚至超过 30 岁）才会出现个人的巅峰，亚运会马拉松比赛成绩、纽约马拉松比赛成绩，以及瑞士铁人三项比赛成绩都有类似趋势，台湾最佳的长距离运动选手吴文骞、张嘉哲也都是这样的成绩演化趋势。因此，

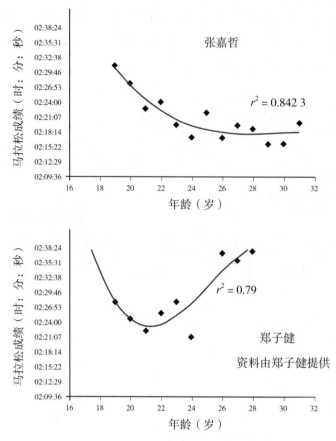

图 1.3　张嘉哲、郑子健不同年龄马拉松成绩变化图示

长距离运动选手的培养应该要有延长到 30 岁的规划，否则优秀的长跑选手大学或硕士毕业（可能还不到 25 岁）后，面临就业与继续训练的两难选择，难以达成追求个人巅峰表现的目标。如果有企业愿意为郑子健、王秋竣提供工作机会，每天一半时间工作、一半时间训练，相信他们也可以在 30 岁之后创造个人的马拉松巅峰表现。

　　以 25 岁才会达到长距离比赛成熟竞赛成绩的现象来看，20 岁之前的长距离比赛不宜过长或过多，训练强度与量都不宜过高，以免拔苗助长，不利于未来长达 10 年的训练与成绩进展。如果可以发展 20 岁之前选手的马拉松接力赛，每个学校 4 人、每人跑 5 km（类似日本高中的马拉松接力赛），使参与长距离运动竞赛的选手增加（每个学校 4 人，每个县市若有 10 个学校参加，台湾就会有接近 1 000 名长跑选手了），同时增加比赛的趣味，达到增加长距离运动选手的效果。

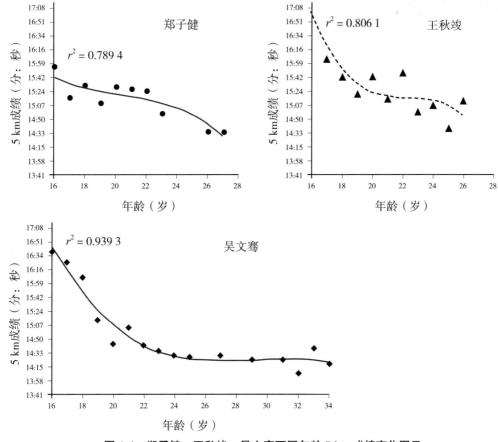

图 1.4 郑子健、王秋竣、吴文骞不同年龄 5 km 成绩变化图示

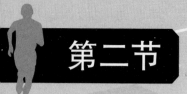

长距离跑步表现与身高、腿长有关吗？

一万多位来自43个国家的长跑爱好者，齐聚加拿大温哥华女王公园，参加第42届（2013）温哥华国际马拉松赛。比赛由肯尼亚选手 Thomas Omwenga 第四次摘得男子组桂冠（2小时24分9秒），来自肯尼亚的 Benard Onsare 获得亚军（2小时25分23秒）。如果仅由跑者身高与体型来看，似乎难以确认长距离跑步表现与身高、腿长有关。另外一种说法是，高个子在长距离跑步比赛中比较有利。

以往的研究发现，长距离跑步表现与跑者的步幅大小显著相关。Landers 等（2011）以37名参加世界杯铁人三项比赛的男性选手为对象，通过摄影分析与影像分析的协助，分析成绩前、后各1/3选手的步频（stride rate, SR）与步幅（stride length, SL）；研究发现，成绩较佳与较差的铁人三项选手，在身高、体重、步频方面皆没有显著差异（显著标准定为 $P < 0.01$），但是步幅与步幅/身高则有显著不同（表1.1）。长距离运动表现较佳的铁人三项选手，身高较高者步幅较大（身高与步幅的相关系数为0.47）。Mooses 等（2015）、Mooses（2014）则针对32名优秀的肯尼亚长跑运动员［25.3岁 ±5.0岁、国际田联表现分（IAAF performance score）993分 ±77分］，进行跑步效率（running economy, RE）与跑步表现的研究，发现优秀肯尼亚长距离跑步选手，大腿长、腿长、腿长身高比跟跑步表现皆有显著相关（相关系数分别为0.42、0.40、0.38）。针对优异耐力运动选手的研究发现，长距离跑步表现与身高、腿长具有显著关联，大腿较长、腿较长的耐力运动员成绩较佳。

表 1.1　2011年世界杯铁人三项男性选手跑步表现与步幅、身高等的相关性

	最快的1/3男性选手（$n = 12$）	最慢的1/3男性选手（$n = 12$）	P
步频平均值	91.2+1.8	90.6+2.5	0.459
步幅平均值	3.3+0.1	3.1+0.2	0.000 1
身高	181.4+5.6	176.8+7.1	0.046
体重	68.2+4.8	69.2+6.9	0.686
步幅/身高	1.84+0.70	1.74+0.09	0.006

Joyner 等（2011）收集了自1920年起的马拉松世界纪录资料（图1.5），依据1960年之后开始有非洲选手参加国际比赛的成绩推算，马拉松比赛的成绩每年会有约20秒的进步，大约到2020年即可突破2小时；若依据1980年之后的成绩进展，马拉松比赛的成绩每年会有约10秒的进步，大约到2035年即可突破2小时。Joyner 等（2011）指出决定马拉松表现的

生理学因素，包括最大摄氧量（maximal oxygen uptake，VO_{2max}）、乳酸阈（lactate threshold，LT），以及跑步效率，通常优秀马拉松选手的最大摄氧量为70~85 mL/（kg·min），而且可以以85%~90%的最大摄氧量持续跑步1小时，同时还具备极佳的跑步效率。除了生理学因素之外，Joyner等（2011）收集了10 km跑步成绩在27分钟以内的30位优秀长跑运动员（其中有29位是非洲裔），发现他们的平均身高为170 cm±6 cm，平均体重为56 kg±5 kg。具备较佳跑步效率可能是体型娇小耐力运动员的优势。

长距离跑步表现与身高、腿长有关吗？从以往的研究中可以发现两相矛盾的结果，长距离跑步成绩与跑者的大腿长、腿长、腿长身高比具有显著的相关性，但是国际优秀长距离跑步运动员的身高仅为170 cm±6 cm。腿长的长跑运动员具备步幅上的优势，个子娇小的长跑运动员则拥有更好的跑步效率。由此可见，似乎是身高不太高、大腿长与腿长较长的长跑运动员最具优势。

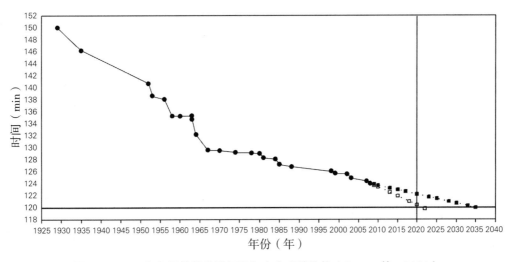

图1.5 1920年起马拉松世界纪录与未来成绩趋势（Joyner等，2011）

Running for Fitness 网站的 Weight and performance 网页中，显示了"体重减轻对运动表现的影响"的计算公式，只要输入跑者不同距离的跑步表现与体重，就可以依据体重的变化预测出不同距离的跑步成绩（依据最大摄氧量的预测值推算）。以体重 65 kg 的跑者、马拉松成绩为 3 小时 30 分为例，预测最大摄氧为 44.6 mL/（kg·min），跑者减重到 61 kg 时，马拉松比赛成绩可进步到 3 小时 19 分 9 秒（进步了 10 分 51 秒）；跑者增重到 69 kg 时，马拉松比赛成绩会退步到 3 小时 40 分 41 秒（退步了 10 分 41 秒）。

运动生理学网站在跑步成绩预测服务的网页中，提供了 Daniels and Gilbert Equation （1979）的最大摄氧量预测数值公式，进行以跑步成绩预测最大摄氧量、以最大摄氧量数据预测跑步成绩与制订训练处方的服务。以 3 km 跑步成绩 9 分 48 秒输入之后，推算的最大摄氧量数值为 60.2 mL/（kg·min）。以 60.2 mL/（kg·min）的最大摄氧量数值输入，系统会出现不同距离跑步成绩预测结果，以及不同训练方法的训练处方设计。以马拉松成绩 3 小时 30 分预测的最大摄氧量为 44.6 mL/（kg·min），以最大摄氧量 44.6 mL/（kg·min）预测的马拉松成绩为 3 小时 32 分 11 秒；如果跑者的体重是 65 kg，摄氧量不变的条件下减重到 61 kg，最大摄氧量会变化为（44.6 × 65）/ 61 = 47.5 mL/（kg·min），预测的马拉松成绩为 3 小时 20 分 49 秒（进步 11 分 22 秒）；如果体重增加到 69 kg，最大摄氧量会变化为（44.6 × 65）/ 69 = 42.0 mL/（kg·min），预测的马拉松成绩为 3 小时 40 分 33 秒（退步 8 分 22 秒）。

这种通过理论上摄氧量不变、体重增加或减少，计算最大摄氧量变化之后，再依据推算后的最大摄氧量，进一步预测长距离跑步表现的评估方法，实际的预测效果如何呢？这样预测的最大问题在于体重减少或增加，也同时会改变跑步效率，当最大摄氧量因为体重减轻而提高时，跑者在固定速度下跑步的摄氧量也会因为体重降低而提高，造成跑步效率降低。上述体重由 65 kg 降低到 61 kg 时，最大摄氧量由 44.6 mL/（kg·min）增加到 47.5 mL/（kg·min）的例子，假设固定速度跑步的摄氧量为 30 mL/（kg·min），体重减轻后的固定速度跑步摄氧量就会增加到（30 × 65）/ 61 = 32.0 mL/（kg·min），很明显跑步效率变差了。Midgley 等（2007）的研究指出，影响跑步表现的主要因素包含最大摄氧量、乳酸阈及跑步效率，长期的训练会增加最大摄氧量、提高乳酸阈并提升跑步效率（降低固定运动强度下的摄氧量）。在摄氧量不会改变的条件下，仅以体重的增减来评估最大摄氧量变化的同时，也要面对跑步效率变化的限制。

Saunders 等（2004）的研究指出，优秀跑步选手采用跑步效率预测跑步表现的准确性高于采用最大摄氧量预测。一般来说，在长期运动训练之后，增加跑步效率的原因包括肌肉线粒体密度增大、氧化酶活性提升等生理学因素，以及肌肉弹性能量储存与释放、跑步技术提升等生物力学因素。甚至，跑者的柔韧性、腿长比例、脚着地形态、跑鞋好坏、步长大小、跑步地面等，也都可能影响跑步效率的高低。图 1.6 呈现的是两位具有相似最大摄氧量的 10 km 跑者的跑步效率，受试者 1 具有较好的跑步效率，受试者 2 则跑步效率差，两者在 10 km 比赛的成绩相差 1 分钟。毕竟，实际进行长距离跑步时，不可能以最大强度持续运动 30 分钟（10 km）或 2~4 小时（马拉松）。相反，跑者会以非最大强度持续运动一段时间，因此，体重减轻对最大摄氧量变化造成的影响，显然会低于对跑步效率的影响。

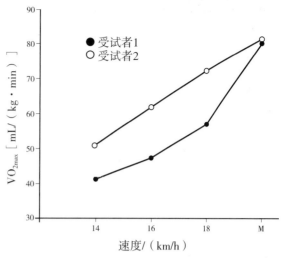

图 1.6　两位具有相似最大摄氧量的跑者在 10 km 比赛中跑步效率对比

Saunders 等（2004）研究发现，肌力训练、高地训练、热环境下训练是增加跑步效率的有效手段；Storen 等（2008）也发现最大肌力训练可以增进长距离跑者的跑步效率。有不少有关跑步效率的研究成果，都呈现了最大摄氧量没有提高的条件下，跑步效率提高了，长距离跑步成绩也会有显著的提升。

Helgerud（1994）则以马拉松跑步成绩在 2 小时 40 分左右的 6 名男性、6 名女性马拉松跑者为对象，进行男女跑者最大摄氧量、乳酸阈及跑步效率的差异比较研究。女性马拉松跑者（体脂含量 17.0% ± 0.8%）的最大摄氧量 [66.1 mL/（kg·min）± 1.4 mL/（kg·min）] 显著低于马拉松跑步成绩相同的男性跑者 [体脂含量 7.1% ± 0.5%，最大摄氧量 70.7 mL/（kg·min）± 0.7 mL/（kg·min）]，在不同速度下都有女性跑者摄氧量低于男性跑者（跑步效率女性跑者较佳）的现象。尽管不同速度下的乳酸浓度也有女性高于男性的现象，但是以最大摄氧量百分比呈现的乳酸阈则没有性别上的差异。这篇研究的结果显示，女性虽然具备较低的最大摄氧量，可是当跑步效率高时，仍然可以与男性具有相同的长距离表现。

体重降低会提升长距离跑步表现吗？对于刚刚涉足长距离跑步的跑者来说，跑步会减少多余脂肪；但是，如果同时考量最大摄氧量、跑步效率对于长距离跑步表现的重要性，长距离跑步表现能力较佳的跑者，似乎会有相互抵消体重降低效应的现象，跑者还是需要积极通过训练的方式来提升长距离跑步表现。对于体脂含量接近 7%（男性）、15%（女性）的跑者来说，体重减轻可能因为肌肉量的降低，造成跑步效率下降，反而不利于长距离的跑步表现。

上节指出，对于刚刚涉足长距离跑步的跑者来说，跑步会减少多余脂肪；但是，如果同时考量最大摄氧量、跑步效率对于长距离跑步表现的重要性，长距离跑步表现能力较佳的跑者，似乎会有相互抵消体重减轻效应的现象，跑者还是需要积极通过训练的方式来提升长距离跑步表现。那么，体重较轻的跑者，跑步效率较差吗？

Taboga 等（2012）以 10 名严重肥胖者（108.5~172.0 kg）与 15 名正常体重者（52.0~89.0 kg）为研究对象，受试者在速度为 8 km/h 的跑步机跑步，并且通过四部摄影机记录跑步的运动学资讯；研究发现，受试者体重与摄氧成本（oxygen cost，即跑步效率）、外部机械功的关系如图 1.7 所示（实心圆是摄氧成本，空心圆是外部机械功），体重与跑步效率并没有显著关联。肥胖者虽然比较重，在 8 km/h 的速度下跑步时，通过腿部肌肉弹性组织的功能，仍然可以维持与一般体重者相同的跑步效率。也可以说，体重较重的肥胖者跑步效率并不一定差。

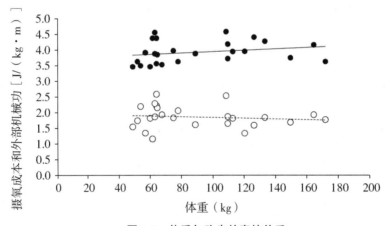

图 1.7　体重与跑步效率的关系

Lacour 与 Bourdin（2015）的研究指出，跑者跑步效率的差异达到 20%，跑者的体重、腿部结构，以及跟骨结节长度占变异性的 60%~80%。研究者通过文献收集的方式，整理了 41 位女性跑者［年龄 26.5 岁 ±8.6 岁、体重 53.2 kg ±5.5 kg、身高 165 cm ±6 cm、最大摄氧量 60.3 mL/（kg·min）±5.1 mL/（kg·min）］、88 位男性跑者［年龄 26.4 岁 ±7.8 岁、体重 64.5 kg ±5.5 kg、身高 176 cm ±6 cm、最大摄氧量 67.0 mL/（kg·min）±5.4 mL/（kg·min）］的资料，进行跑者体重（G）与跑步效率的关系分析。研究发现，男性跑者的跑步效率 = 231.2−0.56 G，r^2 = 0.1（$P < 0.03$），女性跑者的跑步效率 = 230.3−0.61 G，r^2 = 0.36

（$P < 0.02$）。研究结果显示，跑者体重越轻，跑步效率越差，体重差异 1 kg，摄氧成本会差异 0.6 mL/（kg·min）（图 1.8）。

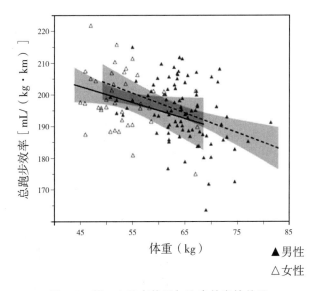

图 1.8　男、女跑者体重与跑步效率的关系

单纯以体重的高低来看，肥胖者跑步时的跑步效率并不差（摄氧成本不高）。一般跑者的体重与跑步效率成反比，女性跑者更为明显。为了提高长距离跑步表现，进行大量、长时间的跑步训练时，应该注意体重的变化是否有过轻的趋势，以免造成跑步效率的下降，反而限制了长距离跑步的表现。

跟腱力矩臂（achilles tendon moment arm，MAAT）或足底收缩力矩臂（plantar flexor moment arm，MAPF）是指跟腱外缘至踝关节中心的水平距离（图1.9）。Baxter 和 Piazza（2014）以 20 名健康男性为研究对象，发现受试者踝关节足底收缩的等长与等速（210 度/秒）力矩，与 MAPF 皆有显著相关；但是在较低角速度（30 度/秒、120 度/秒）的等速力矩，与 MAPF 没有显著相关，却与足底收缩肌群的肌肉大小有显著相关。由此可见，MAAT、MAPF 与踝关节的快速活动力矩大小有关，可能是跑步选手在跑步时的

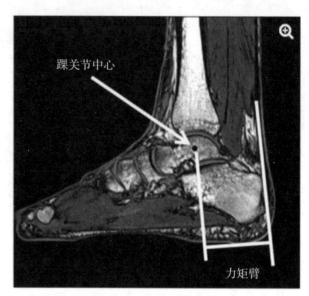

图 1.9　跟腱力矩臂（Baxter，Piazza, 2014）

重要肢体参数。由于在测量 MAAT、MAPF 时，往往需要 X 线或核磁共振成像设备，因此须提高进行这类测量的限制。

Scholz 等（2008）则提出一个简单测量 MAAT 的方法（以外踝与内踝中心至足跟外缘的平均水平距离进行评估），对 15 位经常训练的男性跑者的 MAAT 进行研究。研究发现，跑者的 MAAT（4.85 cm ± 0.36 cm）与以 16 km/h 速度跑步时的摄氧量［48.45 mL/（kg·min）± 5.69 mL/（kg·min）］成正比，也就是说，跟腱力矩臂（MAAT）越短者跑步效率越高（固定速度下的摄氧量越低）（图 1.10）。事实上，后续的研究（Barnes 等，2014；Mooses，2014）也都发现，MAAT 的长短与固定速度跑步时的摄氧量显著相关，而且 MAAT 越大，固定速度跑步时的摄氧量越高（跑步效率越差）（图 1.11）。

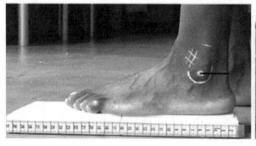

图 1-10　简单测量 MAAT 的方法（Scholz 等，2008）

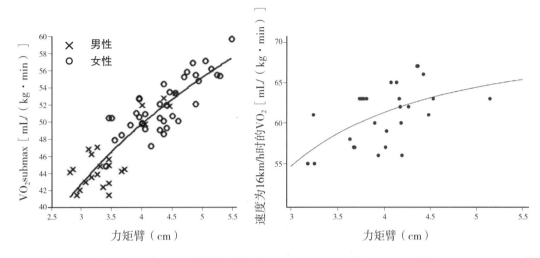

图 1.11 MAAT 与固定速度跑步时的摄氧量关系（左图：Barnes 等，2014；右图：Mooses，2014）

Sano 等（2015）依据 Scholz 等（2008）提出的 MAAT 简易测量方式（图 1.12），对踝关节中心到足跟的水平距离（内侧与外侧距离的水平平均距离）进行测量，研究发现 11 名肯尼亚跑者［身高 174.4 cm ± 7.9 cm、国际田联分数（IAAF score）1126.9 分 ± 105.2 分］与另外 11 名日本跑者（身高 171.2 cm ± 4.3 cm、国际田联分数 909.4 分 ± 130.8 分）的 MAAT 分别为 44.7 mm ± 4.6 mm 与 37.0 mm ± 4.0 mm，两者间具有显著差异，而且所有受试者的国际田联分数与 MAAT 显著相关（$r=0.73$）（图 1.13）。尽管过去的研究发现 MAAT、MAPF 与踝关节的快速活动力矩大小有关，但是同时也发现 MAAT 越大，跑步效率越差，再加上 MAAT 与长跑选手国际田联分数成正比的研究结果，由此可见，MAAT、MAPF 同时与跑步效率成反比、与长跑表现呈正比的矛盾结果，显示出 MAAT、MAPF 这个肢体参数，可能不是重要的长跑运动变量。

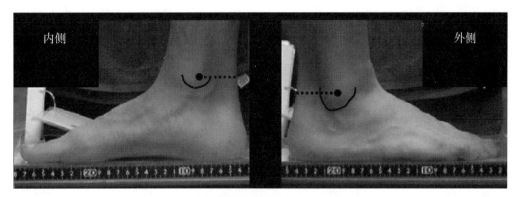

图 1.12 MAAT 简易测量方式（Sano 等，2015）

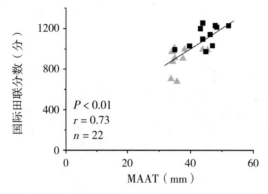

图 1.13　长跑选手 MAAT 与国际田联分数的相关性（Sano 等，2015）

　　跑步选手 MAAT、MAPF 与跑步表现的关系，似乎和身高、腿长与长距离跑步表现的关系类似（身高不高、腿长较长的跑者跑步表现较佳），MAAT、MAPF 较大的跑者，可能有身高较高、腿长较长的状况。因此，MAAT、MAPF 对于跑步表现来说是否重要，仍有进一步厘清的需要。

指长比（digit ratio）是指手第二指（2D）与第四指（4D）长的比值（2D：4D）。第二和第四指的长度是从手指的基部折痕到软组织尖端的距离，通过第二指的长度除以第四指的长度来计算 2D：4D 的值。比值高代表睾酮浓度较低；比值低，代表睾酮浓度较高（图 1.14，Holzapfel，2013）。

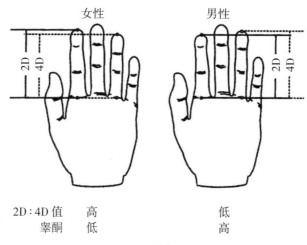

图 1.14　2D：4D 与睾酮浓度的关系

理论上来说，当 2D：4D 值与睾酮的浓度成反比关系时，具备较低 2D：4D 值的人，应该具备较高的运动表现能力。Hönekopp 与 Schuster（2010）综合分析 21 篇论文、2527 名受试对象发现，男女性左右手 2D：4D 值与运动能力呈现负相关（$r=-0.26$），代表 2D：4D 值与睾酮浓度的关联是低至中相关，而且左手预测运动能力的准确性可能高于右手。除了很多有关 2D：4D 值与运动表现能力关联的研究显示两者显著相关，越来越多的研究还发现，2D：4D 值似乎可以预测男性握力的最大自主收缩力量（maximum voluntary contraction，MVC），但是无法有效预测握力的最大耐力时间（maximum endurance time，MET）（Hone 与 McCullough，2012）。

Longman 等（2011）针对 147 名大学生（77 名男性、70 名女性），进行划船器的 2 km 划船时间测验，同时测量受试者的左右手 2D：4D 值。研究结果显示，男性大学生的划船器 2 km 划船时间与两手的 2D：4D 值皆成正比（右手相关性为 0.50，左手相关性为 0.37），代表 2D：4D 值越低划船表现越好；女性大学生的划船器 2 km 划船时间与两手的 2D：4D 值则没有相关性（右手相关性为 0.031，左手相关性为 –0.038）。这个研究结果显示，较低 2D：4D 值的男性大学生，可能因为睾酮浓度较高，具备较好的划船器 2 km 划船表现，但是女性大学生则没有这种情况。由此可见，性别的差异可能改变指长比与运动表现的关联，实际应用指长比（2D∶4D 值）时，有必要考量性别差异的影响。

Holzapfel 等（2016）则以 28 名坐式生活形态者（13 名男性、15 名女性），以及 26 名跑者（13 名男性、13 名女性）为对象，进行受试者 2D∶4D 值与最大摄氧量、通气阈及跑步效率的评估。研究结果发现，性别与有没有跑步训练的组别，2D∶4D 值与最大摄氧量皆没有显著相关，但是 2D∶4D 值与通气阈的最大摄氧量百分比皆具有显著关联；男性的 2D∶4D 值较女性低，代表男性睾酮浓度的影响更大。这个研究发现 2D∶4D 值与最大摄氧量没有显著关联，但 2D∶4D 值越低的人通气阈的最大摄氧量百分比越高，也就是说，睾酮浓度可能影响肌肉功能的差异，而不是循环系统（最大有氧能力没有差别）。

Eler（2018）以 1270 名（592 名女性、678 名男性）10~12 岁的学生为对象，进行右手 2D∶4D 值测量与体适能测验。研究显示，男性学生的右手 2D∶4D 值为 0.941 ± 0.039，显著低于女性学生的 0.967 ± 0.029；男性学生右手 2D∶4D 值与垂直跳、立定跳远、20 m 短跑、10 m × 5 折返跑和右手握力呈负相关，女性学生右手 2D∶4D 值和身高呈现负相关，但同时和体脂含量呈正相关。最近的研究结果显示，2D∶4D 值与男性学生的爆发力、速度、敏捷性能力显著相关，与女性学生的身高和体脂含量显著相关。整体来看，2D∶4D 值与运动能力似乎存在低至中相关，而且男性的相关性似乎高于女性。

Hill 等（2012）则提出用右手指长比（2D∶4D）减去左手指长比（2D∶4D）的方法，来研究男性（13.9 岁 ± 1.3 岁）2D∶4D 值与最大摄氧量的相关状况。研究结果发现，男性右手指长比（2D∶4D）与左手指长比（2D∶4D）的差与最大摄氧量也显著相关（图 1.15）。由于仅以男性为研究对象，女性的右手、左手指长比（2D∶4D）是否也有类似的状况，仍需要进一步研究厘清。

对跑步选手进行指长比的测量并不困难，但是要验证跑步选手的指长比（或者右手与左手指长比的差）与运动表现的关系，则很难通过实验设计的方式进行，毕竟指长比已经固定，但是短距离或长距离跑步表现可能会因为训练而进步。跑步选手的指长比，似乎可以用来辅助选择合适运动项目，如果可以配合跟腱力矩臂同时测量，可能更有助于跑步选手的初步筛选。

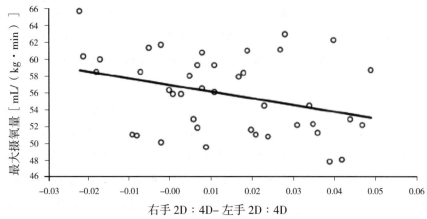

图 1.15　男性右手与左手指长比的差与最大摄氧量的相关性（Hill 等，2012）

心肺适能是指个人的肺脏与心脏，从空气中携带氧气并将氧气输送到组织细胞加以使用的能力。因此，心肺适能可以说是个人的心脏、肺脏、血管与组织细胞的有氧能力指标。随着年龄的增长，儿童、青少年的体型与身体机能会不断成长与发育（成熟）。就心肺适能的发展，如果以单位时间的最大摄氧量（L/min）来看心肺适能的发展，确实有随着年龄增长逐渐增加使用氧气能力的现象，但是，如果以单位体重与单位时间使用氧气的最大能力 [mL/（kg·min）] 来看，成熟（biological maturation）的效益，可能因为体重的增长因素，不易显现出来。

Rutenfranz（1986）收集挪威在 1969 年针对 8 岁儿童进行的 8 年纵向研究（longitudinal studies），以及德国在 1974 年针对 12 岁儿童进行的 5 年纵向研究，发现不管是挪威还是德国的儿童，男性都比女性具备较佳（高 3%~5%）的心肺适能，但是在身高增长最大速度（peak height velocity，PHV）的年龄以后，德国女童的心肺适能（L/min）有逐渐降低的趋势，挪威女童则持续上升（图 1.16）。

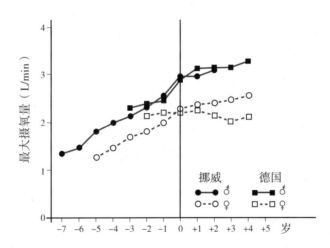

图 1.16　挪威与德国青少年心肺适能（L/min）的发展（以 PHV 的年龄为标准）
（Rutenfranz, 1986）

作者认为动态生活方式是挪威女童心肺适能持续增长的原因；挪威与德国男童的心肺适能则有类似的发展。当心肺适能以单位体重、单位时间的最大摄氧量 [mL/（kg·min）] 来评估时，心肺适能不仅没有随身体的发展增加，在 PHV 的年龄之后，还有逐渐降低的状况（不管是除以体重还是瘦体重，瘦体重也称去脂体重）（图 1.17）。

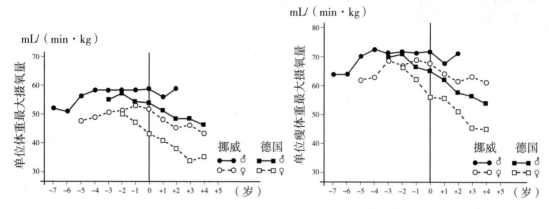

图 1.17　挪威与德国青少年心肺适能［mL/（kg·min）］的发展（以 PHV 的年龄为标准）
（Rutenfranz，1986）

谢伸裕等翻译 Rowland 所著 *developmental exercise physiology* 一书中提到"以传统标准比例的每千克体重最大摄氧量表示儿童的'有氧适能'是有问题的。儿童阶段耐力运动表现出戏剧性的变化，每千克体重最大摄氧量并没有伴随着变化"。由此可见，对于儿童的心肺适能似乎以身体整体使用氧气的能力来代表较佳。

Armstrong 与 Welsman（1994）则以文献探讨的方式，探讨年龄增长与心肺适能发展的关系。作者指出，儿童与青少年心肺适能发展的研究，受到研究伦理与方法学上的限制，一般成人进行心肺适能的最大努力测验流程、测量仪器，以及判定最大努力的标准等都不适合儿童。通过文献整理的结果还发现，女性最大摄氧量（L/min）大约在 14 岁时出现，男性最大摄氧量（L/min）出现的年龄则大于女性；男性具备较大摄氧量的原因，可能是男性具备较多肌肉量与较高的血红素浓度。Armstrong 等（1999）分析了 11~13 岁的 119 名男生与 115 名女生最大摄氧量的 3 年纵向发展。研究发现，11~13 岁男女生在相同年龄的阶段，体重、身高、血红素浓度并没有显著差异，最大摄氧量（L/min）、皮脂厚度（mm）则有显著差异。Armstrong 与 Welsman 的两篇研究报道，对于造成男女心肺适能差异的原因，皆指向男性肌肉量多于女性，但是有关血红素浓度的影响却不相同。

Mcmurray 等（2002）以 2540 名（非裔美国人 543 名、高加索人 1997 名，女性 1279 名、男性 1261 名）学生为对象，进行 7 年的纵向最大摄氧量测量研究。研究发现在每个年龄段，男性的最大摄氧量［L/min 与 mL/（kg·min）］皆显著大于女性，非裔美国人的最大摄氧量（L/min）在各个年龄段皆显著大于高加索人。女性的最大摄氧量（L/min）在 14 岁以前每年增加 9%，但是相对于体重的最大摄氧量［mL/（kg·min）］却在 8~16 岁期间，每年降低 1.2 mL/（kg·min）；男性的最大摄氧量（L/min）在 8~16 岁每年增加 14%，但是相对于体重的最大摄氧量［mL/（kg·min）］在 12 岁以前也有持续降低的趋势，在 12~16 岁则趋于稳定。尽管 8~16 岁的发展过程中，心肺适能（L/min）随着年龄增加上升，但是相对于体重的心肺适能［mL/（kg·min）］除了受到体重增加的影响，似乎还受到身体脂肪增加的影响，有随着年龄增长而降低的趋势。Al-Hazzaa（2001）探讨 137 名沙特阿拉伯 7~15 岁男生的心肺适能，发现不同年龄的男生，尽管最大摄氧量由 7~9 岁时的 1.2 L/min ± 0.2 L/min，增加到 13~15 岁时的 2.5 L/min ± 0.5 L/min，但是单位体重最大摄氧量与单位瘦体重最大摄氧量并没有可观的改变。通过单位体重或单位瘦体重来评估儿童与青少年的心肺适能发展时，确实有其难以解释的问题。

除了通过相对于体重的心肺适能评估方式以外，以瘦体重进行相对最大摄氧量的评估，被 Goran 等（2000）认为是更有效的心肺适能评估。作者在研究中，以 129 人为研究对象，将体脂含量低于 20% 的 39 名儿童（年龄 8.6 岁 ±1.6 岁、体重 28.1 kg ± 8.7 kg、体脂百分比 14.0% ± 4.0%），与高于 30% 的 39 名儿童（年龄 8.9 岁 ±1.2 岁、体重 48.6 kg ± 13.0 kg、体脂百分比 39.7% ± 5.6%），进行绝对最大摄氧量（L/min）与单位体重、单位瘦体重相对最大摄氧量［mL/（kg·min）］的比较。研究发现，肥胖儿童的绝对最大摄氧量较佳，瘦儿童的单位体重相对最大摄氧量则较高，单位瘦体重的相对最大摄氧量则胖与瘦的儿童没有显著差异。研究还探讨 31 名肥胖妇女（年龄 37.3 岁 ±6.4 岁、减肥前体重 78.8 kg ± 6.2 kg、瘦体重 49.4 kg ± 4.7 kg），减肥前后（减肥后体重 65.9 kg ± 5.2 kg、瘦体重 45.8 kg ± 4.1 kg）的心肺适能变化，发现减肥前后以单位瘦体重的相对最大摄氧量为标准，才能确实反映减肥妇女在氧脉搏［oxygen pulse（最大摄氧量除以最大心率，代表每一次心搏的消耗氧量），减肥前 11.8 ± 1.5、减肥后 11.7 ± 1.8］与呼吸效率（pulmonary efficiency，减肥前 39.5 ± 5.9、减肥后 38.4 ± 5.3）上的变化。Tolfrey 等（2006）发现，通过下肢肌肉体积来预测男性儿童与成人的心肺适能，可以获得与体重、瘦体重相同的效果。Trowbridge 等（1997）发现，5~10 岁儿童的腿部软组织重量与心肺适能（L/min）成正比。由此可见，尽管从儿童与青少年的心肺适能发展来看，单位体重或单位瘦体重的最大摄氧量变化无法呈现生长与发育的人体发展（成熟）实际情况，但是对于特定对象（儿童或成人）短时间的心肺适能变化比较，则单位体重、单位瘦体重或主要活动肌群量的相对最大摄氧量较能呈现心肺适能的情况，其中单位瘦体重的相对最大摄氧量最具代表性。

除了体重与身体脂肪的因素会影响心肺适能的发展，日常生活的身体活动形态是否会影响心肺适能的发展呢？ Beunen 等（2002）分析 73 名加拿大男生（受试者 8~16 岁）9 年的心肺适能纵向发展，同时以受试者的日常身体活动水准与成熟状况（以 PHV 年龄为标准）作为评价心肺适能发展的考量依据。9 年中，受试者的最大摄氧量评价流程，都是在跑步机上以 0% 的坡度，进行逐渐增加速度的运动，4.8 km/h 运动 3 分钟，9.6 km/h 运动 3 分钟，14.4 km/h 运动 3 分钟，以及 19.2 km/h 运动到力竭（如果需要的话）。研究发现，8 岁时的平均最大摄氧量为 1.45 L/min ± 0.26 L/min，16 岁时的平均最大摄氧量为 3.03 L/min ± 0.57 L/min；受试者最大摄氧量与体重的相关性以 12 岁时最低（0.644）、15 岁时最高（0.929）。受试者 PHV 年龄为 10.6 岁时，最大摄氧量为 1.88 L/min，最大摄氧量上升率为每年 0.14 L/min；受试者 PHV 的年龄为 14.3 岁时，最大摄氧量为 2.75 L/min，最大摄氧量上升率为每年 0.53 L/min；受试者预估成人时最大摄氧量为 3.39 L/min。研究显示，PHV 与最大摄氧量上升率在相同年龄出现；身体活动水平虽然不会改变心肺适能的发展趋势（图 1.18），但是的确会影响心肺适能的优劣。

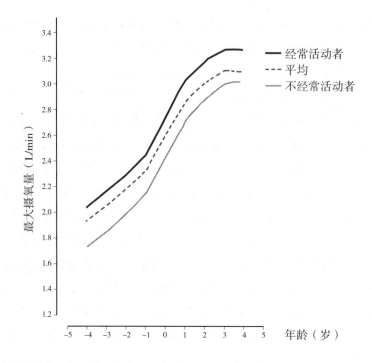

图 1.18　身体活动水平与心肺适能发展趋势（以 PHV 年龄为标准）（Beunen 等，2002）

　　Cunningham 等（1984）研究 62 名 9~10 岁男性 6 年青春期期间的心肺功能纵向发展，而且以心率达到 155 次 /min 时的摄氧量、每搏输出量、动静脉血氧含量差等变量来进行比较。研究发现，成熟较慢的儿童具备较大的（155 次 /min）运动摄氧量与每搏输出量；心脏每搏输出量是摄氧量发展的主要原因，动静脉血氧含量差则不会随着青春期年龄的增加而显著上升。由此可见，青春期心肺适能发展的原因，还包括心脏机能的发展。Rowland 等（2000）的研究也发现，净体重接近的男性（25 名，年龄 12.0 岁 ±0.4 岁、体重 42.3 kg ± 7.4 kg、瘦体重 33.5 kg ± 4.2 kg）最大摄氧量［47.2 mL/（kg·min）± 6.1 mL/（kg·min）］与女性（24 名，年龄 11.7 岁 ±0.5 岁、体重 46.9 kg ± 12.3 kg、瘦体重 33.6 kg ± 5.7 kg）最大摄氧量［40.4 mL/（kg·min）± 5.8 mL/（kg·min）］的主要差异，在于心脏每搏输出指数（每搏输出量与体表面积的比值，单位为 mL/m²，图 1.19）与心脏指数［每分输出量与体表面积的比值，单位为 L/（min·m²）］；男性在最大运动时的心脏每搏指数为 62 mL/m² ± 9 mL/m²，显著大于女性的 55 mL/m² ± 9 mL/m²；男性在最大运动量时的心脏指数为 12.34 mL/（min·m²）± 2.16 mL/（min·m²），亦显著大于女性的 10.90 mL/（min·m²）± 1.73 mL/（min·m²）。由此可见，心肺适能的发展除了受体重发展的影响，心脏机能的差异确实是男女心肺适能发展差异的原因之一。

　　身体体型的改变与心肺适能的发展，都是人体身体机能发展的现象。原来的相关研究都发现，在不考虑身体体型改变的情况下，青少年的心肺适能（L/min）会随着年龄的增加而提升；女性大约在 14 岁可以达到最大的心肺适能，男性出现最大心肺适能的年龄则略晚于女性；相对的，当体重（或瘦体重）为考虑因素，通过与相对最大摄氧量［mL/（kg·min）］

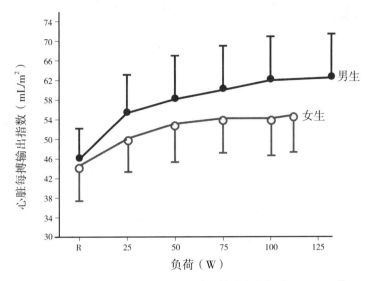

图 1.19 男、女性渐增负荷最大运动时心脏每搏输出指数（Rowland 等，2000）

比较，儿童与青少年心肺适能的发展，就会呈现完全不同的结果（没有增长，甚至下降的现象）。

除此之外，身体体型的发展（身高发展，如 PHV）状况、肌肉量（瘦体重）的差异性（体脂含量变化）、日常生活的身体活动形态、每搏输出量的发展等，都是促成心肺适能发展差异的主要变项；血液携氧能力（血红素浓度）对于心肺适能发展的影响，还没有一致的研究成果。无论如何，学生心肺适能发展的影响因素，由于必须考虑其他人体生理变量的生长与发展效应，显然比一般成人的影响因素复杂许多。

上节指出："青少年的心肺适能（L/min）会随着年龄的增加而提升，女性大约在 14 岁可以达到最大的心肺适能，男性出现最大心肺适能的年龄则略晚于女性；相对的，当体重（或瘦体重）为考虑因素，通过与相对最大摄氧量［mL/（kg·min）］进行比较，儿童与青少年心肺适能的发展，就会呈现完全不同的结果（没有增长，甚至下降的现象）。"而且，身高增长最大速度（peak height velocity，PHV）与心肺适能的发展有密切关联。

PHV 是指生长发育过程中身高增长的最大速率，身高增长最大速度的年龄称为 PHV 年龄。女性 PHV 年龄大约在 12 岁，月经初潮通常在 PHV 年龄之后出现；男性 PHV 年龄大约在 14 岁，肌力成长最大速度通常在 PHV 年龄之后 1 年左右出现，早熟的男性可能比晚熟的男性有 4 年的生理优势（Balyi 和 Way，2015）（图 1.20）。

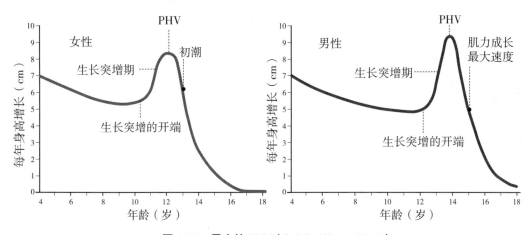

图 1.20　男女的 PHV（Balyi，Way，2015）

林惠美等（2015）的研究指出，通过长年追踪运动员身高改变的速率与记录起伏期的演变，可了解其成长阶段身体运动机能发展的概况。此方法可以运用在潜力选手的培育时期，鉴别专项训练介入的最佳时间点与各项身体素质强化的黄金阶段。运动教练通过每 3 个月测量青少年的站高与坐高，可鉴别 PHV 与身高成长高峰出现的时间点。了解儿童与青少年选手的成长速率，能有效地掌握其成长阶段各项身体素质的最佳塑造时间。由此可见，PHV 在青少年运动训练上的重要性。

Philippaerts 等（2006）针对 33 名青少年男性足球选手进行了为期 5 年的长期研究，发现除 PHV 在生长发育方面的特殊性之外，体重增长最大速度（peak weight velocity，PWV）也是重要的生长发育指标（图 1.21）。研究发现，青少年男性足球选手出现 PHV 与 PWV 的年龄皆为 13.8 岁 ± 0.8 岁，PHV 与 PWV 分别为每年 9.7 cm ± 1.5 cm 与每年 8.4 kg ± 3.0 kg。

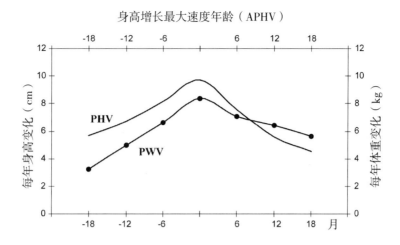

图 1.21　33 名青少年男性足球选手每年身高、体重变化与年龄的关系（Philippaerts 等，2006）

同时长期监测各项基本运动能力变化状况的研究发现，平衡能力、肢体移动速度、躯干肌力、上肢肌耐力、爆发力、跑步速度、敏捷性、心肺耐力、无氧工作能力等的最大增长年龄，皆与 PHV 年龄相同。图 1.22 为爆发力（立定跳远、垂直跳）、心肺耐力（耐力折返跑）、无氧工作能力［折返节奏跑（STEMPO）］等体能检测资料。研究发现 PHV 年龄确实具备最

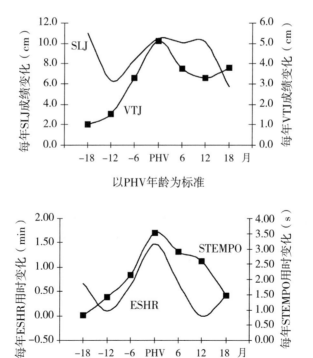

图 1.22　青少年男性足球选手立定跳远（standing long jump，SLJ）、垂直跳（vertical jump，VTJ）、
耐力折返跑（endurance shuttle run，ESHR）、折返节奏跑（shuttle tempo，STEMPO）
随年龄的变化（Philippaerts 等，2006）

大的爆发力、心肺耐力、无氧工作能力的增长速率。由此可见，PHV 和 PWV 都与身体运动能力的发展密切相关。

Getthner 等（2004）针对 83 名自愿参与研究的青少年，进行了长达 8 年（10~18 岁）的纵向研究，发现女性出现峰值摄氧量成长最大速度年龄为 12.3 岁 ±1.2 岁、男性为 14.1 岁 ±1.2 岁，男性青少年在不同年龄时峰值摄氧量的增长率都高于女性青少年。性别的差异确实是 PHV 相关研究的重要课题。

基于身高越高、体重越重的事实，PHV 与 PWV 密切相关。女性 PHV 年龄大约为 12 岁，男性的 PHV 年龄大约为 14 岁，身高增长最高峰为每年 8~10 cm。一般人身体运动能力发展最快的年龄与 PHV 年龄一致，代表在人体生长发育最快速的阶段，身体运动能力的发展较快。基于 PHV 的相关研究结果，青少年成长过程中，有必要定期测量与监控身高、体重的发展。

台湾地区男性平均寿命为 77.5 岁，女性平均寿命为 84.0 岁。由此可见，随着年龄的增长，性别在人体机能上有其显著的差异存在。随着年龄的增加，人体机能出现老化的状况，也可以通过身体活动能力的表现，呈现人体老化的事实。就男女性别的平均寿命来看，似乎女性的身体机能老化现象比男性缓和。

既然人体的心肺适能会随着年龄的增加而老化，那么性别的差异会不会影响心肺适能的退化呢？ 1997 年 Tanaka 和 Seals 收集 1991—1995 年美国成人游泳赛五年间的前 10 名比赛成绩，发现男女游泳选手在 50 年（19 ~ 24 岁 vs. 69 ~ 74 岁，vs. 为 versus 的缩写，为"……对……"的意思）后，50 m 游泳的游泳时间分别增加 26%（男）与 31%（女）；当游泳的距离超过 100 m 后，男游泳选手 50 年的游泳时间增加量没有显著变化（图 1.23A），而且随着游泳距离的增加，男女之间的差异会逐渐下降（图 1.23B）。作者也收集 1995 年美国成人田径赛的各年龄比赛成绩（图 1.23C），发现随着跑步距离增加，男女之间的差异会逐渐增加。尽管随着年龄的增加运动表现会降低是毋庸置疑的，但是，性别的差异在跑步与游泳表现的退化程度上，似乎有显著的不同。

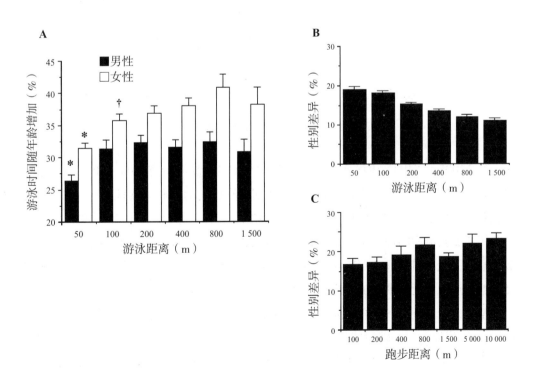

图 1.23 男女游泳选手年龄差异（50 年）的游泳时间变化（Tanaka 和 Seals，1997）

Tanaka 等（1997）针对 84 名经常参加耐力运动训练的女性跑者（21~73 岁），以及 72 名一般坐式生活女性（20~75 岁），探讨年龄对最大有氧运动能力的影响。研究发现，女性受试者的最大摄氧量与年龄呈现负相关（图 1.24A），而且经常参加耐力运动训练的受试者的最大摄氧量退（老）化程度［斜率为 –0.57：每年降低 0.57 mL/（kg·min）］比一般坐式生活女性［斜率为 –0.32：每年降低 0.32 mL/（kg·min）］来得快。Wilson 和 Tanaka（2000）利用荟萃分析（meta-analysis）的方法，总结了 214 篇受试者为坐式生活者的文献（受试者共 6 231 人）、159 篇经常活动者的文献（受试者共 5 621 人），以及 165 篇耐力训练者的文献（受试者共 1976 人）。对受试者的年龄与最大摄氧量进行分析发现，不管受试者的身体活动情况如何，最大摄氧量会随着年龄的增加而下降（图 1.24B）。两篇论文采用的受试者人数有显著的不同，但都是通过横向研究的方式收集资料。性别会不会影响最大摄氧量的老化速度？这可能需要更完整的纵向研究来确认，而且研究者与受试者一样都需要长寿才行。

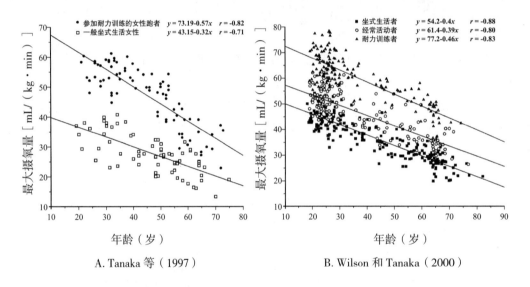

A. Tanaka 等（1997）   B. Wilson 和 Tanaka（2000）

图 1.24　年龄与最大摄氧量的关系

Fleg 等（2005）采用自 1978 年开始的巴尔的摩市老化纵向研究（the Baltimore longitudinal study of aging，BLSA），研究对象为受试对象（居住在巴尔的摩和华盛顿特区，371 名女性和 435 名男性，年龄为 21 ~ 87 岁），受试者最大摄氧量的测验时间为 1978—1998 年，每两年进行一次相同测验流程的最大摄氧量与最大心率测验。研究发现，以每 10 年为一个阶段来看，男女最大心率的老化维持每 10 年 4%~6% 的下降率，最大摄氧量（不管有没有除以体重）的下降会随着年龄增加而逐渐增加。当年龄超过 50 岁以后，女性的氧脉搏退化率与男性有显著的不同。整体来说，通过长期的纵向研究发现了 "越老心肺适能退化率越高" 的事实，但是女性在超过 50 岁以后，心肺适能的退化率会有别于男性，呈现退化率不再持续增加的现象。对于男性来说，为了维持身体的心肺机能，尽早规划心肺适能的运动参与计划，似乎比女性更重要。

　　Weiss 等（2006）以 60~92 岁的 71 名女性、29 名男性为研究对象，发现女性的最大摄氧量随着年龄增长每年下降 23 mL/min ± 2 mL/min，男性每年下降 57 mL/min ± 5 mL/min，男性的最大摄氧量老化速率约为女性的两倍。心脏的每分钟最大输出量、动静脉血氧含量差也有类似的结果（心脏每分钟最大输出量女性每年下降 87 mL/min ± 25 mL/min，男性每年下降 215 mL/min ± 50 mL/min；动静脉血氧含量差女性每年下降 0.12 mL/dL ± 0.03 mL/dL，男性每年下降 0.22 mL/dL ± 0.04 mL/dL）。研究再次证明，60 岁以上的老年人，心肺适能老化的情形确实具有性别差异，男性老年人的心肺适能老化速度约为相同年龄女性的两倍。

　　当年龄逐渐增加后，通过运动与动态生活方式来避免心肺适能的老化，已经是不得不面对的重要健康策略。而且，男性比女性更有必要。

运动会减缓心肺适能的老化吗？

对于一般的成人来说，随着年龄的增长，人体的运动能力会逐渐衰退与老化。Tanaka 和 Seals（1997）收集美国各年龄层游泳者自由泳 1 500 m 与 50 m 的纪录，发现男、女 1 500 m 自由泳最佳表现年龄分别为 25~40 岁、30~35 岁，70 岁以前运动时间呈现线性的增加，70 岁以后，游泳成绩就会有较大幅度的衰退。

Donato 等（2002）收集 12 年（1988—1999）参加美国成人游泳赛的 640 名选手（321 名女性、319 名男性）表现，记录至少连续 3 年的 50 m 与 1500 m 的参赛成绩。研究发现，随着年龄的增加，50 m 与 1500 m 游泳成绩会呈现线性的衰退（比赛时间增加），且不分男女和项目（50 m 与 1500 m）都会在 70 岁时急剧衰退。

Tanaka 和 Seals（2003）收集有关运动表现与老化的文献，发现 35 岁以前的 10 km 跑步表现几乎可以维持不变，35~60 岁，10 km 跑步时长会缓慢增加；60 岁以后，随着年龄的增加，10 km 跑步成绩会显著衰退。从人类在游泳与跑步成绩的表现来看，当年龄超过 50 岁以后，确实会有较差的运动表现，这种现象就是老化的结果。事实上，经常参与运动是维持健康的重要手段，问题是"运动真的能够减缓心肺适能（心肺耐力）的老化吗？"

Wilson 和 Tanaka（2000）利用荟萃分析的方法，收集了 214 篇受试者为坐式生活者的文献（受试者共 6231 人）、159 篇经常活动者的文献（受试者共 5621 人），以及 165 篇耐力训练者的文献（受试者共 1976 人），对受试者的年龄与最大摄氧量进行分析发现，不管受试者的身体活动情况如何，最大摄氧量与最大心率都会随着年龄的增加而下降。虽然身体活动量较大的耐力训练者，会随着年龄的增加与一般人具有类似的最大摄氧量退化率，由于具备较大的最大摄氧量，因此到了 60 岁左右仍然具备一般人二三十岁时的心肺适能。运动时的最大心率，则不会受到身体活动情况的影响。

Eskurza 等（2002）则以 24 名年龄 40~78 岁的女性（8 名坐式生活形态者、16 名耐力训练者）为对象，进行持续 7 年（试验的第一次检测在 1993—1994 年）的纵向研究。研究发现，耐力训练者在降低训练量以后，最大摄氧量降低得最快，而且在统计上显著大于持续坐式生活和维持或增加耐力训练量的受试者。也就是说，如果你是一位经常参与耐力训练者，减少耐力训练将会加速心肺适能的退化，甚至退化率还会高于不运动的人（图 1.25）。

通过长期的追踪研究发现，尽管长期参与运动训练的人，随着年龄的增加，仍然会出现心肺适能老化与衰退的现象，但是也有不少文献发现（Maiorana 等，2001；程文欣，2006），只要进行每周 3 次、每次 30 分钟、持续 8 周的心肺耐力训练，就可以显著地提升心肺适能。只是，这种 8 周以上的研究训练期限，相对于 7 年或更长时间的人体老化现象，相

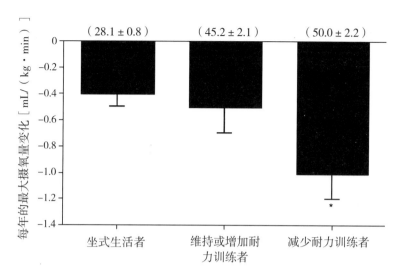

图 1.25　不同运动参与状况者心肺适能变化的 7 年纵向研究（Eskurza 等，2002）
注：*.统计学上有显著差异

对短暂许多。

　　对于社会大众来说，持续进行心肺耐力的训练是有必要的；不管心肺适能是否有老化或衰退的现象，如果可以持续地经常（每周至少 3 次，每次 30 分钟以上）参与运动，在六七十岁时仍然可以拥有坐式生活者二三十岁时的心肺适能，不就是健康的重要证据吗？

MEMO

第二章

跑步能力评估

20 m 折返跑是用来评估心肺耐力的简易测验方法之一，特别适合篮球、美式足球、网球、羽毛球、乒乓球等需要短距离折返运动方式的选手使用。一般来说，多阶段 20 m 折返跑测验（multistage 20 m shuttle run test, 20 m MST；毛祚彦、林贵福，2006）、The Beep Test、The Bleep Test、渐进有氧心肺耐力跑（progressive aerobic cardiovascular endurance run, PACER）等，都是指采用 20 m 折返跑的方式进行心肺耐力测验的检测方法。

这种中途没有休息的 20 m 折返跑测验，受试者以渐增速度的方式，来回折返跑于相距 20 m 的两条线间，以 1 分钟为一阶段（level），每一阶段包含 7 次以上的 20 m 折返跑，过程中来回跑的速度将逐渐增加（使用声音指导控制跑步速度），直到受试者力竭为止。由于这种 20 m 折返跑测验的方法，不太受场地的限制、不易受到天气状况干扰、不需要昂贵实验设备、不需要经过特殊训练的专业人员、不易受受试者个人情绪及动机干扰等，是相当有用的心肺耐力评估方法。

一般来说，当测验结束在第 9 阶段以下时，代表心肺耐力不佳，在第 13 阶段以上则代表心肺耐力优异。20 m 折返跑测验的结果包括跑步最高速度、20 m 折返次数（PACER Fitness Test）、跑步总距离等（表 2.1），几乎所有的研究皆发现 20 m 折返跑测验结果与最大摄氧量显著相关（Leger、Gadoury，1989；余鉴纮、方进隆，2002；毛祚彦、林贵福，2006）。

表 2.1 20 m 折返跑测验

资料来源：http://www.5-a-side.com/fitness/the-beep-test-a-comprehensive-guide/

20 m 折返跑测验信息					
阶段	折返次数	速度（km/h）	折返时间（s）	累计距离（m）	累计时间
1	7	8	9	140	1 分 03 秒
2	8	9	8	300	2 分 07 秒
3	8	9.5	7.58	460	3 分 08 秒
4	9	10	7.2	640	4 分 12 秒
5	9	10.5	6.86	820	5 分 14 秒
6	10	11	6.55	1 020	6 分 20 秒
7	10	11.5	6.26	1 220	7 分 22 秒
8	11	12	6	1 440	8 分 28 秒
9	11	12.5	5.76	1 660	9 分 31 秒

续表

阶段	折返次数	速度 （km/h）	折返时间 （s）	累计距离 （m）	累计时间
			20 m 折返跑测验信息		
10	11	13	5.54	1 880	10 分 32 秒
11	12	13.5	5.33	2 120	11 分 36 秒
12	12	14	5.14	2 360	12 分 38 秒
13	13	14.5	4.97	2 620	13 分 43 秒
14	13	15	4.8	2 880	14 分 45 秒
15	13	15.5	4.65	3 140	15 分 46 秒
16	14	16	4.5	3 420	16 分 49 秒
17	14	16.5	4.36	3 700	17 分 50 秒
18	15	17	4.24	4 000	18 分 54 秒
19	15	17.5	4.11	4 300	19 分 56 秒
20	16	18	4	4 620	21 分 00 秒
21	16	18.5	3.89	4 940	22 分 03 秒

实际进行 20 m 折返跑测验时，测验场地的地面是否合适，受试者的服装是否合适，20 m 距离是否准确，对测验结果都会有显著的影响，而且测验者还需要有控制折返跑速度的音乐（录音机或其他工具），可能需要下载或连接控制速度的录音带（光碟）或者影片、App 等，以便正确控制折返跑的速度。

Bangsbo 等（2008）则提出修正传统的没有休息的 20 m 折返跑测验，加入间歇与修改测验场地的间歇性测验（The Yo-Yo Intermittent Recovery Test，Yo-Yo IR），作为评估间歇性运动方式（如篮球、足球等）有氧耐力的简易测验方法。图 2.1 即是 Yo-Yo IR（20 m 折返跑）测验的场地布置方式，测验场地跟传统 20 m 折返跑不同的地方，在于起跑点后方增加一个 5 m 的缓冲空间，在每一次 20 m 折返跑后都有休息时间，以便让 20 m 折返跑测验方式更接近实际的间歇运动形态。Bangsbo 等（2008）还提出 Yo-Yo IR1、Yo-Yo IR2 两种测验流程（图 2.2；Rampinini 等，2010），供选择有氧运动、无氧运动类型的受试者使用。

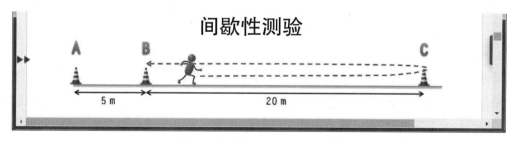

图 2.1　间歇性 20 m 折返跑测验
资料来源：http://www.5-a-side.com/fitness/yo-yo-intermittent-recovery-test/

对于篮球、美式足球、网球、羽毛球等运动项目的运动员，如果通过间歇性20 m折返跑测验来评估心肺耐力，将会比在田径场进行12分钟或固定距离（3 000 m或5 000 m）的持续性跑步，更符合运动选手的实际运动形态。

实际进行 Yo-Yo IR1、Yo-Yo IR2 的间歇性20 m折返跑测验时，测验场地合适规划、受试者服装的准备等，都是保证测验结果准确性的重要条件，测验者与受试者在测验前与测验时都应该有适当的准备；

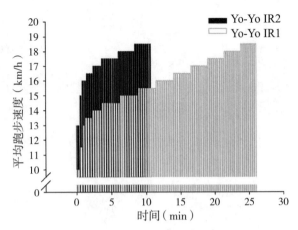

图 2.2　Yo-Yo IR1 和 Yo-Yo IR2 两种测验流程
（Rampinini 等，2010）

有关测验速度控制的部分，则需要不同于传统控制速度的录音带（光碟）或者影片。Yo-Yo IR1 的间歇性 20 m 折返跑速度控制和 Yo-Yo IR 2 的间歇性 20 m 折返跑速度控制则可以依据实际录制的音乐，进行间歇性 20 m 折返跑测验的速度控制。

有关连续性与间歇性 20 m 折返跑测验的可信度方面，Castagna 等（2006）以 24 名业余美式足球选手为研究对象，发现持续性的 20 m 折返跑测验可以有效评估有氧耐力能力，间歇性的 Yo-Yo IR 测验似乎适合评估无氧运动能力。Boullosa 等（2013）针对巴西足球选手进行的 Yo-Yo IR1 测验，发现间歇性 20 m 折返跑测验与最大摄氧量的相关性仅达 0.098，与渐增负荷跑步测验的最高速度相关则达 0.641。有关间歇性 20 m 折返跑测验结果与最大摄氧量没有显著相关性的研究结果，是不是因为 Yo-Yo IR 测验流程的渐增负荷方式，需要依据测试者的能力与个别差异进行调整，仍然需要进一步的研究来证实。

有关 Yo-Yo IR 测验评估有氧耐力的可信度研究方面，Castagna 等（2009）以 21 名青少年美式足球选手为研究对象，发现 Yo-Yo IR1 测验的跑步距离再测信度为 0.65。Bangsbo 等（2008）的研究也发现 Yo-Yo IR1 与 Yo-Yo IR2 测验的再测信度高（图 2.3），而且两种测验与最大摄氧量的相关性达 0.70（$n=141$）与 0.58（$n=71$）。Rampinini 等（2010）则以 25 名职业（13 名）与业余（12 名）美式足球选手为研究对象，发现 Yo-Yo IR1 与 Yo-Yo IR2 测验结果与最大摄氧量的相关性分别为 0.74 与 0.47。尽管两种测验时的生理反应极为类似，但是似乎测验时间较长的 Yo-Yo IR1 测验，可以获得更有效的心肺耐力测验结果。大部分的研究发现，Yo-Yo IR 是评估心肺耐力的有效测验。

20 m 折返跑是一个简单的最大有氧耐力测验方法，具有测验工具简单、容易进行检测、不需要专业训练的优点，大部分的研究结果也都显示其具有有氧耐力能力评估的可信度，很适合推荐给间歇性运动形态（篮球、美式足球、网球、羽毛球等）的运动项目教练与运动员使用。持续性或者间歇性 20 m 折返跑测验该如何选择？采用渐增速度流程如何？间歇性 Yo-Yo IR 测验是否具备测验效度？这些问题仍然有待进一步的研究结果来解决。

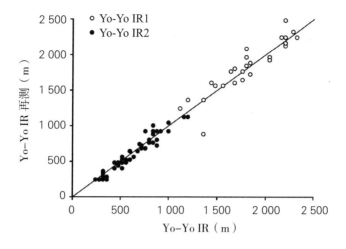

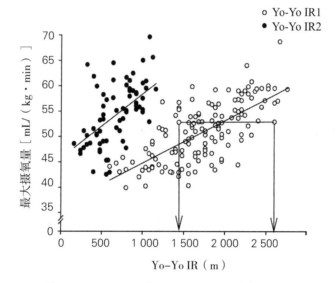

图 2.3 Yo-Yo IR1 与 Yo-Yo IR2 测验的再测信度

第二节 摄氧量的实际测量

分析摄氧量包括评估能量消耗与基础代谢率、评估心肺耐力、设定运动强度、评估运动后摄氧量、评估运动效率、摄氧动力学、呼吸交换率、氧脉搏、换气阈值与呼吸补偿点等（郑景峰，2009）。因此，强调运动科学应用与训练的运动教练、运动爱好者等，需要定期进行运动摄氧量分析，以便可以根据分析结果设计训练处方、评估训练效果等。

分析运动摄氧量，需要特殊的摄氧量分析设备。通常医院、体育学术单位、国家运动训练中心等单位会购置摄氧量分析设备，一般人不能轻易获得测量运动摄氧量分析的机会。最近一家强调运动减肥、健康瘦身的 iFit 公司，引进 COSMED "运动心肺评估系统"，开始对外服务，科学化解读运动能力、预测运动成效（运动心肺能力检测＋专业报告解读），让一般人可以较容易地进行专业的摄氧量分析。

受试者应该了解实际进行运动摄氧量分析流程。须在跑步机上由慢跑到快跑，由机器记录呼吸与心率变化。前一天，受试者不能熬夜或饮用酒精、咖啡、可可等含咖啡因的食物；检测前 2 小时避免进食等。受试前，请穿着适合跑步的服装和鞋子，并自备毛巾和饮用水。检测前，受试者必须签署同意书（未满 20 岁须由监护人陪同前来，签署本人与监护人同意书），未满 18 岁的青少年、45 岁以上男性、55 岁以上女性检测需另行安排。曾有心血管疾病或有高血压等家族病史、体重过重、无运动习惯者，不宜检测。检测过程中若出现严重不适，会立刻终止测试。

受试者实际进行检测流程为：①报到并签署同意书。②进入检测室佩戴设备（佩戴心率带和面罩后坐下休息）。③开始检测（渐增跑步速度与坡度。特制的跑步机装有悬吊带，可大幅提高安全性）。④结束测试（受试者感觉到达极限时结束）。⑤打印报告和解释（专属报告与运动建议）。

通过运动科学的介入与应用，进行运动心肺耐力的训练，从而依据个人心肺耐力特质进行科学化训练，有效提升科学运动训练的效果。当前，心肺耐力训练的运动科学知识已经广泛普及，但实际应用时如果没有正确的心肺耐力评估，显然无法正确应用相关运动科学知识进行训练。通过实际测量摄氧量，可以让运动科学知识与科学化训练相结合。

第三节 最大摄氧量速度

最大摄氧量与跑步效率对于最大有氧运动能力的评估效益，始终具有一定的缺陷。最大摄氧量虽然是评估有氧运动能力与心肺耐力的最佳指标，但是这种受最大心输出量与最大每搏输出量显著影响的人体运动生理指标，主要代表人体生理上使用氧气的能力，当运动参与者具备类似的最大摄氧能力时，最大摄氧量与耐力运动表现的关系不大，还有其他影响耐力运动表现的重要因素存在。

跑步效率的提高，虽然与经常训练有关，但是其提高是因为肌肉利用氧气的能力增强、生理能力的改善造成换气量与摄氧量减少了，还是运动技巧的进步，并没有明确的答案。因此，最大摄氧量的速度（the velocity at VO_{2max}，vVO_{2max}）是最大摄氧量与跑步效率的一个综合指标，更是经常被讨论与参考的最大有氧运动能力评估依据（Jones 等，2000）。

以台湾20名男性长跑选手为对象，受试者的最大摄氧量为 63.55 mL/（kg·min）± 8.03 mL/（kg·min）、通气阈（ventilatory threshold，VT）为 49.45 mL/（kg·min）± 8.78 mL/（kg·min）、5 000 m 成绩为 17.71 分钟 ±1.06 分钟。由于进行最大摄氧量检测时的运动测验流程，是以 Bruce 实验流程进行的（有坡度上的变化），因此，以进行最大摄氧量检测时的运动时间来代表可以达到最大摄氧量的运动强度。结果发现，5 000 m 跑步成绩与最大摄氧量的相关性为 0.474、与通气阈的相关性为 0.629、与进行最大摄氧量测验跑步时间的相关性为 0.715，由此可见，最大摄氧量速度在评估最大有氧运动能力时的重要性。

其实，作为标准化受试者运动强度高低的依据，最大摄氧量速度在实验室中经常被用到。在实验室中进行最大摄氧量检测时，将摄氧量与运动强度的关系记录下来（图 2.4），以此作为标准化运动强度高低的依据［最大摄氧量为 71 mL/（kg·min）］。图 2.4 中 75% 最大摄氧量［71 mL/（kg·min）×75% = 53.3 mL/（kg·min）］速度约为 4.2 m/s（9.4 mph），依据相同的摄氧量与跑步速度的关系，100% 最大摄氧量即为该被检测者最大摄氧量出现时的跑步速度。不过，Bernard 等（2000）的研究发现，不同的运动检测流程（每一个阶段的时间不同）会产生不同的最大摄氧量速度。当然，不同的运动检测流程与最大摄氧量速度的定义（Hill 等，1996）会产生不同的摄氧量与运动强度的关系，最大摄氧量速度即可能会有显著的不同。

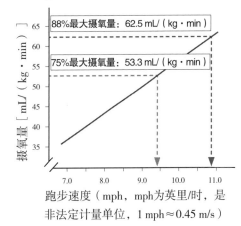

图 2.4 摄氧量与跑步速度的关系

相同的渐增强度运动的流程下，最大有氧运动能力较佳者，可以进行较长时间的最大摄氧量检测（时间较长显然就会出现较大速度），进而获得较大的最大摄氧量速度，是相当容易判定的概念。特别是有些人在固定强度下摄氧量偏高时，被认为具备较差跑步效率。根据最大摄氧量速度可以得到另一个层面的最大有氧运动能力的判定标准，以便将人体摄氧能力的高低与使用氧气效率的好坏整合性地呈现出来。

在最大摄氧量速度的训练效果方面，Billat 等（1999）针对 8 名经常训练的男性长跑选手，进行 4 周的间歇性训练后发现，被训练者的最大摄氧量速度显著提高（由 20.5 km/h ± 0.7 km/h 增加到 21.1 km/h ± 0.8 km/h），在 14 km/h 速度下的跑步效率也有显著进步［从 50.6 mL/（kg·min）± 3.5 mL/（kg·min）降低到 47.5 mL/（kg·min）± 2.4 mL/（kg·min）］，但是最大摄氧量却没有显著改变［从 71.6 mL/（kg·min）± 4.8 mL/（kg·min）增加到 72.7 mL/（kg·min）± 4.8 mL/（kg·min）］。Jones 等（1999）针对 16 名体育系学生进行 6 周的耐力训练后，发现受试者的最大摄氧量、乳酸阈、跑步效率、最大摄氧量速度等变量都显著改善。

有必要进行以下后续的研究：影响有氧运动能力变量的训练方法，是否会有特殊性存在？训练后的有氧运动能力进步的原因，会不会有变量上的次序性？

第四节　最大摄氧量速度的简易评估——3 000 m 或 5 000 m 测验

对于长距离跑步选手来说，最大摄氧量、跑步效率，以及无氧阈（anaerobic threshold, AT）是影响跑步表现的重要生理指标（Tjelta 等，2016）。最大摄氧量速度则是最大摄氧量与跑步效率的综合指标，也是最大有氧运动能力评估的最重要指标。

由于实际进行最大摄氧量速度评估时，往往需要摄氧分析的设备与复杂的检测流程，造成长跑选手与教练不太愿意或没有机会进行实验室的最大摄氧量速度评估。因此评估有氧运动能力的简易方法，就陆续被开发出来。依据 Billat 与 Koralsztein（1996）所整理的文献，12 分钟的最大努力跑步距离测验（Cooper's all-out 12-minute test, Cooper Test）、最大有氧速度（maximal aerobic speed, MAS）测验（the Universite de Montreal track test，跑步机以 8.5 km/h 开始、每 2 分钟增加 1 km/h、跑到力竭时的速度），以及 3000~5000 m 的跑步平均速度，都是评估最大有氧运动能力的有效方法。Bragada 等（2010）研究发现，3000 m 跑步平均速度约等于最大摄氧量速度。

除了使用 3 000 m 的跑步平均速度来预测最大摄氧量速度外，de Souza 等（2014）以 1 500 m、5 000 m、10 000 m 的跑步平均速度来预测中距离跑者的最大摄氧量速度，结果发现 1 500 m、5 000 m、10 000 m 的测验成绩分别为 4.8 分钟 ±0.2 分钟、18.2 分钟 ±0.8 分钟、38.6 分钟 ±0.2 分钟，三个距离测验的平均速度是最大摄氧量速度的 102.3% ±2.7%、89.8% ±3.3%、84.9% ±3.9%。这个研究结果显示，最大摄氧量速度似乎接近但低于 1 500 m 的跑步速度。Abad 等（2016）的研究则发现，跑者 10 000 m 成绩（平均速度 16.0 km/h ±1.4 km/h）小于跑步机测验的峰值速度（peak treadmill running velocity, PTV, 17.3 km/h ±0.9 km/h），两者间的相关性达 −0.85。由此可见，如果要以跑步距离的平均速度来确认最大摄氧量速度，似乎确实与 3 000~5 000 m 的跑步平均速度最接近。

3 000 m 或 5 000 m 的跑步，是跑步选手经常进行的训练与测验，比实验室内进行的渐增负荷最大努力跑步测验简单得多；如果通过 3 000 m 或 5 000 m 的跑步测验结果，可以获得正确的最大摄氧量速度评估，对跑步训练科学的实际应用将会有显著的帮助。依据我们先前的研究资料，图 2.5 收集了 7 名长跑选手〔其中 2 名女性，年龄 25.43 岁 ±5.88 岁、身高 168.00 cm ±8.19 cm、体重 56.57 kg ±6.37 kg、最大摄氧量 60.39 mL/（kg·min）±5.55 mL/（kg·min）〕的最大摄氧量速度（17.29 km/h ±1.25 km/h）与 5000 m 跑步成绩（17.51 km/h ±1.69 km/h），两者确实相当接近，而且两者的决定系数达 0.817 7。

依据过去的研究结果，长距离跑步选手的最大摄氧量速度相当接近 3 000 m 跑步平均速度，90% 的最大摄氧量速度接近 5 000 m 跑步平均速度；台湾长距离跑步选手的最大摄氧量速度则与 5 000 m 的跑步平均速度较为接近。无论是 3 000 m 或 5 000 m 的跑步测验，都可以在田径场进行，这显然是相当简易的最大摄氧量速度评估方法。

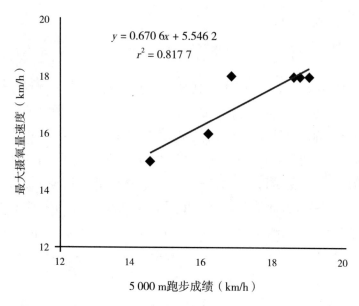

图 2.5　7 名长跑选手的最大摄氧量速度与 5 000 m 跑步成绩

跑步效率是指在非最大强度的跑步过程中，人体所消耗的能量高低情形。在相同的跑步速度下，能量消耗较少代表有较好的跑步效率，能量消耗较多，则跑步效率较差（林信甫，庄泰源，2003）。

从以往的研究结果可以发现，长距离跑步的表现与最大摄氧能力（最大摄氧量）之间的相关性并不高。而且，Conley 和 Krahenbuhl（1980）的研究发现，男性顶尖长跑选手最大摄氧量与 10 km 跑步表现的相关性仅为 -0.12 [受试者的平均最大摄氧量为 71.7 mL/（kg・min），而且都相当接近]，跑步效率与 10 km 跑步表现的相关性达到 0.83（241 m/min 速度下的稳定状态摄氧量）、0.82（268 m/min 速度下的稳定状态摄氧量），以及 0.79（295 m/min 速度下的稳定状态摄氧量）。由此可见，跑步效率对于耐力运动表现具有举足轻重的地位。

2000 年 Weston 等以身体质量指数（BMI）相似的 8 名非洲人与 8 名白种人的 10 km 长跑选手为对象（10 km 成绩分别为 32.8 分钟 ±2.8 分钟、32.0 分钟 ±2.5 分钟，体重分别为 61.4 kg ± 7.0 kg、64.9 kg ± 3.0 kg），探讨非洲长跑选手的最大摄氧量与在 16.1 km/h 速度下的跑步效率（图 2.6）。研究发现非洲人虽然具备较低的最大摄氧量 [61.9 mL/（kg・min） ± 6.9 mL/（kg・min）、白种人为 69.9 mL/（kg・min） ± 5.4 mL/（kg・min）]，但是在固定速度下摄氧量较低，代表具备较佳的跑步效率。似乎跑步效率的效益可以弥补最大摄氧量偏低的缺点，让非洲人具备与白种人相同的 10 km 跑步表现。

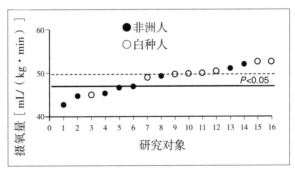

图 2.6　非洲人和白种人的跑步效率研究（Weston，2000）

Franch 等（1998）针对 36 名男性业余跑步选手进行了时间为连续 6 周、每周 3 次、每次 20~30 分钟的跑步训练，并比较了三种不同的跑步训练（长距离跑训练、长间歇跑训练及短间歇跑训练）对跑步效率的影响。研究发现，三组的最大摄氧量分别增加 5.9%、6.0% 和 3.6%，达到最大摄氧量的速度分别增加 9%、10% 和 4%，跑步效率分别增加 3.1%、3.0% 和 0.9%。研究显示，长距离跑训练与长间歇跑训练可以有效增加跑步效率，短间歇跑训练则没有这样的效果。

　　林信甫与庄泰源（2003）指出了影响跑步效率的相关因素，包括地面（草地、沙滩、塑胶跑道、道路；多进行沙滩跑步有助于改善跑步效率）、室内或户外场地（跑步机的跑步效率较高）、性别（还没有一致的研究结果）、年龄（跑步效率随年龄的增长而增加）、体温（体温增加会降低跑步效率）、疲劳度（疲劳对跑步效率的影响似乎会随着跑者的能力而改变）、换气量（换气量越少跑步效率越高）、柔韧性（柔韧性与跑步效率成反比）、训练方式（高强度、长时间的间歇跑步会增加跑步效率）、过度训练与减量训练（过度训练会降低跑步效率）、肌力训练（肌力训练可以增加跑步效率）等。

　　Kyrolainen 等（2001）的研究则指出，跑步效率与跑步时的动作优劣有关。Caird 等（1999）的研究发现，通过生物反馈与放松技巧（biofeedback and relaxation techniques）的训练也可以有效增进跑者的跑步效率。事实上，训练对于跑步效率的增加是否代表跑步成绩进步（如肌力训练增加跑步效率）？跑步效率增加的原因是生理、生物力学或心理因素吗（或者有交互影响吗）？疲劳因素对跑步效率的影响有哪些（Kyrolainen 等，2000）？仍然有相当多的诸如此类的主题值得进一步分析与研究。

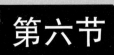

第六节 跑步效率的评估

影响长距离耐力表现的主要运动生理学因素包括最大摄氧量、乳酸阈（无氧阈）及跑步效率（Midgley 等，2007）。长跑选手在长期训练后，会提高最大摄氧量、乳酸阈（无氧阈），以及提升跑步效率（降低固定运动强度下的摄氧量）。对优秀跑者，采用跑步效率预测跑步表现的准确性高于采用最大摄氧量预测（Saunders 等，2004）。图 2.7 展示的是两位具有相似最大摄氧量的 10 km 跑者，受试者 1 具有较好的跑步效率，受试者 2 则跑步效率差，两者 10 km 比赛的成绩相差 1 分钟。毕竟，实际进行长距离跑步时，不可能以最大努力的强度持续运动 30 分钟（10 km）或 2~4 小时（马拉松），相反，跑者会以非最大努力的强度持续运动一段时间。由此可见，跑步效率对于长跑选手的重要性。

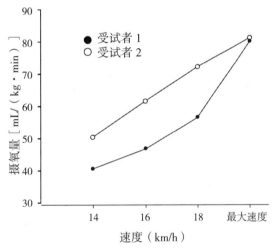

图 2.7 两位具有相似最大摄氧量的 10 km 跑者的跑步效率比较

Saunders 等（2004）指出跑步效率主要通过实验室跑步机固定速度跑的摄氧量高低来进行评估。Foster 与 Lucia（2007）则依据美国运动医学会（American College of Sports Medicine，ACSM）、欧洲种族（European descent）、东非种族（East African descent）优秀长跑选手的相关文献，整理出平均 268 m/min（16.1 km/h 或 4.47 m/s）的测验速度与摄氧量（mL/kg）的对应图（图 2.8）。事实上，由图中的资料可以发现，种族及跑步速度都是跑者跑步效率差异的影响条件，因此，Foster 与 Lucia 提出把相对速度摄氧量［mL/（kg·min），也可以称为摄氧成本］作为评估跑步效率的依据，这样的资料调整便于比较不同研究文献中的跑步效率研究结果。由图 2.8 的资料来看，东非种族的长跑选手确实具备较佳跑步效率。

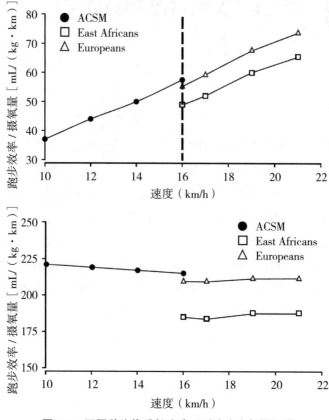

图2.8　不同种族优秀长跑选手测验速度与摄氧量

Lucia 等（2006）则研究厄立特里亚与西班牙优秀长跑选手的运动生理特征，7名厄立特里亚跑者在2004年与2005年世界杯越野跑比赛中，获得前30名成绩的共有4人，9名西班牙跑者仅在2005年有1人进入前30名。研究发现，尽管厄立特里亚跑者与西班牙跑者的最大摄氧量没有差异［73.8 mL/（kg·min）±5.6 mL/（kg·min）vs. 77.8 mL/（kg·min）±5.7 mL/（kg·min）］，但厄立特里亚跑者的小腿长度（44.1 cm±3.0 cm vs. 40.6 cm±2.7 cm）、跑步效率［当跑步速度为17 km/h时，摄氧成本为52.5 mL/（kg·min）±6.4 mL/（kg·min）vs. 59.7 mL/（kg·min）±3.1 mL/（kg·min）；当跑步速度为19 km/h时，摄氧成本为60.0 mL/（kg·min）±4.9 mL/（kg·min）vs. 68.6 mL/（kg·min）±3.2 mL/（kg·min）；当跑步速度为21 km/h时，摄氧成本为65.9 mL/（kg·min）±6.8 mL/（kg·min）vs. 74.8 mL/（kg·min）±5.0 mL/（kg·min）］皆显著优于西班牙优秀长跑选手。图2.9呈现了这篇论文中受试者的摄氧成本资料，并且与以往有关跑步效率研究论文的摄氧成本资料进行了比较。作者还发现，在厄立特里亚居住、在高地环境训练（海拔2590 m±313 m vs. 589 m±198 m）的选手，尽管接受训练的时间较短、每周训练量较少、每天睡眠时间较长，却拥有更佳的跑步运动表现与跑步效率。由此可见，跑步效率对于长距离运动表现的重要性。

通过特定速度下的摄氧量测量，进行跑步效率的推算，可以有效了解长跑选手的长距离跑步效率，配合相对于跑步速度的摄氧成本资料，可以更有效地进行跑步效率评估与比较。最近有关跑步效率的研究（Tjelta 等，2012；Lavin 等，2013），皆通过摄氧成本进行跑步效率的评估与数据呈现，由此可见，跑步效率的评估还是应该以单位速度的摄氧量高低评估为佳。

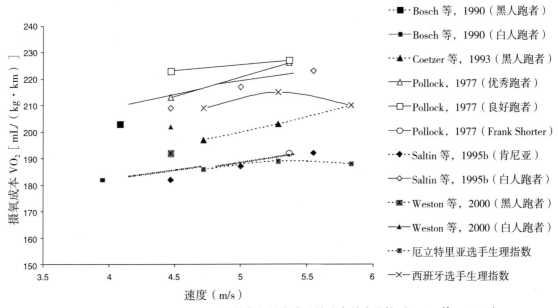

图 2.9 Eritreans、Spaniards 及学术文献中选手的跑步效率比较（Lucia 等，2006）

每一位慢跑运动的参与者都知道，以很慢的速度持续跑步一段距离以后，人体的呼吸、心率等生理反应都会达到稳定状态，也就是呼吸、心率等都会相当稳定。在这种呼吸、心率稳定的状态下，若增加一点跑步的速度，马上就会有呼吸、心率加快的生理反应，如果此时的速度不是太快（当然有个体差异），那么呼吸、心率等就会达到另一个稳定状态。有时候，慢跑的速度增加一些，很快地就会感觉呼吸急促、心率过快，不得不减慢跑步的速度，否则很快就会感觉疲劳而停下脚步。

无氧阈（anaerobic threshold，AT）就是指人体在递增负荷运动中，其能量来源由有氧代谢供能为主向无氧代谢供能为主转变的临界点。一般来说，AT 是判断一个人有氧运动能力的有效指标之一。人体在 AT 以下的强度进行运动时，他所进行的运动称为有氧运动，在 AT 以上的强度进行运动时，由"无氧性能量"提供运动时的能量需求，人就容易产生疲劳。由此可见，AT 可以用来判定一个人进行的运动是否为有氧运动。

在运动生理学的实际应用中，通常 AT 代表一个人的训练状况，是训练效果指标，因为 AT 相较于最大摄氧量的比例，可以看出一个人使用氧气的效率高低。对于一般人来说，AT 是最大摄氧量的 55%~65%，耐力项目运动员的 AT 则往往高于最大摄氧量的 80%。由于耐力项目运动员的最大摄氧量都显著高于一般人，再加上 AT 比例上的差距，一般人与耐力项目运动员在 AT 时的摄氧量，往往具有 2 倍以上的差异。假设一般人的最大摄氧量为 40 mL/（kg·min），耐力项目运动员的最大摄氧量为 70 mL/（kg·min），那么两者在 AT 时的摄氧量即是 24 mL/（kg·min）与 56 mL/（kg·min）的差别。

最初，AT 的概念由乳酸激增点（onset of blood lactate accumulation，OBLA）的概念而来。由于乳酸的产生与无氧性能量代谢密切关联，因此通过乳酸浓度在达到 2 mmol/L 或 4 mmol/L 时的运动强度，来代表一个人"无氧性能量"代谢开始参与的时机。随着 AT 相关研究的发展，判定 AT 的生理变量已包括心率、呼吸、乳酸、肌电图及自主神经系统反应等。整体而言，这种通过渐增负荷运动方式评估的 AT，以呼吸及乳酸的生理反应现象作为判定标准较受肯定，因此，最近 20 年来，渐有以换气阈值、乳酸阈或个体无氧阈（individual anaerobic threshold, IAT，评估乳酸）取代无氧阈名称的趋势。基本上，通过乳酸的评估，测量到乳酸开始出现急速增加的运动强度称为乳酸阈或 IAT；通过换气的分析与评估，测量到换气量或二氧化碳产生量急剧增加时的运动强度称为换气阈值。

除此之外，人体在固定运动强度下进行等速度运动时，人体的各项生理反应的变化状况是否会有稳定状态出现，也是经常被注意的研究主题。基本上，在无氧阈的运动强度下持续运动一段时间，人体的各项生理反应应该会出现稳定状态。因此，最大呼吸稳定强度与最大乳酸稳定强度的研究，也是无氧阈的相关研究主题之一。事实上，这类固定强度的持续运动方式，反而比渐增强度的运动方式更接近实际的比赛状况，找出可以持续运动较长时间或乳酸与换气状况不会随运动时间增加的最大运动强度，反而是比较受教练与运动员关注的研究课题。

整体而言，以往有关 AT 的研究发现，以不同的身体生理变量（心率、乳酸、换气、肌电图、自主神经系统反应）进行 AT 的评估时，会出现不同的评估结果，特别是在心率、肌电图及自主神经系统反应等生理变量的研究中，评估的结果更不一致。很显然，以 AT 这种概括的方式说明一个人的身体生理活动状况处于"有氧"或"无氧"的生理现象，是相当不客观的说法。

除此之外，人体在安静休息状态下，并不是没有乳酸的产生，而是乳酸的产生与清除达到了平衡。而且，人体在高强度的运动状况下，肌肉并非处于"无氧"的状态，而是来不及使用肌肉内或人体内的氧气（来不及的原因可能是有氧代谢必须在肌肉细胞的线粒体内进行）。事实上，人体的运动并非全是有氧与无氧运动，主要是不同代谢途径的能量参与比例差异。

最特别的是，对麦卡德尔病患者不会产生乳酸疾病的 AT 研究发现，尽管换气的状况已经大量增加，患者体内的乳酸浓度并没有显著改变。显然，有一些人，乳酸并没有随着运动强度的增加而改变。

无氧阈似乎很难（也可能没有办法）界定清楚"有氧"与"无氧"界线的人体生理反应特征，而且，随着运动时间的增加，体温的上升、肌肉的疲劳、心理上的烦躁等，都可能显著影响无氧阈相关研究的客观性。无论如何，笔者仍然相信这种特定强度"界线"的人体特殊运动生理现象，只是未来还需要更多更完整的研究来确认。

个体无氧阈（individual anaerobic threshold，IAT）是 1981 年 Stegmann 等提出的。Stegmann 等认为，传统以乳酸浓度 2 mmoL/L 与 4 mmoL/L 作为乳酸激增点的乳酸阈判定方式，并没有考虑人体运动时乳酸产生与清除的个别差异。也就是说，人体在高强度下运动时，肌肉中不断产生乳酸，进而扩散至血液中，同时血液中的乳酸也不断被清除，这种扩散或清除的速率必定存在个体差异。

当乳酸浓度随着运动强度的增加而提高时（图 2.10），代表乳酸的扩散速率大于乳酸的清除速率。由此可见，人体在很低的强度下进行渐增负荷运动的过程中（开始运动至停止运动的过程中），必定有一个时间点（t Em）的乳酸清除速率最大，而且等于乳酸的扩散速率。当运动至 A 点停止运动后，由于运动已经结束，此时，乳酸的扩散速率会逐渐减慢（由于组织中的乳酸在刚开始结束运动时浓度仍然很高，大约在运动后的 2~3 分钟乳酸浓度才开始减低），乳酸的清除速率则仍可维持，因此，可以通过结束运动后，乳酸恢复到运动刚结束（A 点）时浓度的时间长短，来推算乳酸扩散速率与清除速率相等的运动负荷（Em）高低。

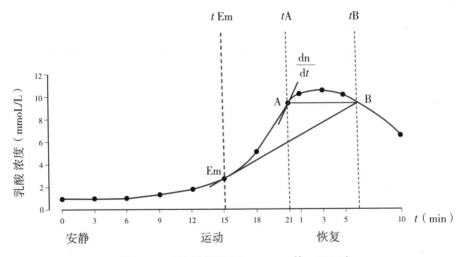

图 2.10　个体无氧阈（Stegmann 等，1981）

实际进行个体无氧阈的推算时，必须先进行渐增强度运动的乳酸浓度测量（图 2.10），而且必须在运动过程中每 3 分钟抽血一次（较短的时间可能出现乳酸浓度还未稳定的状况；较长的时间则可能会出现乳酸浓度增加过高的情形），而且还必须在运动后的第 1、3、5、10 分钟抽血，因此，检测的流程相当复杂。判定 IAT 的过程，则是以运动结束时乳酸为基准，运动后乳酸恢复到与运动刚结束的浓度一致的时间，则被用来进行 IAT 的实际推算（图 2.10 至乳酸上升曲线的切线位置即为 IAT）。除此之外，IAT 在判定时，传统上必须通过绘图的方式小心评估，其实也是相当主观的判定方式。1992 年王鹤森利用这种检测乳酸阈的方式，实际进行各种无氧阈测定法的比较（图 2.11）。我们以协助处理资料的立场，将 IAT 判定的方式电脑化，进而获得人工推算的 IAT（159 W ± 32.1 W），与计算机推算的 IAT（157.8 W ± 29.2 W）比较不仅没有显著差异，而且两者的相关系数达 0.98。通过计算机运算能力上的效率，确实能够提高判定 IAT 的正确性与效率。

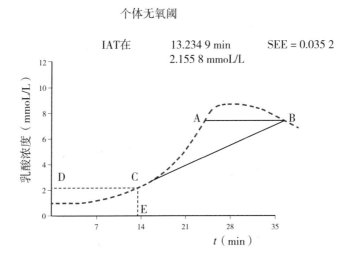

图 2.11　个体无氧阈判定的结果 （王鹤森，1992）

注：SEE（standard error of estimate）.标准估计误差

摄氧成本即氧价（oxygen cost），是指步行 1 m 所消耗的平均能量，通常用每米步行距离每千克体重的摄氧量表示。通过摄氧成本，可以更有效率地进行跑步效率的评估与比较，有效了解长跑选手的长距离跑步效率。

生理耗能指数（physiological cost index，PCI）由运动时的心率减去休息时的心率，再除以行走速度得到。PCI 值容易通过计算得出，不需贵重仪器且不受情绪、健康状况、用药、疾病及环境温度的影响，适用于一般临床（吴政勋，2007；Fredrickson 等，2007；Delussu 等，2014）。吴政勋（2007）的研究显示，女性在不同行走速度下的 PCI 均高于男性（图 2.12，PCI 越高代表行走单位距离的心率越快，走路的运动效率越低），而且不同速度走路时的 PCI 也有不同，男性出现最低 PCI 时的速度有高于女性的趋势。由于 PCI 仅需要记录走路速度、安静心率、走路心率，通过携带装置的心率记录即可很容易取得检测结果，所以是非常实用的运动效率评估方法。

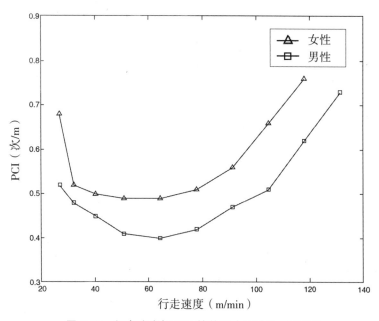

图 2.12　行走速度与 PCI 的关系（吴政勋，2007）

Fredrickson 等（2007）针对中风患者进行了摄氧成本与 PCI 的研究，其通过走路时的摄氧量减去休息时的摄氧量，再除以走路的速度（m/min）来计算摄氧成本。PCI 则采用走路时心率减去休息心率，再除以走路的速度（m/min）来计算。研究发现（图 2.13），中风患者的 PCI 为 1.34 次 /m ± 0.90 次 /m，正常控制组的 PCI 为 0.69 次 /m ± 0.36 次 /m，摄氧成本则分别为 0.374 mL/（kg·m）±0.203 mL/（kg·m）与 0.213 mL/（kg·m）±0.116 mL/（kg·m）；
中风患者的摄氧成本与 PCI 的相关系数达 0.831。对于中风患者来说，PCI 提供了有效评估摄
氧成本的简单方法。

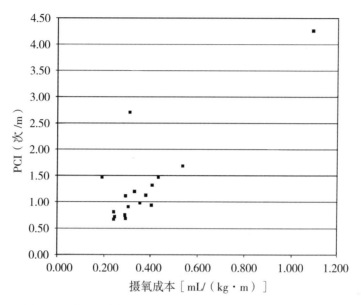

图 2.13　中风患者摄氧成本与 PCI 研究（Fredrickson 等，2007）

　　Delussu 等（2014）针对中风患者（年龄 66 岁 ±15 岁）与健康人群（年龄 76 岁 ±7 岁）
进行了走路时的 PCI 与能量成本（energy cost of walking, ECW）分析。研究发现，中风患者的
PCI 与 ECW 具备显著关联（$r=0.919$，线性回归的 $R^2=0.837$），健康组 PCI 与 ECW 也具备显
著相关（$r=0.852$，线性回归的 $R^2=0.714$）。对于中高龄的中风与健康成人来说，PCI 是走路
时有效的摄氧成本评估方法。

　　相较于以中风患者、高龄者为研究对象的研究结果，Graham 等（2005）以 40 名年龄
34.5 岁 ±12.6 岁的健康自愿参与受试者为对象进行了研究，发现不管采用 20 m 或 12 m 走道，
PCI 测量的再测信度都达到显著相关，但是 PCI 与摄氧成本则没有显著相关。由于一般健康
者走路时的心率并不高（这篇文献的走路心率为 20 m 走道 93 次 /min±11 次 /min，12 m 走道
94 次 /min±12 次 /min），可能造成相对强度低的问题，进而出现 PCI 与摄氧成本没有显著相
关的状况。Raj 等（2014）则以 61 名（46.0 岁 ±12.5 岁）自愿参与实验的健康成人为对象进
行了研究，发现受试者步行速度、心率变化、PCI 皆具有显著的再现性，可惜研究并没有进
行 PCI 与摄氧成本关联性的分析。

　　有关 PCI 与心肺功能的关联程度方面，Sharma 与 Sarkar（2016）针对 24 名印度女性进
行了 PCI 与评估心肺功能的 6 分钟步行试验研究，发现 PCI 和 6 分钟步行试验（444.04 m±
53.04 m）与最大摄氧量［35.53 mL/（kg·min）±3.22 mL/（kg·min）］的相关系数仅为 0.408

与 –0.043，PCI 与心肺功能似乎没有显著关联。事实上，既然摄氧成本与 PCI 具备显著相关性，再加上摄氧成本与心肺功能具备显著相关性，理论上 PCI 与心肺功能应该具备显著关联。研究者需要进行进一步的研究，厘清 PCI 是否可以用来评估运动参与者的心肺功能。

　　有关 PCI 的研究都是采用走路的运动方式，因此通过摄氧成本与 PCI 显著相关的研究，也都是基于走路运动，而且大部分都是以中风患者、高龄者、女性等为研究对象。一般健康人群在跑步、骑车或者其他运动形态时，摄氧成本与 PCI 的关系是否也有显著的相关性，仍然有待进一步厘清。

第十节 临界速度——跑步有氧耐力指标

临界速度（critical velocity，CV）是能够长时间持续运动不致疲劳的最高速度。临界速度与临界功率（critical power，CP）共同使用，因训练的方式不同而异。临界速度在训练上可以用来评估心肺耐力、预测耐力跑速度、设定耐力训练强度（林正常，2000）。

临界速度的评估理论提出得相当早，Berthoin 等（2003）在研究中说明了临界速度的概念——以跑者在几个不同速度下，最大持续运动距离与最大持续运动时间的线性关系为基础，这个线性关系的斜率即为临界速度，截距称为无氧距离能力（anaerobic distance capacity，ADC）（图 2.14）。依据作者整理的相关资料显示，临界速度与 4 mmol/L 乳酸阈、最大乳酸稳态（maximal lactate steady state，MLSS）没有显著差异，无氧距离能力则与最大累积氧亏（maximal accumulated oxygen deficit，MAOD）的大小有关。

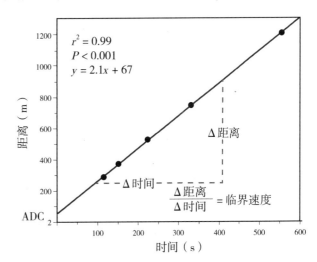

图 2.14 无氧距离能力（Berthoin 等，2003）

Florence 与 Weir（1997）针对 12 名纽约马拉松比赛跑者（6 名男性、6 名女性）进行了研究，发现通过最大摄氧量、换气阈值来预测马拉松比赛成绩，线性回归公式的决定系数（r^2 分别为 0.51、0.28）低于临界速度预测的决定系数（0.76），而且使用三个变量进行预测马拉松比赛成绩的逐步回归时，最大摄氧量的变量会被剔除。由此可见，评估跑者马拉松比赛跑步成绩的指标中，临界速度显然优于最大摄氧量与通气阈。

事实上，临界速度的评估方法有很多种，Bull 等（2008）提出五种评估临界速度的数学模型（图 2.15），包括线性总距离模型（linear total distance）、线性速度模型（linear velocity）、非线性二参数模型（nonlinear 2 parameter）、非线性三参数模型（nonlinear 3 parameter）、指数模型（exponential）等。通过非线性三参数模型推算的临界速度显著低于其他数学模型所推送的结果。Housh 等（2001）的研究也发现，不同数学模式评估的临界速度运动，生理反应（摄氧量、心率、乳酸阈）会出现显著的差异，其中以非线性三参数模式推算的临界速度强度运动时的生理反应最低，指数模型推算的临界速度强度运动时的生理反应最高。

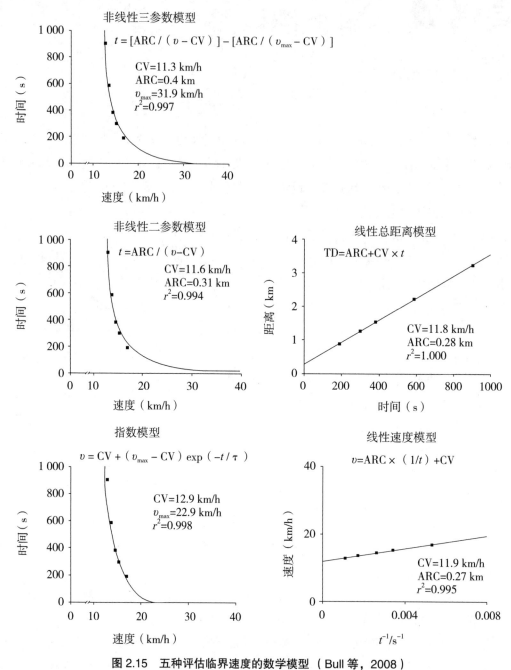

图 2.15 五种评估临界速度的数学模型（Bull 等，2008）

注：t. 时间；ARC. 无氧跑步能力；v. 速度；CV. 临界速度；v_{max}. 最大瞬时速度；TD. 总距离

实际临界速度的评估可以以速度与耐力关系的三参数模型理论为基础，进行临界速度（CV）、无氧跑步能力（anaerobic running capacity，ARC）与最大瞬时速度（maximal instantaneous velocity，V_{max}）的评估。临界速度代表理论上可以跑无限长距离的最大速度，无氧跑步能力代表理论上无氧代谢能够提供的最大跑步距离，最大瞬时速度代表理论上跑步时可以达到的最大速度。不过，在实际应用这种速度与耐力关系理论，采用三个参数（临界速度、无氧跑步能力、最大瞬时速度）评估人体跑步运动能力（有氧能力、无氧能力、速度能力）时，会受数学方程复杂程度（非线性）的影响。

运动生理学网站提供了跑步临界速度评估服务，使用者只要提供 2~6 个不同距离的跑步成绩，就可以评估出个人的临界速度与无氧跑步能力。除此之外，《跑步训练状况评估的训练处方运动强度》这篇文章整理了运动生理学网站一般人的跑步成绩预测和训练处方，通过两个特定距离跑步成绩进行跑步能力预测的线上程序，可以获得跑者的有氧指标（临界速度预测值）。当有氧指标（临界速度预测值）为 4.5 m/s（每千米 3 分 42 秒）时，跑者 5 000 m 跑步成绩在 15 分 30 秒至 16 分 30 秒之间，跑者马拉松跑步成绩在 2 小时 25 分至 2 小时 45 分之间；当有氧指标（临界速度预测值）为 3.5 m/s（每千米 4 分 46 秒）时，跑者 5 000 m 跑步成绩在 20 分至 21 分 30 秒之间，跑者马拉松跑步成绩在 3 小时 5 分至 3 小时 30 分之间。5 000 m 跑步成绩对应的跑步有氧指标（临界速度）的预测范围，请参考表 2.2。

表 2.2　跑步有氧指标——临界速度评估表

5 000 m 跑步成绩范围	临界速度预测范围	马拉松 跑步成绩预测范围
<15 分 0 秒	≥ 5 m/s（每千米 ≤ 3 分 20 秒）	<2 小时 25 分 0 秒
17 分 0 秒 ~ 15 分 0 秒	4.5 ~ 4.9 m/s（每千米 3 分 42 秒 ~ 3 分 24 秒）	2 小时 45 分 0 秒 ~ 2 小时 25 分 0 秒
19 分 0 秒 ~ 16 分 0 秒	4.0 ~ 4.4 m/s（每千米 4 分 10 秒 ~ 3 分 47 秒）	3 小时 05 分 0 秒 ~ 2 小时 35 分 0 秒
22 分 0 秒 ~ 18 分 0 秒	3.5 ~ 3.9 m/s（每千米 4 分 46 秒 ~ 4 分 16 秒）	3 小时 30 分 0 秒 ~ 2 小时 55 分 0 秒
25 分 0 秒 ~ 21 分 0 秒	3.0 ~ 3.4 m/s（每千米 5 分 33 秒 ~ 4 分 54 秒）	4 小时 00 分 0 秒 ~ 3 小时 25 分 0 秒
30 分 0 秒 ~ 24 分 0 秒	2.5 ~ 2.9 m/s（每千米 6 分 40 秒 ~ 5 分 45 秒）	4 小时 50 分 0 秒 ~ 3 小时 55 分 0 秒
>29 分 0 秒	≤ 2.4 m/s（每千米 ≥ 6 分 57 秒）	>4 小时 40 分 0 秒

相较于最大摄氧量与无氧阈评估跑步表现的效益，临界速度是评估跑步有氧能力的更有效指标。临界速度的评估受数学模型的显著影响，以非线性三参数模型理论计算的临界速度，最符合速度与耐力关系理论应用。

无氧跑步能力、最大瞬时速度——跑步无氧运动能力指标

人体的无氧运动能力可以简化为速度性无氧运动能力、质量性无氧运动能力两类，速度性无氧运动能力代表人体在短时间内产生最大负荷（或速度）的能力，质量性无氧运动能力则代表人体在短时间内的最大做功能力。两种无氧能力虽然互相关联，却也分别代表不同的无氧运动能力（吕香珠，1991）。

有关长距离跑步选手的无氧运动能力，由于不是影响跑步表现的最主要指标（主要指标是有氧运动能力），一般跑者不太重视，但是如果无氧运动能力不佳，很容易在较快速度条件下进行间歇训练时，出现过早疲劳现象；在长距离跑步最后的冲刺阶段，也会缺乏速度与动力。由此可见，提升长距离跑者的无氧运动能力，也是提升跑步表现的重要步骤。

过去有关跑步选手的无氧运动能力测验，除了最简单且直接的短距离最大努力跑步测验，几乎皆以非跑步形态的间接测验方式来进行，如垂直跳测验、Margaria 动力测验（跑台阶）、Wingate 无氧运动能力测验（使用脚踏车测功器）；最大累积氧亏测验，则由摄氧分析的方式进行氧不足的总量评估。事实上，通过速度耐力数学模式进行临界速度与无氧跑步能力的评估是长距离耐力运动表现评估的有效方法（Housh 等，2001；Berthoin 等，2003；Bull 等，2008）。王顺正等（2002）与吴忠芳等（2000）的研究指出，非线性三参数数学模型（三个参数分别是临界速度、无氧跑步能力、最大瞬时速度）获得的无氧跑步能力、最大瞬时速度结果，可以有效评估跑步选手的无氧运动能力。整体来看，非线性三参数数学模型推算的无氧跑步能力属于跑步选手的质量性无氧运动能力，最大瞬时速度则属于跑步选手的速度性无氧运动能力。实际进行跑步选手的无氧运动能力评估时，无氧跑步能力的评估结果会受到选定数学模型的显著影响。

Bosquet 等（2006）与 Bosquet 等（2007）以 17 名经常训练的跑者［最大摄氧量 66.54 mL/（kg·min）±7.29 mL/（kg·min）］为对象，进行五个不同距离的最大表现测验，通过不同速度耐力数学模型获得的无氧跑步能力，分别为线性总距离模型推算的无氧跑步能力为 205 m±70 m，线性速度模型推算的无氧跑步能力为 186 m±75 m，非线性二参数模型推算的无氧跑步能力为 222 m±61 m，非线性三参数模型推算的无氧跑步能力为 467 m±123 m。显然以三参数数学模型推算的无氧跑步能力的结果最高。非线性三参数模型推算的无氧跑步能力与其他方式推算无氧跑步能力的相关系数为 0.65~0.75（皆有显著相关）。当研究者采用不同的数学模型评估时，无氧跑步能力的评估结果会有显著的不同，特别是在采用三参数模型时，无氧跑步能力的评估会明显高出很多。

当采用线性总距离模型进行无氧跑步能力的评估时，Berthoin 等（2003）针对 8~11 岁人群的研究显示，无氧跑步能力的评估结果与最大累积氧亏（mL/kg）没有显著相关性。Zagatto 等（2013）的研究也发现，中距离跑者无氧跑步能力与最大累积氧亏没有显著相关性。Fukuda 等（2010）的研究则发现，肌酸摄取会显著提高男性受试者的无氧跑步能力，女性受试者则没有显著改变（图 2.16）。通过线性数学模型所推算的跑步无氧运动能力似乎与实际的跑步最大累积氧亏没有显著关系。

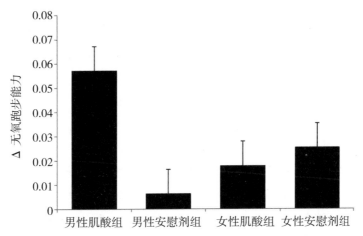

图 2.16　肌酸摄取对男女受试者的影响（Fukuda 等，2010）

Bosquet 等（2006）发现，以 40 m 冲刺的最后 10 m 的平均速度推算的耐力跑者的最大瞬时速度（8.43 m/s ± 0.33 m/s，）与通过数学模型推算的最大瞬时速度（7.80 m/s ± 0.93 m/s）有明显的差异。有关长距离跑步选手的最大瞬时速度研究还不多，实际上通过跑步速度耐力数学模型推算的最大瞬时速度是否具备测验的信度与效度，仍然需要进一步的研究来证实。Zacca 等（2010）以游泳选手为研究对象，发现三参数数学模型推算短距离游泳选手的最大瞬时速度（2.53 m/s ± 0.15 m/s）显著高于耐力游泳选手的最大瞬时速度（2.07 m/s ± 0.19 m/s）。最大瞬时速度代表跑步选手的速度性无氧运动能力，由于相关的研究不多，所以期待有更多跑步耐力选手的最大瞬时速度研究结果。

跑者要进行跑步无氧运动能力的指标评估时，需要了解使用的数学模型，以便确认无氧跑步能力、最大瞬时速度的实际评估方法。采用三参数数学模型进行评估时，跑者的跑步能力越佳，临界速度与最大瞬时速度的评估结果越好；无氧跑步能力则需视跑者的实际能力而定。有关无氧跑步能力、最大瞬时速度的评估效度，仍然需要进一步厘清。

提供一个有效的心肺耐力简易评估方式，一直是运动生理学研究的重要课题之一。然而，设计一套专门用在跑步机与健身运动器材的心肺耐力评估的简易测验流程，则少有研究进行探讨。

通过渐增强度的测验方式，进行最大摄氧量或无氧阈测验（林正常，1995）；几个固定强度的最大努力力竭运动方式，进行临界功率与临界速度测验（王顺正，林正常，1992；Lin 等，1999）；几个固定强度的固定时间运动方式，进行肌电图疲劳阈值（electromyogram fatigue threshold，EMGft；Moritani 等，1980）测验、最大乳酸稳态测验（Aunola 等，1992）等，都是在实验室中经常采用的心肺耐力测验方式。其中，渐增强度的最大摄氧量测验被认为是评估心肺适能的最标准测验。不过，昂贵设备的限制与复杂的检测流程，使最大摄氧量测验仅能在一些医院或运动生理学实验室中进行。事实上，有一些健身俱乐部级或实验室专用的跑步机，可以通过类似最大摄氧量测验的检测流程（如 Bruce 测验流程），在没有摄氧分析系统的条件下，用来推算受试者的最大摄氧量。可是，受试者往往需要持续运动到力竭，才能够获得有效的测量结果；用来测验的跑步机，则往往需要具备较大坡度（20% ~ 25%）的功能。

采用 35 ~ 50 cm 高的台阶，进行 3 分钟或 5 分钟的亚极量运动登阶测验，通过固定距离（1600 m 或 3000 m）的最大努力跑步时间测验，以及固定时间（12 分钟）的最大努力跑步距离测验等，都是在进行大样本的心肺适能测验时，不得不选择的简便测验方法。可惜，登阶测验受年龄（年龄大者，最大心率下降）与个别能力差异（心肺耐力佳者，相对的强度百分比下降）的显著影响（王顺正，林正常，1996），造成登阶测验的信度与效度受到质疑。固定距离与固定时间的跑步测验，则受到受试者是否认真参与测验的限制。王锭尧与王顺正（2004）、吕盈贤（2005）分别进行了跑步机与田径场的心肺恢复指数（同时考量运动时心率高低与运动后的心率恢复）测量，不仅可以控制运动测验时的强度高低（通过心率监测），还可以依据受试对象的年龄差异进行目标心率的调整，是有效的心肺耐力测验方向。不过，这样的测验方式还要记录停止跑步后的心率恢复时间，用来作为跑步机测验心肺耐力的流程，其似乎仍有无法立即获得测量结果的缺陷。

跑步临界速度测验流程，仅需要一部跑步机进行几个固定强度的最大努力跑步，可以说是目前直接应用跑步机进行心肺耐力评估的最普遍方法（Lin 等, 1999）。可惜测验时，几次最大努力的跑步时间测验，往往是受试者艰苦、效果却不佳（往往要测验 3 次力竭以上）的心肺耐力评估。后来，吴忠芳（2002）研究发现，以非最大跑步运动的摄氧量（80% 最大摄氧量）与心率（90% 最大心率）变化情形进行的临界速度推算，是有效的临界速度测验方法（受试者可以不必跑步到力竭）；王顺正等（2005）则使用的是亚极量运动的间歇测验（利用心率进行监控），在一次测验中进行四次间歇的跑步测验，可以获得有效的临界速度结果。这些仅通过跑步机与受试者心率变化特征进行的临界速度评估，虽然可以有效评估受试者的心肺耐力，但是，测验过程仍然需要重复进行几次（至少两次）亚极量运动测验，实际应用在跑步机测量心肺耐力的设计时，仍然有其测验流程上的限制。

在原来的心肺耐力评估概念下，对于渐增强度的最大运动测验流程、几个固定强度的最大运动测验流程、几个固定强度的亚极量运动测验流程、控制运动强度与运动后恢复的恢复指数测验流程等，要在跑步机上设计简单方便的心肺耐力有效测验流程，并且同时可以考量受试者年龄差异、体能水准等变量，显然是有困难的。

心率与运动强度的高低成正比吗？事实上，人体运动时的心率高低，不仅受运动强度的影响，也受运动时间长短的影响。中等强度下的固定速度运动，心率并不会出现稳定状况。Perry 等（2001）的研究指出，通过心率稳定阈值（physical working capacity at the heart rate threshold，PWCHRT）（Wagner 等，1993）方法测验的 PWCHRT 结果，以 PWCHRT 的80%、100% 或 120% 强度进行原地脚踏车的长时间运动，心率都不会出现稳定状态。杨群正（2005）的研究也发现，以 58% 最大摄氧量强度跑步 1 小时的运动过程中，跑者摄氧量并不会因为运动时间的增加而改变，心率却从第 10 分钟的 148 次 /min 增加到第 60 分钟的 162 次 /min。这种中等强度运动时心率不会达到稳定的特殊生理现象，如果具有随着心肺耐力优劣出现不同的心率上升情形，就可以通过这个心率上升的差异情形，用在跑步机评估受试者心肺耐力上。

相反，如果以心率控制的方式进行跑步机的跑步运动，为了维持心率的数值，跑步机的速度就不得不持续地下降，这种心率控制的跑步机速度下降率的运动生理现象，显然与跑者的心肺耐力有关。跑步机 80% 最大心率的心率控制跑速变异（running speed variable by heart rate control，RSVHRC）测验，就是以运动过程中心率不会稳定的运动生理现象，依据维持心率稳定的速度下降率，来进行运动者心肺耐力的评估。为了简化测验数据的计算方式，实际进行跑步机 80% 最大心率的 RSVHRC 数据计算时，以跑步机速度与运动时间的乘积（跑步距离），以及其与跑步时间的正比关系为计算 RSVHRC 的基础。

PWCHRT 测验与 80% 最大心率的 RSVHRC 测验都可以用来评估受试者的心肺耐力，不过，PWCHRT 测验必须至少经过两次固定速度（负荷）测验，80% 最大心率的 RSVHRC 测验则仅需要进行一次测验即可。由于心率极为敏感，而且容易受到测验前的运动状况影响，因此，实施 PWCHRT 测验时，要在至少两次的测验中取得正确的心率上升率，需要在较严格的测验情境下进行。

80% 最大心率的 RSVHRC 测验还可以以内建程序控制，直接在跑步机控制面板输入年龄后，就可以进行检测与评估，测验的结果也可以直接以跑步机面板的速度呈现，提高了测验的使用环境，在家庭用、专业用、实验用的跑步机上都可以进行。由此可见，跑步机 80% 最大心率的 RSVHRC 测验确实是简易方便、有效的心肺耐力测验方式。

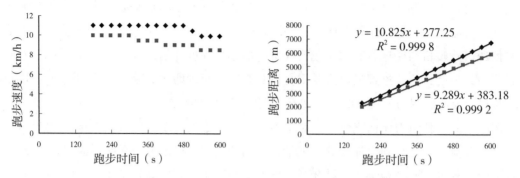

图 2.17　两名受试者跑步机 80% 最大心率的 RSVHRC 测量结果

图 2.17 依据两名受试者的测验资料对两次 RSVHRC 测验结果进行了比较。图中"◆"受试者的 RSVHRC 测验结果为 10.825 km/h，"■"受试者的 RSVHRC 测验结果为 9.289 km/h。

王顺正等（2005）的研究曾指出，80% 最大心率的 RSVHRC 是具有信度的心肺耐力测验（男：r=0.93、女：r=0.94）。此研究中 RSVHRC 与最大摄氧量的效标关联效度皆达显著相关（男：r=0.79、女：r=0.75）。胡文瑜等（2006）进行了不同时段（上午、中午和晚上）测验固定心率跑速变异的信度研究，证明了 RSVHRC 此种心肺适能检测方式不受时段的影响（r=0.99），再次确信此种检测方式是一项可靠且简便易操作的检测方法。林必宁（2006）以 80% 最大心率的 RSVHRC 检测流程为基础，将受试者分为青年组、青壮组与壮年组，设定三种运动强度（50% 最大心率、65% 最大心率和 80% 最大心率），并撷取不同强度在不同运动时间（5 分钟、10 分钟、15 分钟）、不同因子影响下 RSVHRC 检测的情形。结果显示，不同强度的 RSVHRC 测验在不同时间下均达显著相关（50% RSVHRC 在 5 分钟、10 分钟、15 分钟的相关系数分别为 0.82、0.82、0.81，65% RSVHRC 是 0.68、0.68、0.70，80% RSVHRC 是 0.75、0.75、0.77）；且以三个年龄层的 RSVHRC 与最大摄氧量的相关系数比较，发现壮年组在 50% 最大心率、65% 最大心率强度下的相关系数较高，青壮组在 80% 最大心率强度下的相关系数较高，青年组均偏低，代表 RSVHRC 不受年龄高低的影响，而与其心肺适能有关。

相较于其他心肺耐力的测验来看，跑步机 RSVHRC 测验具有仅需进行一次、受试者以非最大努力运动进行测验、固定测验时间为 10 分钟、测验效度中等的优点，尽管需要跑步机，但如果跑步机面板设计有可供使用者进行心肺耐力测验的程序，将是比最大摄氧量、无氧阈、临界速度、疲劳阈值的身体工作能力更简单方便的心肺耐力评估方式（表 2.3）。虽然其比登阶测验复杂，测验时间也较长，不过可以通过最大心率进行目标心率的控制，显然可以避免年龄因素的测验限制，避免年纪过大者的测验危险性（吴忠芳等，2006）。

RSVHRC 测验是现今运动科学进步的产物，操作者能以最短的时间熟悉操作并简单运用在各项运动类型上，其还能依据个体年龄的差异分别制定高、中和低的目标心率，完全不再要求身体于最大负荷下才能判定心肺适能的优劣，是安全、简便且实用的检测模式，适合各年龄层的教练与运动员使用。

表 2.3　不同心肺耐力测验方法的比较

测验方法	VO_{2max}	AT	CV	PWCft	Step test	RSVHRC
设备经费	高	高	中 （跑步机）	高	低	中 （跑步机）
测验次数	一次	一次 （多次）	至少三次	至少三次	一次	一次
受试者 努力程度	最大	非最大	最大	非最大	非最大	非最大
测验时间	长	中	长	长	短	中
年龄控制	—	—	—	—	无	有
测验效度	高	高	高	高	中	中

注：VO_{2max}. 最大摄氧量；AT. 无氧阈；CV. 临界速度；PWCft. 疲劳阈值的身体工作能力；Step test. 登阶测验

MEMO

第三章

跑步训练方法

影响运动参与效果的最主要因素之一是运动强度。是慢跑好呢？还是应该快跑？有时候，为了在短时间内达到测验成绩提升的目的，还会寻求增加跑步速度的秘方，如有人会问"800 m 的训练方法和呼吸"，"想在 6 分 30 秒内跑完 1200 m 该怎么配速及呼吸"。通常，运动者的自我感觉［运动强度的判定（运动自觉疲劳程度量表）］、心率（运动强度的判定）、摄氧量（运动强度的判定）、负荷与耐力状况（运动强度的判定）等，都可以用来评估运动时的强度高低（相对于个人的个别差异情形）。问题是知道如何判定强度以后，我们该选择哪一个强度运动呢？

其实，影响长距离跑步成绩的最主要生理变量是乳酸阈或通气阈的高低。也就是说，当运动参与者具备比较高的无氧阈时，其可以在比较高的强度（速度）下运动，相对的耐力运动表现的成绩就会显著上升。因此，如果训练时的强度具备提高无氧阈的效果，我们就可以说进行的是"有效训练"，长距离的跑步能力将会显著提升，心肺适能也会增强。

1997 年 Londeree 收集了发表于 1967—1994 年的 29 篇有关运动训练强度对乳酸阈或通气阈影响的文献（共 69 个研究团体对象，也就是有些研究同时有几个训练的组别），通过荟萃分析，进行详细的分析与比较，了解运动强度的高低对无氧阈训练的效果。图 3.1 显示的是不同运动强度（−1 代表停止训练，0 代表不训练的控制组，1 代表以低于乳酸阈或通气阈的强度训练，2 代表以乳酸阈或通气阈的强度进行训练，3 代表以 4 mmol/L 乳酸阈的强度进行训练，4 代表以高于 3 的强度到最大强度进行训练）对无氧阈的影响（各研究的训练时程为 8 ~

11 周）。Londeree 的研究发现，以无氧阈或低于无氧阈的强度进行训练时，训练的效果有显著提升（非线性的增加），超过无氧阈的强度进行训练时，训练的效果则有渐趋缓和的情形（趋近于线性增加）。也就是说，随着运动强度的增加，对心肺适能的训练效果会逐渐提高，当训练的强度超过无氧阈强度以后，训练的效果反而不再显著上升。

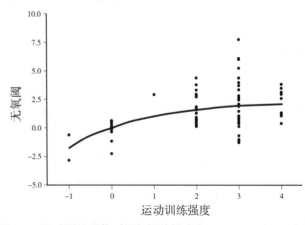

图 3.1　运动训练强度对无氧阈的影响（Londeree，1997）

图 3.2 显示的是针对受试者的能力进行分类后，训练强度对乳酸阈（图 3.2A）与通气阈（图 3.2B）的影响。图形的横轴中，C 代表训练对象为控制组（没有训练），S 代表训练对象为坐式工作者，T 代表训练对象为经常运动者；图形中的 a、b、c、d 相同时代表没有显著差异。

Londeree 的研究结果显示，对于一般坐式工作者而言，任何强度的运动训练都可以显著提升乳酸阈与通气阈的能力；经常运动者如果停止训练后，会显著降低通气阈，而且训练的强度如果太低（低于或等于乳酸阈或通气阈）时，对于心肺适能的增进效益是不会出现的。也就是说，对于经常运动的人来说，想要增进心肺适能，需要经过详细的规划与训练设计，训练的强度需要增加到明显高于乳酸阈的强度，才会出现训练的效果。Jones 与 Carter（2000）的文献探讨结果也显示，对于乳酸阈来说，越高的强度训练时效果越好（研究对象为经常参与运动者）。

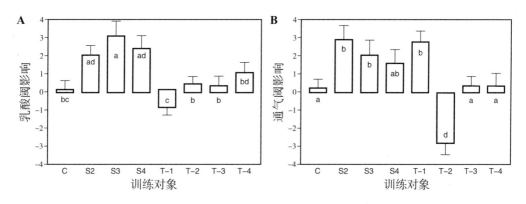

图 3.2 训练强度对乳酸阈（A）与通气阈（B）的影响（Londeree，1997）

对于一般人群，只要能够参与运动，不必考虑运动的强度，就可以显著提升心肺适能；如果你已经训练过一段时间，为了达到增加心肺适能的效果，适当提高训练时的强度是相当必要的。其实，影响耐力运动表现的因素除了无氧阈，还包括最大摄氧量、运动效率、摄氧量动力学等因素。不过，对于一般坐式工作者而言，似乎以低的强度进行足够时间的运动（最好每天 30 分钟），就可以获得心肺适能增进的效果。

轻松跑是有氧耐力训练的有效方法之一。轻松跑是指以低于无氧阈或临界速度的速度跑步 10 km 以上。轻松跑属于基础的有氧耐力训练，每周至少一次轻松跑（10 km 以上）就可以显著提高训练者的基础有氧运动能力。一般人群训练周期的总训练量中，应该有 55% ~ 65% 的训练量来自于轻松跑。如果每周训练的总距离是 50 km，轻松跑大约是 30 km（两次 15 km）的训练量。一般有氧耐力训练提到的基础耐力训练（Seiler 等，2009）、恢复跑、长距离慢跑（Kilgore，2006），都是指轻松跑训练。

长距离慢跑训练则是 Joe Henderson 在 1969 年提出的心肺耐力训练方法。这种训练的基本原则包括：一周最少跑 3 次，一周最多跑 5 次，每次最少跑 1 小时，每次最多跑 16.1 km，练习 5 个月之后每周至少跑一次 2 小时。

轻松跑与长距离慢跑通常是以 60% 最大摄氧量（Seiler，2009）或者 70% 最大摄氧量（Kilgore，2006）进行 10 km 以上的跑步有氧耐力训练；Dolgener 等（1994）的研究采用 60% ~ 75% 心率恢复（心率储备）强度进行长距离慢跑训练；Hottenrott 等（2012）的研究则主要采用 85% 乳酸阈速度（velocity of the lactate threshold，VLT）进行训练。无论如何，跑者采用低于无氧阈的强度，持续跑步 10 km 以上的运动形式，都可以界定为轻松跑。由于最大摄氧量测验与评估有难度，因此采用 60% ~ 75% 心率恢复或 80% ~ 85% 临界速度（或无氧阈、乳酸阈），进行长时间的跑步训练是可行性较高的轻松跑训练。对于一般人群来说，采用轻松跑的强度进行长时间训练，具有显著的心肺耐力训练效果；对于专业的跑步选手来说，采用轻松跑的强度进行长时间训练，则主要用于恢复跑的效果（对心肺耐力的训练效益有限）。

依据运动生理学网站跑步成绩预测、训练处方服务的线上程序，对于 5 km 跑步成绩约 25 分钟的一般跑者来说，采用 Riegel 成绩预测的临界速度为 3.03 m/s，以临界速度外加时间的方式进行轻松跑的处方设计时，轻松跑速度推算为每 400 m 跑 2 分 48 秒（5 km 跑 35 分钟 18 秒），持续跑步 10 ~ 15 km。如果刚开始进行跑步训练，可以先以更慢的速度持续跑步、逐渐增加跑步距离的方式进行训练，在训练的距离达到 10 km 后，再逐渐增加至轻松跑的跑步速度。

Dolgener 等（1994）以 51 名健康的、没有马拉松比赛经验的大学生为对象，依据最大摄氧量将他们平均分配为每周训练 6 天与 4 天的两组，训练强度都是 60% ~ 75% 心率恢复。经过 15 周的训练后，每周训练 4 天（训练量少于另一组 20%）者，马拉松比赛成绩、氧价等都与每周训练 6 天者有相似的训练效果。

Hottenrott 等（2012）则以 34 名休闲跑者为对象，把受试者随机分配为周末训练组、下班训练组，周末训练组每周在周末进行两次总运动时间 2 小时 30 分钟的持续耐力跑，下班训练组则每周在下班后进行总运动时间 4 小时 30 分钟的 85% 乳酸阈速度跑步训练及每周一次 30 分钟耐力跑。经过 12 周的训练后（图 3.3），尽管下班训练组峰值摄氧量的进步显著优于周末训练组，但是两组受试者半程马拉松的成绩并没有差异。Seiler（2010）的研究也指出，低强度长时间的训练对于耐力运动员生理适应相当重要。

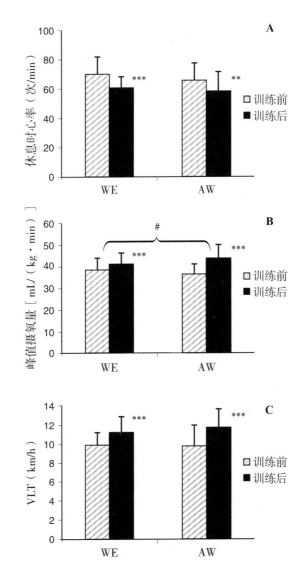

图 3.3　周末训练组（WE）和下班训练组（AW）经过 12 周训练后的效果（Hottenrott，2012）

注：**. 训练前后有显著差异，$P < 0.01$；***. 训练前后有显著差异，$P < 0.001$

　　不管轻松跑与长距离慢跑是否代表相同的心肺耐力训练方法，采用轻松与缓慢的方式进行心肺耐力的训练，都需要选定以低于临界速度（或无氧阈、乳酸阈）的强度，进行长时间（1 小时以上）的跑步训练。通过每周两次、选定适当的跑步速度、较长的跑步距离进行训练，对于构建基础心肺耐力是相当有效的训练方式。

节奏跑也是有氧耐力训练的有效方法之一。节奏跑训练是指以无氧阈或临界速度跑 5 ~ 10 km；或者以间歇的方式进行 4 ~ 6 趟 1600 m 的跑步训练，每趟中间休息 2 分钟。节奏跑有助于改善跑步效率、在适当的速度下改善跑步姿势与技巧。训练周期的总训练量中，应该有 10% ~ 15% 的训练量来自节奏跑。如果每周训练的总距离是 50 km，节奏跑 10 ~ 15 km，也就是每周有 1 ~ 2 次的节奏跑训练。一般有氧耐力训练使用的阈值训练、乳酸阈训练、乳酸转折点（lactate turnpoint，LT）训练，都是指节奏跑训练。

国际田联（IAAF, 2008）提出的 LT 训练方法通常包括 20 ~ 40 分钟的 LT 训练、12 分钟的 LT 训练、3 ~ 4 趟 7 分钟的 LT 训练（间歇休息时间 2 分钟）、4 ~ 7 趟 1600 m 的 LT 训练（间歇休息时间 1.5 分钟）、3 ~ 4 趟 2400 m 的 LT 训练（间歇休息 2 分钟）、2 ~ 3 趟 3200 m 的 LT 训练（间歇休息 3 分钟）、2 趟 4800 m 的 LT 训练（间歇休息 4 分钟）、1.61 km 的 LT 训练等。IAAF（2008）还建议跑者每周应进行 4.8 ~ 19.3 km 的 LT 训练，或者把每周训练距离的 6% ~ 15% 用于 LT 训练。

有关节奏跑训练时跑步强度的选定，通常是指可以持续跑步 40 ~ 60 分钟的最大速度，如果跑步速度低于节奏跑速度时，跑者可以轻松跑步 60 分钟以上，如果速度太快则无法持续太长的跑步距离。Seiler 与 Tonnessen（2009）指出节奏跑的强度为乳酸浓度 3 ~ 4 mmol/L 强度（约 85% 最大摄氧量），Kilgore（2006）也指出节奏跑的速度是 85% 最大摄氧量强度，IAAF（2008）则建议以 10 km 的成绩加上 10% 时间的速度来简易判定节奏跑强度。Karp（2011）提出一般跑者节奏跑速度（跑 1.61 km 的时间），是以 5 km 成绩加 10 ~ 15 秒（1.61 km），或者就是 10 km 成绩（如果超过 40 分钟时）。优秀跑者的节奏跑速度是 5 km 成绩加 25 ~ 30 秒（1.61 km），或者 10 km 成绩加 15 ~ 20 秒（1.61 km，Karp，2012）。Williams（2014）指出，阈值训练或节奏跑训练使用的速度也是 5 km 速度加 25 ~ 30 秒（1.61 km）的速度。

依据运动生理学网站跑步成绩预测、训练处方服务的线上程序，对于 5 km 跑步成绩约 25 分钟的一般跑者来说，采用 Riegel 成绩预测的临界速度为 3.03 m/s，以临界速度的强度进行节奏跑的处方设计时，节奏跑跑步强度为每 400 m 跑 2 分 12 秒（每千米 5 分 31 秒，5 km 27 分 35 秒），持续跑步 10 ~ 15 km（建议在进行节奏跑训练前，可以先进行 10 ~ 15 分钟的热身活动或更低速度的慢跑）。

Hamstra-Wright 等（2013）以芝加哥地区跑步协会的健康成人会员为对象进行了研究，其中共有 115 名受试者完成 18 周的马拉松训练计划，并且记录参与训练计划前的每周轻松跑、节奏跑、间歇跑、长距离慢跑、每周跑步次数、每周跑步距离。研究发现，每周跑步训练形态的比例为轻松跑 77.4%、节奏跑 57.4%、间歇跑 34.8%、长距离跑 80.9%，进行节奏跑训练

（n=32，马拉松比赛成绩 282.12 分钟 ±50.85 分钟）、间歇跑训练（n=20，马拉松比赛成绩 265.12 分钟 ±47.02 分钟）的跑者，马拉松比赛完成成绩显著优于没有进行节奏跑（快 14%）、没有进行间歇跑训练（快 18%）的跑者；而且每周跑步 66～80.5 km（n=2，马拉松比赛成绩 225.03 分钟 ±47.75 分钟）、每周训练 5～6 天（n=5，马拉松比赛成绩 225.76 分钟 ±24.14 分钟）的跑者，马拉松比赛完成成绩显著优于训练距离较短、训练天数较少的跑者（图 3.4）。研究也发现，节奏跑与跑步运动损伤具有显著的正相关，而且通常进行节奏跑与间歇跑的跑者，同时会有较高的每周跑步距离与训练天数。由此可见，节奏跑训练是提升马拉松比赛成绩的重要训练方法，但是同时也可能是造成跑步运动损伤的原因。

节奏跑与阈值训练是提升长距离跑步、马拉松比赛成绩的重要训练方法，为了避免训练可能造成的下肢运动损伤，每周的训练量为总训练距离的 10%～15% 即可，而且应该依据跑者的训练情况逐渐增加节奏跑训练的训练量。

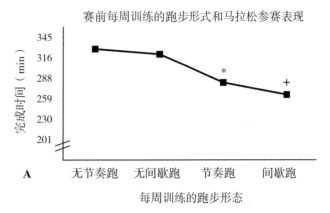

注：*.在训练期间进行或不进行节奏跑的人在完成时间上存在显著差异；
+.在训练期间进行或不进行间歇跑的人在完成时间上存在显著差异

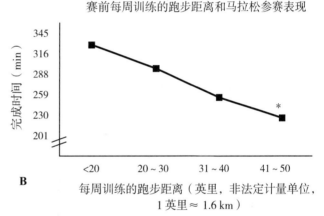

注：*.在训练期间每周跑 41～50 英里的人的完成时间与跑步少于 20 英里、20～30 英里、31～40 英里的人相比皆有显著差异

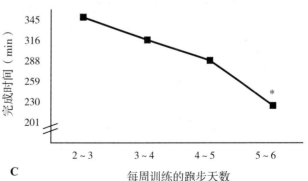

注：*.在训练期间每周跑步 5～6 天的人完成时间与那些跑 2～3 天、3～4 天、4～5 天的人相比有显著差异

图 3.4　跑者为期 18 周的跑步训练计划内容与马拉松成绩之间的关系

"三次 1 km 的跑步训练效果会不会比一次 3 km 的跑步训练效果好？"对于经常跑步的一般跑者来说，一次跑几千米的距离并不困难，但是，每天进行固定距离的慢跑，似乎有枯燥、没有变化的缺点。而且，对于刚开始跑步的运动参与者而言，一次跑几千米的距离似乎有一点恐怖，再加上不会"放慢速度跑步"、有"跑快一点才有效"的错误认知，往往在运动场上跑一圈（400 m）就会相当疲劳。其实，通过分段的方式进行运动，是提升运动训练效率的重要方式。

依据人体运动时的能量供应观点来看，长期进行等距离的低强度、长时间运动训练后，确实会造成有氧能量系统的能力提升。但是，磷酸肌酸能量（ATP-PC）系统与乳酸能量系统则不容易出现明显的进展。其实，早在六七十年以前，Roger Bannister 即采用间歇训练的方式进行跑步训练。Bannister 不仅是第一位突破 4 分钟（1.61 km）的优秀运动员，而且他还是一位医生。由于学校与医院的工作很忙，每日训练的时间非常有限，因此其想出了间歇训练的方式进行训练。这种分段跑步的训练与间歇训练，仍然是目前世界上优秀跑步选手经常采用的重要训练方式之一。

事实上，有很多专门探讨间歇训练的书籍。通常，有关运动员的间歇训练计划包括运动强度高低、休息时间长短、运动反复次数、运动组数次数等，这些组成要素皆需要严格的规范。在系统化的规划下，间歇训练可以提高运动员的运动表现。对于一般跑者来说，如果能够粗略了解间歇训练的理论与训练方式，并用于实际的运动过程中，绝对可以提高运动效率、降低运动疲劳，进而可以享受运动参与的乐趣与好处。

对于一般跑者来说，如果慢跑 3 km 的跑步时间是 18 分钟，那么，按三次 1 km、每次跑 6 分钟、每次跑步间休息 1 分钟的方式跑步后，不仅心率、摄氧量会较低，血液中的乳酸浓度也会显著降低，而且，跑者也会感觉比一次跑完 3 km 轻松许多。因此，如果我们将两次休息 1 分钟的时间，平均分配到三次 1 km 的跑步中，也就是以 1 km 5 分 20 秒的速度跑步三次、每次跑步间休息 1 分钟的方式参与运动，大概可以获得类似一次跑完全程 3 km 的疲劳感觉（当然，感觉状况会有个体差异），但是，运动时的强度却明显增加。事实上，如果每次运动的距离缩短、间歇的次数增加（总运动距离不变），可增加训练强度如十次 300 m 的跑步、每次跑步间休息时间仍然为 1 分钟时，每次跑 300 m 的时间则可以减至 54 秒（每跑 100 m 用时 18 秒的速度）。

由此可见，在相同的跑步距离与总运动时间（包括间歇休息时间）条件下，随着每次运动的距离缩短、间歇训练的次数增加，运动参与者可以逐渐地增加运动训练的强度。间歇训练可以依据自己的需要，经过简单的间歇次数设计，调整自己的运动训练强度。

如果以慢跑 3 km 的速度（18 分钟）来跑十次 300 m（每次跑步间休息 1 分钟），那么每次跑 300 m 的时间则为 1 分 48 秒（1.8 分钟），十次跑 300 m 的时间加休息九次的时间共为 27 分钟。对于需要增加运动量的一般跑者来说，以跑 3 km 的速度来跑十次 300 m 后，由于反复休息的关系，跑者仍然会感觉较轻松；因此，一般跑者可以通过这种跑步速度固定、休息次数增加的方式来增加跑步的次数，进而提高运动量。

以 3 km 的跑步运动为例，在相同的运动强度下，进行间歇跑步时，分为三次、每次 1 km 的间歇跑步，可以增加跑步次数 1～2 次，也就是可以增加 1 km 至 2 km 的运动量；分为五次、每次 600 m 的间歇跑步，可以增加跑步次数 2～3 次，也就是可以增加 1200 m 至 1800 m 的运动量；分为十次、每次 300 m 的间歇跑步，可以增加跑步次数 5～6 次，也就是可以增加 1500～1800 m 的运动量。由此可见，随着跑步距离的减少、休息次数的增加，在相同的运动强度下，运动参与者可以逐渐增加运动训练的距离。间歇训练可以依据自己的需要，经过简单的间歇次数设计，调整自己的运动量。

间歇训练的编排注意事项，包括决定能量供应系统、设定运动期与休息期的时间、选择反复次数与组数、选择训练强度。

人体进行不同时间的最大运动时，能量的供应来源不同。10 秒以内的短时间最大运动，能量来源主要为肌肉中的 ATP-PC 系统；1～2 分钟左右的最大运动，能量来源主要为 ATP-PC 系统与乳酸系统；3 分钟以上的最大运动或其他低强度、长时间的运动，能量来源则主要为有氧系统。因此，跑者必须清楚地知道自己希望的训练的能量系统来源，那么设计出来的间歇训练才能够符合运动训练的"特殊性"原则。对于一般跑者来说，平均分配三种能量系统的训练内容，显然有其必要性。但是，在没有竞技比赛需求的条件下，似乎仍然以低强度的有氧能量系统的训练需求较高。

间歇训练专家皆建议，运动的时间以 20 秒以上、2 分钟以下为原则。这是因为：①低于 20 秒的运动时间，主要的能量来源为肌肉中储存的腺苷三磷酸（ATP）与磷酸肌酸（PC），而且，经过 1 分钟的休息期后，肌肉中的 ATP 与 PC 会很快恢复，造成不断刺激使用无氧性的能量系统的现象。②2 分钟以上的运动则会因为运动时间过长，造成有氧代谢供应比例增加，不仅无法增加运动的强度，反而容易趋近于反复训练的现象。

休息的时间受休息方式（原地踏步、走路、慢跑等）的显著影响。一般来说，休息时间以 1～2 分钟最多。如果运动时间长达 3 分钟以上，休息时间可能需要 2～3 分钟；20～30 秒的运动时间，休息时间往往也需要 1 分钟以上。不过，休息时间往往与整体的运动强度有关。事实上，对于经验丰富的教练来说，有关运动与休息的时间设计，并没有标准的规范。如何安排适当的运动与休息时间，完全由运动指导者与运动参与者的训练目标决定。例如，在运动训练中，常见中长距离选手利用 400 m、50 m 或 300 m、50 m，配合极短的休息期，进行最大乳酸耐受训练。运动期与休息期的时间调配，似乎正是间歇训练的精髓所在。

间歇训练到底应该反复几次？这主要由运动者的能力、运动的强度、运动与休息时间等因素决定。通常，间歇训练的专家皆建议，总训练的距离应该以 2～3 km 为佳。随着运动强度的增加，如果反复的次数过多，也会有休息不足的问题，因此，间歇训练通常在 3~5 次的反复次数后，会有较长时间的休息。这种 3~5 次的反复次数称为组（set）；当反复的次数太多时，可以通过组别的设计，增加休息时间，提高运动的训练量。对于一般跑者来说，依据自己的需求与能力，规划负荷适当且足以轻松完成的反复次数，显然比是否达到足够的反复次数与组数来得重要。

训练的强度与休息方式是依据能量系统来设定的。通常，一般跑者皆以提升有氧性的能量系统为主，因此，在此仅介绍有氧代谢能量的间歇训练强度设计。每一个人的运动能力皆有个体差异，因此，一般跑者进行有氧性的间歇训练时，可以通过目标心率的方法来编排运动强度（表 3.1）。如果你 35 岁，那么运动时的目标心率以 160 次/min 的强度为基准，休息时的目标心率以 120 次/min 的恢复为目标（下降到 120 次/min 后，再开始下一个反复），组与组间的休息目标心率为 110 次/min（下降到 110 次/min 后，再开始下一组的训练）。

表 3.1　不同年龄间歇训练的目标心率（次/min）

年龄	运动时的目标心率	休息时的目标心率（组间）
20 岁以下	180	140（120）
20~29 岁	170	130（115）
30~39 岁	160	120（110）
40~49 岁	150	110（105）
50~59 岁	140	100（100）
60~69 岁	130	90（90）

也有间歇训练专家指出，进行 50 m 间歇时，运动时的强度为 50 m 最佳成绩加 1.5 秒；进行 100 m 间歇时，运动时的强度为 100 m 最佳成绩加 3 秒；进行 200 m 间歇时，运动时的强度为 200 m 最佳成绩加 5 秒。不过，很显然的，这样的运动强度不一定适合一般跑者。

事实上，对于大部分较少参与运动的跑者来说，往往以快走的方式即可以达到间歇训练的目标心率；也常有一些人，休息时的目标心率往往需要 2 分钟以上的休息时间才能达到，组间的休息目标心率则需要更长的时间才能达到。因此，清楚了解身体在运动时的生理状况，对于间歇训练的编排相当重要。如果你以为，不断的"间歇跑步"才叫间歇训练，那就犯了运动强度判定的错误了。

无论如何，间歇训练的训练计划，虽然可以通过简单的文字进行描述与说明，但是，运动生理学专家与专业教练都知道，训练计划的设计其实是一门艺术。依据跑者的能力与需要设计出来的间歇训练计划，才是有意义的运动计划。对于一般跑者而言，去体验分段完成固定距离的感受，显然可以提高运动参与过程的变化性，避免反复相同运动强度与运动时间的枯燥感。查看间歇训练的流程，你会发现，简单的跑步运动也可以很有趣、很有意义。

近年来，马拉松赛事在各地如雨后春笋般地展开，随着媒体的行销宣传，越来越多的人参与这样的活动盛事，这也表示喜爱从事长跑运动的人日益增多。然而，不论你是参与全程还是半程马拉松，10 km 还是 5 km 的比赛，对于一般跑者而言，要跑完全程是一项艰巨的挑战。因此参赛者要么在赛前进行体能训练，要么在平日生活中已有规律的运动习惯，才能有充足的体力与耐力应付如此长距离、长时间的比赛。

一般针对这样性质的比赛，其主要的训练大概就是中等、中低强度的长距离耐力跑，由耐力跑来提升个体的有氧运动能力，使运动能够更持久。除此之外，假使每天都进行固定距离固定强度的慢跑训练，似乎也会显得单调、没有变化，且容易降低参与者对训练的兴趣甚至导致厌倦而放弃，因此在训练计划中，有时需搭配不一样的训练方式。例如，间歇训练方式就常常被从事耐力训练的选手运用，在训练计划中穿插以分段的方式进行的运动，这样的训练不仅使训练计划更加有趣、多变，更是提升运动训练效率的重要方式。

短冲间歇训练（sprint interval training, SIT）是 Woldemar Gerschler 于 70 多年前提出的训练方法。应用这样的训练方式，在当代运动场上有助于促进选手的运动表现，并且多次创造世界纪录（Coyle，2005）。虽然短冲间歇训练已有 70 多年之久，过去许多优秀的运动选手也经常使用这样的训练方法，但是这样的训练技巧却是近几年才得到科学验证的。针对目前短冲间歇训练内容及训练效果，在此介绍几个相关的研究成果。

早期，Parra 等（2000）曾针对短冲间歇训练，探讨了休息时间的不同对训练效果的影响性。研究发现，在相同高强度肌肉负荷的训练下，不论是短暂的休息组（SP 组，每日训练）或是长时间的休息组（LP 组，间隔两天训练），皆能增强无氧及有氧代谢酶的活性，但提升成绩进步的效果则会因休息时间分配的不同而有所差异。实验结果也显示，虽然每日训练的 SP 组在许多代谢酶上有较多的增进情形，但间隔两天训练的 LP 组在最高动力值、平均动力值上则比 SP 组有明显的进步情形（图 3.5）。

Creer 等（2004）针对自行车选手，探讨了在平时的耐力训练上搭配 4 周的短冲间歇训练对神经中枢、新陈代谢及生理适应的影响。实验结果显示：训练结束后，实验组（有短冲间歇训练）在运动中乳酸量与运动总输出功率上有增加的情形，控制组（无短冲间歇训练）则无改变；而在最高动力值、平均动力值与最大摄氧量方面，实验组及控制组皆有增加。这样的结果显示控制组也许并未充分掌控好实验上的控制。但依据此研究仍旧可以推论，搭配 4 周的短冲间歇训练相对于单一的长时间耐力训练，是一个较能够增加运动单位活化、运动时的乳酸水平及总输出功率的训练方式。

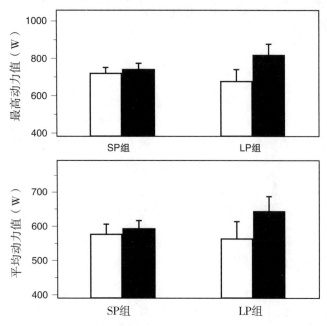

图 3.5　SP 组与 LP 组在最高动力值、平均动力值上的差别（Parra 等，2000）

　　Burgomaster 等（2005）利用 Parra 等在 2000 年的研究，重新设计了实验内容，目的是探讨短冲间歇训练对个体肌肉氧化能力及脚踏车运动耐力表现的影响力。研究对象为 16 名没有从事组织性训练计划、每周从事休闲性活动 2~3 次的大学生。其中有 8 人实施为期 2 周的间歇训练计划（实验组），另外 8 人则不从事任何训练（控制组）。训练内容为在 2 周内进行 6 组训练，每组训练为 4~7 次的 30 秒脚踏车最大努力冲刺，且在每次的冲刺之间会有 4 分钟的恢复时间，同时每组的训练间休息 1~2 天以达到恢复的目的。运动表现借脚踏车测验进行评估，在 80% 的峰值摄氧量强度下，测验参与者在力竭之前的骑车时间，进而比较训练前后的差异。研究发现（图 3.6），实验组的柠檬酸合酶（citrate synthase，CS）最大活动力增加了 38%（每小时蛋白质湿重 4.0 mol/kg ± 0.7 mol/kg vs. 5.5 mol/kg ± 1.0 mol/kg）；休息时肌糖原含量增加了 26%（活体样本干重 489 mmol/kg ± 57 mmol/kg vs. 614 mmol/kg ± 39 mmol/kg）；最令人惊讶的是，在接受短冲间歇训练后，经 80% 的峰值摄氧量强度进行力竭测试，平均达到力竭的时间竟增加了 100%（26 min ± 5 min vs 51 min ± 11 min）。虽然在训练后，个体的峰值摄氧量并没有显著改变，但由以上结果我们可以知道，短冲间歇训练（2 周内大约总共 15 分钟的冲刺训练）确实能够增强肌肉氧化能力并提升脚踏车运动中的耐力表现。

　　利用短时间高强度的短冲间歇训练，确实能够提升肌肉氧化能力与长时间的耐力表现。这样的研究结果对大家有何重要的意义呢？ Gibala 等（2006）针对骨骼肌与运动表现两项，将短冲间歇训练和传统的耐力训练进行了比较，结果显示，高强度的短冲间歇训练能够在短时间（2 周）内有效增加个体的有氧耐力。与传统耐力训练（约 65% 峰值摄氧量）比较，经过短时间短冲间歇训练（约 250% 峰值摄氧量）后，肌肉耐乳酸能力、肌糖原含量与运动表现并无显著差异，但整体运动训练量却只有传统耐力训练量的 10%。

短冲间歇训练是短时间、有效率的训练手段，正迎合现代人之诉求。也就是说，如果没有太多的时间甚至不想花太多时间从事长时间的有氧运动，可以通过 2 周大约 15 分钟的高强度短冲间歇训练达到和长时间耐力训练一样的效果。短冲间歇训练是一种可以在相对短的时间有效改善健康与身体适能的策略，但不一定适用于所有人。研究证实，短冲间歇训练并非只适用于优秀运动员，即使是较年长者或心血管疾病患者，在适当监督下一样也能够在短冲间歇训练中获益。

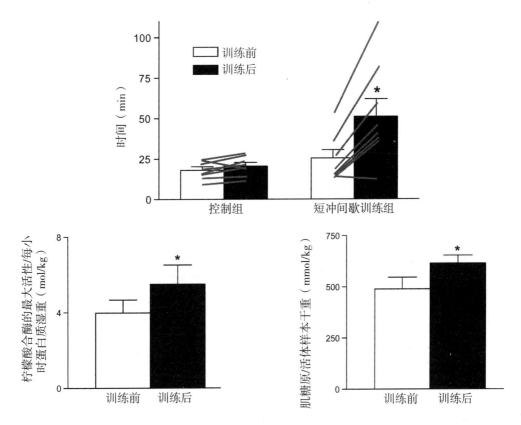

图 3.6　2 周短冲间歇训练前后采样休息时的肌肉组织活体样本，测量肌肉细胞柠檬酸合酶的最大活性和肝糖原浓度（8 位受试者资料平均值）（Burgomaster 等，2005）

最大摄氧量速度是最大摄氧量与跑步效率的综合指标。在相同的渐增跑步速度运动的流程下，最大有氧运动能力较佳者，可以进行较长时间的最大摄氧量检测过程（时间较长出现较大跑步速度的概率越高），进而获得较大的最大摄氧量速度。特别是在固定跑步速度下摄氧量偏高、被认为具备较差"跑步效率"的跑者，通过最大摄氧量速度资料，可以得到另一个层面的最大有氧运动能力的判定标准，可以将人体摄氧能力高低与使用氧气效率好坏，整合性地呈现出来。由此可见，最大摄氧量速度是最大有氧运动能力评估的最重要指标。

实际进行最大摄氧量速度的评估时，通常会搭配渐增速度的最大摄氧量测验，再以两次固定速度、没有坡度的跑步机负荷，进行摄氧量的测量，然后通过两次测验的速度与摄氧量的线性关系，计算在最大摄氧量出现时的速度。通常在运动训练前后，运动员经常出现最大摄氧量没有改变、最大摄氧量速度显著提升的现象（图 3.7，Billat 等，2006）。

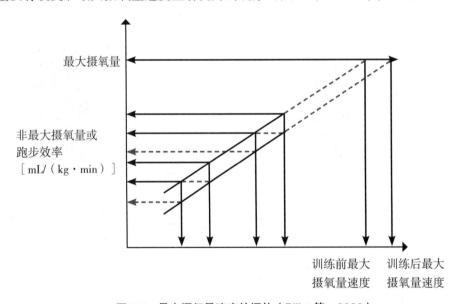

图 3.7　最大摄氧量速度的评估（Billat 等，2006）

除了用来评估最大有氧运动能力，最大摄氧量速度还经常用作实验室中的运动训练强度控制依据（标准化运动训练强度，如 65% 最大摄氧量即代表最大摄氧量速度的 65%），以及运动场上间歇训练时的强度选定依据。《有氧耐力训练的处方设计》中指出，以最大摄氧量速度进行 6 次 800 m 的跑步间歇训练（每次休息时间为跑步时间的 1 ~ 2 倍），可以有效提升心肺耐力、跑步效率与跑步技巧。训练周期的总训练量中，应该有 5% ~ 10% 的训练量来自于最大摄氧量速度的间歇训练。如果每周训练的总距离是 50 km，每周进行一次最大摄氧量速度间歇训练［（6～8次）×800 m］。如果是 400 m 间歇（请参考训练处方中的 400 m 训练秒数），每周则进行一次（10～12次）×400 m 的间歇训练。

Karp（2009）则建议增加的心肺耐力训练包括针对心血管因素、肌肉因素、代谢因素、神经肌肉因素的训练。改善心血管因素的训练方法，可以采用最大摄氧量速度强度的间歇训练来进行，训练的方法包括采用最大摄氧量速度进行 5 次 1000 m 跑步（跑步：休息时间为 1：＜1）、采用最大摄氧量速度进行 4 次 1200 m 跑步（跑步：休息时间为 1：＜1）、采用最大摄氧量速度进行 16 次 400 m 跑步（跑步：休息时间为 1：＜1）；改善肌肉因素的训练方法为渐增训练量（距离）的周期训练（请参考第三章第二节"轻松跑与长距离慢跑"）；改善代谢因素的训练方法是节奏跑训练（请参考第三章第三节"节奏跑与阈值训练"）；改善神经肌肉因素的训练方法为肌力训练与动力式肌力训练。

Bragada 等（2010）以 18 名经常训练的中距离跑者为对象，进行 2 年（共 6 次测验）的 3000 m 跑步纵向表现与运动生理参数的相关研究。研究显示，3000 m 跑步成绩与最大摄氧量速度和 4 mmol/L 乳酸浓度速度的相关性最高；3000 m 跑步成绩范围是 97%～101% 的最大摄氧量速度，也就是说 3000 m 跑步成绩不仅与最大摄氧量速度具备高相关性，而且 3000 m 的跑步平均速度约等于最大摄氧量速度。

Guglielmo 等（2012）针对 9 名耐力运动员进行了测验，发现最大摄氧量速度与 1500 m 跑步表现、3000 m 跑步表现具备显著相关性（$r=-0.78$、$r=-0.81$），但是代表最大有氧运动能力的最大摄氧量，以及代表无氧阈能力的乳酸阈值速度（vOBLA）、最大乳酸稳定状态速度（vMLSS）皆没有显著相关性（表 3.2）。Loprinzi 与 Brown（2012）的研究也发现，最大摄氧量速度与 3.22 km 跑步成绩的相关性最高（$r=-0.98$）。由此可见，最大摄氧量速度似乎与中距离跑步成绩（3 km）的相关程度较高，而且最大摄氧量速度几乎等于 3 km 跑步平均成绩。

表 3.2 各参数与不同距离跑步表现的关系

参数	1.5 km	3 km	5 km
最大摄氧量［mL/（kg·min）］	−0.32	−0.16	−0.13
最大摄氧量速度（km/h）	−0.78	−0.81	−0.50
乳酸阈值速度（km/h）	0.11	−0.14	−0.41
最大乳酸稳定状态速度（km/h）	0.30	0.17	0.02

依据运动生理学网站跑步成绩预测、训练处方服务的线上程序，对于以 5 km 跑步成绩为约 25 分钟的一般跑者来说，采用 Riegel 成绩预测的最大摄氧量速度为 3.44 m/s，最大摄氧量速度间歇跑步速度推算为：400 m 跑 1 分 56 秒，10～12 次（每次休息时间等于或小于跑步时间的 1～2 倍）；800 m 跑 3 分 52 秒，6～8 次（每次休息时间等于或小于跑步时间的 1～2 倍）；1200 m 跑 5 分 48 秒，4 次（每次休息时间等于或小于跑步时间的 1～2 倍）。

最大摄氧量速度是评估长距离跑步表现的最重要指标。对于参与跑步运动的一般跑者来说，为了提高跑步成绩，进行适当的最大摄氧量速度强度间歇训练，可以有效提升长距离的跑步表现。如果没有机会进行实验室的渐增强度最大摄氧量速度测验，通过简易的中距离（3000 m）跑步成绩测验，也可以获得具有代表性的最大摄氧量速度跑步速度，进而取得进行间歇训练的有效跑步速度。

最大摄氧量速度的应用——高强度间歇训练强度

最大摄氧量速度除了是评估长距离跑步表现的最重要指标，以及用来作为间歇训练的强度设定依据之外，还可以用来作为高强度间歇训练（high-intensity interval training, HIIT）的强度设定依据。

根据短冲间歇训练的介绍，短冲间歇训练利用短时间高强度的间歇训练，确实能够提升肌肉氧化能力与长时间的耐力表现。一般跑者可以通过2周大约15分钟的高强度短冲间歇训练达到和长时间耐力训练一样的效果。短冲间歇训练的优点为训练时间短，每回仅做4~7次30秒的最大努力；训练周期短，多为短周期训练，且研究成果是受肯定的。短冲间歇训练对于缺乏时间运动的人，用短时间激烈的运动来换取运动量，或许是种不错的选择。然而短冲间歇训练仍然有一些实际操作上的问题，像高强度（最大努力）骑车或跑步，虽然只有4~7次（30秒）的最大努力，一般人较难达到。再者，短冲间歇训练在文献中实验工具多为脚踏车，跑步机可能不适宜使用，因此渐渐衍生出高强度间歇训练的方式（Edge等，2006）。

高强度间歇训练的效果与中等强度运动类似，但所需付出的训练时间（单次训练时间与训练周期较短）与训练量（做功量或跑步里程）较少，主要用于增进肌肉内氧化酶活性，提高脂肪代谢的比例，降低固定强度的乳酸及乳酸阈、最大摄氧量等心肺耐力指标。选择较高的可负荷运动强度、使用较少的时间，不仅可以提升运动的效率，也可以让身体取得更佳的运动效果。一般跑者应该采用什么强度的训练呢？

依据运动生理学网站跑步成绩预测、训练处方服务的智慧型设计跑步训练处方，以最大摄氧量速度的110%~125%，进行8~12次400 m的高强度间歇训练（每次休息时间为跑步时间的2~3倍），可以有效提升乳酸耐力、心肺耐力、跑步效率与跑步技巧。训练周期的总训练量中，应该有5%~10%的训练量来自高强度间歇训练。如果每周训练的总距离是50 km，每周进行一回高强度间歇训练［（8~12）次×400 m］。

依据运动生理学网站的设计，高强度间歇训练的训练强度为最大摄氧量速度的110%~125%。以5 km跑步成绩为25分钟的一般跑者为例，进行高强度间歇训练的训练处方，即以每400 m 93~105秒的时间进行8~12次的间歇跑步，每次休息时间为跑步时间的2~3倍（本例为3~5分钟）；跑步时间的快慢、休息时间的长短，皆以跑者可以完成至少8次400 m的跑步为基准，并且以可以完成12次400 m的跑步为目标。通过高强度间歇训练进行心肺耐力训练效率高、时间短，值得热爱跑步运动的一般跑者实际应用。

通常会以高强度间歇训练、间歇训练（采用最大摄氧量速度）、节奏跑（采用无氧阈或临界速度强度）训练及轻松跑（低于无氧阈或临界速度强度）训练，来进行有氧耐力训练的运动处方规划与训练。

Seiler 与 Tonnessen（2009）的研究指出，优秀耐力运动员的典型运动时间、运动强度训练处方规划，可以分为基础耐力、阈值训练、90% 间歇、最大摄氧量间歇四种训练，各种训练方法的训练时间（训练强度）分别为 120 分钟（60% 最大摄氧量）、60 分钟（4 次 15 分钟、85% 最大摄氧量）、40 分钟（5 次 8 分钟、90% 最大摄氧量）、24 分钟（6 次 4 分钟、最大摄氧量）。

Kilgore（2006）在跑步训练处方问题的文章中提出了恢复跑、长距离慢跑、节奏跑、间歇训练、重复间歇训练的训练处方。恢复跑与长距离慢跑都采用接近 70% 最大摄氧量强度，持续跑步 20~60 分钟的为恢复跑、60~120 分钟的为长距离慢跑，主要的训练效益在于增加有氧代谢能量供应物质的储存、提升氧化酶活性，训练目的为跑得更久，而不是跑得更快。节奏跑训练则以 85% 最大摄氧量强度进行 20 分钟的跑步，主要的训练效益在于增加糖酵解代谢能量供应物质的储存与提升酶活性，延缓无氧代谢的启动。间歇训练则为 95%~100% 最大摄氧量强度持续 5 分钟的训练，重复间歇训练则为高于最大摄氧量强度持续 30~90 秒的高强度间歇训练。由相关的训练内容来看，基础耐力训练、恢复跑、长距离慢跑都是指轻松跑训练，阈值训练是指节奏跑训练，间歇训练包括 90% 间歇、95%~100% 最大摄氧量间歇训练，最大摄氧量间歇训练、重复间歇训练是指高强度间歇训练。

通过运动生理学网站的跑步成绩预测、训练处方线上服务功能，以及跑步训练处方（上述的四种跑步有氧耐力训练）的跑步速度（运动强度），网站可以依据训练者跑步能力（特定距离的跑步表现）来进行不同距离的跑步成绩推算，并且通过线上智慧型设计的功能，提供各种训练处方的跑步速度（运动强度，不同跑步距离的跑步时间）建议。

依据运动生理学网站提供的智慧型设计跑步训练处方线上程序，对于 5 km 跑步成绩在 25 分钟的一般跑者来说，智慧型程序设计除了间歇训练次数的建议以外，还明确提供四种不同训练处方运动强度设计：①高强度间歇训练为 400 m 跑 1 分 33 秒至 1 分 45 秒（Riegel 成绩预测）、跑 1 分 32 秒至 1 分 44 秒（Cameron 成绩预测）、跑 1 分 33 秒至 1 分 46 秒（最大摄氧量成绩预测）（间歇训练的休息时间由跑者依据心率恢复状况调整）。②间歇训练为 400 m 跑 1 分 56 秒（Riegel 成绩预测）、跑 1 分 55 秒（Cameron 成绩预测）、跑 1 分 57 秒（最大摄氧量成绩预测）（间歇训练的休息时间由跑者依据心率恢复状况调整）。③节奏跑训练为 400 m 跑 2 分 12 秒（原则为持续跑步 5 ~ 10 km）。④轻松跑训练为 400 m 跑 2 分 38 秒（原则为持续跑步 10 km 以上）。除了 400 m 的间歇训练跑步速度，线上程序也同时提供 800 m 训练处方的跑步速度设计。建议使用者依据不同距离跑步成绩预测的准确度状况，选定合适的成绩预测模式，进行训练处方的跑步速度训练。

　　除了四种不同有氧耐力训练处方设计的每周训练次数、运动强度设定、训练距离长短、间歇反复次数、间歇跑步的休息时间长短之外，训练处方设计还必须遵循周期化训练的概念，进行每周单峰或双峰训练量规划，适当安排训练强度较激烈的高强度间歇训练与间歇训练的时间，以免训练的强度与量过多、过密集，造成身体休息不足，反而限制了训练的效果。一般来说，已经具备基础跑步成绩的一般跑者，在刚刚开始进行周期化训练时，建议采用每周单峰周期（表 3.3X），并且确实安排每周两次节奏跑、两次轻松跑训练。已经有固定训练经验的经常训练者，则可以安排双峰周期（表 3.3V）的训练规划，甚至可以在接近比赛期时，减少轻松跑的次数，增加采用最大摄氧量速度的间歇训练次数（第六天）。事实上，有了周期化训练的概念之后，训练处方可以依据训练者的实际感受来调整，如果加上重量训练与核心训练的内容，每周训练处方的设计规划其实可以完全依据训练者的创意与需要。

表 3.3　每周单峰周期（X）、双峰周期（V）的训练处方设计

训练方法	第一天	第二天	第三天	第四天	第五天	第六天	第七天
高强度间歇训练				X	V		
间歇训练 （最大摄氧量速度）			X V			（V）	
节奏跑		X V		V	X		
轻松跑	X V					X V	

　　尽管有氧耐力训练处方，经常会采用四种不同的方式进行训练，但 Londeree（1997）通过荟萃分析发现，一般坐式工作者，任何强度的运动训练都可以显著提升乳酸阈与通气阈的能力；对于经常运动的人来说，想要增进心肺适能的能力，需要进行详细的规划与训练设计，训练的强度需要增加到明显高于乳酸阈的强度，才会出现训练的效果。由此可见，当训练的对象不同时，有氧耐力训练的处方设计可能会有不同，对于一般坐式工作者来说，可能只需要采用轻松跑训练，即可达到提升有氧耐力的效果；对于经常训练的长跑选手来说，节奏跑训练、轻松跑训练的比例可能应该减少到每周一次即可，否则每周一次高强度间歇训练的训练量，可能不足以提升长跑选手的有氧耐力能力。

第九节 有氧耐力训练处方的运动强度

　　轻松跑是进行长跑训练的最重要训练内容，训练的强度最低、训练的距离最长，每周应该进行 1~2 次 10 km 以上的轻松跑训练；节奏跑是以无氧阈（乳酸阈或临界速度）的速度进行长距离跑步的训练，每周应该进行 1~2 次 5~10 km 节奏跑；较高强度的间歇训练，每周以最大摄氧量速度进行 800 m 或 1000 m 间歇训练 1~2 次，或者以更高强度进行 400 m 间歇训练 8~12 次。在训练周期的总训练量中，应该有 55%~65% 的训练量来自轻松跑训练，20%~30% 的训练量来自节奏跑训练，5%~10% 的训练量来自间歇训练，5%~10% 的训练量来自高强度间歇训练。

　　依据运动生理学网站线上程序，根据跑者的 5000 m 跑步成绩，不同跑步能力者有氧耐力训练运动强度的选定见表 3.4。由于高强度间歇训练的强度范围较大，未在表格中呈现。

表 3.4　有氧耐力训练处方的运动强度
（资料来源：运动生理学网站）

5000 m 跑步成绩	有氧能力 临界速度预测值（m/s）	无氧能力 无氧跑步能力预测值（m）	间歇训练（最大摄氧量速度）			节奏跑（无氧阈）	轻松跑
			400 m	800 m	1000 m	1000 m	1000 m
15 分 0 秒	5.03	372	1 分 6 秒	2 分 16 秒	2 分 53 秒	3 分 18 秒	4 分 17 秒
15 分 30 秒	4.88	372	1 分 8 秒	2 分 20 秒	2 分 59 秒	3 分 24 秒	4 分 25 秒
16 分 0 秒	4.71	373	1 分 10 秒	2 分 25 秒	3 分 5 秒	3 分 32 秒	4 分 35 秒
16 分 30 秒	4.58	371	1 分 12 秒	2 分 29 秒	3 分 11 秒	3 分 38 秒	4 分 43 秒
17 分 0 秒	4.44	372	1 分 14 秒	2 分 34 秒	3 分 16 秒	3 分 45 秒	4 分 52 秒
17 分 30 秒	4.32	371	1 分 17 秒	2 分 38 秒	3 分 22 秒	3 分 51 秒	5 分 0 秒
18 分 0 秒	4.19	372	1 分 19 秒	2 分 43 秒	3 分 28 秒	3 分 58 秒	5 分 9 秒
18 分 30 秒	4.07	373	1 分 21 秒	2 分 48 秒	3 分 34 秒	4 分 5 秒	5 分 18 秒
19 分 0 秒	3.96	372	1 分 24 秒	2 分 53 秒	3 分 41 秒	4 分 12 秒	5 分 27 秒
19 分 30 秒	3.87	375	1 分 26 秒	2 分 57 秒	3 分 46 秒	4 分 18 秒	5 分 35 秒
20 分 0 秒	3.76	373	1 分 28 秒	3 分 2 秒	3 分 52 秒	4 分 25 秒	5 分 44 秒
20 分 30 秒	3.68	372	1 分 30 秒	3 分 6 秒	3 分 58 秒	4 分 31 秒	5 分 52 秒
21 分 0 秒	3.60	373	1 分 32 秒	3 分 10 秒	4 分 3 秒	4 分 37 秒	6 分 0 秒
21 分 30 秒	3.50	373	1 分 35 秒	3 分 16 秒	4 分 10 秒	4 分 45 秒	6 分 4 秒
22 分 0 秒	3.42	373	1 分 37 秒	3 分 20 秒	4 分 16 秒	4 分 52 秒	6 分 13 秒
22 分 30 秒	3.35	373	1 分 39 秒	3 分 25 秒	4 分 21 秒	4 分 58 秒	6 分 21 秒
23 分 0 秒	3.28	373	1 分 41 秒	3 分 29 秒	4 分 27 秒	5 分 4 秒	6 分 29 秒
23 分 30 秒	3.21	372	1 分 44 秒	3 分 34 秒	4 分 33 秒	5 分 11 秒	6 分 38 秒
24 分 0 秒	3.14	374	1 分 46 秒	3 分 38 秒	4 分 38 秒	5 分 18 秒	6 分 47 秒
24 分 30 秒	3.08	372	1 分 48 秒	3 分 43 秒	4 分 44 秒	5 分 24 秒	6 分 54 秒

续表

5000 m 跑步成绩	有氧能力 临界速度预测值（m/s）	无氧能力 无氧跑步能力预测值（m）	间歇训练 （最大摄氧量速度）			节奏跑 （无氧阈）	轻松跑
			400 m	800 m	1000 m	1000 m	1000 m
25 分 0 秒	3.01	373	1 分 50 秒	3 分 47 秒	4 分 50 秒	5 分 32 秒	7 分 4 秒
25 分 30 秒	2.95	373	1 分 53 秒	3 分 52 秒	4 分 57 秒	5 分 38 秒	7 分 12 秒
26 分 0 秒	2.89	373	1 分 55 秒	3 分 57 秒	5 分 3 秒	5 分 46 秒	7 分 22 秒
26 分 30 秒	2.83	372	1 分 57 秒	4 分 2 秒	5 分 9 秒	5 分 53 秒	7 分 31 秒
27 分 0 秒	2.77	372	2 分 0 秒	4 分 7 秒	5 分 16 秒	6 分 1 秒	7 分 42 秒
27 分 30 秒	2.74	371	2 分 1 秒	4 分 10 秒	5 分 20 秒	6 分 4 秒	7 分 45 秒
28 分 0 秒	2.69	373	2 分 4 秒	4 分 15 秒	5 分 26 秒	6 分 11 秒	7 分 54 秒
28 分 30 秒	2.63	371	2 分 6 秒	4 分 21 秒	5 分 33 秒	6 分 20 秒	8 分 6 秒
29 分 0 秒	2.60	370	2 分 8 秒	4 分 24 秒	5 分 37 秒	6 分 24 秒	8 分 11 秒
29 分 30 秒	2.55	371	2 分 11 秒	4 分 29 秒	5 分 44 秒	6 分 32 秒	8 分 21 秒
30 分 0 秒	2.50	370	2 分 13 秒	4 分 35 秒	5 分 51 秒	6 分 40 秒	8 分 32 秒
30 分 30 秒	2.47	371	2 分 15 秒	4 分 38 秒	5 分 55 秒	6 分 44 秒	8 分 37 秒
31 分 0 秒	2.42	370	2 分 18 秒	4 分 44 秒	6 分 2 秒	6 分 53 秒	8 分 48 秒
31 分 30 秒	2.40	369	2 分 19 秒	4 分 47 秒	6 分 6 秒	6 分 56 秒	8 分 52 秒
32 分 0 秒	2.35	369	2 分 22 秒	4 分 53 秒	6 分 13 秒	7 分 5 秒	9 分 4 秒

依照有氧耐力训练处方的运动强度，5 000 m 跑步成绩为 18 分钟的跑者，进行 400 m 间歇训练（8~12 次）的每次跑步时间为 1 分 19 秒，进行 800 m 间歇训练（6~8 次）的每次跑步时间为 2 分 43 秒，进行 1 000 m 间歇训练（4~8 次）的每次跑步时间为 3 分 28 秒；进行 5~10 km 节奏跑时，每 1 000 m 跑步时间为 3 分 58 秒；进行 10 km 以上轻松跑时，每 1000 m 跑步时间为 5 分 9 秒。5 000 m 跑步成绩为 28 分钟的跑者，进行 400 m 间歇训练（8~12 次）的每次跑步时间为 2 分 4 秒，进行 800 m 间歇训练（6~8 次）的每次跑步时间为 4 分 15 秒，进行 1 000 m 间歇训练（4~8 次）的每次跑步时间为 5 分 26 秒；进行 5~10 km 节奏跑时，每 1 000 m 跑步时间为 6 分 11 秒；进行 10 km 以上轻松跑时，每 1 000 m 跑步时间为 7 分 54 秒。

在有氧耐力训练处方的运动强度中，还呈现依照 Riegel 成绩预测、Cameron 成绩预测及最大摄氧量成绩预测的整合推算结果，不同能力跑者的有氧能力（临界速度）、无氧能力（无氧跑步能力）预测结果（表 3.4）。由表格中的资料可以发现，长跑者的有氧能力（临界速度）与 5 000 m 跑步时间成反比（跑者可以使用有氧能力预估值，估计自己的长距离跑步能力），但是不同能力长跑者（5 000 m 跑步成绩为 15~32 分钟的跑者）的无氧能力（无氧跑步能力）皆介于 369~375 m，由此可见，这个表格所对应的无氧跑步能力，显然不符合一般长跑跑者的实际能力状况。

在不考量不同能力跑者的无氧运动能力差异条件下，依照运动生理学网站线上程序整理，呈现有氧耐力训练处方的运动强度资料，具备建构正确长跑训练知识与概念的效果，同时依照不同能力跑者建立的有氧耐力训练处方的运动强度资料，是简单方便可以实际应用的训练依据，相当适合希望通过科学方法进行长距离跑步训练的跑者与教练实际应用。

跑步训练状况评估的训练处方运动强度

上一节讲述的马拉松成绩的预测服务，都是以专业的马拉松选手与路跑爱好者的成绩为基础，通过数学模型的方法，计算出的优异训练的长跑选手的马拉松成绩。但是，一般跑者并不是专业训练的跑者，直接以专业跑者的成绩模式进行推算，其实并不符合实际的跑步表现趋向。

我们无法通过专业跑者所建构的跑步成绩预测公式准确推算一般跑者马拉松跑步的表现，但是可以通过冲刺距离指数（SDI），了解个人跑步训练的状况。SDI < 1.06 代表较短距离的跑步时间资料可能失真（可能较短距离的成绩并非跑者最佳表现成绩）；SDI 为 1.06 ~ 1.11，代表成绩不佳，需要进行冲刺训练；SDI > 1.11，代表擅长冲刺，或者长距离耐力不佳，应该做一些耐力训练；SDI > 1.20，代表较长距离的跑步时间资料可能失真（可能较长距离的成绩并非跑者最佳表现成绩）。仅通过 SDI 进行跑步训练状况的评估，可能有不易比较不同跑者能力的局限性。利用两组相同的跑步距离与跑步成绩数据，同时进行 SDI 与临界速度的评估，并且依据 SDI 与临界速度进行跑步训练状况区间的评估，可以更有效地评估跑者的跑步训练状况。

大家都很清楚，每一位跑者的训练状况与训练适应皆有差异，设计以 5 000 m 跑步成绩为基础的有氧耐力训练处方的运动强度资料，虽然有其实际应用的价值，但是实际上有相同 5 000 m 跑步成绩的跑者，并不一定具备相同的 3 000 m 或 10 000 m 跑步成绩，让这些跑者都采用相同的运动强度进行训练，似乎仍然有调整与修正的空间。

依据运动生理学网站一般跑者跑步成绩预测、训练处方服务，以两个特定距离跑步成绩进行预测的线上程序，进行跑者冲刺距离指数（sprint distance index，SDI）、临界速度的推算，不仅可以了解跑者的训练状况，作为无氧冲刺训练、有氧耐力训练比例与需求的评估依据，同时也可以获得跑步训练状况评估的训练处方运动强度（表 3.5）。

上一节的内容是在不考量不同能力跑者的无氧运动能力差异条件下，所呈现的有氧耐力训练处方的运动强度资料，虽然具备建构正确长跑训练知识与概念的效果，而且是简单方便可以实际应用的训练依据，却与实际的一般跑者跑步表现有些差异，不一定适合刚刚开始训练或训练时间不久的跑步爱好者。由表 3.5 中的运动强度资料可以发现，5 000 m 跑步成绩在 22 分钟的中等能力跑者，如果完成 10 000 m 的成绩在 46 分钟至 47 分 30 秒时，实际建议的节奏跑为每 1 000 m 4 分 54 秒至 5 分 12 秒，建议的轻松跑为每 1 000 m 6 分 16 秒至 6 分 39 秒；10 000 m 跑步成绩较差的跑者，间歇训练的建议速度也会较快（主要原因是速度指标的预测结果较高，相关训练运动强度的建议值请参考表 3.5）。通过两个不同距离的跑步成绩资料，进行跑步训练状况评估，可以更清楚地建立适合跑者的训练处方运动强度。

表 3.5 跑步训练状况评估的训练处方运动强度
（资料来源：运动生理学网站）

5 000 m 跑步成绩	10 000 m 跑步成绩	有氧指标 临界速度预测值 (m/s)	无氧指标 无氧跑步能力预测值 (m)	速度指标 最大瞬时速度预测值 (m/s)	SDI	间歇训练（最大摄氧量速度） 400 m	800 m	1 000 m	节奏跑（无氧阈、临界速度） 1 000 m	轻松跑 1 000 m
15分0秒	31分30秒	4.9	960	6.6	1.070	1分6秒	2分15秒	2分53秒	3分24秒	4分25秒
15分0秒	32分30秒	4.7	970	8.0	1.115	1分4秒	2分13秒	2分49秒	3分32秒	4分35秒
15分30秒	32分30秒	4.8	790	6.5	1.068	1分8秒	2分20秒	2分59秒	3分28秒	4分30秒
15分30秒	33分30秒	4.5	1 160	7.2	1.112	1分6秒	2分17秒	2分55秒	3分42秒	4分48秒
16分0秒	33分30秒	4.7	680	6.3	1.066	1分10秒	2分25秒	3分5秒	3分32秒	4分35秒
16分0秒	34分30秒	4.4	1 070	7.1	1.109	1分9秒	2分22秒	3分1秒	3分47秒	4分55秒
16分30秒	34分30秒	4.5	900	5.9	1.064	1分12秒	2分30秒	3分11秒	3分42秒	4分48秒
16分30秒	35分30秒	4.3	1 000	6.9	1.105	1分11秒	2分26秒	3分7秒	3分52秒	5分1秒
17分0秒	35分30秒	4.4	800	5.8	1.062	1分15秒	2分34秒	3分17秒	3分47秒	4分55秒
17分0秒	36分30秒	4.2	960	6.6	1.102	1分13秒	2分31秒	3分13秒	3分58秒	5分9秒
17分30秒	36分30秒	4.3	740	5.6	1.061	1分17秒	2分39秒	3分23秒	3分52秒	5分1秒
17分30秒	37分30秒	4.1	930	6.4	1.100	1分15秒	2分36秒	3分19秒	4分3秒	5分15秒
18分0秒	37分30秒	4.2	680	5.5	1.059	1分19秒	2分44秒	3分29秒	3分58秒	5分9秒
18分0秒	38分30秒	4.0	900	6.2	1.097	1分18秒	2分41秒	3分25秒	4分10秒	5分25秒
18分30秒	39分0秒	4.0	780	5.6	1.076	1分21秒	2分47秒	3分33秒	4分10秒	5分25秒
18分30秒	40分0秒	3.8	1 050	6.2	1.112	1分19秒	2分44秒	3分29秒	4分23秒	5分41秒
19分0秒	40分0秒	3.9	780	5.4	1.074	1分23秒	2分52秒	3分39秒	4分16秒	5分32秒
19分0秒	41分0秒	3.7	1 070	6.0	1.110	1分22秒	2分48秒	3分35秒	4分30秒	5分51秒
19分30秒	41分0秒	3.8	810	5.2	1.072	1分25秒	2分56秒	3分45秒	4分23秒	5分41秒
19分30秒	42分0秒	3.6	1 130	5.7	1.107	1分24秒	2分53秒	3分41秒	4分37秒	6分0秒
20分0秒	42分0秒	3.7	850	5.0	1.070	1分28秒	3分1秒	3分51秒	4分30秒	5分51秒
20分0秒	43分0秒	3.5	1 200	5.4	1.104	1分26秒	2分58秒	3分47秒	4分45秒	6分4秒
20分30秒	43分0秒	3.6	930	4.8	1.069	1分30秒	3分6秒	3分57秒	4分37秒	6分0秒
20分30秒	44分0秒	3.5	890	5.6	1.102	1分28秒	3分3秒	3分53秒	4分45秒	6分4秒

续表

5 000 m 跑步成绩	10 000 m 跑步成绩	有氧指标 临界跑速度预测值 (m/s)	无氧指标 无氧跑步能力预测值 (m)	速度指标 最大瞬时速度预测值 (m/s)	SDI	间歇训练（最大摄氧量速度）400 m	800 m	1 000 m	节奏跑（无氧阈、临界速度）1 000 m	轻松跑 1 000 m
21 分 0 秒	44 分 0 秒	3.5	990	4.7	1.067	1 分 32 秒	3 分 10 秒	4 分 3 秒	4 分 45 秒	6 分 4 秒
	45 分 0 秒	3.4	980	5.3	1.100	1 分 31 秒	3 分 7 秒	3 分 59 秒	4 分 54 秒	6 分 16 秒
21 分 30 秒	45 分 30 秒	3.5	670	4.7	1.066	1 分 34 秒	3 分 15 秒	4 分 9 秒	4 分 45 秒	6 分 4 秒
	46 分 30 秒	3.3	920	5.6	1.113	1 分 32 秒	3 分 10 秒	4 分 3 秒	5 分 3 秒	6 分 27 秒
22 分 0 秒	46 分 0 秒	3.4	770	4.5	1.064	1 分 37 秒	3 分 20 秒	4 分 15 秒	4 分 54 秒	6 分 16 秒
	47 分 30 秒	3.2	1050	5.2	1.110	1 分 34 秒	3 分 15 秒	4 分 9 秒	5 分 12 秒	6 分 39 秒
22 分 30 秒	47 分 0 秒	3.3	920	4.3	1.063	1 分 39 秒	3 分 24 秒	4 分 21 秒	5 分 3 秒	6 分 27 秒
	48 分 30 秒	3.1	1200	4.9	1.108	1 分 37 秒	3 分 20 秒	4 分 15 秒	5 分 22 秒	6 分 52 秒
23 分 0 秒	48 分 0 秒	3.3	600	4.4	1.061	1 分 41 秒	3 分 29 秒	4 分 27 秒	5 分 3 秒	6 分 27 秒
	49 分 30 秒	3.1	930	5.0	1.106	1 分 39 秒	3 分 24 秒	4 分 21 秒	5 分 22 秒	6 分 52 秒
23 分 30 秒	49 分 0 秒	3.2	770	4.1	1.060	1 分 44 秒	3 分 24 秒	4 分 33 秒	5 分 12 秒	6 分 39 秒
	50 分 30 秒	3.0	1110	4.7	1.104	1 分 41 秒	3 分 29 秒	4 分 27 秒	5 分 33 秒	7 分 6 秒
24 分 0 秒	50 分 0 秒	3.1	930	4.0	1.059	1 分 46 秒	3 分 39 秒	4 分 39 秒	5 分 22 秒	6 分 52 秒
	51 分 30 秒	3.0	860	4.8	1.102	1 分 44 秒	3 分 34 秒	4 分 33 秒	5 分 33 秒	7 分 6 秒
24 分 30 秒	51 分 0 秒	3.0	930	4.1	1.072	1 分 47 秒	3 分 42 秒	4 分 43 秒	5 分 33 秒	7 分 6 秒
	53 分 0 秒	2.9	900	4.9	1.113	1 分 45 秒	3 分 37 秒	4 分 37 秒	5 分 44 秒	7 分 20 秒
25 分 0 秒	52 分 30 秒	3.0	650	4.2	1.070	1 分 50 秒	3 分 46 秒	4 分 49 秒	5 分 33 秒	7 分 6 秒
	54 分 0 秒	2.8	1130	4.5	1.111	1 分 47 秒	3 分 42 秒	4 分 43 秒	5 分 57 秒	7 分 36 秒
25 分 30 秒	53 分 30 秒	2.9	880	3.9	1.069	1 分 52 秒	3 分 51 秒	4 分 55 秒	5 分 44 秒	7 分 20 秒
	55 分 0 秒	2.8	880	4.7	1.109	1 分 50 秒	3 分 46 秒	4 分 49 秒	5 分 57 秒	7 分 36 秒
26 分 0 秒	54 分 30 秒	2.9	620	4.0	1.068	1 分 54 秒	3 分 56 秒	5 分 1 秒	5 分 44 秒	7 分 20 秒
	56 分 0 秒	2.7	1150	4.2	1.107	1 分 52 秒	3 分 51 秒	4 分 55 秒	6 分 10 秒	7 分 53 秒
26 分 30 秒	55 分 30 秒	2.8	870	3.7	1.066	1 分 57 秒	4 分 1 秒	5 分 7 秒	5 分 57 秒	7 分 36 秒
	57 分 0 秒	2.7	900	4.4	1.105	1 分 54 秒	3 分 56 秒	5 分 1 秒	6 分 10 秒	7 分 53 秒

续表

5 000 m 跑步成绩	10 000 m 跑步成绩	有氧指标 临界速度预测值 (m/s)	无氧指标 无氧跑步能力预测值 (m)	速度指标 最大瞬时速度预测值 (m/s)	SDI	间歇训练 (最大摄氧量速度) 400 m	800 m	1 000 m	节奏跑 (无氧阈、临界速度) 1 000 m	轻松跑 1 000 m
27分0秒	56分30秒	2.8	610	3.8	1.065	1分59秒	4分5秒	5分13秒	5分57秒	7分36秒
	58分30秒	2.6	1020	4.4	1.115	1分56秒	3分59秒	5分5秒	6分24秒	8分11秒
27分30秒	57分30秒	2.7	870	3.6	1.064	2分1秒	4分10秒	5分19秒	6分10秒	7分53秒
	59分30秒	2.6	810	4.7	1.113	1分58秒	4分4秒	5分11秒	6分24秒	8分11秒
28分0秒	58分30秒	2.7	640	3.6	1.063	2分3秒	4分15秒	5分25秒	6分10秒	7分53秒
	60分30秒	2.5	1120	4.0	1.112	2分0秒	4分8秒	5分17秒	6分40秒	8分32秒
28分30秒	59分30秒	2.6	950	3.4	1.062	2分6秒	4分19秒	5分31秒	6分24秒	8分11秒
	61分30秒	2.5	890	4.2	1.110	2分3秒	4分13秒	5分23秒	6分40秒	8分32秒
29分0秒	60分30秒	2.6	700	3.4	1.061	2分8秒	4分24秒	5分37秒	6分24秒	8分11秒
	62分30秒	2.4	1 200	3.9	1.108	2分5秒	4分18秒	5分29秒	6分56秒	8分52秒
29分30秒	61分30秒	2.5	1 100	3.2	1.060	2分10秒	4分29秒	5分43秒	6分40秒	8分32秒
	64分0秒	2.4	900	4.2	1.117	2分6秒	4分21秒	5分33秒	6分56秒	8分52秒
30分0秒	63分0秒	2.5	650	3.5	1.070	2分12秒	4分32秒	5分47秒	6分40秒	8分32秒
	65分30秒	2.3	1130	4.0	1.127	2分8秒	4分24秒	5分37秒	7分14秒	9分15秒
30分30秒	64分0秒	2.4	1050	3.2	1.069	2分14秒	4分36秒	5分53秒	6分56秒	8分52秒
	66分30秒	2.3	940	4.2	1.125	2分10秒	4分29秒	5分43秒	7分14秒	9分15秒
31分0秒	65分0秒	2.4	810	3.2	1.068	2分16秒	4分41秒	5分59秒	6分56秒	8分52秒
	67分30秒	2.3	750	4.8	1.123	2分13秒	4分33秒	5分49秒	7分14秒	9分15秒
31分30秒	66分0秒	2.4	570	3.4	1.067	2分19秒	4分46秒	6分5秒	6分56秒	8分52秒
	68分30秒	2.2	1 140	3.7	1.121	2分15秒	4分38秒	5分55秒	7分14秒	9分15秒
32分0秒	67分0秒	2.3	970	3.1	1.066	2分21秒	4分50秒	6分11秒	6分34秒	8分41秒
	69分30秒	2.2	960	3.8	1.119	2分17秒	4分43秒	6分1秒	7分14秒	9分15秒
32分30秒	68分0秒	2.3	760	3.1	1.065	2分23秒	4分55秒	6分17秒	7分34秒	9分41秒
	70分30秒	2.2	770	4.2	1.117	2分19秒	4分48秒	6分7秒	7分34秒	9分41秒

通过运动生理学网站的线上程序评估，还可以获得有氧指标（临界速度预测值）、无氧指标（无氧跑步能力预测值）、速度指标（最大瞬时速度预测值）的评估结果，进而了解跑者的各项跑步指标的能力范围（Morton，1996；Bosquet 等，2006）。理论上来说，有氧指标（临界速度预测值）2.5 m/s 的跑者，5 000 m 跑步成绩在 28～30 分钟之间；有氧指标（临界速度预测值）在 3.5 m/s 的跑者，5 000 m 跑步成绩在 20～22 分钟之间。跑者的无氧指标（无氧跑步能力预测值）似乎没有受到 5 000 m 跑步成绩的绝对影响，但会受到距离更远跑步成绩的影响，呈现特殊的变化趋势。跑者的速度指标（最大瞬时速度预测值）也与跑者的跑步能力有正比关系，速度指标（最大瞬时速度预测值）为 5.0 m/s 的跑者，5 000 m 跑步成绩在 20～23 分钟之间；速度指标（最大瞬时速度预测值）为 4.0 m/s 的跑者，5 000 m 跑步成绩有可能在 24～31 分钟之间。速度指标（最大瞬时速度预测值）对于跑步成绩较差的初阶跑者，似乎没有特殊的变化趋向，而且 5 000 m 跑步成绩相同时，10 000 m 跑步成绩较好的跑者，速度指标（最大瞬时速度预测值）反而比较低；速度指标（最大瞬时速度预测值）的实际应用，仍然需要进一步的研究来厘清（Bosquet 等，2006）。

　　依据两个特定距离跑步成绩进行跑者的训练状况评估，可以获得跑者有氧指标（临界速度预测值）、无氧指标（无氧跑步能力预测值）、速度指标（最大瞬时速度预测值）的评估，同时也可以获得跑步训练状况评估的训练处方运动强度资料，适合一般跑者进行跑步能力评估，并且取得科学化的训练处方运动强度资料。由跑步训练状况评估的训练处方运动强度资料来看，距离较长时跑步成绩显著较差的一般跑者，提高间歇训练的运动强度（因速度指标评估结果较高）、降低节奏跑与轻松跑的运动强度（因有氧指标的预测结果较低），才能够更有效率地提高跑步训练效果。

第十一节　如何设定间歇训练的休息时间

有网友提出了一个间歇训练的休息时间问题："我想请问大家一些有关间歇训练的休息时间：400 m×10，75~80秒；800 m×5，2分45秒至2分50秒；那么圈与圈之间的休息该如何设定呢？个人最佳成绩：400 m 68秒、800 m 2分33秒、10 km 39分、5 km 19分。希望大家不吝指教！"

林正常教授的回答如下：间歇训练有所谓的运动休息比，如运动10秒、休息30秒，运动休息比是1∶3。运动时间10~70秒时，运动休息比可定为1∶3，即休息时间为运动时间的3倍；运动时间是80~200秒时，运动休息比是1∶2，即指休息时间为运动时间的2倍；运动时间是210~240秒时，运动休息比是1∶1；运动时间是240~300秒时，运动休息比是1∶0.5。以上的"运动休息比"只是原则，你可以按此原则先试试看，再做修正（以上的原则不见得适合你，但可以向你提供尝试的方向）。

在第三章第四节，有关间歇训练编排的相关内容指出，间歇训练的设计必须决定能量供应系统、设定运动期与休息期的时间及休息方式（原地踏步、走路、慢跑等）、选择反复次数与组数、选择训练强度，依据能量供应系统来设定训练距离、训练强度、训练组数、休息时间、休息方式等，达到提升训练目标的效果。因此，如果对于间歇训练的休息时间，似乎不是简单叙述休息几秒就可以说明的。以上述网友的个人最佳成绩来看，他的训练目标是800 m或10 km。高强度间歇训练时采用的运动强度可能类似，但是休息时间的长短会有很大的不同（通常针对中距离跑步表现的训练，最大乳酸耐受训练的休息时间很短）。

如果是针对长距离有氧耐力能力训练，第三章第八节中尽管有相当明确的不同距离训练时间设计，但是对于间歇训练、高强度间歇训练的休息时间，也没有相当明确的时间规划。相关训练的休息时间设计内容：高强度间歇训练（8~12次400 m的高强度间歇训练），每次休息时间为跑步时间的2~3倍；间歇训练（6次800 m的跑步间歇训练），每次休息时间为跑步时间的1~2倍；节奏跑（间歇的方式进行4~6次1 600 m的跑步训练），每次休息2分钟。事实上，训练时间的1~2倍或2~3倍的时间范围还是很大的。训练者与教练都可以依据自己的能力与训练状况，调整休息时间，进而提高训练效益。

通过目标心率的方法来编排运动强度，是一个比较简单的评估方法，但是必须考虑运动者的年龄差异，避免目标心率的年龄限制，造成运动强度过高的问题。假设运动者35岁，那么运动期的目标心率以160次/min为基准，休息期的目标心率以120次/min的恢复为目标（下降到120次/min后，再开始下一个反复），组与组间的休息目标心率为110次/min（下降到110次/min后，再开始下一组的训练）。假设运动者50岁，那么运动期与休息期的目标心率则需要减少15次/min，以免出现间歇训练的强度过高、休息时间不足的问题。

事实上，采用自觉疲劳程度量表（rating of perceived exertion，RPE）的方法，可以更简单有效地设定间歇训练的休息时间。如果自觉疲劳程度量表评分为 6～20 分，运动者可以通过间歇训练时，运动期自觉非常吃力（17～20 分），休息期自觉轻松至有点吃力（10～13 分）即开始进行下一次运动期。

运动生理学网站一般人跑步成绩预测、训练处方服务网页中，提供了跑步时的间歇训练强度（表 3.6），采用该网友的 800 m 成绩 2 分 33 秒、10 km 39 分的跑步成绩登录后，SDI = 1.08、临界速度 = 4.22 m/s，属于 S1（表 3.7）。运动生理学网站提供的智慧训练处方为：间歇训练的 12～16 次 400 m 跑步时间为 84 秒（该网友的训练处方为 10 次 400 m 75～80 秒），间歇训练 8～10 次 800 m 跑步时间为 2 分 49 秒（该网友的训练处方为 5 次 800 m 2 分 45 秒至 2 分 50 秒）。间歇训练的休息时间规划，则可以采用网站建议的跑步时间的 1～2 倍（400 m 间歇休息 84～168 秒、800 m 间歇休息 169 秒至 3 分钟）；或者采用自觉疲劳程度量表达到轻松至有点吃力（10～13 分）的自觉恢复强度状况，进行间歇训练时的休息时间规划。除此之外，运动生理学网站提供的智慧有氧耐力训练处方，还包括高强度间歇训练、节奏跑、轻松跑的运动强度（不同距离跑步时间）。

表 3.6　不同训练方法的训练处方设计

训练距离	800m	高强度间歇训练	间歇训练 最大摄氧量速度	节奏跑	轻松跑
400 m		1 分 7 秒至 1 分 17 秒	1 分 24 秒	1 分 34 秒	1 分 52 秒
800 m	3 分 4 秒		2 分 49 秒	3 分 9 秒	3 分 46 秒
1 000 m			3 分 32 秒	3 分 56 秒	4 分 43 秒
1 200 m			4 分 14 秒	4 分 44 秒	5 分 40 秒
1 600 m				6 分 19 秒	7 分 34 秒
5 000 m				19 分 44 秒	23 分 40 秒

表 3.7　跑步 SDI 与 CV 评估跑步的训练状况区间表

S1	SDI < 1.110，CV > 4.0 m/s，代表速度与耐力皆佳，训练处方需与专业人士讨论
S2	SDI < 1.110，4.0 m/s > CV > 3.0 m/s，代表速度不佳，需加强冲刺训练
S3	SDI < 1.110，CV < 3.0 m/s，代表速度差或者可能短距离成绩不真实
D1	SDI > 1.110，CV > 4.0 m/s，代表耐力差或者可能长距离成绩不真实
D2	SDI > 1.110，4.0 m/s > CV > 3.0 m/s，代表耐力不佳，需加强耐力训练
D3	SDI > 1.110，CV < 3.0 m/s，代表速度与耐力皆差，需从最基础的训练开始

CV：临界速度。

通常间歇训练休息期的时间多为 1～2 分钟。如果运动期的时间长达 3 分钟以上，休息期的时间可能需要 2～3 分钟。休息期的时间往往与整体的运动强度设计有关，建议运动者可以依据个人的自觉恢复状况，进行间歇训练休息时间的弹性安排。

第十二节　马拉松比赛的配速方法

跑步运动竞赛的配速策略包括负向配速策略、全力冲刺配速策略、正向配速策略、等速配速策略、曲线配速策略（包括 U 形、反 J 形、J 形）、可变配速策略（Abbiss 等，2008）。一般来说，短时间的高强度比赛通常采用全力冲刺配速策略，当比赛时间增加到 1.5 ~ 2 分钟时，则采用正向配速（前快后慢）策略；比赛时间超过 2 分钟的比赛项目，等速配速策略、可变配速策略需视地形与环境状况调整；属于超长时间比赛项目则可采用随着比赛时间增加逐渐减少运动强度的正向配速策略。实际上，运动竞赛配速策略，除了受运动项目比赛时间的影响，还受运动者的能力、训练与比赛经验、个人喜好等影响，并不易制订完美的、理想的配速策略，而且运动者的运动能力可能比配速策略还重要。

马拉松比赛通常采用随着比赛时间增加逐渐减少跑步速度的正向配速策略。Ely 等（2008）收集了日本东京马拉松 16 年（1984—1999）、大阪马拉松 26 年（1982—2007）、名古屋马拉松 21 年（1987—2007）共 59 场比赛（1988 年和 2004 年的名古屋马拉松赛未取得成绩资料、1995 年的大阪马拉松赛因地震而取消）的成绩，每一场马拉松比赛的获胜者、第 25 名、第 50 名、第 100 名（共 219 名不同女性马拉松运动员）的每 5 km 配速资料。研究发现，最快的马拉松运动员（获胜者）在整个比赛中的配速均匀，但是能力较弱的女性马拉松跑者，在 20 ~ 25 km 后会逐渐增加秒数（减速）。除非是最优秀的女性马拉松跑者，大部分女性马拉松跑者都是采用前快后慢的正向配速策略。图 3.8 呈现的是不同能力跑者在比赛

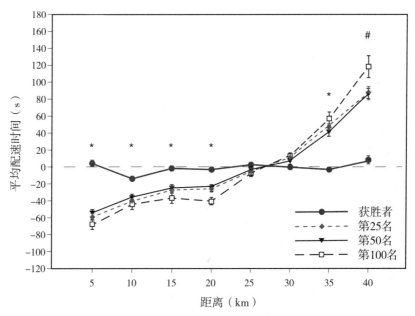

图 3.8　日本马拉松赛不同能力跑者在比赛过程中的跑步时间差异（Ely 等，2008）

过程中的跑步时间差异。

Renfree 与 Gibso（2013）采用 2009 年国际田联女子马拉松锦标赛的资料，依据参赛跑者的排名，把每 25% 分为一组，共分为四组。研究发现，成绩最好的一组在所有每 5 km 的平均速度都优于其他三组，而且第一组与第二组跑者在前面 15 km 的平均速度有越来越快的趋势，成绩较差的第三组与第四组选手则有平均速度逐渐降低的状况；所有跑者在最后的 2 km，都有加速的趋势（图 3.9）。优秀女子马拉松跑者的跑步速度，在 15 km、30 km 及比赛最后出现配速高峰，配速策略趋向于可变配速；一般成绩的女子马拉松跑者则采用的是正向配速（前快后慢）策略或者反 J 形曲线配速（前快后慢、最后加快）策略。

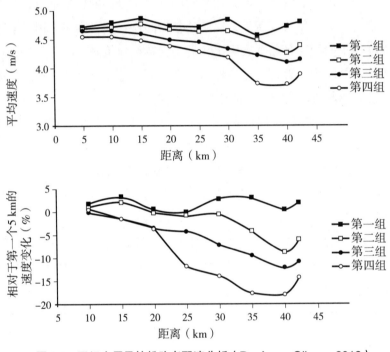

图 3.9　四组女子马拉松跑者配速分析（Renfree，Gibso，2013）

除了分析优秀马拉松跑者的比赛配速，Santos-Lozano 等（2014）还收集了 2006—2011 组约马拉松比赛总共 190 228 名（69 316 名女性、120 912 名男性）完成比赛的休闲跑者的比赛成绩。最快的跑者（第一组）是指马拉松比赛成绩 ≤ 219 分的男性与 ≤ 245 分的女性，较快的跑者（第二组）是指马拉松比赛成绩 220 ~ 247 分的男性与 246 ~ 273 分的女性，中等跑者（第三组）是指马拉松比赛成绩 248 ~ 280 分的男性与 274 ~ 307 分的女性，慢的跑者（第四组）是指马拉松比赛成绩 > 281 分的男性与 > 308 分的女性。研究结果如图 3.10 所示，不管是男性还是女性，不同能力跑者在不同距离时的跑步速度皆有显著的差异，但是在配速的策略上，只有在 40 km 之后的最后 2 km 多有不同的配速策略。速度较慢的跑者与优秀跑者类似，采用前快后慢的方式进行马拉松比赛，但是较佳跑者具备较低的速度变化（男性 7.8%、女性 6.6%），成绩较差的跑者的速度变化较大（8.3% ~ 14.4%）。男女都试图在马拉松比赛中保持平稳的速度，部分原因是避免比赛开始速度过快可能导致下半场比赛的速度明显下降。

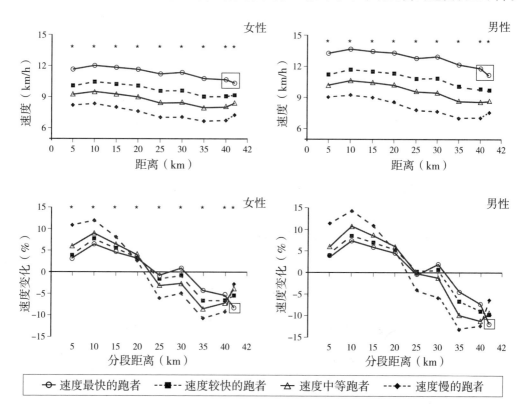

图 3.10　纽约马拉松比赛跑者分组配速分析（Santos–Lozano 等，2014）

马拉松比赛时配速的范围应该如何进行设定呢？理论上来说，马拉松跑者应该进行跑步时的摄氧分析，以便获得可以长时间跑步的最佳速度范围。依照人体运动时使用能量代谢的特征来看，随着运动强度的增加，身体使用氧气与产生二氧化碳的状况，依据通气阈（图 3.11 中的 VT1）与呼吸补偿点（respiratory compensation point，RCP，图 3.11 中的 VT2）的强度，可以分成三种类型的运动强度：可以长时间运动的有氧运动强度、二氧化碳稳定增加的运动强度及二氧化碳会大量增加的运动强度（Lucía 等，2000；Foster 等，2001）。马拉松跑者如果可以找到 VT2 与 VT1 对应的跑步速度，就可以依据这两个速度进行马拉松比赛的配速，实验室的渐增负荷摄氧分析实验，是取得准确 VT2 与 VT1 的最有效方式。事实上，经常训练的跑者，可以通过运动生理学网站的跑步运动生理能力评估程序，进行 VT2 与 VT1 评估，也可以参考表 3.7 对不同能力跑者的 VT2 与 VT1 的速度给出建议。

本文收集了谢千鹤选手、蔡昀轩老师、王鹤森教授三人参加 2018 台北马拉松比赛的分段配速资料，进行了三人配速资料的分析。谢千鹤比赛成绩为 2 小时 40 分 41 秒、每千米配速为 3 分 41 秒至 3 分 57 秒、配速范围为 –3.79% ~ 3.18%，配速的范围几乎与表 3.8 的建议范围一致，配速策略采用先快后慢的正向配速策略，10 ~ 20 km 配速可以加快、30 ~ 35 km 的配速可以减慢。蔡昀轩比赛成绩为 2 小时 56 分 54 秒、每千米配速为 3 分 55 秒至 4 分 18 秒、配速范围为 –3.14% ~ 6.34%，配速的范围明显大于表 3.8 的建议范围，采用先慢后快的反向

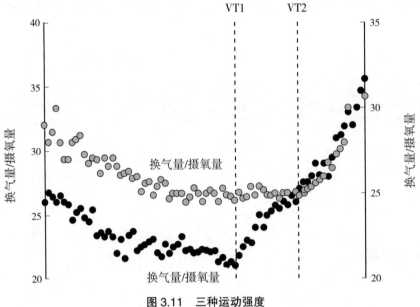

图 3.11　三种运动强度

表 3.8　不同能力跑者的 VT2 与 VT1 的速度建议表

10 km 成绩	马拉松成绩	VT2	VT1
30 分钟	2 小时 20 分 00 秒	5.18 m/s 每千米 3 分 13 秒	4.96 m/s 每千米 3 分 21 秒
31 分 30 秒	2 小时 27 分 00 秒	4.93 m/s 每千米 3 分 22 秒	4.70 m/s 每千米 3 分 32 秒
33 分钟	2 小时 34 分 00 秒	4.71 m/s 每千米 3 分 32 秒	4.46 m/s 每千米 3 分 44 秒
34 分 30 秒	2 小时 41 分 01 秒	4.50 m/s 每千米 3 分 42 秒	4.25 m/s 每千米 3 分 55 秒
36 分钟	2 小时 48 分 01 秒	4.32 m/s 每千米 3 分 51 秒	4.05 m/s 每千米 4 分 06 秒
38 分钟	2 小时 57 分 21 秒	4.09 m/s 每千米 4 分 04 秒	3.84 m/s 每千米 4 分 20 秒
41 分钟	3 小时 11 分 21 秒	3.80 m/s 每千米 4 分 23 秒	3.56 m/s 每千米 4 分 40 秒
44 分钟	3 小时 25 分 21 秒	3.54 m/s 每千米 4 分 42 秒	3.32 m/s 每千米 5 分 01 秒
48 分钟	3 小时 44 分 1 秒	3.24 m/s 每千米 5 分 08 秒	3.04 m/s 每千米 5 分 28 秒

配速策略，明显与参考文献中的马拉松跑者的配速策略不同，调整配速策略似乎是蔡昀轩接下来训练的重点。王鹤森比赛成绩为 3 小时 24 分 49 秒、每千米配速为 4 分 28 秒至 5 分 22 秒、配速范围为 −9.77% ~ 8.41%，配速策略正确，但是配速范围过大。担任台湾师范大学体育系主任的王鹤森教授，可能没有太多时间训练，造成比赛 30 km 之后减速明显。

　　三人配速范围与文献中的结论"能力越好的跑者跑步速度的差异越小"类似，但是配速策略有些不同，谢千鹤与王鹤森趋向于正向配速（先快后慢）策略，蔡昀轩则趋向于反向配速（先慢后快）策略（图 3.12）。参考学术文献有关马拉松比赛的配速策略来看，正向配速策略可能是比较有效率的马拉松比赛策略，否则也应该采用等速策略进行比赛较佳。对于长距离比赛的选手来说，尝试训练符合个人能力的比赛策略，应该是创造个人最佳表现的训练重点之一。

马拉松比赛的配速方法，重点在于配速范围与配速策略。依据预定完成的马拉松跑步成绩，进行配速范围的选定，并且规划采用先快后慢的正向配速策略，让马拉松比赛过程处于呼吸补偿点（VT2）与通气阈（VT1）强度范围中，将有助于马拉松跑者创造马拉松比赛的最佳表现。

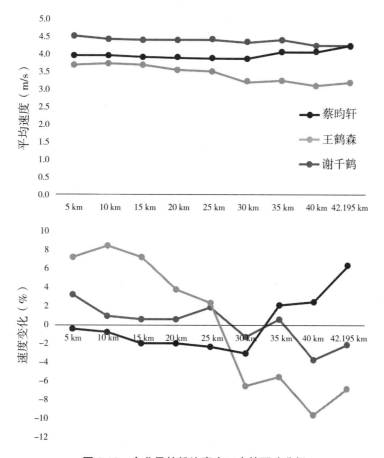

图 3.12　台北马拉松比赛中三人的配速分析

　　"前一天才跟师父说我要好好地和人一起完成跑步，跑开心就好，但鸣枪后大概 500 m，觉得状况不错，问师父：我可以冲吗？师父说：去啊去啊。于是跟师父说'拜拜'后义无反顾往前冲。前 5 km 还能用 4 分 40 秒到 5 分钟的速跑节奏……7 km 开始感觉吃力，出现耸肩摆臂，速度掉到 5 分 20 秒……11 km，超过了一位一路领先的同组女生。到 13 km 左右……跑回 4 分 50 秒的速度。最后 5 km，知道自己不会成为步兵，但速度已降到 5 分 30 秒；最后 3 km，膝盖不痛了，但腿很硬，想拉速度却开始喘。最后 500 m，想跨步冲，但全身力气用尽，只能像月球漫步一样，动作很大，但速度却很慢地跑到终点。成绩 1 小时 48 分 20 秒，分组第二名，总排名第十五名。虽然是 21.3 km 的特别里程，也跑出了自己的最佳成绩，不过撞墙 2 次，加上终点前 3 km 太早冲，拱门就在眼前，却感觉怎么也跑不到。"［选自《终点前 3K 爆掉的半马》（黄依婷跑者提供资料）］。

　　黄依婷万丹半程马拉松比赛的成绩为 1 小时 48 分 20 秒，旗山半程马拉松比赛成绩为 1 小时 49 分 21 秒，两场比赛成绩只差 61 秒，但是两场半程马拉松比赛的速度有很大的不同。

万丹、旗山半程马拉松比赛的跑步速度与跑步时间如图 3.13、3.14，表 3.9 所示。从比赛时每千米的速度变化来看，万丹半程马拉松比赛前半段速度快很多，但是最后 5 km 的跑步表现没有不同，可是万丹半程马拉松比赛的心率则有两次明显的超过 160 次 /min。旗山半程马拉松的最后 5 km 心率则没有高过 160 次 /min。

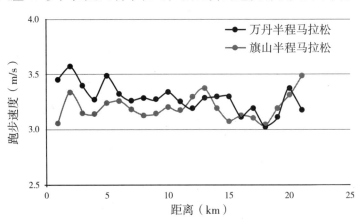

图 3.13　万丹、旗山半程马拉松的跑步速度差异

由此可见，当跑步的距离拉长后，采用什么样的速度来进行配速，对于跑步表现与生理感受，显然有决定性的影响。

　　铁人三项比赛的跑步配速策略通常采用反向配速策略（先慢后快）或者反 J 形曲线配速策略（先快后慢再快）。马拉松比赛的配速方法，重点在于配速范围与配速策略。依据预定完成的马拉松跑步成绩，进行配速范围的选定，并且规划采用先快后慢的正向配速策略，让马拉松比赛过程处于呼吸补偿点（VT2）与通气阈（VT1）强度范围中，有助于马拉松跑者创造马拉松比赛的最佳表现。因此，在马拉松比赛时，选择依据跑者呼吸补偿点对应的速度跑步，可能是获得最佳半程马拉松、马拉松比赛表现的重要依据。当跑步初期选定更高的速度

表 3.9　万丹、旗山半程马拉松的每千米跑步时间差异

距离（km）	1	2	3	4	5	6	7	8	9	10	11	12	13	14	15	16	17	18	19	20
万丹	4:50	4:40	4:54	5:05	4:47	5:01	5:06	5:04	5:05	4:59	5:07	5:13	5:04	5:03	5:03	5:22	5:13	5:30	5:21	4:57
旗山	5:27	4:59	5:17	5:18	5:08	5:07	5:14	5:19	5:18	5:12	5:15	5:03	4:56	5:13	5:25	5:19	5:22	5:29	5:13	5:02
时间差（s）	−37	−19	−23	−13	−21	−6	−8	−15	−13	−13	−8	10	8	−10	−22	3	−9	1	8	−5

注：×∶×× 表示 × 分 × 秒。

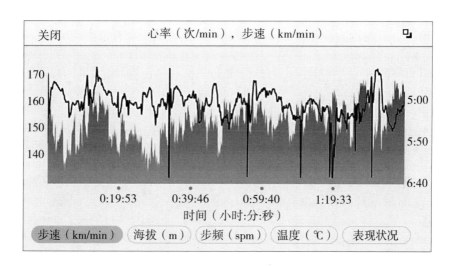

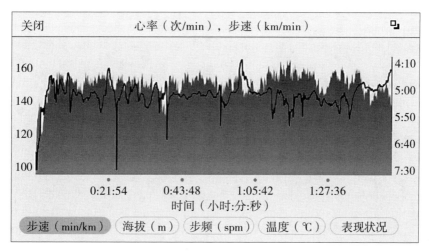

图 3.14　2019 年 12 月 22 日万丹（上）、2019 年 12 月 8 日旗山（下）半程马拉松的跑步记录与心率图

跑步时，很容易因为无氧代谢的百分比增加，逐渐累积疲劳与代谢物质，将明显影响后半段跑步的表现。

通过运动生理学网站"一般人跑步运动生理能力的评估"线上程序，10 km 跑步成绩 48 分钟、预期 1 小时 48 分左右完成半程马拉松表现的配速，以每千米 5 分 14 秒左右的速度，开始进行半程马拉松比赛最佳；比赛过程尽量维持这个速度，在最后的 2~3 km 才慢慢加速

最佳；马拉松比赛的配速范围则为每千米 5 分 14 秒至 5 分 35 秒最佳（配速太快可能造成无氧代谢增加，配速太慢可能成绩不好）。而且，跑步过程维持稳定的配速，不要忽快忽慢的配速，不但比赛成绩会比较稳定，跑者的生理反应也更容易维持稳定状态。

如果预期半程马拉松成绩、马拉松成绩减少 1 分钟、2 分钟时，每千米配速要减少 3～4 秒（参考第三章第十二节）。跑者在参与比赛之前，可以先通过运动生理学网站的线上程序，实际推算出配速范围，然后在练习过程中，先测试一下特定速度节奏跑的状况，如果以太快的速度开始比赛，会显著限制比赛表现。依据上述万丹半程马拉松比赛的前 5 km 配速每千米 4 分 55 秒，完成半程马拉松的成绩约为 1 小时 42 分 00 秒。而跑者实际完成比赛的成绩为 1 小时 48 分 20 秒，就是因为开始前 5 km 的配速高于跑者的呼吸补偿点速度。

第十四节 训练冲量

训练冲量（training impulse，TRIMP）是指训练量与训练强度的乘积，代表运动训练过程的身体总负荷。一般来说，TRIMP 的计算可以分为三种：基础训练计算法、区段训练计算法、RPE 训练计算法。

基础训练计算法是以训练的时间（min）乘以训练时的平均心率（次/min）。例如，训练时间 30 分钟，平均心率 145 次/min，则 TRIMP = 30×145 = 4350。Vollaard 等（2006）采用 Morton 等（1990）提出的方法，进行 TRIMP 的判定，以便了解 TRIMP 对于氧化应激（oxidative stress）的影响。Morton 等（1990）对于 TRIMP 的定义是以心率储备（HRR）为基础的，先计算心率比值［心率比值=（运动心率 – 安静心率）/（最大心率 – 安静心率）］，接着计算强度加权指数 Y［Y= e$^\alpha$ × 心率比值；e 指欧拉数（Euler numker）；男性 α 等于 1.92，女性 α 等于 1.67］，最后 TRIMP= 运动时间（T）× Y。事实上，教练、运动选手及一般参与运动者，都可以通过每日运动参与的时间与运动时的心率反应状况，简易地评估每周的训练冲量。这种方法虽然在学术研究论文有一些实验的应用，但是在实际的运动参与场合，似乎有一些应用上的限制。目前，因为心率控制的运动健身器材被广泛采用再加上可以监测心率的运动器材与运动心率表也相当的常见，因此让这种训练冲量的评估方式，有了进一步应用的空间。

TRIMP 区段训练计算法则是以个人的心率范围或运动强度范围为标准，计算出不同范围的强度区间与运动时间的乘积。Esteve-Lanao 等（2005）依据 Foster 等（2001）的心率三级［依据通气阈与呼吸补偿点对应的心率进行区隔，低于通气阈为 1，介于通气阈与 RCP 之间为 2，高于 RCP 为 3］的划分方式，进行运动强度的判定，并且依据每周的运动时间与强度等级的乘积判定 TRIMP。记录 6 个月的训练后，获得了 8 名西班牙国家级长跑选手每周的训练冲量变化。研究发现，6 个月的训练过程中以较低强度（强度等级 1）进行训练的时间约占总训练时间的 71%，较高强度（强度等级 3）进行训练的时间仅占 8%；受试者在较低强度（强度等级 1）进行训练的时间与 4.175 km、10.130 km 测验成绩显著相关（–0.792、–0.970）。为了增加长距离运动的表现，应该采用较低强度进行较长时间的训练。

非常有趣的是，Lucia 等（2003）用 TRIMP 的概念进行环法自行车赛与环西班牙自行车赛的难度比较。7 名职业自行车选手，在实验室内进行强度等级的实验后（平均通气阈心率为 154 次/min、平均呼吸代偿点心率为 173 次/min），实际进行比赛期间的心率监控发现，环法赛与环西班牙赛选手在三个不同等级的时间（图 3.15）与 TRIMP（强度等级与运动时间的乘积）都没有显著的不同。通过比赛期间的 TRIMP 评估发现，环法赛与环西班牙赛具备相同的难度。

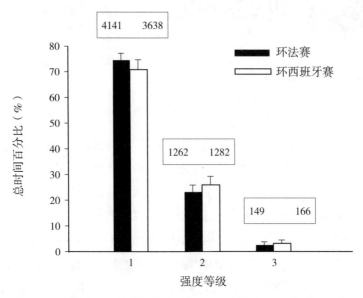

图 3.15　环法赛、环西班牙赛选手 TRIMP 比较（Lucia 等，2003）

区段训练计算法除了使用三等级强度，也有使用五等级强度的评估方法，50%～60% 最大心率为等级 1，60%～70% 最大心率为等级 2，70%～80% 最大心率为等级 3，80%～90% 最大心率为等级 4，90%～100% 最大心率为等级 5。TRIMP 的计算范例如下：训练时间 30 分钟，平均心率 140 次 /min（最大心率 =185 次 /min），则 140/185×100=76%，强度等级为 3，TRIMP= 训练时间 × 训练强度 =30×3=90；训练时间 25 分钟，平均心率 180 次 /min，（最大心率 =185 次 /min），则有 180/185×100=97%，强度等级等为 5，TRIMP= 训练时间 × 训练强度 =25×5=125。Padilla 等（2001）采用的三等级，则是以乳酸阈与乳酸激增点（4 mmol/L）为区分等级的标准，通过实验室中的对应心率为判定强度等级的依据。

自觉疲劳程度量表训练计算法则是由 Foster 等（2001）提出，通过 10 等级的运动自觉疲劳程度量表进行运动强度的判定。Foster 等（2001）以 12 名休闲骑车者与 14 名篮球选手，进行区段训练计算法与自觉疲劳程度量表训练计算法评估结果的比较。结果发现，两种方法进行的 TRIMP 计算结果虽然有显著的差异，但是具有显著的相关。由于区段训练计算法必须通过心率的监控，自觉疲劳程度量表基础训练计算法则仅需要由运动者进行自觉强度的判断，两者的高度相关，代表通过自觉疲劳程度量表的简单评估就可以有效判定 TRIMP，该方法显然是具有极高的应用性。Impellizzeri 等（2004）针对 19 名年轻的足球选手进行了 7 周训练的 TRIMP 评估。研究发现，通过自觉疲劳程度量表训练计算法评估的结果，与其他三种通过心率评估的 TRIMP 皆具有显著相关性（0.50～0.85）。

TRIMP 代表运动强度，也是一个重要的训练负荷来源。对于一般运动者来说，如果仅通过运动参与的时间或健走的步数，进行身体活动量的评估，显然会有一些偏颇的训练效果判断。对于经常进行训练的运动员来说，TRIMP 是一个重要的训练资讯，值得在规划训练计划或训练处方时，详细地了解与应用。

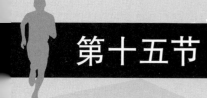

第十五节　肌力训练提升长跑表现

　　100 m、马拉松比赛的世界男子纪录保持人分别是博尔特（9.58 秒）、基普乔格（2 小时01 分 09 秒）。由两人的身材特征来看，博尔特看起来肌肉结实，感觉其爆发力佳、速度快；基普乔格则明显较瘦，由外表看不出来是世界最佳耐力运动员。相对于讲求更快、更高、更强的竞技运动领域，长跑运动员的体型与能力特征，明显有别于其他强调速度、肌力、爆发力、敏捷性、平衡性、反应性等运动能力的运动员。那么，长跑运动员不需要进行肌力训练吗？

　　Vuorimaa 等（1996）针对短距离（5 名）、中距离（5 名）、长距离（6 名）跑步选手，进行了最大无氧跑步速度测验流程的比较分析。短距离跑步选手的 100 m 成绩平均为 11.1 秒（10.9～11.6 秒）；中距离跑步选手的 100 m 成绩平均为 11.7 秒（11.5～11.9 秒）、800 m 成绩平均为 1 分 50 秒（1 分 47 秒至 1 分 52 秒）；长距离跑步选手的 100 m 成绩平均为 12.8秒（12.3～13.0 秒）、800 m 成绩平均为 1 分 59.2 秒（1 分 54 秒至 2 分 2 秒）、马拉松成绩平均为 2 小时 21 分（2 小时 17 分至 2 小时 24 分）。短距离、中距离、长距离跑步选手的 20 m 速度分别为 9.6 m/s ± 0.1 m/s、9.2 m/s ± 0.2 m/s、7.9 m/s ± 0.3 m/s，垂直跳高度分别为 55.0 cm ± 5.5 cm、43.8 cm ± 4.0 cm、31.2 cm ± 3.1 cm，最大摄氧量分别为 60.4 mL/（kg·min）± 2.2 mL/（kg·min）、63.0 mL/（kg·min）± 2.7 mL/（kg·min）、73.2 mL/（kg·min）± 3.4 mL/（kg·min）。研究结果显示，长距离跑步选手需要提升他们的无氧运动能力。

　　Paavolainen 等（1999）以耐力运动员为对象，将受试者分为实验组（10 名）与控制组（8名），实验组与控制组 9 周的总训练量相同，但是实验组 32%、控制组 3% 的训练量被爆发式力量训练所替代。爆发式力量训练课程持续 15～90 分钟，包括各种冲刺 5～10 次（20～100 m）、跳跃练习（交换腿跳跃、下蹲跳跃、下落跳跃、跨栏跳跃、单腿跳跃、连续五次跳跃），没有额外负重或低负荷［1 RM（1 次最大反复次数）的 0%～40%］、最大速度的腿部动作练习（30～200 次收缩、5～10 组）。研究显示，实验组在 4.17 m/s 速度下的摄氧量随训练时间越来越低（跑步效率越来越好），最大无氧跑步速度随训练时间越来越快。同时进行爆发式力量训练和耐力训练，提升了训练有素耐力运动员的 5 km 跑步成绩，但是没有改变他们的最大摄氧量。爆发式力量训练增进神经肌特征，提升了最大无氧跑步速度和跑步效率。

　　Sinnett 等（2001）针对 36 名受过训练的跑者（20 名男性和 16 名女性），进行了无氧功率（anaerobic power）测试。测试包括 50 m 冲刺、深蹲跳（squat jump）、反向跳（countermovement jump）、增强式跳跃（plyometric leap）和 300 m 冲刺。经过逐步回归统计分析，10 km 跑步时间 = 57.22 － 5.15（增强式跳跃测试，m）+ 0.27（300 m 冲刺，秒）（R^2=0.779）。这个研

究证实，无氧运动能力与 10 km 跑步成绩显著关联，长跑选手在训练过程中有必要增加增强式训练与速度训练。

Stkren 等（2008）针对 17 名训练有素的跑者（9 名男性、8 名女性），将受试者随机分配到最大肌力训练介入的实验组与控制组，实验组（4 名男性、4 名女性）除了正常的耐力训练，同时进行 8 周、每周 3 次、每次 4 组、重量最大 4 RM 的半蹲抗阻训练。控制组在同一时期继续进行正常的耐力训练。研究显示，实验组在正常耐力训练过程中加入抗阻训练后，1 RM 增加 33.2%，半蹲时的发力率增加 26.0%，70% 最大摄氧量强度时的跑步效率或跑步成本增加 5.0%，最大有氧速度跑步的力竭时间增加 21.3%；控制组则都没有显著改变（图 3.16）。研究显示，8 周的最大力量训练改善了跑步效率，并且让训练有素的长跑运动员延长了最大有氧速度跑步的持续时间。

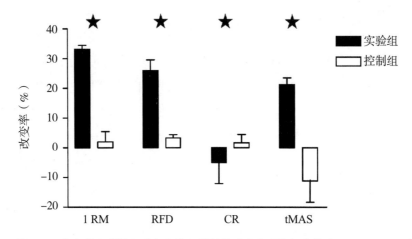

图 3.16　加入抗阻训练与未加入抗阻训练的跑者各项指标变化（Stkren，2008）
注：RFD. 发力率；CR. 跑步成本；tMAS. 最大有氧速度跑步的力竭时间

Berg（2003）的研究指出，由于冲刺跑、跨步跑、上坡跑、台阶与增强式训练等这些改善或保持肌力的训练方法，可以降低长时间耐力训练造成的肌力下降现象，皆是提升长跑表现的有效辅助训练。耐力训练会活化 AMP 活化蛋白激酶（AMPK）进而达到有氧能力的适应，但由于 AMPK 可能同时抑制哺乳动物雷帕霉素靶蛋白（mTOR）的活化，mTOR/p70 的路径在肌肉生长中扮演重要角色。由于耐力训练的方法有很多类型，耐力训练造成肌力下降的相关研究成果，仍有待进一步厘清。

长期的耐力训练后，可能造成长跑选手的无氧运动能力下降。爆发式力量训练、最大肌力训练、增强式训练等肌力训练方法，不仅可以提升长跑选手肌肉机能，也可以提升耐力表现。对于长跑运动选手来说，在耐力训练的过程中，加入适量的肌力训练可以有效提升长跑表现。

第十六节　肌力与耐力同步训练对心肺耐力的影响

运动者的能力、训练的强度选择、训练的频率（每周训练的次数）、训练量的多寡、同步训练的方式等，都是影响同时进行肌力与耐力训练效果的因素。肌力与耐力同步训练的训练效益存在极大的争议。过去的研究显示，肌力与耐力同步训练并不会影响最大摄氧量（心肺耐力）发展，但是肌力可能因为耐力训练而降低（林正常，2013）。

肌力与耐力同步训练时，增加肌力训练的训练量会影响（提高或降低）心肺耐力表现吗？Izquierdo-Gabarren等（2010）把43名已经训练12.1年±5.0年的划船选手作为研究对象。他把受试者随机分派至2NRF组（受试者接受2项肌力训练动作，训练时固定反复次数，没有达力竭）6名、4NRF组（受试者接受4项肌力训练动作，训练时固定反复次数，没有达力竭）15名、4RF组（受试者接受4项肌力训练动作，训练时反复执行，直至力竭）14名、控制组8名，训练组在正常的划船训练之外，另外接受2次肌力训练［75%～92% 1 RM，4RF组反复4～10次（2NRF、4NRF两组反复2～5次），共3～4组；肌力训练动作为俯卧拉、坐姿划船、滑轮下拉及高翻四个动作］，各组受试者8周的总肌力训练反复次数为：2NRF组392次（每次训练约30分钟）、4NRF组784次（每次训练约45分钟）、4RF组1568次（每次训练约60分钟）。研究结果发现，俯卧拉的1 RM肌力与最大功率仅4NRF组有显著增加（训练量较多的4RF组反而没有显著提升）。而且，4 mmol/L乳酸阈各组皆有显著增加（没有进行外加肌力训练的控制组也显著增加），各组间并没有显著差异存在。各组受试者的20分钟最大划船动力试验（20-min all-out row test, W20min）皆出现显著提升的现象，而且4NRF组与2NRF组（皆采用反复2～5次/组）的W20min提升率显著优于4RF组（采用反复4～10次/组）与控制组。这个研究结果显示，划船选手适当增加肌力训练可以显著提高划船运动耐力表现（肌力训练量不是越多越好）（图3.17）。

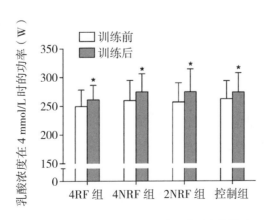

图3.17　增加肌力训练对心肺耐力的影响

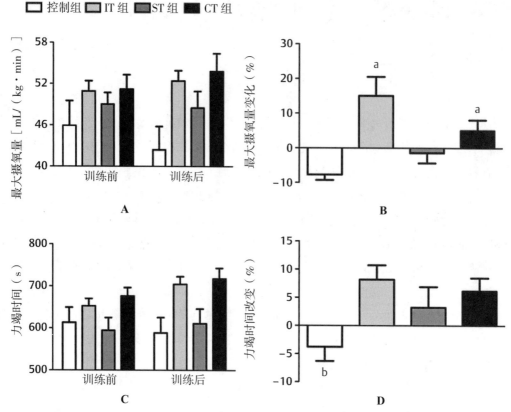

图 3.18　不同训练方法对最大摄氧量与力竭时间的影响（de Souza 等，2013）

注：A.IT 组与 CT 组显著大于控制组和 ST 组（$P < 0.05$）B. 控制组显著小于 IT、ST 和 CT 组（$P < 0.05$）

de Souza 等（2013）把经常活动的体育系男生作为研究对象，将学生随机分为间歇训练（interval training，IT）组、肌力训练（strength training，ST）组、同步训练（concurrent training，CT）组、控制组。ST 组每周进行 2 次训练（动作包括 45° 腿推举、膝关节伸展、膝关节收缩），IT 组每周 2 次在跑步机上进行高强度间歇训练，CT 组则以与 ST 组和 IT 组相同的训练内容每周进行 2 次训练。研究结果（图 3.18）显示，最大摄氧量的改变上 IT 组与 CT 组显著优于 ST 组与控制组，渐增负荷运动到力竭的时间变化上则出现 IT 组、ST 组、CT 组皆显著优于控制组。这个研究结果显示，CT 组可以获得有效的耐力训练效果，同时可以达到肌力训练的肌力与肌肥大效果。

Wilson 等（2012）采用荟萃分析的方法，比较了肌力训练、耐力训练、同步训练对于下肢肥大、下肢肌力、下肢爆发力、最大摄氧量、身体脂肪的训练效果。研究（图 3.19）显示，同步训练可以同时增加肌肉功能与最大摄氧量，同时达到降低身体脂肪的效果；而且把跑步或骑车作为同步训练的耐力训练方式，可以获得相同的同步训练效果。

肌力与耐力同步训练不仅不会降低最大摄氧量（心肺耐力）发展，而且适量的肌力训练（每周最多 2 次、高 RM、低反复）可以有效提升耐力运动表现。

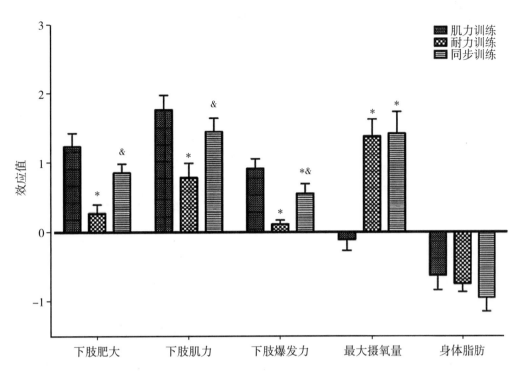

图 3.19 肌力训练、耐力训练、同步训练对各项指标的影响（Wilson 等，2012）

注：*. 与肌力训练相比差异显著，$P < 0.05$；&. 与耐力训练相比差异显著，$P < 0.05$

肌力与耐力同步训练对肌力的影响

肌力与耐力同步训练不仅不会降低最大摄氧量（心肺耐力）发展，而且适量的肌力训练（每周最多2次、高RM、低反复）可以有效提升耐力运动表现。过去的研究显示，同步训练时，肌力可能会因为耐力训练而降低（林正常，2013），仅进行耐力训练也可以提升下肢肌力（Wilson等，2012），仅进行肌力训练仍然可以提升渐增负荷运动到力竭的时间（de Souza等，2013）。耐力运动员显然必须进行肌力训练来提升运动表现。肌力与爆发性项目运动员如果进行耐力训练，对于肌力与肌肥大的负面影响，是不是跟训练周数、每周训练频率、每次训练时间有关呢？

首先，先讨论一下肌力与耐力同步训练时，增加肌力训练的训练量是否会影响（提高或降低）肌力表现。Izquierdo-Gabarren等（2010）进行了针对划船选手的研究。受试者在进行正常的划船训练之外，训练组另外接受每周2次肌力训练［8周的总肌力训练反复次数2NRF组392次（每组2~5次、每次训练约30分钟）、4NRF组784次（每组2~5次、每次训练约45分钟）、4RF组1568次（每组4~10次、每次训练约60分钟）］。研究发现，划船选手的俯卧拉1RM肌力与最大功率仅4NRF组有显著增加（图3.20，总训练量最多的4RF组反而没有显著提升）。这个研究结果显示，以增加肌力与肌肉爆发力为目标时，同步训练时的肌力训练量并不是越多越好。

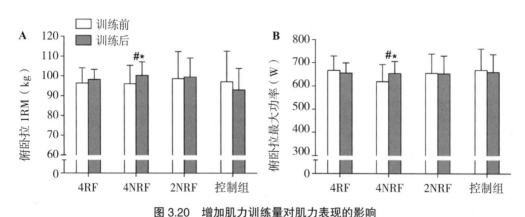

图3.20　增加肌力训练量对肌力表现的影响

Hickson（1980）、Baar（2014）的研究把受试者分为肌力训练组（每周训练5天、每次训练30~40分钟）、耐力训练组（每周训练6天、每天训练40分钟）与同步训练组（整合所有肌力训练组与耐力训练组的训练）。研究发现，在1RM肌力训练的效果上，肌力训练组与同步训练组的6~7周训练效果相似；但是超过8周训练之后，同步训练组的1RM肌力不再提升，肌力训练组则持续有进步。也就是说，同步训练对于1RM肌力的训练效果，似乎会受训练周数的影响，当训练超过 6 ~ 7 周之后，1 RM 肌力的提升效应会受到限制（图3.21）。

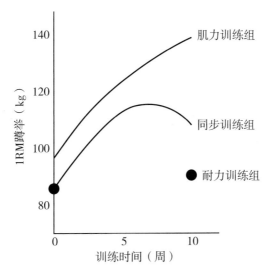

图 3.21 增加同步训练的周数对于肌力的影响（Baar，2014）

Wilson 等（2012）通过荟萃研究的方法，整合过去有关耐力训练频率、每次训练时间对于肌力训练效果的研究文献。研究发现，下肢肌力训练的效应值（effect size，ES）与每周训练频率呈负相关（$r=-0.31$），与每次训练时间亦呈负相关（$r=-0.34$）。也就是说，耐力训练的每周训练频率越多或者每次训练时间越多，对于肌力训练的效应值越低。图 3.22 显示，肌肥大、肌力、爆发力的训练效应值与每周训练频率皆呈负相关（在肌肥大部分较不一致）。由此可见，为了维持肌力训练的效果，爆发力项目运动员每周进行耐力训练 1 次、每次训练20 ~ 30 分钟，相对于频率更多、时间更长的耐力训练，反而可以获得更好的肌力训练效果。

爆发性项目（投掷、跳跃、高尔夫等）运动员，若进行肌力与耐力同步训练，可以提升肌肉的肌力、爆发力，并促进肌肥大。当同步训练周数太长（超过 7 周）时，反而会限制肌力训练的效果，而且耐力训练频率、每次耐力训练时间与肌力训练的效果成反比。爆发性项目运动员的每周耐力训练频率不宜太多，每次训练时间也不宜太长。

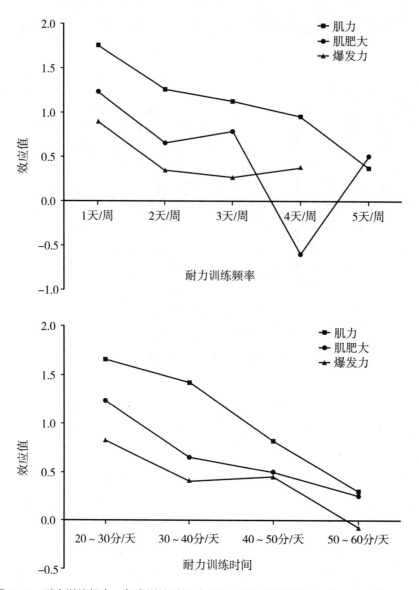

图 3.22　耐力训练频率、每次训练时间对于肌力训练效果的影响（Wilson 等，2012）

抗阻训练时选定的重量会影响肌力训练的效果。以 1~8 RM 强度训练时，主要可以增加最大肌力，如果同时训练量也很多时，还可以增加肌肉量；以 8~12 RM 强度训练，主要增加肌肉爆发力；以 15~20 RM 或 20 RM 以上进行训练，则主要增加肌耐力。这种肌力训练强度的特殊性，已经被很多实证研究结果所验证。相对地，还是有一些不同的研究结果被发现。

Campos 等（2002）的研究以 32 名未经训练的男性为对象，研究把受试者随机分配到低反复组（3~5 RM、4 组、组间休息 3 分钟）、中反复组（9~11 RM、3 组、组间休息 2 分钟）、高反复组（20~28 RM、2 组、组间休息 1 分钟）及没有训练的控制组。训练为期 8 周，前 4 周每周训练 2 天、后 4 周每周训练 3 天，每次训练 3 个动作，包括腿推举、深蹲及坐姿伸膝。研究发现，不同强度（低、中、高反复）的肌力训练都可以显著提升 3 个动作的 1 RM 肌力（图 3.23 左），中反复与高反复的肌力训练会显著增加 60% 1 RM 的反复次数（图 3.23 右）。对于没有训练经验者来说，肌力训练的强度只要高于 20~28 RM，就可以显著提高肌肉力量，而且强度越高肌力训练成效越好；肌耐力的训练效果则以中、高反复次数的强度比较有效，而且反复次数越多肌耐力训练效果越好。

Ogasawara 等（2013）以 9 名未接受过训练的男性为对象进行了研究。受试者进行了 6 周的高负荷抗阻训练（highload- resistance training，HL-RT）——仰卧推举（每周 3 次、75% 1 RM 强度、3 组）之后，然后进行了 12 个月的停止训练，之后再进行 6 周低负荷抗阻训练（low-load-resistance training，LL-RT）——仰卧推举（每周 3 次、30% 1 RM 强度、4 组，进行到自觉疲劳）。研究发现，肱三头肌、胸大肌生理横截面积在 HL-RT 后分别增加了 11.9%、17.6%，在 LL-RT 后分别增加了 9.8%、21.1%，两种训练的效果类似；仰卧推举 1 RM 与肘关节伸展肌力在 HL-RT 后分别增加了 21.0%、13.9%，在 LL-RT 后分别增加了 8.6%、6.5%，低强度训练的训练效果显著较低。以增加肌肉量的目标来看，低强度、训练到自觉疲劳的训练方式也可以达成，要增加肌力则高强度训练比较有效。

Schoenfeld 等（2014）将 20 名有抗阻训练经验的年轻的男性受试者（23.2 岁 ±2.7 岁），随机分配为肌肥大型抗阻训练（hypertrophy-type resistance training，HT）组与肌力增进型抗阻训练（strength-type resistance training，ST）组。HT 组进行 3 组、10 RM、每组休息 90 秒的渐增动作的抗阻训练，ST 组则进行 7 组、3 RM、每组休息 3 分钟的相同渐增动作的抗阻训练，两组的总训练量相同。经过 8 周训练后，两组受试者的肱二头肌肌肉厚度增加量（HT 组 12.6%、ST 组 12.7%）没有显著差异，1 RM 仰卧推举力量、1 RM 深蹲（squat）力量提升量都有 ST 组大于 HT 组的现象（图 3.24）。研究显示，当总训练量相同时，肌肥大型（10 RM）、

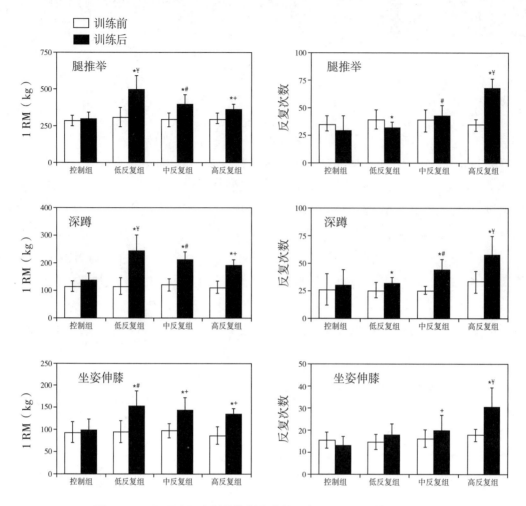

图 3.23　不同强度肌力训练的训练成效研究（Campos 等，2002）

肌力增进型（3 RM）的抗阻训练，对于肌肉大小的肥大效应类似，但是最大肌力的提升量则以肌力增进型（3 RM）的抗阻训练效果较佳。

　　Schoenfeld 等（2017）整合了 21 篇相关的研究，发现以大于 60% 1 RM 的强度进行抗阻训练，对于提升 1 RM 肌力的效果显著大于低于 60% 1 RM 的强度，等长肌力与肌肥大的增进效果则没有显著差异。以增加肌力为训练目标时，有必要采用 60% 1 RM 以上的强度进行训练。

　　以增加肌力为训练目标时，以 60% 1 RM 或 20～28 RM 以上的强度进行训练比较有效，而且强度越高（3 RM）肌力训练效果越好。以增加肌肉量为训练目标时，似乎以 30% 1 RM 以上的强度、训练到自觉疲劳即可获得训练效果。以肌耐力为训练目标时，采用 20～28 RM 的高反复训练效果较佳。有关肌肉爆发力训练强度的内容，需要另外整理相关文献才能厘清。

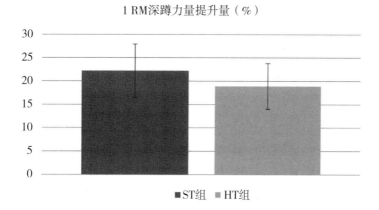

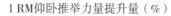

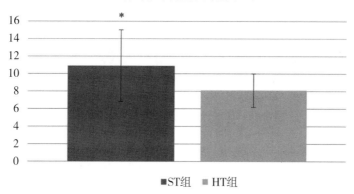

图 3.24 ST 组和 HT 组对 1RM 深蹲和 1RM 仰卧推举的影响（Schoenfeld 等，2014）

美国运动医学会（2009）建议，以增加肌肉大小为目标时，每周应进行2~3次每次各肌群进行2~4组的肌力训练。美国国家体能协会（National Strength and Conditioning Association，NSCA）针对老人肌力训练指出，健康老年人应每周进行2~3次肌力训练，每次包括3组肌力训练，每组包括反复8~12遍的肌力训练。训练强度以20%~30% 1 RM开始，逐渐增加到80% 1 RM，8~10个不同肌群的肌力训练（Fragala等，2019）。每周2~3次肌力训练，似乎是共同的肌力训练建议频率。

相同的每周肌力训练量，在一天或者分成三天训练，对训练效果的影响是否有差别呢？Schoenfeld等（2015）以有肌力训练经验的男性大学生为对象，依据肌力，把他们随机分配为SPLIT组、TOTAL组，在8周、每周3次、强度为8~12 RM的训练过程中，SPLIT组3次训练分别针对2~3个特定肌群进行多次训练，TOTAL组3次训练则针对每个肌群进行1次训练，两组8周训练针对每个肌群都训练了18组。研究发现，仰卧推举和深蹲的1 RM肌力都有显著进步，但是两组间没有显著差异（图3.25）；前臂屈肌的肌肉厚度TOTAL组显著大于SPLIT组。将相同肌力训练量，分成每周1次肌力训练或每周3次肌力训练，并不会影响肌力训练的效果（有相同的肌力进步效益），但是每周分成3次训练可以提升训练肌群的肌肉量。

每周肌力训练量、训练频率不同时，对训练效果的影响是否有差别呢？Pina等（2019）把39名老年妇女（≥60岁）随机分为2组（G2×组：每周训练2次；G3×组：每周训练3次），并把2组的训练分为2个阶段（图3.26），每个阶段12周。第一阶段8个动作，重复10~15次为1组，共进行1组。第二阶段同样是8个动作，重复10~15次为1组，共进行2组。研究发现，两组的1 RM肌力（G2×增加19.5%、G3×增加22.2%）、肌肉量（G2×增加3.0%、G3×增加1.6%）、肌肉质量指数（G2×增加16.0%、G3×增加21.1%）的进步相似。以老年妇女为训练对象时，无论是每周训练2次还是3次（尽管训练3次的肌力训练量增加），训练效果相同。由此可见，每周2次肌力训练的训练效果，具备与每周3次肌力训练一样的训练效果，因此每周训练2次的训练效率显然较高。

Schoenfeld（2016）对10篇有关每周肌力训练频率的荟萃研究发现，以肌肉量为训练目标时，训练频率会显著影响肌肉量的训练效果。在每周肌力训练量相同的条件下，每周2次的训练频率比每周1次的肌肉量训练效果更好。研究显示，主要肌群应该每周至少训练2次，以便最大化肌肉量的训练效益；至于每周训练3次是否会比2次训练效果好，还没有一致的研究结果。每周超过3次的肌力训练频率是否效果更好，仍待进一步研究。对于没有肌力训练经验者来说，似乎2次训练效果即有训练效益，经常进行肌力训练者则可能需要每周3次

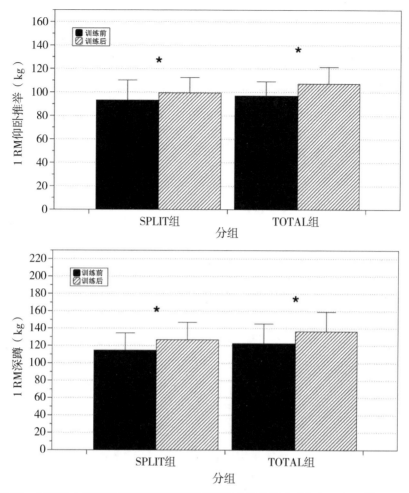

图 3.25　每周肌力训练量相同时训练频率对训练效果的影响（Schoenfeld 等，2015）

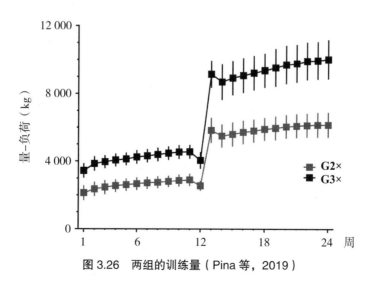

图 3.26　两组的训练量（Pina 等，2019）

（即更多的肌力训练量），才会呈现更好的训练效果。

　　Dankel 等（2017）整合文献的资料发现，增加每周训练频率、减少每次肌力训练量，似乎可以获得更好的肌肥大训练效果。但是研究文献并没有每周训练 7 天的研究设计，这种现象似乎与美国运动医学会建议的相同肌群在 2 次训练间至少有 48 小时休息有关。由肌肉蛋白质合成的反应来看，增加训练频率似乎可以增加肌肉蛋白质合成，进而可能提高肌肉量。只是这样的推论，需要搭配肌力训练的负荷强度、反复次数、组数等肌力训练变量，并且进一步通过实验设计来进行研究确认。

　　肌力训练频率以每周 2～3 次的建议最常见。对于有肌力训练经验的人来说，以肌力为目标时，1 天完成 1 周的肌力训练量与把 1 周的训练量分成 3 天完成的效果相同；如果以增加肌肉量为目标，则以把 1 周的训练量分为 3 天完成效果较佳。还没有肌力训练经验的运动者，每周 2 次的训练效果最佳。每周肌力训练 3 次以上的训练频率，训练效果仍然需要进一步的研究确认。

肌力训练量是肌肥大的关键因素

肌力训练量是指肌力训练时，每周组数、重复次数、强度负荷的乘积（组数 × 重复次数 × 强度负荷）。每周肌力训练量代表肌力训练时的每周总做功量。很多研究显示，肌力训练量是肌肥大的关键因素，也是就说，当肌力训练达到一定强度以上时，每周肌力训练量越大，肌肥大效果越好（Figueiredo 等，2018）。

为什么肌力训练量增加会产生肌肥大效果呢？ Leite 等（2011）对 10 名休闲训练者（24.5 岁 ±7.6 岁）分别进行 2 次训练量的实验。一次进行了 3 组 6 RM 80% 最大肌力的训练、组间休息 2 分钟；另一次进行了 3 组、12 RM 80% 最大肌力的训练、组间休息 2 分钟。2 次训练间隔 7 天。肌力训练的顺序为杠铃仰卧推举、坐姿蹬腿、器械式水平前下拉、俯卧腿弯举、肩膀外展及坐姿伸腿。研究记录了肌力训练前后的睾酮（testosterone，T），生长激素（growth hormone，GH）、皮质醇（cortisol，C）值，以及 T/C 值。研究发现，肌力训练量无论多少都会显著提升血液中睾酮、生长激素的浓度，肌力训练量多则有生长激素显著高于、皮质醇显著高于、T/C 值显著低于肌力训练量少的状况。肌力训练量是调节急性激素反应的重要因素，也是造成肌肥大的主要原因。

Schoenfeld 等（2017）对 15 篇文献进行了荟萃分析，探讨每周肌力训练量与肌肉质量的剂量 – 反应关系（dose–response relationship）。研究发现，每周肌力训练量与肌肉大小具有剂量 – 反应关系，高、低每周肌力训练量之间具有 3.9% 肌肉量增益差异；每周肌力训练每增加一组，肌肉大小训练效果会增加 0.37%。在增加每周肌力训练量时，似乎增加组数的方式对肌肉量的提升效果最明确。

Schoenfeld 等（2019）把 34 名至少已经进行 1 年肌力训练的健康男性随机分配为低训练量组（每次练习 1 组，$n=11$）、中训练量组（每次练习 3 组，$n=12$）或高训练量组（每次练习 5 组，$n=11$）。受试者进行 8 周、每周 3 次、每组 8 ~ 12 RM 的肌力训练。每次训练 7 个主要肌群动作：杠铃仰卧推举、杠铃肩推、宽握侧向下拉、坐姿划船、杠铃背蹲、腿推举、单侧坐姿伸腿。以 1 RM 杠铃背蹲和仰卧推举评估肌肉力量，以 50% 1 RM 仰卧推举力竭评估上身肌肉耐力，以超声检查肱二头肌、肱三头肌、股直肌、股外侧肌评估肌肥大。研究显示，肌力与肌耐力都有显著提升，但是对于肱二头肌、股直肌、股外侧肌的肌肉厚度，都有肌力训练量较大的组别增加更多的现象。这个研究的结果显示，经常肌力训练的男性，在 8 周内肌肥大遵循剂量 – 反应关系，随着训练量的增加，肌肉也越来越肥大。

增加每周肌力训练量，可能也会出现训练者个体差异，以及过度训练的问题。Figueiredo（2018）的研究指出，受过训练的个人、运动员，可能需要比未经训练、休闲训练者更大的肌肉生长训练量；对于未经训练与肌肉不足的中老年人来说，如果没有适当的肌力评估，提高肌力训练量是否会有过度训练的可能呢？这些都是进行提升肌肉量训练（增加肌力训练量）时，需要特别注意的焦点。实际在进行肌力训练时，增加肌力训练量是非常容易执行、改变的肌力训练变项，适度增加肌力训练量，显然是相当必要的健康运动策略。

　　进行肌力训练后，身体激素反应的调节可能是造成肌力增加、肌肥大的主要原因。一般，经常肌力训练者，肌力训练量增加（增加训练组数）不一定可以提高肌力，但是可以提高肌肉量，而且肌力训练量（训练组数）越高，肌肉量增加越多。肌力训练时，增加肌力训练量是相当容易执行的训练变量，只要注意肌力的个体差异，肌肉量增加可以很容易实现。

第四章

跑步的技术

第一节 影响跑步效率与跑步表现的技术因素

研究跑步技术对跑者跑步效率与跑步表现的影响一直都是重要的课题。

Saunders 等（2004）的文章中指出，影响跑步效率的生物力学因素包括人体测量学、运动学与动力学、柔韧性、地面反作用力等。Barnes 与 Kilding（2015）的文章则指出，影响跑步效率的主要生物力学因素包括人体测量学特征（体重与质量分布、肢体长度、跟腱力矩臂）、跑步风格/步态模式（步长与步频、垂直振幅、着地模式）、运动学、动力学及柔韧性等。

Moore（2016）基于过去研究的证据，分析得出以下结论：有利于跑步效率的生物力学内在因素包括步幅少于最佳步幅3%、较低的垂直振幅、较大的腿部硬度、较低的下肢转动惯量、脚尖离地时更小的腿部伸展、更大的步幅角度、推蹬期地面反作用力方向与腿部轴线对齐、保持手臂摆动、较低的作用肌–拮抗肌共同收缩，以及推蹬时较低的肌肉激活等；有利的外在因素包括跑鞋与地面稳定接触、赤足或穿轻量鞋等。不利于跑步效率的生物力学内在因素包括地面接触时间、摆动时间、冲击力、前后作用力、躯干角度及双关节肌共同收缩等；不利的外在因素包括矫形器等。其他有限或未知的生物力学因素包括脚与重心在着地时的水平距离、制动/减速时间、接触地面的减速、冲量、摆动期、足部着地形态、乳房运动学及股内侧肌预先活动等。尽管影响跑步效率的生物力学因素（表 4.1）已经有了明确的有利与不利归类，对于一般跑步教练与跑者来说，由于考量的变量太多、太复杂，要实际应用这些跑步技术的影响因素，确实是相当困难的工作。

为了厘清影响跑步效率与跑步表现的技术因素，Folland 等（2017）对 97 名耐力跑者进行了研究。受试者有男性 50 名、女性 47 名；其中 29 名为优秀跑者、68 名为休闲跑者。优秀男、女跑者共 29 名，10 km 成绩分别在 31 分钟以下、35 分钟以下。作者在渐增速度的跑步机上（10 ~ 12 km/h、每个速度 4 分钟）对受试者进行了 5 类运动学指标（垂直摆动、制动、姿势、步幅参数、下肢角度）共 24 个变量的分析，并且进行了跑步效率、乳酸阈配速试验，以及记录了跑步表现（10 km 跑步成绩）。

运动学指标的 24 个变量中，垂直摆动的变量包括骨盆与重心在着地时的垂直振幅（$\Delta zP_{GC,H}$、$\Delta zCM_{GC,H}$）与整个步伐的垂直振幅（$\Delta zP_{TOT,H}$、$\Delta zCM_{TOT,H}$）；制动的变量包括骨盆与重心在整个步伐的最小水平速度（VyP_{MIN}、$VyCM_{MIN}$）与着地期间的最小水平速度（ΔVyP_{GC}、$\Delta VyCM_{GC}$）；姿势的变量包括躯干在整个步伐的平均伸展角度（xTA_{MEAN}）与角度范围（ΔxTA），以及整个步伐横轴旋转角度（ΔzPA）；步幅参数的变量包括标准化的步长（SL_H）、步频（SR）、着地时间（GCT）、摆动时间（SWT），以及着地指数（DF）；下肢角度的变量（图 4.1），包括着地瞬间矢状面的脚着地角度（xFA_{TD}）、小腿角度（xSA_{TD}）、

表 4.1 影响跑步效率的生物力学因素（Moore，2016）

	内在因素				外在因素
	时间、空间	动力学	运动学	神经肌	
有利因素	步幅（少于最佳步幅3%） 低垂直振幅	（1）较大的腿部硬度 （2）推蹬期地面反作用力方向与腿部轴线对齐 （3）低下肢转动惯量	（1）离地时更小的腿部伸展 （2）较大步幅角度 （3）保持手臂摆动	（1）推蹬时较低的肌肉激活 （2）较低的作用肌 – 拮抗肌共同收缩	（1）跑鞋与地面稳定接触 （2）赤足或穿轻量鞋（<440 g）
不利因素	（1）地面接触时间 （2）摆动时间	（1）冲击力 （2）前后作用力	躯干角度	双关节肌共同收缩	矫形器
有限或未知	（1）脚与重心在着地时的水平距离 （2）制动 / 减速时间 （3）接触地面时的减速	冲量	（1）摆动期 （2）足部着地形态 （3）乳房运动学	股内侧肌预先活动	

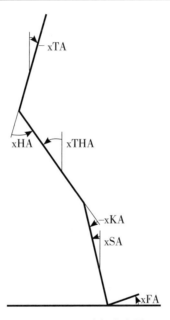

图 4.1 下肢角度变量

大腿角度（$xTHA_{TD}$），在着地期间膝关节的伸展角度（ΔxKA_{GC}）、髋关节的收缩角度（ΔxHA_{GC}）、膝关节最小角度（$xKA_{GC,MIN}$），以及在摆动期的最小膝关节角度、最大髋关节角度（$xHA_{SW,MAX}$）。

针对 10 km 平均成绩在 37 分 58 秒 ±6 分 7 秒、43 分 31 秒 ±6 分 54 秒的 97 名男女跑者的研究结果显示，有 19 个跑步运动学变量与跑步效率显著相关，有 18 个跑步运动学的变量与乳酸阈配速显著相关，有 11 个跑步运动学的变量与跑步成绩显著相关。通过回归分析的方法发现，着地时骨盆的垂直振幅、着地期间的膝关节最小角度，以及整个步伐期间骨盆的最小水平速度 3 个变量，可以解释跑步效率变异性达 39.4%。着地瞬间矢状面的小腿角度、整个步伐期间骨盆的最小水平速度、着地指数、躯干平均伸展角度 4 个变量，可以解释跑步表现变异性达 30.5%，以及乳酸阈值变异性达 41.8%（图 4.2）。

　　尽管跑步技术的相关变量普遍与跑步效率、跑步表现显著相关，但是进一步进行回归分析之后发现，影响跑步效率与跑步表现的技术因素似乎会有不同。着地瞬间骨盆的垂直振幅、摆动期的膝关节最小角度与跑步效率比较有关联；着地瞬间的小腿角度，整个步伐期间的骨盆最小水平速度、着地指数以及躯干伸展角度等，则与跑步表现密切关联。

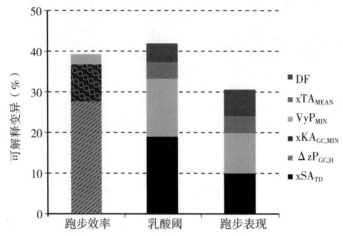

图 4.2　决定跑步效率、乳酸阈、跑步表现的运动学因素
（Folland 等，2017）

第二节 跑步的时空参数

跑步的时空参数是指跑步时步频、步长、着地时间、腾空时间等时间与空间的变量。一般来说，为了获得跑步时正确的时间与空间变化资料，教练与研究者往往需要通过高速摄影机的记录，进行跑步时的动作摄影分析（Landers 等，2011）。

除了摄影分析的方法，Belli 等（1995）通过跑步机上的特殊装置，记录了 17 名跑者以 60%、80%、100%、140% 的最大有氧速度跑步时，身体的垂直位移和步伐时间的变化（图 4.3）。研究显示，随着跑步速度的增加，垂直位移与步伐时间皆逐渐提高；由于跑步步伐的稳定状况不一，为了降低垂直位移与步伐时间测量结果的变异性，提高测量的准确性，这种跑步的时空参数测量，应该连续进行 32 ~ 64 步、测验时间至少 15 秒。

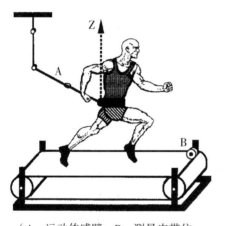 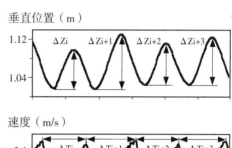 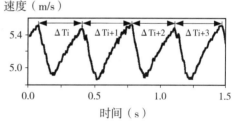

（A：运动传感臂；B：测量皮带位移的传感带；Z：垂直位移）

图 4.3 跑步的时空参数测量（Belli 等，1995）

Gomez–Molina 等（2017）研究的受试者为 10 名训练 2 年以上的业余跑者［最大摄氧量为 61.8 mL/（kg·min）± 5.4 mL/（kg·min）、跑步效率为 207.6 mL/（kg·min）± 17.4 mL/（kg·min），通气阈速度、呼吸补偿点（respiratory compensation threshold, RCT）速度、最大速度分别为 12.2 km/h ± 1.1 km/h、16.1 km/h ± 1.1 km/h、20.0 km/h ± 1.0 km/h］与 11 名健康且经常活动但未特别进行跑步训练者［最大摄氧量为 54.1 mL/（kg·min）± 5.8 mL/（kg·min），跑步效率为 217.6 mL/（kg·min）± 13.9 mL/（kg·min），通气阈速度、RCT 速度、最大速度分别为 9.4 km/h ± 0.9 km/h、13.2 km/h ± 0.7 km/h、16.5 km/h ± 1.2 km/h］。研究发现，在相同速度下跑步时，训练者的步频较快（5.2% ± 0.9%）、步长较短（5.6% ± 1.2%），着地时间、腾空时间则没有显著差别；训练者的通气阈速度、RCT 速度及最大速度的步频都显著大于未

训练者（图 4.4）。研究者认为，增加步频、缩短步长可能是跑者训练时避免运动伤害与提升跑步效率的策略。事实上，这篇研究的实验设计在于比较训练者与非训练者的差异，而造成上述研究结果的原因是跑步训练的结果或者是受试者的个体差异现象，所以难以通过研究来厘清结果。

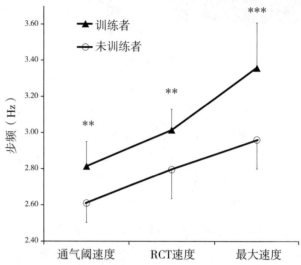

图 4.4　训练者与未训练者在通气阈速度、RCT 速度、最大速度时的步频比较（Gomez-Molina 等，2017）

与上述相同的一个研究团队，Gomez-Molina 等（2017）发现男性跑者的半程马拉松比赛成绩，与跑者的体型（体重、BMI）、训练经验（每周训练量、每周训练次数）、生理学（最大摄氧量、最大速度、RCT 速度）、生物力学（最小着地时间、最大步长、RCT 速度跑的着地时间、RCT 速度跑的步长）等显著相关；跑者的身高、跑步训练时间、最大心率、最大步频、RCT 速度跑的步频等，皆与半程马拉松比赛表现无显著相关。由此可见，跑步的时空参数中，步频可能不是影响跑步表现的重要变量，步长、着地时间可能与跑步表现显著相关。

Gomez-Molina 等（2017）研究的受试者为 25 名自愿参与实验的跑者。受试者分为跑步训练组（RG，11 名）、跑步 + 动力式训练组（RPG，14 名），2 组受试者皆接受 8 周跑步训练，跑步 + 动力式训练组每周增加 2 次动力训练。研究发现，RPG 组训练后，在固定速度下比 RG 组具备更低步频与更多腾空时间，着地时间则没有显著改变；RPG 组的垂直跳与 5 级跳远测验也有显著进步，RG 组则没有显著进步。跑步训练过程中加入动力式训练，有助于增加跑者肌力，进而提升跑步的速度。

Ogueta-Alday 等（2018）则针对半程马拉松比赛成绩 66.0 分钟 ±2.3 分钟（G1）、73.0 分钟 ±3.4 分钟（G2）、85.2 分钟 ±2.5 分钟（G3）、96.0 分钟 ±3.2 分钟（G4）的跑者，进行跑步的时空参数变量的研究发现，在最大速度、RCT 速度、通气阈速度跑步时，着地时间与步长都会有组别间的差异，跑步能力好的跑者着地时间较短、步长较大，步频则没有显著的差异。在 11 km/h、13 km/h、15 km/h 速度跑步时，不同能力的跑者则只在着地时间有显著的差异（能力好的跑者着地时间较短）（表 4.2）。

为了获得正确的跑步时空参数（步频、步长、着地时间、腾空时间），测试有必要设计为跑步 32 步或 20 秒以上。跑步步频虽然是跑步时可以随意调整的变量，但是与跑步表现的相关性不高，降低跑步时的着地时间可能是影响跑步表现的最重要时空参数。跑步训练过程中加入动力式训练有助于提升腿部肌力，进而提升跑步表现。

表 4.2　不同能力跑者在最大速度、RCT 速度、通气阈速度时跑步的着地时间、步频、步长（Ogueta–Alday 等，2018）

		G1 ($n=11$)	G2 ($n=13$)	G3 ($n=13$)	G4 ($n=11$)	r
最大速度	着地时间（ms）	177 ± 15[*†#]	193 ± 17[†#]	215 ± 17	222 ± 14	0.76
	步频（spm）	190.7 ± 4.7	187.6 ± 6.3	190.6 ± 8.0	189.7 ± 15.5	0.01
	步长（m）	1.86 ± 0.09[†#]	1.80 ± 0.12[†#]	1.61 ± 0.13	1.54 ± 0.16	−0.73
RCT 速度	着地时间（ms）	198 ± 23[*†#]	219 ± 19[†#]	241 ± 19[#]	260 ± 19	0.82
	步频（spm）	181.7 ± 6.9	177.4 ± 7.3	178.5 ± 8.9	172.7 ± 9.6	−0.38
	步长（m）	1.66 ± 0.09[*†#]	1.58 ± 0.11[†#]	1.42 ± 0.09[#]	1.29 ± 0.10	−0.87
VT 速度	着地时间（ms）	246 ± 22[*†#]	282 ± 34[†#]	304 ± 21	313 ± 33	0.66
	步频（spm）	167.5 ± 4.8	166.2 ± 8.0	162.6 ± 6.2	159.6 ± 6.2	−0.43
	步长（m）	1.22 ± 0.09[*†#]	1.13 ± 0.12[†#]	1.03 ± 0.06	1.05 ± 0.08	−0.62

注：[*]，与 G2 相比有显著差异；[†]，与 G3 相比有显著差异；[#]，与 G4 相比有显著差异；spm，每分钟步数

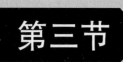

第三节 跑步的最佳步频

一般来说，当自行车运动的负荷增加时，最佳踩踏频率（以能量消耗为基准）会提高；通过能量消耗的运动效率分析，自行车运动初期（15 分钟以内）的最佳踩踏频率（55 ~ 65 r/min），会显著低于 30 ~ 60 分钟时的最佳踩踏频率（约 80 r/min，运动时间较长时最佳踩踏频率会增加），也会显著低于自行车运动选手自选的踩踏频率（80 ~ 100 r/min）。那么，跑步运动有没有最佳步频（optimal stride frequency，OSF）呢？

先来谈谈最佳跑步速度的选定。Steudel-Numbers 与 Wall-Scheffler（2009）进行了 9 名自愿参与受试者在 6 个不同速度下的摄氧成本（cal/km，cal 为非法定计量单位，1 cal ≈ 4.2 J）分析（图 4.5）。通过线性与二次回归进行的摄氧成本最佳跑步速度评估发现，男性最佳跑步速度皆大于或等于 3.5 m/s（平均 3.7 m/s），女性最佳跑步速度皆小于 3.5 m/s（平均 2.9 m/s）。也就是说，每个人的最佳跑步速度并不相同。由于跑步时速度不同会有不同的跑步步频，因此确认跑步最佳步频似乎会受最佳跑步速度的限制。

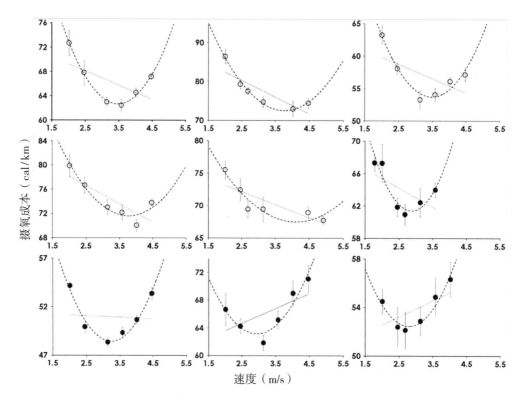

图 4.5 跑步最佳速度的评估（Steudel-Numbers 等，2009）

注：○. 男性，5 名；●. 女性，4 名

跑步速度不同时，跑步最佳步频是否会改变呢？ Mercer 等（2008）以 10 名经常训练的跑者为对象，进行了 3 次不同速度（3.13 m/s、3.58 m/s、4.02 m/s）的 15 分钟跑步测验，并且以刚开始测验时的步频为自选步频（preferred stride frequency, PSF），在跑步 5 分钟后以 ±15%PSF 进行跑步测验。研究发现，相同速度、步频不同时并没有摄氧量上的显著差异（图 4.6），但是随着跑步速度的增加，PSF 有稍微增加的趋势（跑步速度每增加 1 m/s，PSF 增加 4%）。由此可见，跑步能力越好的跑者，似乎最佳步频越高（只是步频是缓和增加的趋势）。

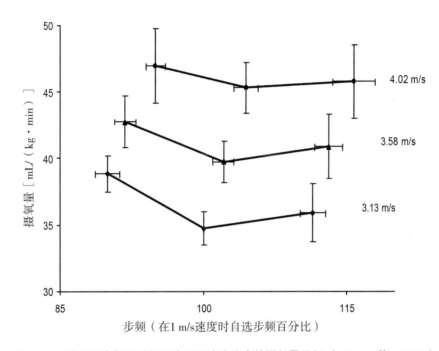

图 4.6　3 种不同步频下进行 3 次不同速度跑步的摄氧量分析 （Mercer 等，2008）

Hunter 与 Smith（2007）则分析了 16 名（11 名男性、5 名女性）经常训练的跑者，在 3.0 ~ 4.6 m/s（77.9%VO_{2max} ± 6.8%VO_{2max}）速度下跑步 1 小时的能量消耗状况；并且通过跑者自选步频与 ±4%、±8% 共 5 个不同步频，进行了最佳步频的评估（图 4.7）。研究发现，跑步最佳步频与自选步频在 1 小时跑步初期与后期皆没有不同，但是在跑步最后时的步频（1.43 Hz ± 0.08 Hz）显著低于最初的步频（1.45 Hz ± 0.06 Hz）（1.43 Hz 是指每分钟有 85.8 周期步伐、171.6 步；1.45 Hz 是指每分钟有 87 周期步伐、174 步）。

Snyder 与 Farley（2011）则探讨了跑步坡度改变时，会不会改变以 2.8 m/s 速度跑步的最佳步频。图 4.8A 显示，在没有坡度与 ±3% 坡度的状况下跑步，以跑者没有坡度自选步频 ±4%、±8% 进行能量代谢的测量后，发现坡度的改变并没有改变最佳步频，而且自选步频与最佳步频（1.43 Hz ± 0.02 Hz，每分钟有 85.8 周期步伐、171.6 步）在不同坡度下皆没有显著不同（图 4.8B）。研究还发现，在上坡时有 8/9 的受试者自选步频 > 最佳步频，在下坡时则只有 4/9 的受试者自选步频 > 最佳步频。事实上，这是一项在 2.8 m/s 的固定速度下进行的研究，3% 的坡度增加虽然会出现提高自选步频的现象，但是对于最佳步频的影响并不显著。

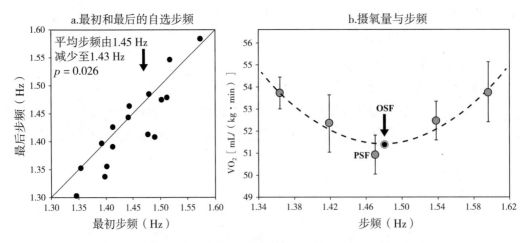

图 4.7　跑者自选步频与最佳步频的评估 （Hunter & Smith，2007）

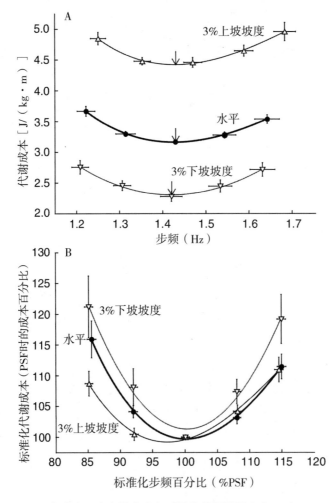

图 4.8　在 2.8 m/s 固定速度下跑步坡度改变对最佳步频的影响（Snyder & Farley，2011）

　　跑步的最佳步频会受跑步速度的影响，每增加 1 m/s 大约会提高 4% 的最佳步频。由此可见，能力越佳跑者的最佳步频越高。除此之外，跑步时间增加可能会降低跑者的自选步频，跑步坡度提高可能会增加跑者的自选步频，但是坡度如果没有改变太大（3%），最佳步频并不会受到跑步时间与跑度坡度的影响。对于跑者来说，似乎应该先确认最佳跑步速度，再依据最佳跑步速度进行最佳步频的选定。一般休闲跑者的跑步速度较慢，最佳步频为每分钟 145~160 步，跑步选手的跑步速度较快，最佳步频为每分钟 170~185 步。

　　跑步的最佳步频会受跑步速度的影响，能力越佳跑者的最佳步频越高。对于一般跑者来说，似乎应该先确认最佳跑步速度，再依据最佳跑步速度进行最佳步频的选定。一般休闲跑者的跑步速度较慢，最佳步频为每分钟 145～160 步，跑步选手的跑步速度较快，最佳步频为每分钟 170～185 步。

　　实际进行跑步最佳步频的评估时，采用相对速度摄氧量［mL/（kg·km）］，也可以称为摄氧成本的方式，作为评估跑步效率的依据（Foster 等，2007；Snyder 等，2011）。图 4.9 即为 Snyder 等（2011）提出评估跑步最佳步频的摄氧成本或跑步成本方法。但是，对于一般跑者来说，进行跑步效率的评估时，需要摄氧分析的设备才能够评估，让这种通过摄氧成本评估跑步最佳步频的方法，显得难以进行。

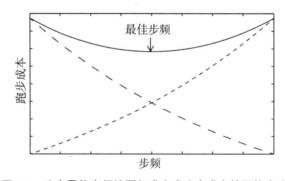

图 4.9　跑步最佳步频的摄氧成本或跑步成本的评估方法

　　De Ruiter 等（2013）也采用跑步成本［mL/（kg·km）］的方法，通过评估自选步频与最佳步频对跑步成本进行了分析（图 4.10）。研究结果显示，当跑者以 80% 的通气阈速度进行不同步频（自选频率与 ±6%，±12%，±18% 共 7 个不同步频）的跑步测试时，一般跑者的自选步频为 77.89 步 /min ± 2.8 步 /min（平均 155.78 步 /min）、经常训练跑者则为 84.49 步 /min ± 5.3 步 /min（平均 168.98 步 /min），最佳步频则分别为 84.99 步 /min ± 5.0 步 /min（平均 169.98 步 /min）、87.19 步 /min ± 4.8 步 /min（平均 174.38 步 /min），经常训练者的自选步频与最佳步频都高于一般跑者（原因应该是经常训练者的通气阈较高）。一般跑者自选步频与最佳步频的跑步成本分别为 239 mL/（kg·km）± 31 mL/（kg·km）与 236 mL/（kg·km）± 31 mL/（kg·km），经常训练的跑者自选步频与最佳步频的跑步成本分别为 192 mL/（kg·km）± 13 mL/（kg·km）与 189 mL/（kg·km）± 13 mL/（kg·km），经常训练者具备较低的跑步成本。

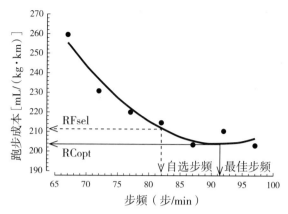

图 4.10 自选步频与理想步频的跑步成本分析（de Ruiter 等，2013）

RFsel：自选步频的跑步成本；RCopt：理想步频的跑步成本

　　如图 4.11 所示的是一位经常训练的跑者两次跑步成本与运动心率的最佳步频的结果。一般跑者出现最佳步频的运动心率为 166 次 /min ± 13 次 /min，经常训练跑者出现最佳步频的运动心率为 159 次 /min ± 11 次 /min，两者没有显著差异。研究的结论确认，评估运动心率也是获得跑步最佳步频的有效方法。只是由图 4.11 的结果来看，两次相同运动内容的状况下，运动心率的最低值似乎有 10 次 /min 的差异。

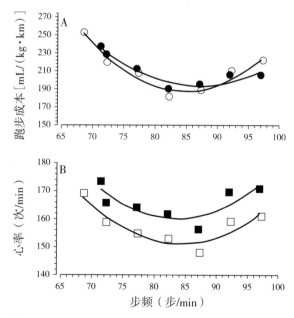

图 4.11 依据跑步成本（摄氧成本）与运动心率评估跑步最佳步频（de Ruiter 等，2013）

　　Van Oeveren 等（2017）的研究，则是以经常训练跑者的自选速度进行实验，实际选定跑步速度是以自选速度、± 10% 的速度来进行跑步测验，选定的跑步步频则是以每分钟 70、80、90、100 步，以及自选步频来进行随机次序的跑步测验，两次跑步测验间休息 15 分钟。由图 4.12 跑步运动心率与步频的关系可以发现，跑步最佳步频出现在 83 步 /min（166 步 /

min）（受试者跑步的速度在 2.4 ~ 2.9 m/s，最低运动心率为每分钟 166 ~ 176 次 /min）。3 次不同速度的跑步测验，最佳步频几乎都相同。

通过摄氧成本、跑步成本的分析，可以明确获得特定跑步速度下的跑步最佳步频。但是摄氧分析系统取得不易，通过运动心率进行跑步最佳步频的分析，反而是方便又有效的评估方法。目前携带式心率监测的便利性越来越高，除了可以用来评估跑步最佳步频之外，也可以用来评估其他的问题，如两次相同跑步测验下运动心率差异的原因，跑步速度增加时跑步最佳步频会不会提高等。

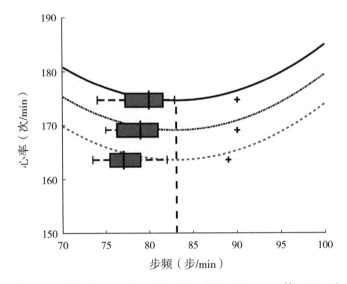

图 4.12　跑步运动心率与步频的关系（Van Oeveren 等，2017）

当跑步的速度固定时（跑步机的速度为 8 km/h），增加跑步步频（由 160 步 /min 增加到 180 步 /min）会让部分（18%）受试者跑步时由脚跟着地调整为脚掌着地。但是，以 180 步 /min 的步频跑步时（8 km/h），仍然有 55% 跑者以脚跟着地的方式跑步。如果，跑步速度越来越快时，跑步的步频与步幅哪一个增加的比例比较高呢？

Brughelli 等（2011）以 16 名澳大利亚职业足球选手（平均年龄 23.3 岁 ±2.1 岁、平均身高 184.8 cm±12.4 cm、平均体重 84.1 kg±7.4 kg）为对象，研究他们在跑步机上测量最大跑步速度后，依据随机的方式进行 40%、60%、80% 的跑步机速度跑步的变化。研究发现，随着跑步速度的增加，跑步的步频与步幅皆显著增加（图 4.13），当跑步速度由最大速度的 40% 增加到 60% 时，步频约增加 6%（约 2.6 Hz 增加到约 2.75 Hz），步幅约增加 35%（约 0.8 m 增加到约 1.1 m），跑步速度增加对于步幅的改变显然远大于步频的改变。Hutchinson（2011）整理 Weyand 等（2000）的论文资料发现（图 4.14），当跑步速度由 3 m/s 增加到 5 m/s 时，步频约增加 10%（约 1.25 步 /s 增加到 1.4 步 /s），步幅约增加 50%（约 2.4 m 增加到约 3.6 m）。Hutchinson 自己的步频与步幅变化也有类似的结果。事实上，由过去的研究可以发现，当跑步的速度达到最大速度的 80% 以上或者跑步速度高于 7 m/s 时，跑步步频会显著增加（步幅则不再有显著提升），但是实际进行长距离跑步时，不可能会以这么快的速度长时间跑步。由此可见，不管是一般跑者还是长距离跑步选手，参加长距离跑步比赛时，跑步速度越快，跑步的步幅增加率越会显著高于步频的增加率（步幅增加率是步频增加率的 5 倍）。

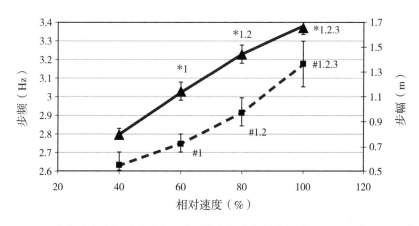

图 4.13　跑步速度（相对速度）改变时步频与步幅的变化（Brughelli 等，2011）
注：*. 不同跑步速度的步幅差异显著，$P < 0.05$；#. 不同跑步速度的步频差异显著，$P < 0.05$

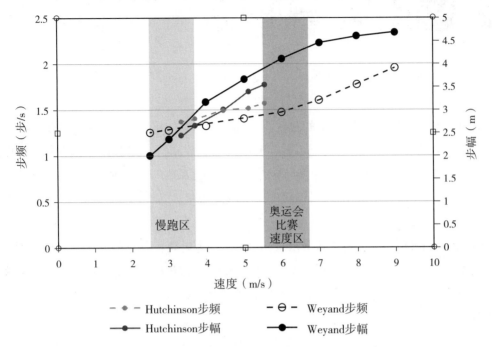

图 4.14　跑步速度改变（绝对速度）时步频与步幅的变化（Hutchinson，2011）

　　Santos-Concejero 等（2014）以 11 名休闲跑者（年龄 38.5 岁 ±4.0 岁、身高 176.9 cm ±6.9 cm、体重 69.6 kg ±7.4 kg、10 km 成绩 38.9 分 ±3.2 分），以及 14 名长跑选手（年龄 27.9 岁 ±6.4 岁、身高 176.7 cm ±5.3 cm、体重 64.7 kg ±3.9 kg、10 km 成绩 31.7 分 ±1.4 分）为对象进行了研究。研究发现长跑选手拥有较佳（摄氧成本较低）的跑步效率［mL/（kg·km）］，长跑选手在不同速度下跑步时，步幅高于休闲跑者，步频则低于休闲跑者，当跑步速度高于 12 km/h 时则会出现步幅的显著差异（图 4.15）。跑步的摄氧成本与步幅成反比，步幅越长、摄氧成本越低，跑步效率越好；跑步的摄氧成本与步频成正比，步频越高、摄氧成本越高，跑步效率越差；跑步的摄氧成本与 10 km 跑步成绩成正比，10 km 跑步时间越长、摄氧成本越高，跑步效率越差。对于跑步选手来说，步幅的大小似乎是决定跑步成绩的最主要因素。

　　Brughelli 等（2011）针对职业足球选手的研究也发现，跑步机上跑步的最大速度快慢与步幅成正比（r=0.66，P<0.05），与步频的相关性只有 0.02。跑步最大速度快慢与水平方向作用力成正比（r=0.47，P<0.05），与垂直方向作用力的相关性只有 0.24。这个研究再次证实，跑步时的步幅大小是决定跑步最大速度的最主要因素，步频与跑步最大速度的关联性不高。

　　跑步速度越来越快时，跑步的步频与步幅哪一个增加的比例比较高呢？不管是一般跑者或长距离跑步选手，参加长距离跑步比赛时，跑步速度越快，跑步的步幅增加率越会显著高于步频的增加率（步幅增加率是步频增加率的 5 倍）。再加上，跑步步幅与长距离跑步表现、跑步最大速度成正比的现象，增加步幅来提升长距离比赛的跑步速度，似乎比增加步频重要。

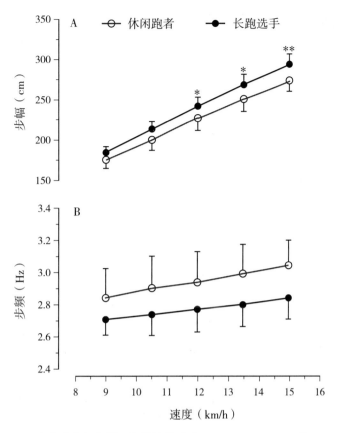

图 4.15　跑步速度与步幅、步频的关系（Santos-Concejero 等，2014）

最大摄氧量（最大摄氧量速度）、无氧阈值（乳酸阈）及跑步效率等，都是影响跑步表现的主要运动生理指标。这些运动生理指标的评估通常需要专业与昂贵的检测设备。跑步效率必须通过特定速度下跑步的摄氧量测量，进行相对于跑步速度的摄氧成本评估得出。除非在专业的实验室进行检测，否则很难获得准确的跑步效率结果。

事实上，影响跑步效率的因素非常多（林信甫，庄泰源，2003）。而且，跑步效率的提升是否代表跑步成绩进步（如肌力训练增进跑步效率），跑步效率提升的原因是生理、生物力学还是心理因素的原因（或者交互影响），上述问题一直是长跑训练运动科学研究者的重要研究课题。就运动生物力学的观点来看，跑步时着地时间的长短，似乎与跑步效率的优劣有关联。

Nummela 等（2007）研究了 25 名耐力运动选手在 7 个不同速度下跑步时的着地时间（图 4.16 实心点）与飞行时间（图 4.16 空心点），显示跑步速度越快时脚着地时间越短；而且跑者进行 30 m 冲刺时的最大跑步速度与脚的着地时间成反比（$r=-0.52$，$P < 0.01$）；在 5.8 m/s 与 6.6 m/s 速度跑步时，脚着地时间与跑步效率成正比（图 4.17，$r = 0.49$ 与 $r = 0.44$）；在特定速度下的跑步着地时间越短，跑步效率越好（摄氧量越低）。也就是说，跑步速度越快时，脚着地时间越短；不同跑者在固定速度下跑步时，脚着地时间越短的跑者跑步效率越好。因此，要依据跑者脚着地时间进行跑步效率预测时，跑者的跑步速度应该相同，否则会出现"跑越快的人跑步效率越好"的错误评估状况。

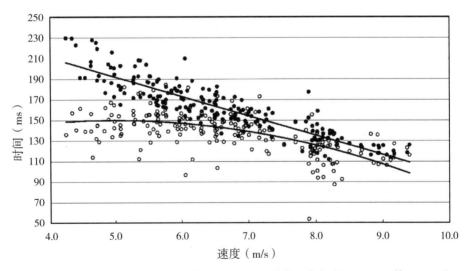

图 4.16　跑步时的着地时间（实心点）与飞行时间（空心点）（Nummela 等，2007）

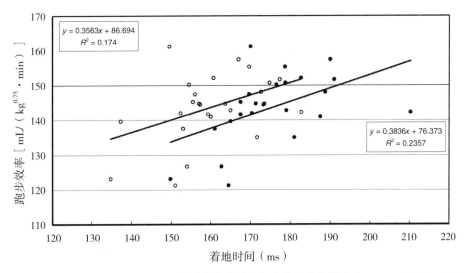

图 4.17 5.8 m/s 与 6.6 m/s 速度跑步时脚着地时间与跑步效率的关系（Nummela 等，2007）

但是，Brughelli 等（2011）以 16 名澳大利亚足球选手为对象，研究跑步速度改变对跑步运动学与动力学变量的影响。研究发现，跑步最大速度与地面的水平反作用力、步长成正比，其他如垂直作用力、身体重心的位移、脚着地时间、步频等，都与跑步的最大速度没有显著相关。由于，长距离跑步比赛的跑步速度，并非以最大速度进行比赛，因此在非最大速度下的跑步着地时间，是否会与跑步速度的快慢有显著关系？或者与跑步效率有所关联？这些问题仍然需要直接由在跑步比赛时的速度下脚着地时间与摄氧量高低的关系来确认。

Santos-Concejero 等（2013）以 8 名北非与 13 名欧洲男性跑者为对象，进行不同速度（9 km/h 开始、每 4 分钟增加 1.5 km/h、每个速度间休息 1 分钟）的跑步机（坡度为 1%）跑步测验；尽管 2 个地区的跑者所有的基本资料（年龄、身高、体重、BMI、皮脂厚度、10 km 跑步成绩、最大摄氧量、最大心率、最大呼吸交换率）皆没有显著差异，但是出现了欧洲跑者跑步效率（19.5 km/h 速度下的摄氧成本）显著较低的现象（图 4.18B），而且在 18 km/h 与 19.5 km/h 速度下的着地时间也出现欧洲跑者显著较短的现象（图 4.18A）。由于这篇研究的北非受试对象具备较佳的 10 km 比赛成绩（31.2 分钟 ± 1.1 分钟、欧洲受试对象成绩 31.7 分钟 ± 1.4 分钟），具备较佳跑步效率的欧洲跑者反而跑步成绩较差的原因，可能与最大摄氧量的差异有关［北非受试跑者 66.4 mL/（kg·min）± 3.7 mL/（kg·min）、欧洲受试跑者 63.1 mL/（kg·min）± 4.0 mL/（kg·min）］。由此可见，尽管跑步时脚着地时间越短跑步效率越好，但对于长距离跑步表现其并不是决定性的条件。

Paavolainen 等（1999）将耐力运动选手分成训练组与控制组，训练组进行 9 周、每周训练占 32% 的爆发式力量训练，控制组则维持原来的耐力训练模式；随着训练时间的增加，训练组在固定速度下的脚着地时间显著下降，跑步效率也逐渐得到提升（以 4.17 m/s 速度跑步的摄氧量逐渐降低）。适当的肌力训练确实可以显著提升跑步选手的跑步效率，同时也会显著降低固定速度跑步时的着地时间。这篇研究的结果证实，跑步时着地时间与跑步效率有相

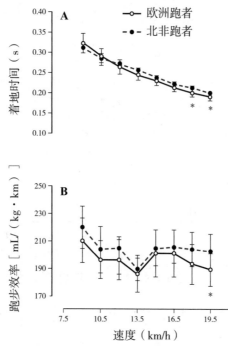

图 4.18　速度与跑步效率的关系
（Santos–Concejero 等，2013）

同的运动训练变化，也进一步说明跑步效率与跑者跑步时着地时间具有显著关系。

　　对于耐力运动选手来说，跑步效率可能是重要的跑步能力评估指标。如果受限于摄氧分析设备，则可以通过测量跑步时着地时间长短，来预测跑步效率的优劣。但是，设定固定的跑步速度，着地时间的差异才有相互比较的价值。

跑步时，使用脚跟还是脚尖先着地，一直是存在争议的课题。一般来说，跑步时的着地方式，分为脚尖着地（forefoot strike，FFS）、脚掌着地（midfoot strike，MFS）、脚跟着地（rearfoot strike，RFS）3种。

着地指数（strike index，SI）是指着地瞬间的垂直压力中心（center of press，COP）位置至脚跟距离（A）与脚掌长度的比值。Altman与Davis（2012a、2012b）、Richardson（2013）在研究中，以脚着地瞬间的着地脚垂直压力中心落在脚掌的位置（以33%、67%来分界）定义了3种着地方式（图4.19）。RFS、MFS、FFS分别是指着地瞬间的垂直压力中心落在脚掌的后1/3（SI < 33%）、中1/3（33% < SI < 67%）、前1/3（SI > 67%）（图4.19A、C）。Altman与Davis（2012b）的研究同时提出，RFS、MFS、FFS在着地过程的垂直方向作用力变化差异（图4.19B）主要在于着地瞬间的碰撞，以及地面垂直反作用力的上升率的差异（RFS最大、MFS其次、FFS最小）；研究同时也提出，赤足跑者（barefoot runner，BF）的地面垂直反作用力变化与FFS的垂直反作用力变化极为类似。尽管这种通过着地脚垂直压力中心的评估方式相当明确，可是实际进行评估时，由于测力板系统的不普遍性，有其限制。

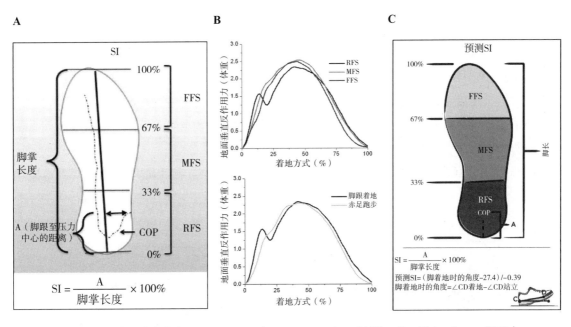

图4.19　跑步着地方式（A、B：Altman与Davis，2012a、2012b；C：Richardson，2013）

除了以垂直方向压力中心来定义 3 种着地方式，Altman 与 Davis（2012a）、Richardson（2013）皆提出以着地瞬间着地脚的踝关节角度（foot strike angle, FSA），来确认跑者的着地方式。Altman 与 Davis（2012a）的研究发现，RFS 跑者的 FSA 大部分大于 10°（脚尖向上），FFS 跑者的 FSA 则大部分小于 0°（着地瞬间脚尖向下），而且 FSA 与 SI 呈现线性的正比关系（FSA 角度越大，SI 的百分比越小）（图 4.20）。这种通过摄影分析即可基本定义着地方式的方法，显然更适合一般爱好跑步运动者应用。

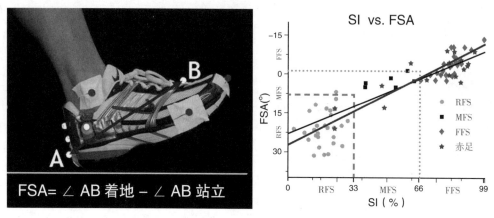

图 4.20 跑步着地时 FSA 与 SI 的线性关系（Altman 与 Davis，2012a）

以着地瞬间的压力中心位置确定跑步着地是使用脚尖、脚掌或者脚跟时，跑者仍然需要知道脚着地瞬间的碰撞之后，很快着地脚转换成支撑脚，着地脚的压力中心会转移到脚掌中心（RFS、FFS 着地都会将压力中心转移到脚掌中心，也就是 FFS 的压力中心会先向后移动），再进一步转移到脚尖（图 4.21；Cavanagh，Lafortune，1980）。以踝关节的角度作为评估脚跟或脚尖着地的依据时，在脚尖向上（RFS）或向下（FFS）碰撞之后，很快着地脚的踝关节角度会转移向上；Hamill 与 Gruber（2012）的研究即发现，着地脚只有在支撑期的碰撞初期，会出现踝关节角度上的明显差异。很快（支撑期的 20%），当着地脚在逐渐支撑体重之后，踝关节的角度变化就不会有 RFS 与 FFS 的差异（图 4.22）。由此可见，跑步时着地瞬间采用脚跟或脚尖着地，主要影响的是脚与地面接触的初期碰撞。

Lieberman 等（2010）以美国与肯尼亚的跑步选手为对象进行的研究发现 SI 对着地碰撞

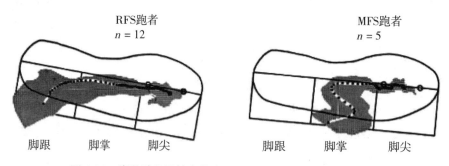

图 4.21 脚着地位置的变化（Cavanagh，Lafortune，1980）

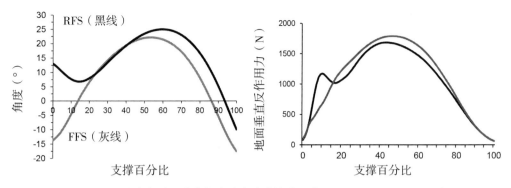

图 4.22 着地脚对踝关节角度影响造成的差异（Hamill，Gruber，2012）

时体重的有效转移（Meff）有显著影响（图 4.23，赤足 FFS 跑者的 Meff 显著低于赤足 RFS 跑者）；对于地面垂直反作用力，赤足 FFS 的着地方式显著低于赤足 RFS、穿鞋 RFS 的着地方式；穿鞋 RFS、赤足 FFS 在着地时的地面垂直反作用力的上升率则显著低于赤足 RFS 着地方式（图 4.24）。依据着地瞬间的碰撞负荷来看，穿鞋可以显著降低垂直反作用力的上升率，以 FFS 方式跑步则不仅可以降低垂直反作用力的上升率，还可以降低垂直碰撞的反作用力最大值。这种以跑者的着地瞬间动作为分类的比较方式，虽然有一定程度的代表性与科学依据，可是跑者的体型差异、动作技术差异、体能差

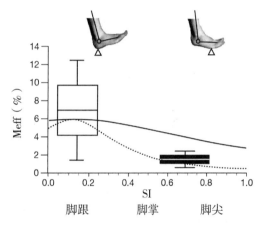

图 4.23 SI 对着地碰撞时体重有效转移的影响

注：实线 . 着地时最大力度的 Meff 预测值；
虚线 . 着地时最小力度的 Meff 预测值

异等（实验设计的问题），仍然有可能影响地面垂直反作用力的产生速率与大小。实际上，目前有很多有关赤足跑步与穿鞋跑步的相关研究，对于赤足跑步是否可以降低跑步伤害的问题，仍有待更多的研究成果来厘清（Altman 等，2012b；Hamill 等，2012）。

跑步的速度改变会不会改变脚着地的方式呢？Forrester 与 Townend（2013）以 85 名一般跑者（男性 55 名、女性 30 名）为对象，以 2.2～6.1 m/s、每次增加速度 0.44 m/s 的方式、进行共 10 次渐增速度、每个速度跑 60 秒的跑步测验，通过高速摄影机记录脚着地时的 FSA、步频、步幅及碰撞时间；依据着地瞬间踝关节角度的状况，分别将受试者分类到 RFS 组、MFS 组、FFS 组。研究发现，当跑步速度小于 5 m/s 时，RFS 组、MFS 组、FFS 组的人数比例（总人数 85 人）分别为 68%、25%、7%；当跑步速度大于 5 m/s 时，RFS 组、MFS 组、FFS 组的人数比例（总人数 48 人）则分别变化到 44%、51%、5%（图 4.25）。由此可见，增加跑步的速度会让 RFS 的人数减少，但是并不会增加 FFS 的人数。

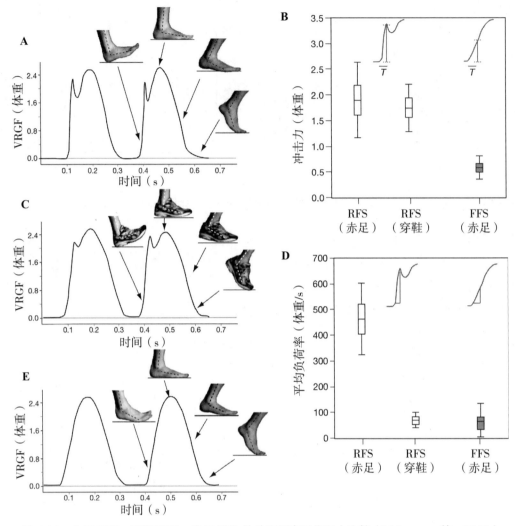

图 4.24　赤足 RFS、穿鞋 RFS、赤足 FFS 的地面垂直反作用力比较（Lieberman 等，2010）

Perl 等（2012）的研究以 15 名平均有 2.1 年赤足或穿极简鞋（minimally shod）训练经验的跑者为受试对象。受试对象在跑步机上分别穿一般慢跑鞋、极简鞋，以 3.0 m/s 的速度（步频 186.8 步/min ± 12.6 步/min）进行 RFS 或者 FFS 的跑步至少 5 分钟，研究者记录了 4 种状况下跑步过程的稳定状态摄氧量。结果发现，穿着极

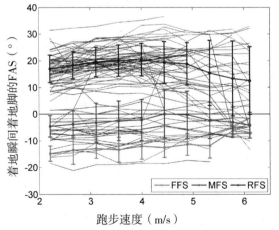

扫码看彩图

图 4.25　跑步速度对着地方式的影响
（Forrester, Townend, 2013）

简鞋时的运动效率分别显著提升了 3.32%（FFS）、2.41%（RFS），但是穿慢跑鞋 RFS、FFS 跑步的运动效率没有显著差异。

Gruber 等（2013）以 37 名跑者（19 名 RFS 跑者：SI 平均 12.4% ± 7.8%、着地 FSA 13.6° ± 4.6°、每周平均训练 42.9 km ± 29.0 km；18 名 FFS 跑者：SI 平均 57.0% ± 12.1%、着地 FSA −5.4° ± 6.7°、每周平均训练 49.8 km ± 25.9 km）为对象，分别进行 3.0 m/s（慢速度）、3.5 m/s（中等速度）、4.0 m/s（快速度）3 个不同速度的跑步测验。研究显示，RFS 跑者、FFS 跑者在 3 种不同的跑步速度下，摄氧量并没有显著的不同（图 4.26），提示 RFS、FFS 跑者的跑步效率并没有差别。当跑步时脚着地状况调整之后，原本 RFS 的跑者改为 FFS 时，慢速度、中等速度的摄氧量会显著高于使用 RFS 跑者的摄氧量，提示 RFS 跑者改为以 FFS 跑时，无论慢速度、中等速度，跑步效率都会变差。以快速度跑步时，虽然着地动作的差异不会显著改变跑步效率，但是 RFS 跑者的整体跑步效率仍然优于 FFS 跑者。这个研究结果证实，在慢速度与中等速度跑步时，RFS 跑者的脚与地面接触方式改变为 FFS，反而会降低跑步效率；FFS 跑者的脚与地面接触方式改变为 RFS 时，则没有跑步效率上的变化。或许，不要过度强调以 FFS 的着地方式来跑步，才不会造成跑步效率的反效果。

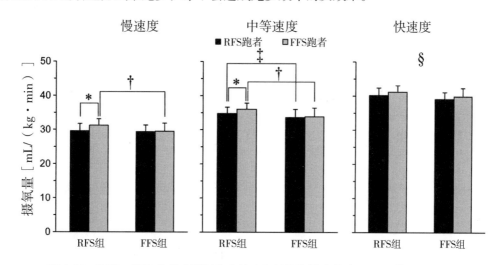

图 4.26 RFS、FFS 跑者在不同跑步速度下的摄氧量比较（Gruber 等，2013）

注：*. 不同着地模式之间差异显著，$P < 0.05$；†. 采用 FFS 方式跑步时组间差异显著，$P < 0.05$；
‡. 采用 RFS 方式跑步时组间差异显著，$P < 0.05$；§. 不同着地方式之间差异不显著，$P < 0.05$

Richardson（2013）则以 18 名（9 名男性、9 名女性）3 个月内没有跑步运动伤害的跑者为受试对象，受试者先接受 9.66 km/h 速度的跑步机跑步测验，并通过摄影记录分析 FSA。依据 SI=（FSA−27.4）/−0.39 的预测公式（Altman 与 Davis，2012a）进行跑者 SI 的预测，确认受试者有 10 名 RFS、6 名 MFS、2 名 FFS，并且确认受试者的步频为 168.8 步 /min ± 11.3 步 /min。以能量代谢系统记录跑步过程的摄氧量为 35.02 mL/（kg·min）± 1.8 mL/（kg·min）。在这些基准线条件下，以跑者习惯步频变化 −10%、−5%、+5%、+10%，进行随机实验设计的相同跑步速度测验。研究发现，习惯步频变化 −10%、−5%、+5%、+10% 状况下，SI 预测值

改变量为 –19.02%、–12.18%、+5.33%、+22.84%（图 4.27A），在步频增加 10%（168.8 步 /
min+16.8 步 /min=185.6 步 /min）时，有 3 名 RFS 受试者改变为 MFS；在步频减少 5%、10% 时，
则分别有 3 名 MFS 与 2 名 MFS 受试者改变为 RFS。当跑步的步频减少 5%、10% 时，跑步效
率有显著降低（摄氧量显著增加）的现象，但是增加步频并不会改变跑步效率（图 4.27B）。

　　跑步时，是使用脚跟、脚掌还是脚尖先着地？由以往的相关研究成果来看，跑步的速度
高于 5 m/s 时，采用脚掌着地的比例会明显增加。以脚尖先着地来跑步的跑者比例还是很少。
如果跑者已经有固定的跑步脚着地习惯，没有必要改变脚着地瞬间的碰撞方式。选择一双合
适的跑鞋，确实可以显著降低跑步的地面垂直反作用力与改善跑步效率。如果跑者觉得有必
要调整跑步时脚与地面的接触状况，选择增加跑步步频的方式，或许是一个不错的改变方向。
不过，步频增加是否会提高运动效率，仍然需要进一步的研究来证实。

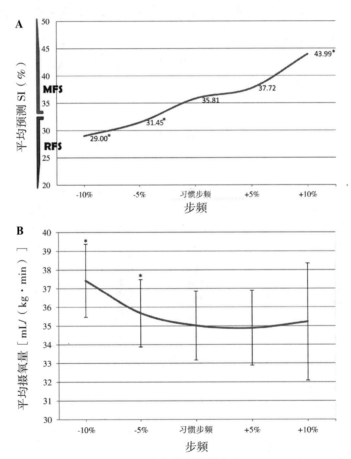

图 4.27　跑步频率改变对 SI 与跑步效率的影响（Richardson，2013）

注：*. 不同步频（–10%、–5%、+10%）与习惯步频的 SI 有显著差异

Richardson（2013）让自愿参与实验的一般跑者，在跑步机上以 9.66 km/h 的速度跑步。实验测得受试者自选的步频为 168.8 步 /min ± 11.3 步 /min，18 名受试者有 10 名 RFS（56%）、6 名 MFS（33%）、2 名 FFS（11%）。然后，实验设计以跑者习惯的步频变化 –10%、–5%、+5%、+10% 跑步。研究发现，SI 预测值改变量为 –19.02%、–12.18%、+5.33%、+22.84%（步频降低时 SI 更趋向 RFS，步频增加时 SI 更趋向 FFS），在步频增加 10%（168.8 步 /min+16.8 步 /min=185.6 步 /min）时，有 3 名 RFS 受试者改变为 MFS；在步频减少 5%、10% 时，则分别有 3 名、2 名 MFS 受试者改变为 RFS。研究显示，增加跑步的步频确实会让跑者着地脚压力中心趋向脚尖，但是以脚跟、脚掌着地方式跑步的比例仍达 90%。

如果跑步步频为 160 步 /min、180 步 /min，会改变脚着地方式吗？有一项研究以一般大学生、研究生为对象（年龄 24.91 岁 ± 5.03 岁、身高 168.27 cm ± 11.59 cm、体重 62.55 kg ± 15.49 kg），进行 8 km/h 的跑步机跑步 2 次，一次采用的步频为 160 步 /min、另一次步频则为 180 步 /min，通过摄影分析记录 FSA，并且依据预测公式 SI =（FSA–27.4）/–0.39（Altman 与 Davis，2012）进行受试者 SI 的预测。研究发现，160 步 /min、180 步 /min 的着地角度分别为 16.67° ± 5.20°、15.10° ± 4.91°，SI 则分别为 27.52% ± 13.33%、31.53% ± 12.58%；在 160 步 /min 的条件下，11 名受试者中 RFS 8 名、MFS 3 名，在 180 步 /min 的条件下 RFS 6 名、MFS 5 名。当跑步的步频由 160 步 /min 增加到 180 步 /min 时，有 2 名 RFS 的受试者调整为 MFS。

通过实际的摄影分析实验，增加跑步步频（由 160 步 /min 增加到 180 步 /min），确实会让部分（18%）受试者跑步时由 RFS 调整为 MFS。但是，以 180 步 /min 的步频跑步时，仍然有 55% 跑者以 RFS 的方式跑步（图 4.28）。改变着地方式（RFS 或 MFS）是不是好现象呢？这还需要进一步的研究（步频增加会增加跑步效率吗？）来确认。

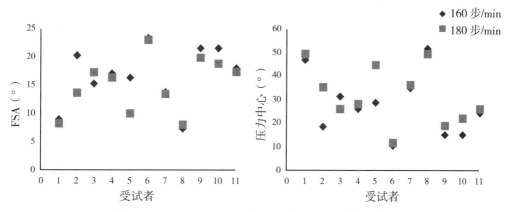

图 4.28　160 步 /min、180 步 /min 的 FSA、压力中心变化

《中国跑者跑姿大数据报告》是由跑动公司、慧跑公司、厦门国际马拉松组委会合作推出的跑动智能鞋垫数据库大数据资料。

跑动智能鞋垫数据库大数据的资料是通过跑动公司所销售的跑动智能鞋垫进行收集的。跑动智能鞋垫数据库（2016）的资料显示，资料库收集了超过2万名跑者40万次以上运动记录（单次记录至少3 km）、共300万千米以上的跑资情况分析。大数据资料包括着地方式、步频、触地腾空比、足内旋、膝盖负荷五种。

着地方式的大数据资料显示，中国跑者跑步脚跟先着地者占69.91%、全掌着地者占19.04%、前掌先着地者占11.05%；半程马拉松与马拉松比赛成绩越好的跑者，以脚跟先着地的比例越少；100%的半程马拉松比赛成绩3小时以上的跑者以脚跟先着地，97.18%的马拉松比赛成绩5~6小时的跑者以脚跟先着地；资料也呈现跑者会随着跑步距离的增加，提高以脚跟先着地的比例。依据跑动智能鞋垫数据库的描述，2016年11—12月，跑姿检测服务站服务的783人中，有97位跑者坚信自己是前掌先着地，但是实际检测的结果显示有68位（68/97 ≈ 70.1%）是脚跟先着地的。以脚尖先着地来跑步的跑者比例还是很少，除非跑步速度快到超过5 m/s，跑步速度增加虽然会减少脚跟先着地的比例，但是前掌先着地的比例并不会增加。对于一般跑步参与者来说，通过手机拍摄或使用智能鞋垫，都是了解自己跑步时着地方式特征的有效方法。

步频的大数据资料显示，中国跑者跑步步频为160~169步/min者占40.54%，170~179步/min者占25.68%，180~189步/min者占21.62%，160步/min以下者占9.46%，200步/min以上者占2.7%；半程马拉松与马拉松比赛成绩越好的跑者，跑步比赛的步频越快（马拉松成绩4小时内的平均步频为178步/min，成绩5~6小时的平均步频为169步/min），而且马拉松后半程的平均步频比前半程每分钟少5~10步。也就是说，跑步速度越快的中国跑者，步频有越快的趋势。跑步的最佳步频（OSF）会受跑步速度的影响，每增加1 m/s大约会提高4%的OSF，由此可见，能力越佳跑者的OSF越高。对于跑者来说，似乎应该先确认最佳跑步速度，再依据最佳跑步速度进行OSF的选定。一般跑者的跑步速度较慢，OSF为145~160步/min，专业跑步选手的跑步速度较快，OSF为170~185步/min。

触地腾空比的大数据资料显示，中国跑者跑步触地时间与空中时间比在1.5以下（跑步效率较高）者占18.61%，大于1.5者占81.39%，而且随着半程马拉松与马拉松跑步时间的增加，触地腾空比的数值会越来越高。测量跑步时着地时间长短，可以预测跑步效率，只有设定固定的跑步速度，着地时间的差异才有相互比较的价值。触地腾空比似乎是比单纯仅以脚着地时间长短更有意义，不过腾空时间与跑步速度相对于着地时间的意义是否一致，仍然有待进一步研究厘清。

足内旋的大数据资料显示，中国跑者跑步时足部正常内旋者占 81.84%，内旋不足（足内翻）者占 3.69%，内旋过度（足外翻）者占 14.47%。内旋不足者代表足底外侧受力偏大，足弓无法为蹬地提供足够的张力，比正常内旋的跑者更需要具有缓冲功能的跑鞋（避震型跑鞋）；内旋过度者代表足底内侧将承受过大的重量，不仅会影响跑步效率，还可能会引起跑步障碍，应考虑选择具有较强支撑功能的跑鞋（稳定型或运动控制型跑鞋）。但是，实际上足内旋不足与内旋过度的中国跑者比例仅有 18%。如果你是经常参与训练与比赛的跑步爱好者，进一步考量脚着地过程的压力中心移动方式，或者跟腱在着地中期的角度，可以选定更适合的跑鞋。当跟腱在着地中期趋向直线（高足弓、外旋形态）时，比较适合穿避震型跑鞋；如果跟腱在着地中期的角度过大、足底全部贴地（扁平足、内旋形态）时，比较适合穿稳定型跑鞋或运动控制型跑鞋。

膝盖负荷的大数据资料显示，中国跑者膝盖负荷超标者占 69.8%，膝盖负荷未超标者占 30.2%，跑者步频高时膝盖负荷超标的比例有降低的趋势，触地时间越长膝盖负荷超标可能性越大。过度跨步是指着地点远离身体重心。步幅过大有可能造成过度跨步，但是步幅过大并不等于过度跨步。

综上所述，依据《中国跑者跑姿大数据报告》，中国跑者着地方式以脚跟先着地者最多（69.91%），步频以 160～179 步/min 者最多（66.22%），触地腾空比以大于 1.5 者最多（81.39%），足内旋以正常内旋者最多（81.84%），膝盖负荷以超标者最多（69.80%）。

通过智能鞋垫的协助，针对个人跑步姿势进行分析，确实是了解自己跑步姿势的有效方法，再加上大数据资料的比较，跑者可以更科学地进行跑步训练。

　　跑步的着地指数是指跑步过程中脚着地时间与腾空时间加着地时间之和的比值（图 4.29；Taboga 等，2016）。简单地说，着地指数是指左脚或右脚的着地时间占这只脚着地时间与腾空时间的百分比［着地时间 /（着地时间 + 腾空时间）］。依照 Folland 等（2017）的研究，跑步的着地指数是影响跑步表现的重要技术条件。

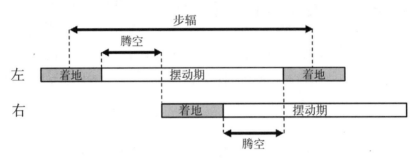

图 4.29　跑步的着地指数（Taboga 等，2016）

　　Nummela 等（2007）的研究以 25 名耐力运动选手为对象，通过分析受试者在 8 个不同速度下跑步时的着地时间与腾空时间的资料发现，跑步速度越快时脚着地时间越短，腾空时间在跑速 6 m/s 之前没有什么改变，跑速超过 6 m/s 之后腾空时间也有随速度增加而缩短的趋势。可惜作者并没有整理出着地指数的资料。但是，依据"着地指数 = 着地时间 /（着地时间 + 腾空时间）"的公式来看，随着跑步速度的增加，着地指数确实会有随着跑速增加而减少的趋势。

　　Millet 等（2009）针对一名 58 岁、由巴黎跑到北京（8500 km，用时 161 天，平均每天跑52.8 km，跑步前、后的体重分别为 63.5 kg 与 61.5 kg、脂肪百分比分别为 21.5% 与 16.5%）的男性跑者，在跑前 3 周、跑后 3 周及跑后 5 个月，进行了实验室跑步机的不同速度（8 km/h、10 km/h、12 km/h、14 km/h、16 km/h）跑步测验。研究发现，随着跑步速度的增加，着地时间逐渐降低、腾空时间逐渐增加，造成着地指数呈现逐渐减少的现象（图 4.30D；跑速 8 km/h的着地指数约为 90%，跑速 16 km/h 的着地指数约为 60%）。经过 161 天连续的长距离跑步之后，不同速度下的跑步步频皆会增加，跑步速度越快步频增加越多，就算经过 5 个月的休息之后，步频增加的趋势虽然有减少，但仍然比开始跑步之前快；不同速度下的着地时间皆没有什么改变，但是特定速度的腾空时间会下降，进而造成特定速度着地指数呈现增加的现象（图 4.30）。长时间连续的跑步后，腿部肌力的降低与地面垂直反作用力最大值的下降，是造成固定速度时腾空时间下降、着地指数增加的原因。

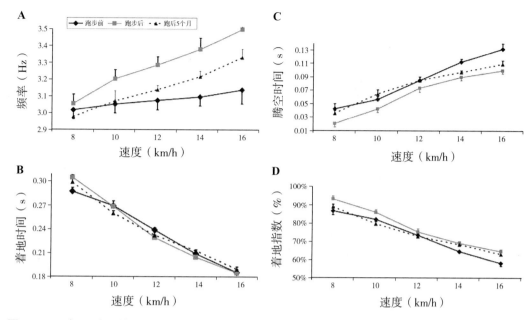

图 4.30 一名 58 岁男性、由巴黎跑到北京的跑者在实验室跑步机上的跑步数据分析（Millet 等，2009）

事实上，Nummela 等（2007）与 Millet 等（2009）的研究，对于跑步速度增加时腾空时间是增加还是降低的结果并不一致。由于 Millet 等（2009）的研究仅有 1 人，而且 2 个研究使用的跑步速度并不相同，后续有必要厘清跑步速度增加对于腾空时间的影响。

Morin 等（2007）的研究则探讨了跑步步频对着地时间的影响。其以 10 名经常运动的受试者为对象，在 3.33 m/s 的速度下，受试者以自选步频变化 -30%、-20%、-10%、0%、+10%、+20%、+30%，进行每次 2 分钟的跑步测验，同时记录步频与着地时间、腾空时间的变化（图 4.31）。研究发现，步频减少会显著增加腾空时间，步频增加则会显著降低着地时间。着地指数仅在步频减少即 -20% 与 -30% 条件下会显著降低，步频增加并不会显著改变着地指数。在相同跑步速度下，减少跑步步频会显著增加腾空时间，并且造成着地指数显著下降，类似跑步速度增加的动作变化；增加

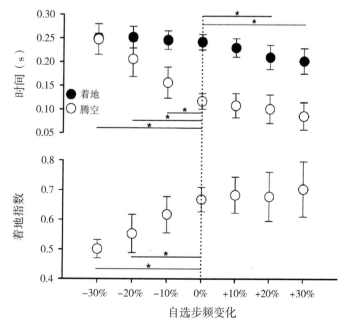

图 4.31 受试者以不同步频进行每趟 2 分钟的跑步训练时，步频与着地时间、腾空时间的关系（Morin 等，2007）

跑步步频则仅会显著降低着地时间，对于着地指数没有显著影响。

　　跑步的着地指数是影响跑步表现的重要技术条件。随着跑步速度的增加，跑步着地时间有逐渐减少的趋势，着地指数随着跑步速度增加而降低。在相同跑步速度下，增加跑步步频可以显著减少着地时间，减少跑步步频则会显著增加腾空时间。由于跑步着地时间越短的跑者，跑步效率越佳，因此着地指数较低的跑者跑步效率也越好（这个推论似乎仍需要实际研究验证）。

　　具备更大的步幅角度是提升跑步效率的重要运动学因素（Moore，2016）。什么是跑步的步幅角度呢？

　　依据 Santos-Concejero 等（2013，2014a，2014b）针对跑步步幅角度的操作性定义，步幅角度（α）是指跑步着地脚离地时的切线角度（图4.32）。步幅角度是通过步幅与步幅过程最大移动高度的抛射原理进行计算的，步幅的最大高度则以跑步腾空时间（t_{sw}）进行计算［最大移动高度 $h = g(t_{sw}^2)/8$］。

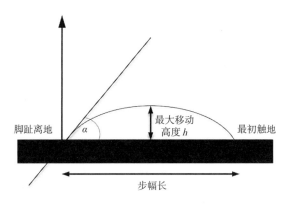

图 4.32　步幅角度

　　Santos-Concejero 等（2014a）针对 25 名男性优秀跑者，进行了不同速度（3.33 m/s，3.75 m/s，4.16 m/s）的跑步机跑步测验。研究发现，受试者的 10 km 跑步成绩为 32.2 分钟 ±2.1 分钟，3 个速度下的跑步效率［单位为 mL/（kg·km），代表跑者每千米跑步的摄氧量，这个数值越低表示跑者每千米跑步的摄氧量越少，跑者的跑步效率越好］分别为 201.3 ± 13.7、198.4 ± 12.6、205.1 ± 16.1，受试者的步幅角度与跑步效率成反比（图 4.33A、B、C 分别代表跑步速度为 3.33 m/s、3.75 m/s、4.16 m/s），而且步幅角度也与着地时间（t_c）成反比（图 4.33D、E、F）。跑步效率的数值越低、着地时间越短，表示跑者的能力越好；优秀跑者的步幅角度与跑步效率、着地时间成反比的研究结果，说明具备更大的步幅角度确实代表具备更优异的跑步能力。

　　Santos-Concejero 等（2014b）针对 30 名 10 km 跑步成绩 32.9 分钟 ±2.7 分钟、最大摄氧量 63.1 mL/（kg·min）± 5.0 mL/（kg·min）的男性跑者进行了着地形态与步幅角度的分析。研究发现，着地形态为脚跟着地（15 名）、脚掌着地与脚尖着地（两种共 15 名）者，在相同速度下跑步时的步幅、步频、着地时间与腾空时间都没有显著不同，但是脚掌着地与脚尖

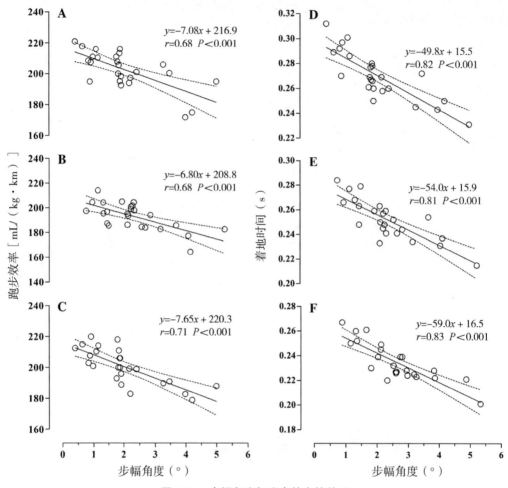

图 4.33　步幅角度与跑步效率的关系

着地的跑者明显具备较大的步幅角度；脚跟着地跑者的跑步效率［201.5 mL/（kg·min）±5.6 mL/（kg·min）］显著优于脚掌着地与脚尖着地跑者（213.5 mL/（kg·min）±4.2 mL/（kg·min））。两种着地类型跑者的步幅角度与跑步效率皆显著相关（相关系数为0.60、0.54）（图4.34）。由于研究的受试对象中，两组受试者的10 km跑步成绩差异显著（脚跟着地跑者34.3分钟±3.2分钟、脚掌着地与脚尖着地跑者31.7分钟±1.4分钟），因此，造成跑步效率、步幅角度显著差异的原因是否来自跑者能力的差异，仍然需要进一步

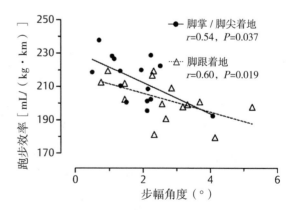

图 4.34　脚掌／脚尖着地和脚跟着地的跑者的步幅角度与跑步效率的关系（Santos–Concejero 等，2014b）

厘清。无论如何，步幅角度与跑步效率再度被证实具备显著相关性。

Santos-Concejero 等（2013）针对 8 名北非跑者与 13 名欧洲跑者的研究也发现，尽管两组不同地区跑者的 10 km 跑步成绩（分别为 31.2 分钟 ±1.1 分钟、31.7 分钟 ±1.4 分钟）没有显著差异，但是欧洲跑者以 19.5 km/h 速度跑步时，具备更优异的跑步效率（图 4.35A）；在步幅、步频、腾空时间、步幅角度都没有组别间显著差异的条件下，作者认为欧洲跑者在 18 km/h 与 19.5 km/h 两个速度下的着地时间显著较北非跑者短，这可能是造成两组跑者跑步效率差异的主要原因。研究同时也发现，所有受试者在 19.5 km/h 速度跑步时，跑步效率与着地时间、腾空时间、步幅角度呈现显著相关（r 值分别为 0.53、-0.53、-0.52）。由此可见，着地时间差异形成的步幅角度差异，可能是一个影响跑步效率的重要变量。

Santos-Concejero 等（2014c）则探讨了 11 名一般跑者［10 km 成绩 38.9 分钟 ±3.2 分钟、最大摄氧量 63.9 mL/（kg·min）±7.1 mL/（kg·min）］与 14 名优秀长跑者［10 km 成绩 31.7 分钟 ±1.4 分钟、最大摄氧量 69.5 mL/（kg·min）±3.4 mL/（kg·min）］的步幅角度差异。研究发现，优秀长跑者在不同速度下的腾空时间显著较长、着地时间显著较短（图 4.36），具备优异跑步能力的长跑者，在相同速度跑步时的摄氧量、跑步效率都有显著优于一般跑者的现象（图 4.37A、B、C）；而且在相同速度下跑步时，跑步能力优异的长跑者步幅较大、步频较小、步幅角度较大（图 4.37D、E、F）。跑步时增加步幅、降低着地时间、增加腾空时间、提高步幅角度、延迟动力

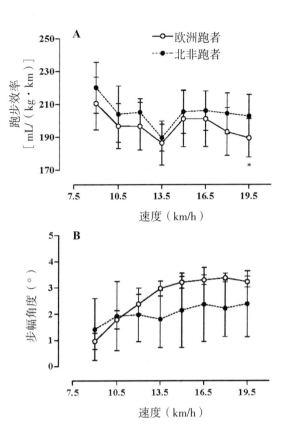

图 4.35　速度与跑步效率、步幅角度的关系

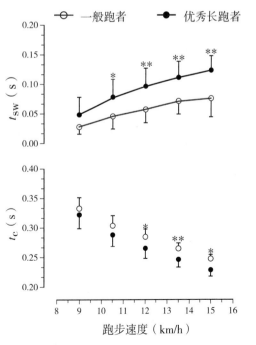

图 4.36　一般跑者、优秀长跑者在不同速度下的腾空时间、着地时间

推进期可能是提升跑步效率、提升长距离跑步表现的有效方式。

Santos-Concejero 等（2014c）指出，在跑步时增加步幅角度的现象是推蹬或收腿效应的具体呈现，是运动员为了在最小的着地时间条件下提升能量传递效率的表现。具体来说，增加步幅角度的功能，可能在于提供腿部肌肉伸展收缩循环效益，增加跑步能量传递。步幅角度似乎也不是越大越好，研究结果几乎都是在 5° 以下。刻意缩短步幅、增加步幅过程最大移动高度的做法，可能获得过大的步幅角度，不利于跑步表现。

对于优秀跑者（10 km 成绩 31 ~ 34 分钟）来说，具备更大的步幅角度确实是提升跑步效率的重要条件。步幅角度是由步幅与步幅过程最大移动高度计算得到的，因此，跑者在追求步幅角度提高的条件下，似乎也需要注意步幅与垂直振幅的相互影响。

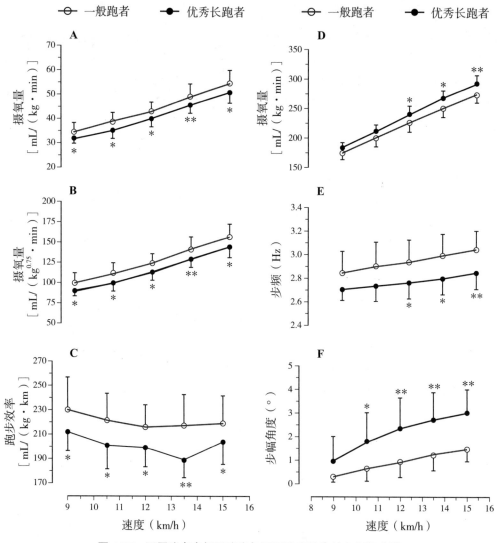

图 4.37　不同跑者在相同速度与不同速度跑步的各指标曲线

　　具备较大的腿部硬度是提升跑步效率的重要因素（Moore，2016）。一般来说，直接在跑步时进行垂直硬度（K_{vert}）与腿部硬度（K_{leg}）评估是探讨腿部硬度的简单方法（Morin 等，2005）。

　　人体在慢速度与快速度跑步脚着地过程中，地面垂直反作用力与身体垂直位移呈现线性关系（图 4.38；Brughelli 等，2008）。弹簧质量模型说明了人体跑步着地时，地面垂直反作用力与身体重心垂直位移（Δy）或腿部垂直位移（ΔL）特征，弹性系数（k）可以用来呈现垂直硬度与腿部硬度（McMahon 等，1990；Brughelli 等，2008）。图 4.39 呈现的是跑步着地时的弹簧质量模型，通过弹簧的力量位移线性公式 $F=kX$ 可以推算出 K_{vert} 等于跑步时的最大地面反作用力（F_{max}）除以身体重心垂直位移（$K_{vert}=F_{max}/\Delta y$），腿部硬度等于最大地面反作用力除以腿长垂直位移（$K_{leg}=F_{max}/\Delta L$）。$\Delta L=\Delta y+L（1-\cos\theta）$，$\theta=\sin（vt_c/2L）$（$v$ 为跑步速度，t_c 为着地时间，L 为腿长）。

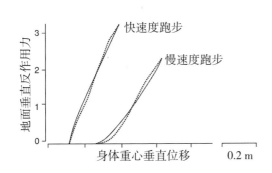

图 4.38 人体在慢速度与快速度跑步脚着地过程中，地面垂直反作用力与身体重心垂直位移的关系（Brughelli 等，2008）

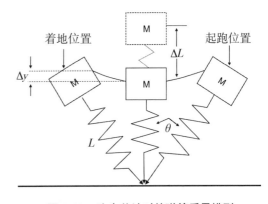

图 4.39 跑步着地时的弹簧质量模型

　　由于在实际进行弹簧质量模型实验时，需要测力板与高速摄影系统的协助，才能取得 F_{max}、Δy、ΔL 等实验数据，增加了实验上的难度与限制。Morin 等（2005）提出了正弦波方法，通过体重（m）、跑步速度（v）、腿长（L）、腾空时间（t_f）、着地时间（t_c）等参数，来估计垂直硬度、腿部硬度（图 4.40）。研究发现，不论是在跑步机上还是在实际地面上跑步，这种计算得出的硬度值，比传统测力板 + 摄影分析系统计算的数值仅低 0.67% ~ 6.93%（没有显著差异），而且相关程度极高（垂直硬度的 R^2 为 0.98、腿部硬度的 R^2 为 0.89）。研究同时发现，垂直硬度会随着跑步速度的增加逐渐增加（速度 4 ~ 7 m/s，最大速度的垂直硬度

$$K_{vert} = \frac{F_{max}}{\Delta y} \qquad\qquad K_{leg} = \frac{F_{max}}{\Delta L}$$

$$K_{max} = mg\frac{\pi}{2}\left(\frac{t_f}{t_c}+1\right) \qquad \Delta L = L - \sqrt{L^2 - \left(\frac{vt_c}{2}\right)} + \Delta y$$

$$\Delta y = -\frac{F_{max}\, t_c^2}{m\pi^2} + g\frac{t_c^2}{8}$$

图 4.40　估计垂直硬度、腿部硬度的公式

由 30 kN/m 增加到 90 kN/m），K_{leg} 在 4～7 m/s 速度下几乎是一个常数（＜15.0 kN/m）。通过正弦波方法评估垂直硬度、腿部硬度可以提供简易、正确、迅速的跑步时着地弹性系数评估结果，非常值得广泛推广与应用。

垂直硬度与腿部硬度在 5000 m 的跑步过程中会有什么变化呢？ Girard 等（2013）在 200 m 室内跑道中针对 12 名铁人三项选手进行了 5000 m 跑步测验，并通过室内跑道中的 5 m 长测力板系统及弹簧质量模型方法进行评估。研究发现（图 4.41），跑步最后 400～600 m 的速度比最初开始跑步速度显著降低 11.6%，步长显著降低 7.4%，步频显著降低 4.1%，地面最大垂直反作用力显著降低 2.0%，腿长垂直位移显著降低 4.3%，但是身体重心垂直位移没有显著改变（+3.2%），垂直硬度显著降低 6.0%，腿部硬度则没有显著改变（+1.3%）；研究发现，地面垂直反作用力的减少可能是造成垂直硬度显著减少的原因。由于研究同时发现 5000 m 跑步测验过程的跑步速度显著降低，因此造成垂直硬度显著减少的原因是否来自跑步速度减少、是否受弹性质量模型的变化所影响，仍然需要进一步确认。

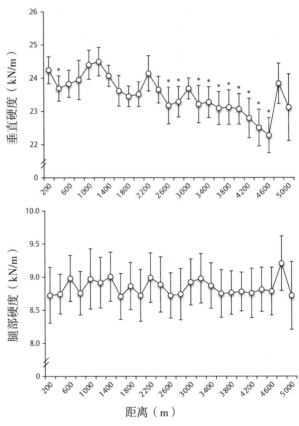

图 4.41　12 名铁人三项选手在 200 m 室内跑道中进行 5 km 跑步测验时距离与垂直硬度、腿部硬度的关系（Girard 等，2013）

在 24 小时的超级马拉松比赛过程中垂直硬度与腿部硬度有什么变化呢？ Morin 等（2011）针对 10 名超级马拉松比赛的选手，进行每 2 小时 1 次的测验（测验是在跑步机上进行 60 秒的 10 km/h 固定速度跑步）。研究发现（图 4.42），24 小时的超级马拉松跑步状况下，固定速度（10 km/h）跑步的步频提高 4.9%、着地时间减少 4.4%、腿长垂直位移减少 13.0%、

垂直硬度增加 8.6%、腿部硬度增加 9.9%。研究指出，这些变化主要出现在跑步第 4~6 小时，通过增加步频、降低着地时间、减少地面垂直反作用力、增加垂直硬度与腿部硬度，减少跑步过程的离心收缩负荷。由于研究让受试者每 2 小时进行 1 次 10 km/h 速度跑步 60 秒，因此相关的因变量都是以固定速度跑步为基础，显然是比较严谨的研究结果，相当值得后续研究参考。

Pappas 等（2015）则以 22 名体育系男生为受试者，研究在跑步机上进行 4.44 m/s 速度跑步时，惯用脚与非惯用脚评估垂直硬度与腿部硬度的差异程度。研究发现，惯用脚与非惯用脚

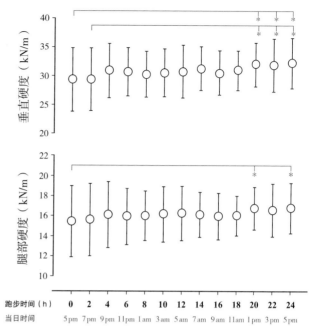

图 4.42　在 24 小时的超级马拉松比赛过程中，每 2 小时垂直硬度与腿部硬度的变化

的腾空时间显著差异为 3.98%，地面垂直反作用力显著差异为 1.75%，但是垂直硬度与腿部硬度并没有惯用侧的差异。对于经常在田径场进行固定方向训练的长跑选手，跑步时以惯用脚与非惯用脚推算垂直硬度与腿部硬度是否也不会有显著不同，仍然值得进一步探讨。

跑步时改变步频是否会改变垂直硬度与腿部硬度呢？ Monte 等（2017）针对 40 名受试者（20 名男性、20 名女性，其中各 10 名优秀跑者）进行了最大速度的跑步测验，并且依据测验的自选步频进行了 ±15% 与 ±30% 步频变化的最大努力跑步测验（共 5 次最大速度测验）。研究发现（图 4.43），最大跑步速度出现在自选步频时，垂直硬度会随着步频的增加而提高，腿部硬度则在自选步频时出现最低值。在最大跑步速度的条件下，增加步频可以提高垂直硬度与腿部硬度，显然有助于提高跑步效率；但是加快步频最大速度反而会下降，显示提升运动效率与跑步表现（跑步最大速度）的明显差异。

跑步时进行垂直硬度与腿部硬度评估，有助于了解跑者跑步时脚着地的生物力学特征。通常，跑步时速度越快垂直硬度越高，腿部硬度则没有显著变化；惯用脚与非惯用脚虽然会造成跑步时腾空时间、地面垂直反作用力的显著差异，但是并不会影响垂直硬度与腿部硬度评估结果。优秀的长距离跑者，具备更大垂直硬度与腿部硬度的原因，是因为跑速较快还是具备优异着地反弹能力，值得进一步研究。

垂直硬度与腿部硬度较高的跑者具备较大的反弹系数效益，似乎会有较佳的跑步效率。随着跑步距离的增加，可能会有提高垂直硬度与腿部硬度的趋势。增加最大努力跑步时的步频，具有提高垂直硬度与腿部硬度的效果，至于在临界速度或乳酸阈速度下进行长距离跑步时，提高步频是否可以提高垂直硬度与腿部硬度，仍然有待后续研究厘清。

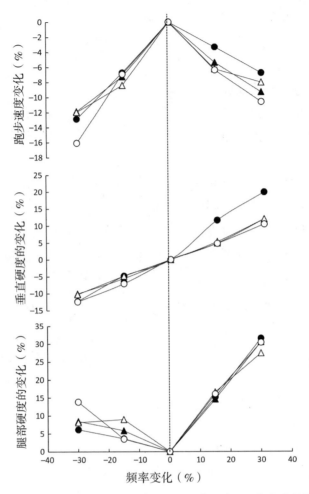

图 4.43　跑步频率变化对跑步速度、垂直硬度、腿部硬度的影响
（Monte 等，2017）

注：●：优秀男性跑者；○：中级男性跑者；▲：优秀女性跑者；△：中级女性跑者

膝关节的共同收缩，通常是针对膝关节伸展（股直肌）与收缩（股二头肌）进行表面积分肌电图（iEMG）分析，再通过肌肉等长最大自主收缩（maximal voluntary contraction, MVC）的肌电振幅进行标准化，标准化后的股直肌活化信号与股二头肌的活化信号的比值为共同收缩比值（罗瑭匀等，2017）。

共同收缩比值（co-contraction ratio，CCR）或共同收缩指数（co-contraction index，CCI）常见于肌肉共同收缩的相关研究文献中。Mohr 等（2018）的研究对象为 10 名有膝关节损伤病史者和 10 名无膝关节损伤病史者。对于受试者走路时的 CCI 评估结果的再测信度研究，依据走路的 3 个分期：脚跟着地前期（pre-heel strike，脚跟着地前持续 150 ms 期间）、着地前期（early stance，脚跟着地至膝关节屈曲到最高点期间）、着地中期（mid stance，膝关节屈曲最高点到膝关节完全伸展期间），进行膝关节股外侧肌与股二头肌的表面肌电图记录，并且采用 MVC 测验进行标准化之后，进而获得 CCI 的评估结果（图 4.44）。

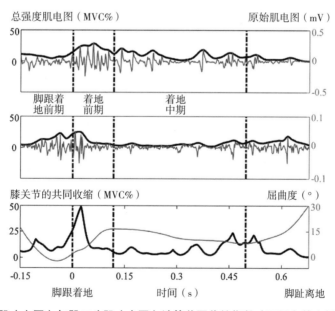

图 4.44　股外侧肌（上图）与股二头肌（中图）计算共同收缩指数（下图）的实例（Mohr 等，2018）

$$CCI = \frac{\sum_{t-1}^{n} \left[\frac{Lower\ EMG(t)}{Higher\ EMG(t)} \times (Lower\ EMG(t) + Higher\ EMG(t)) \times 100 \right]}{n}$$。研究结果发现，在同一天中进行 CCI 评估的再测信度良好（ICC > 0.9；ICC：intraclass correlation coefficient，组内相关系数），但是在不同的日期进行 CCI 评估的再测信度差。

Besier 等（2009）的研究则分析了髌股关节疼痛（patellofemoral pain, PFP）组（27 人）与没有疼痛组（16 人），在走路与跑步着地期间的膝关节共同收缩（股四头肌和胭绳肌共同收缩）差异。研究发现，髌股关节疼痛者在走路着地时具备较大的共同收缩指数（0.14 vs. 0.09，P=0.025），在跑步着地期的前 60% 期间，也有髌股关节疼痛者共同收缩指数较大的现象（图 4.45）。

Moore 等（2014）记录了 11 名女性一般跑者，分别在 3 种速度（9.1 km/h、11 km/h、12 km/h）下跑 6 分钟的跑步代谢成本与每个速度最后 2 分钟的肌肉（股直肌、股外侧肌、股二头肌、胫骨前肌、腓肠外侧肌）共同收缩状况。研究发现，以 3 种速度跑步时，下肢肌肉共同收缩与代谢成本呈现显著的正相关，表示腿部肌肉共同收缩增加时代谢成本也会增高，跑步效率较差；而且当跑步速度增加时，屈肌的肌肉活动会降低，降低了肌肉的共同收缩。

Tam 等（2017）收集了 14 名 10 km 成绩 28.7 分钟 ±0.4 分钟的优秀肯尼亚跑者，在 12 km/h、20 km/h 两种速度下的摄氧量与下肢肌电图，所涉及的肌群包含臀中肌、股直肌、股二头肌、腓骨长肌、胫骨前肌及腓肠肌外侧；并且依据作用肌与拮抗肌在预活化与着地期间的肌电图，进行了着地前与着地期间的能量成本、膝关节硬度与肌肉共同收缩分析。研究发现，能量成本与高速度下着地前的股直肌与股二头肌共同收缩比值（RF∶BF）显著相关（图 4.46）；不同速度跑步着地前的 RF∶BF 相似，但是高速度跑步着地期间的 RF∶BF 会明显下降（图 4.47）；在两种速度下着地前与着地期间，膝关节硬度与 RF∶BF 具备显著相关性。研究结果显示，下肢肌肉骨骼神经系统的调节也是提升跑步表现与避免伤害的重要因素，而且在着地前的调节也相当重要。

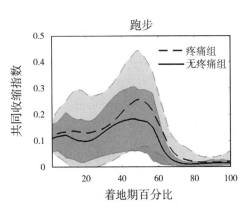

图 4.45　髌股关节疼痛组与没有疼痛组在跑步着地期间的膝关节共同收缩差异（Besier 等，2009）

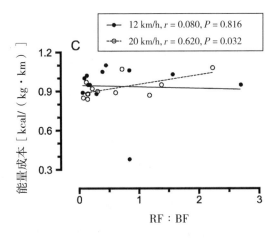

图 4.46　能量成本与高速度下着地前的 RF∶BF（共同收缩比值）的关系（Tam 等，2017）
注：kcal 为非法定计量单位，1 kcal≈4.2 kJ

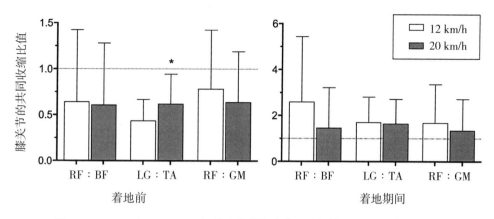

图 4.47 12 km/h、20 km/h 两种速度的肌肉共同收缩情况（Tam 等，2017）
注：LG：TA. 腓肠肌外侧与胫骨前肌共同收缩比值；
RF：GM. 股直肌与臀中肌共同收缩比值

　　跑者在相同速度下跑步时，膝关节的共同收缩低表示拮抗肌用力的强度下降，有利于跑步的运动表现。过去的研究发现，膝关节损伤者的膝关节共同收缩会显著增加。膝关节共同收缩可能与代谢成本或能量成本成正比，表示共同收缩越高能量成本越大、跑步效率越差。未来有必要标准化膝关节共同收缩的定义，构建完善的共同收缩评估指标，并且进一步厘清膝关节共同收缩与跑步技术指标和生理指标的关系。

惯用侧的使用是人类日常生活中非常自然的现象，大部分人的惯用手为右手，但是惯用脚是右脚的人明显比惯用手是右手的人少，这种侧向偏好状况与右脑或左脑优势有关。跑步这种周期性运动形态，显然不是棒球投球、持拍运动（网球、羽毛球、桌球……）等习惯使用单侧（右侧或左侧）的运动类型。因此，探讨跑步的动作对称状况就显得非常重要，尤其是双侧不对称的状况，是否与跑步运动技术表现优劣、运动伤害形成有关。

跑步的绝对对称指数（absolute symmetry index，ASI）是由对称指数（symmetry index，SI）发展而来的。SI（%）=［（R−L）/（R+L）/2］× 100，即 SI（%）等于右侧与左侧的差占右侧和左侧平均数的百分比。也有研究采用不对称指数（asymmetry index，AI）来呈现跑者的对称状况，AI（%）=［（L−R）/max（L，R）］× 100，即 AI（%）等于右侧与左侧的差占右侧或左侧最大值的百分比（Vagenas 等，1992）。更有研究采用惯用侧与非惯用侧的差占惯用侧的百分比，来代表跑步动作的对称状况（Chavet 等，1997）。Karamanidis 等（2003）则提出采用 ASI 的方法，ASI（%）=［|R−L|/（R+L）/2]］× 100，通过绝对值的方式，标准化左右两侧的差异（不管哪一侧比较大），呈现跑步动作的对称状况。

Karamanidis 等（2003）通过高速摄影机的使用，发现 12 名女性长距离跑者在 3.0 m/s 的速度跑步时，着地时间的 ASI 是 6.01% ± 4.18%，腾空时间的 ASI 则达 16.74% ± 13.36%，跑步步频依照自选步频变化 −10%、+10%（跑步速度不变时），着地时间的 ASI 会降低为 5.82% ± 5.47%、4.96% ± 5.20%，腾空时间的 ASI 则会增加到 20.95% ± 12.77%、20.46% ± 18.03%。膝关节、踝关节在着地时角度的 ASI 则为 3.04% ± 2.84%、5.75% ± 4.61%，步频调整则几乎不会改变这两个关节的 ASI。研究显示，关节角速度与腾空时间的 ASI 大于10%。

Carpes 等（2010）整合文献研究结果发现，支持跑步是对称性运动的研究极少，优势侧与非优势侧的动作表现有明显不同。环境特性（如地面不规则）可能是影响跑步对称指数的主要原因，特别是关节角度变化的不对称性更明显。跑步速度加快会让受伤与非受伤跑者的跑步 ASI 趋向一致。对于长距离跑步能力与 ASI 的关联部分，似乎还没有研究进行探究。

Korhonen 等（2010）针对 18 名年轻与 25 名老年短跑者，进行了跑步地面反作用力与时空参数（temporal−spatial variables）的对称指数（SI）分析。研究发现，最大速度跑步的对称状况并不会受老化的影响。Nigg 等（2013）研究了 17 名健康受试者在 3.33 m/s ± 0.5 m/s 速度下跑步，下肢运动学与地面反作用力的对称（SI）情况。Pappas 等（2015）研究了 22 名年轻男性受试者在 4.44 m/s 速度下跑步，腿部硬度与垂直硬度的对称（ASI）情况，研究发现，着地时间的 ASI 为 2.83%±2.02%，腾空时间的 ASI 为 5.64%±6.58%，腿部硬度的 ASI 为 6.38%±4.43%，垂直硬度的 ASI 为 5.59%±3.93%。有关跑步的 SI、AI、ASI 研究仍然以描述性研究为主。

跑步运动虽然是对称性的反复周期运动，但是有关跑步的 ASI 分析结果显示，跑步运动并不是对称性运动。研究发现，跑步腾空时间与下肢关节角速度的 ASI 可能大于 10%。有关跑步技术能力优劣是否与 ASI 有关，跑步速度快慢是否会改变 ASI，相同跑步速度下调整跑步步频对 ASI 的影响，田径场、一般道路、山坡地、跑步机跑步时的 ASI 差异，都有待进一步厘清。

MEMO

第五章

影响跑步表现的其他训练

携带式装置的心率监测功能已经相当普遍，摄氧量的评估、运动强度的设定、能量消耗的估计等，都可以通过心率的监测来进行分析。为了减少心率在运动过程中转变的影响，以心率估计运动强度等相关问题，设定心率区间已经被经常应用在运动训练中（王予仕，2006）。一般来说，心率的训练区间通常分为3类，健康训练区间（50%～60%最大心率，低强度）、适能训练区间（60%～85%最大心率，中等强度）、进阶训练区间（85%最大心率以上，高强度），是通过心率监控训练强度的最简易方式。

也有不少人把运动心率训练区间分为5个，并用以监控运动强度。傅正思等（2013）的研究参考了Stephen与Matt（2010）在 The Runner's Edge 一书的内容，提出不同心率强度所代表的训练意义不同，心率强度可分为60%～70%最大心率、71%～75%最大心率、76%～80%最大心率、81%～90%最大心率、91%～100%最大心率；文章中也提到个体差异的因素会让目标心率的设定产生很大的差异，而且相同百分比强度的心率不一定符合所有人的乳酸阈心率。尽管有很多人建议采用5个心率训练区间，但是实际使用时不仅没有合适的理论依据，而且在心血管循环转变的影响下，5个训练区间的建议范围可能还小于心率在长时间运动时的增加状况。事实上，如果你注意观察与收集资料，会发现5个心率训练区间的建议范围有很大的差异。

依照人体运动时使用能量代谢的特征，随着运动强度的增加，身体使用氧气与产生二氧化碳的情况，可以把运动强度分为3种：可以长时间运动的有氧运动强度、二氧化碳稳定增加的运动强度、二氧化碳会大量增加的运动强度（图5.1。Lucía等，2000；Foster等，2001）；依据通气阈（图5.1中的VT1）与呼吸补偿点（图5.1中的VT2）对应的心率进行运动强度的分隔：低于通气阈的强度、介于通气阈与呼吸补偿点之间的强度、高于呼吸补偿点的强度。林正常（2015）指出，不同能量系统的5种训练强度中，有氧阈值训练、无氧阈训练、最大摄氧量训练的分类，即是代表3种不同能量供应方式的训练形态；另外2种训练强度，磷化物系统训练（4～15秒）、耐乳酸能力训练（30～60秒、2分钟左右），则是指高强度无氧运动训练，从心率的反应来看，运动训练过程应该都会相当接近最大心率。由此可见，如果以运动心率来作为运动训练强度的监控基础，3种心率训练区间比较符合实际的能量供应趋向。

Faude等（2009）的研究指出，乳酸浓度开始增加的运动强度为有氧阈值的运动强度（也有一些研究采用个体无氧阈值来代表），最大乳酸稳态运动强度为无氧阈值的运动强度（图5.2），也有一些实际的应用，直接采用比较容易评估的2 mmol/L、4 mmol/L来代表有氧阈值与无氧阈的运动强度。因此，3种乳酸浓度的训练区间，确实符合人体运动过程的能量代谢运动强度特征。

　　运动训练的心率区间的设定，应该依据运动者在渐增负荷运动过程的摄氧分析结果或者乳酸的变化进行评估。在通气阈、乳酸阈（有氧阈值）强度对应的心率以下，为低强度有氧运动训练的强度范围；通常，以这个心率进行的训练内容称为轻松跑训练与长距离慢跑训练。在呼吸补偿点、4 mmol/L 乳酸阈（无氧阈）强度对应的心率以上为高强度无氧运动训练的强度范围；以这个强度进行的训练主要是应用最大摄氧量强度进行间歇训练或高强度间歇训练。在这两个目标心率之间的训练为中等强度训练，称为节奏跑训练或阈值训练。遗憾的是，一般跑者可能没有太多机会进行个人摄氧分析与乳酸分析的渐增负荷运动测验。

　　通过心率区间进行运动训练强度规划时，原则上以采用 3 个区间的目标心率范围为佳；实际应用时似乎以摄氧分析、乳酸分析对应的有氧阈值、无氧阈强度与心率最为准确。

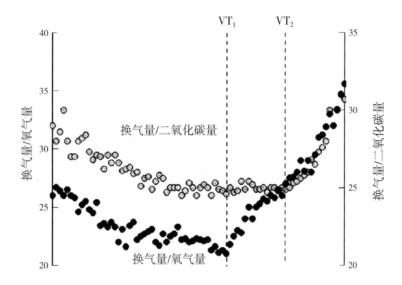

图 5.1　依据通气阈和呼吸代偿点对应的心率进行运动强度分隔

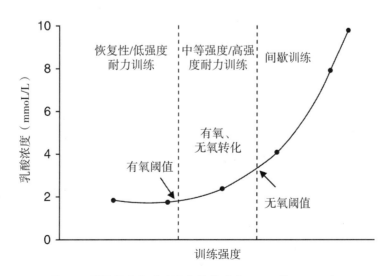

图 5.2　训练强度与乳酸浓度的关系（Faude 等，2009）

第二节 心率控制训练

在一些较新、功能较齐全的运动工具中，以控制心率的方式进行运动，是很普遍的运动器材新设计，如跑步机、椭圆机、踏步机、原地脚踏车、划船练习器等。这些价位不是很高的运动器材，提供了完全不同以往的运动方式（固定强度负荷运动或渐增强度负荷运动），让维持在特定心率下运动变得相当容易，也因此不仅保障了运动参与者心脏的安全性，而且提供了运动训练控制的指标。

这种通过心率控制的方式进行运动的自动控制的运动新形态，主要是通过操控面板内建功能，接收无线胸带所发射出来的心率值实现的。电脑会依据胸带的心率指数，配置适当的仰角坡度，以帮助使用者最有效地达成运动健身目的。也就是说，提供一个戴在胸部的心率发报设备，通过运动设备控制面板的接收，将运动时的心率记录下来，并且作为跑步机、椭圆机、踏步机、原地脚踏车、划船训练器等控制机器速度与负荷的依据，正是这种运动参与方式的主要控制机制。只是这种心率控制的运动工具控制方式并没有一个标准的模式，有些设计为了安全，有些设计则为了运动训练时控制强度的需要。如何界定心率控制的设计需求，进而提供标准化的运动方式，让减肥者、提升心肺功能者，可以通过不同的运动过程设计，精准地获得运动参与的目标（减肥或提升心肺耐力），将是未来这类运动工具的主要设计方向。

Young 等（2004）对 12 名年龄 31.6 岁 ±6.0 岁、跑步经验 14.7 年 ±7.4 年的健康一般跑者（5 名男性、7 名女性），进行了 3 次 75% 最大心率（以电脑控制心率在目标心率以内）的单盲式（即跑者无法由跑步机面板看到跑步的距离与速度）20 分钟跑步测验，每次测验至少间隔 1 天。研究发现，12 名跑者的跑步距离平均变异系数为 0.02，运动自觉疲劳程度量表的平均变异系数为 0.1，所有受试者的变异系数皆小于 0.04。Young 等（2004）发现这种控制心率的运动方式（至少间隔 1 天），可能是非常有用的控制跑步运动的新方法，特别是在亚极量运动的相对条件下。心率控制的相关研究还很不足，还有很多心率控制运动效益的疑问，需要通过适当的实验设计来获得更完整的研究结果与资讯。林必宁等（2005）的研究也发现，心率控制（80% 最大心率）跑步速度变异（running speed variable，RSV）可以有效评估 3000 m 跑步成绩；实际进行心率控制 RSV 测验时，可以采用 1600 m 进行心率控制测验。

由运动器材广泛应用心率控制的情况，以及相关研究发现测验的再现性极高来看，利用心率控制的运动新方式将会是一个重要的研究新课题。

设定运动训练强度指标的方法主要有最大摄氧量百分比法、速度法、功能代谢法和心率法（程文欣，2006）。其中最常见且最精确的就是最大摄氧量百分比法，但其测试经费昂贵且需在生理实验室中进行，所以其在使用上很受限制。速度法及功能代谢法有主观和无法显现运动参与者个体化差异的缺点。目前心率法是兼顾方便、精确及个体化的良好测验方法。

运动健身器材与设备已经广泛应用心率控制，只是实际进行心率控制训练的效益评估还太少。除了健身器材产业广泛应用心率控制，心率监测仪与特制的衬衫、跑鞋结合，通过科技的方法进行跑步时心率的监测也很常见。由此可见，运动时应用心率监测运动强度的时代已经来临。

心率控制是使用最大心率及运动强度越大心率越快的简单原理，进行运动时运动强度控制的方法。在开始运动时戴上心率手表，可以利用最大心率公式计算出自己的最佳运动强度。以年龄 20 岁，运动强度为 80% 最大心率为例，80% 最大心率 =（220−20）× 80% −5=155，其目标心率为 155 ~ 160 次 /min。而运动心率会和运动强度成正比，心率带会监测心电图并且发出信号到心率手表上，心率手表提供使用者当时心率资讯为运动强度控制调整提供参考。

程文欣（2006）的研究以 33 名（男性 31 名、女性 2 名）大学生为对象，其把受试者随机分配至心率控制训练组（11 人）、固定速度训练组（11 人）与控制组（不训练）（11 人）。受试者进行持续 8 周、每周 3 次、每次 30 分钟的耐力跑步训练。心率控制训练组以 80% 最大心率的方式进行训练，固定速度训练组则以 67.47% ± 9.03% 最大摄氧量速度的固定速度方式进行训练。研究发现，在 8 周的训练中，固定速度训练组随着训练时间的增加，在相同强度的跑步速度下，心率（以训练时第 10 分钟的心率为准）呈现渐减的情形（图 5.3A）；心率控制训练组在维持心率范围的条件下，跑步训练的速度会持续增加（以训练时第 10 分钟的训练速度为准，图 5.3B）。心率控制训练组与固定速度训练组，最大摄氧量的进步［4.93 mL/（kg·min）± 3.84 mL/（kg·min）与 4.88 mL/（kg·min）± 5.18 mL/（kg·min）］皆显著优于控制组［−0.20 mL/（kg·min）± 3.57 mL/（kg·min）］（负号表示退步，为研究数据，是为比较最大摄氧量的进步情形），通气阈的进步［4.06 mL/（kg·min）± 2.92 mL/（kg·min）与 3.56 mL/（kg·min）± 4.22 mL/（kg·min）］也皆显著优于控制组［0.95 mL/（kg·min）± 3.45 mL/（kg·min）］，最大摄氧量速度的进步（1.36 km/h ± 1.74 km/h 与 0.17 km/h ± 1.32 km/h）也优于控制组（−0.24 km/h ± 0.90 km/h）。8 周心率控制与固定速度跑步训练均会增进最大摄氧量与通气阈，心率控制组还可以有效增进最大摄氧量速度。因此，心率控制跑步训练是更有效的心肺适能训练方法。

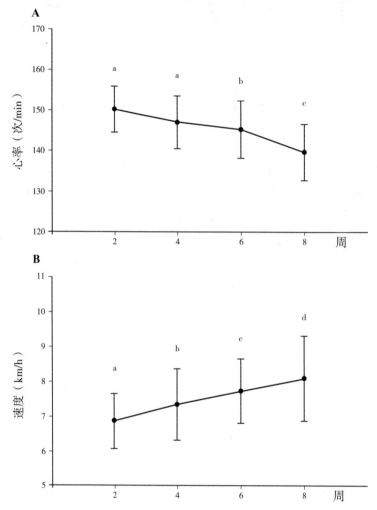

图 5.3　固定速度训练组（A）、心率控制训练组（B）在第 2、4、6、8 周第一次训练时第 10 分钟的心率比较

心率控制训练可依年龄与个体差异设定强度。由于心率控制是利用最大心率控制公式来设定运动强度，因此年龄是设定运动强度的重要因素，使用者可以依其本身的年龄设定适合自己的强度，一般不会制订出超出自己能力范围的目标。

心率控制训练依据临场的身体状况调整运动强度，安全性高。心率是随着人体活动而变动的生理指标，随着生理状况改变而有所不同，训练者的身体状况不佳时，心率可能呈现偏高的状况，因此以相同强度百分比训练，就会呈现较低强度训练的情形，以符合训练者当时的生理状态。运动猝死时有所闻，运动安全日益受到重视，而心率法是一种安全的运动强度设定法，医学界也广泛使用此方法为心血管患者进行康复锻炼。邱艳芬等（2002）的研究以10 名高血压患者为实验组、另 10 名为对照组。实验组进行每周 2 次、每次 60 分钟、强度介于 50%～85% 心率储备的运动，研究显示，中度运动对高血压患者是安全的，且能有效降低血压与维持心肺功能。在最重视安全的医疗场所都以此方式作为运动强度设定方式，可见心率控制训练是一个安全有效的运动训练方式。

　　心率控制训练随着训练者能力改变而改变。为防止运动损伤，训练中我们非常重视循序渐进，以心率控制作为训练强度依据，心率控制强度训练可以随着运动者的状况调整运动强度。随着运动者的能力进步而增加速度，反之则降低速度，符合训练者当日当时的能力状况。

　　心率控制训练使用的场地、器材不受限制，机动性高。心率是日常生活中最容易取得的运动资讯，不管是安静时的心率、运动时的心率，还是运动后的恢复心率，都或多或少能代表心肺适能的优劣。人体在固定负荷下持续运动时，心率会随着时间逐渐增快，而心率增快的速度则与运动者体能状况有关。只要训练时戴上心率手表，训练者就可以利用心率控制方法，进行运动时身体生理反应的监测，不受运动参与方式、器材的影响，非常方便。

以上一节的内容来看，在 8 周的心率控制训练时，速度会逐渐增加（跑步机训练每 2 周提高 1 次速度），代表在 8 周的训练期间，受试者的心肺功能会随着训练时间的增加而增加。这种随着训练时间增加而提高跑步机训练速度的现象是否会一直持续下去呢？或者可以持续多久呢？

Scharhag–Rosenberger 等（2009）对 25 名半年内没有规律身体活动，而且男性最大摄氧量小于 50 mL/（kg·min）、女性最大摄氧量小于 45 mL/（kg·min）的受试者，进行了为期 1 年的训练。在训练 1 年之后，总共有 18 名［7 名男性、11 名女性，年龄 42 岁 ±5 岁，BMI 24.3 kg/m^2 ± 2.5 kg/m^2、最大摄氧量 37.7 mL/（min·kg）± 4.6 mL/（kg·min）］受试者完成了全程训练。在 12 个月的训练过程中，每周进行 3 次、每次 45 分钟、强度设定为 60% 心率储备的运动训练，在训练前、第 3 个月、第 6 个月、第 9 个月、第 12 个月时，进行相关因变量的测量。经过 1 年的长期心率控制训练，17 名（图 5.4A）与全部（图 5.4B）受试者的最大摄氧量显著高于训练前，而且最大摄氧量有随着训练时间增加逐渐增加的趋势［37.7 mL/（kg·min）±4.6 mL/（kg·min）、41.0 mL/（kg·min）± 5.2 mL/（kg·min）、42.0 mL/（kg·min）± 5.8 mL/（kg·min）、42.5 mL/（kg·min）± 5.8 mL/（kg·min）、43.4 mL/（kg·min）± 5.5 mL/（kg·min）］。

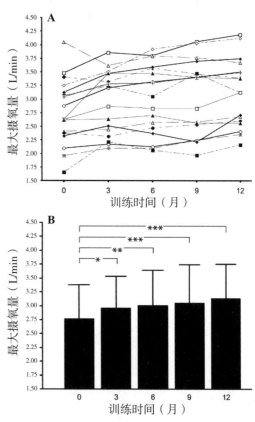

图 5.4 1 年心率控制训练的最大摄氧量变化
（Scharhag–Rosenberger 等，2009）

在 1 年心率控制训练中，18 名（图 5.5B）与全部（图 5.5A）受试者，每 4 周进行 1 次室内 200 m 跑道非最大跑步测验（跑步速度为 5 km/h、6 km/h、7 km/h），心率于第 3 个月时出现显著降低的现象。但是即便持续训练 1 整年，心率在训练 3 个月之后也不再显著降低（127 次 /min ± 11 次 /min、117 次 /min ± 10 次 /min、116 次 /min ± 9 次 /min、118 次 /min ± 11 次 /min、116 次 /min ± 9 次 /min）。训练者安静时心率的变化，则在训练 6 个月之后，即不再显著降低（71 次 /min ± 7 次 /min、67 次 /min ± 7 次 /min、62 次 /min ± 5 次 /min、64 次 /min ± 8 次 /min、62 次 /min ± 8 次 /min）。

由相关研究结果来看，经过一年的长期心率控制训练（每周进行 3 次、每次 45 分钟、强度设定为 60% 心率储备），亚极量运动时的心率改善最快，在 3 个月的训练后，即使持续训练，仍然不容易再显著改变；安静心率与最大摄氧量速度则在 6 个月的训练后，不容易再显著改变；最大摄氧量在 3 个月训练后提升幅度最大，随着训练时间的增加，仍然有部分提升（图 5.6）。

Arbab-Zadeh 等（2014）则对 12 名坐式生活的自愿参与受试者进行了 1 年心率控制训练（每周进行 3 次、每次 45 分钟、强度设定为 75% 最大心率）。研究发现，每 3 个月进行 1 次的因变量检测结果显示，受试者最大摄氧量在训练 6 个月之后即不再提升［40.3 mL/（kg·min）± 5.5 mL/（kg·min）、45.5 mL/（kg·min）± 5.9 mL/（kg·min）、47.4 mL/（kg·

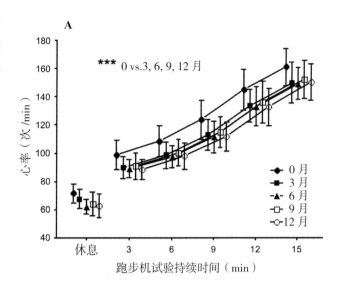

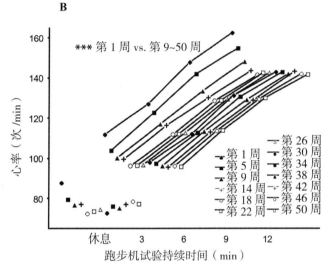

图 5.5 一年的长期心率控制训练的运动心率变化（不同周次的研究数据曲线）（Scharhag-Rosenberger 等，2009）

min）± 6.4 mL/（kg·min）、47.6 mL/（kg·min）± 7.0 mL/（kg·min）、47.4 mL/（kg·min）± 7.2 mL/（kg·min）］，最大心率在训练 3 个月之后即不再下降（197 次 /min ± 12 次 /min、187 次 /min ± 8.0 次 /min、188 次 /min ± 9.2 次 /min、185 次 /min ± 9 次 /min、186 次 /min ± 9 次 /min）；心脏最大每搏输出量在训练 6 个月之后即不再提高（98.1 mL ± 18.2 mL、108.2 mL ± 21.6 mL、113.7 mL ± 18.9 mL、115.1 mL ± 25.3 mL、113.6 mL ± 23.2 mL）；心脏每分钟最大输出量在训练过程中则没有很稳定的变化趋势（20.1 mL/min ± 5.1 mL/min、22.4 mL/min ± 5.7 mL/min、20.5 mL/min ± 5.2 mL/min、20.7 mL/min ± 5.2 mL/min、21.9 mL/min ± 5.4 mL/min），可能是每搏输出量增加、同时最大心率下降造成的整合效应。

如果以亚极量运动心率或最大心率为训练目标，可能只要 3 个月（每周进行 3 次、每次 45 分钟、强度设定为 60% 心率储备或 75% 最大心率）的心率控制训练就够了；如果以最大

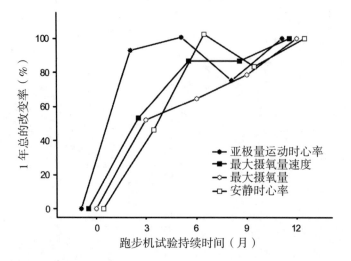

图 5.6 1 年心率控制训练对生理反应的改变 （Scharhag–Rosenberger 等，2009）

摄氧量、最大摄氧量速度为训练目标，训练持续 6 个月（每周进行 3 次、每次 45 分钟、强度设定为 60% 心率储备或 75% 最大心率）的心率控制训练效果较佳。心率控制训练超过 6 个月，心肺功能即不再显著改善，想要继续增进耐力表现，可能需要更高强度、更长训练时间的运动方式。

使用心率决定间歇训练的休息时间好吗？

为达到提升训练目标的效果，决定能量供应系统、设定运动与休息的时间及休息方式（原地踏步、走路、慢跑等）、选择反复次数与组数、选择训练强度，依据能量供应系统来设定训练距离、训练强度、训练组数、休息时间、休息方式等，都是间歇训练时的重要参数。间歇训练休息的时间受休息方式（原地踏步、走路、慢跑等）的显著影响，间歇训练休息的时间多为 1~2 分钟。如果运动的时间长达 3 分钟以上，休息的时间可能需要 2~3 分钟。

对于间歇训练时休息时间的建议见林正常教授编写的《运动科学与训练》，增订二版第 134 页；或林正常教授翻译的《运动生理学》，增订版第 251 页。运动时间是 80~200 秒时，运动休息比是 1∶2，即休息时间为运动时间的 2 倍；运动时间是 210~240 秒时，运动休息比是 1∶1；运动时间是 240~300 秒的，运动休息比是 1∶0.5。由于间歇训练的休息时间往往与整体的运动强度有关，建议运动训练者依据个人的自觉恢复状况，对间歇训练的休息时间进行弹性安排。

根据目标心率的方法来安排运动强度与休息时间是比较明确的间歇训练休息时间调整标准。如果训练者的年龄是 35 岁，那么运动以目标心率 160 次 /min 的强度为标准，休息以 120 次 /min 的恢复为目标心率（心率下降到 120 次 /min 后，再开始下一个反复），组与组间的休息目标心率为 110 次 /min（心率下降到 110 次 /min 后，再开始下一组的训练）。问题是，这样决定间歇训练的休息时间真的合适吗？

Seiler 与 Hetlelid（2005）以 9 名经常训练的男性长跑选手［最大摄氧量 =71 mL/（kg·min）± 4 mL/（kg·min）］为对象，进行 4 次跑步机高强度间歇训练（6 趟、每趟 4 分钟跑步训练），休息时间分别是 1 分钟、2 分钟、4 分钟、自选休息时间；3 次不同休息时间的平均跑步速度分别是 14.4 km/h ± 0.8 km/h、14.7 km/h ± 0.7 km/h、14.7 km/h ± 0.6 km/h（休息 1 分钟有较低的跑步速度），跑步时摄氧量分别是 65.1 mL/（kg·min）± 4.2 mL/（kg·min）、66.2 mL/（kg·min）± 4.2 mL/（kg·min）、64.9 mL/（kg·min）± 4.7 mL/（kg·min）（休息 2 分钟有较高的摄氧量），乳酸浓度没有显著差异（图 5.7B），自觉疲劳程度（RPE）分别是 17.1 ± 1.3、17.7 ± 1.5、16.8 ± 1.5（休息 4 分钟有显著较低的自觉疲劳程度）（图 5.7C）；由受试者自选休息时间的平均休息时间为 118 秒 ± 23 秒（图 5.7A）。研究的结果显示，对于 6 趟、每趟 4 分钟的高强度间歇训练，2 分钟的休息时间是最合适的选择。

依据 Seiler 与 Hetlelid（2005）的研究结果，对于 6 趟、每趟 4 分钟的高强度间歇训练，3 次不同休息时间（1 分钟、2 分钟、4 分钟）的运动期最大心率上升情况分别是 12 次 /min ± 4 次 /min、11 次 /min ± 4 次 /min、13 次 /min ± 4 次 /min（休息时间不同，运动心率上升没有显著不同，图 5.8）。对于休息期的心率恢复，6 趟、每趟 4 分钟高强度间歇训练时，休息 1

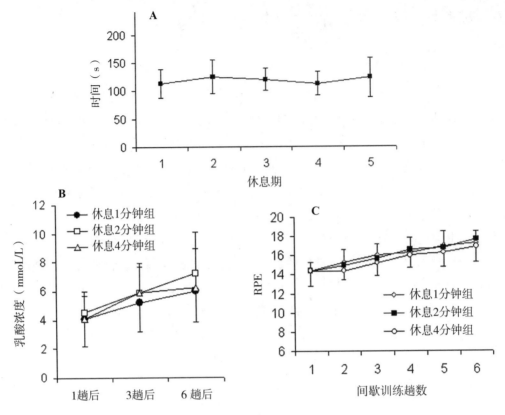

图 5.7　不同休息时间 6 趟、每趟 4 分钟高强度间歇训练的乳酸与 RPE 反应（Seiler，Hetlelid，2005）

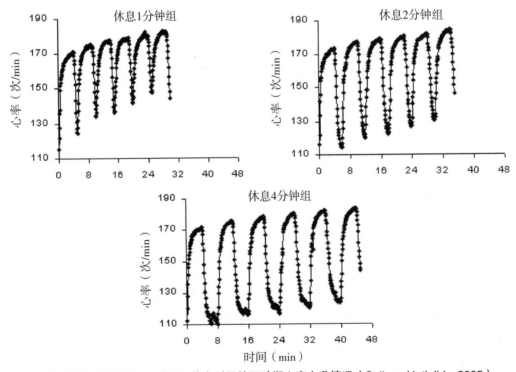

图 5.8　高强度训练时，3 次不同休息时间的运动期心率上升情况（Seiler，Hetlelid，2005）

分钟组，在休息期结束时的心率，只有第一趟休息时恢复到接近 120 次 /min，第二趟之后的休息期结束时心率皆远高于 130 次 /min，而且随着趟次的增加而逐渐增加；休息 2 分钟组，虽然前 3 趟休息结束时的心率低于 120 次 /min，但仍然有随着趟次的增加休息期结束时心率逐渐增加的趋势；休息 4 分钟组，尽管 5 趟休息期的心率皆低于 120 次 /min，但随着趟次的增加休息期结束时心率逐渐增加的趋势仍然存在。由此可见，间歇训练休息期心率高低虽然是判定休息时间的有效指标，但是随着间歇训练趟次的增加，休息结束时的心率有随着训练趟次增加而逐渐增加的趋势。由这个研究结果来看，使用心率决定间歇训练的休息时间确实有其应用上的效果，但是随着训练趟次的增加，选定的目标心率似乎也应该随着提高。

Seiler 与 Sjursen（2004）以 12 名（9 名男性、3 名女性）经常训练的跑者为对象，进行了 24 趟、每趟 1 分钟，12 趟、每趟 2 分钟，6 趟、每趟 4 分钟，4 趟、每趟 6 分钟（休息时间与运动时间 1∶1）的高强度间歇训练，4 种高强度间歇训练的总时间都是 48 分钟；4 种高强度间歇训练的平均跑步速度分别为 93%、88%、86%、84% 最大摄氧量速度（前 3 种间歇跑步训练的速度皆有显著差异，图 5.9a、b、c），训练期摄氧量分别为最大摄氧量的 81.8% ± 5.2%、92.4% ± 4.4%、93.3% ± 4.8%、91.7% ± 3.0%（运动 1 分钟组显著低于其他三组），休息期结束时摄氧量分别为最大摄氧量的 46.0% ± 3.4%、27.5% ± 5.3%、25.6% ± 8.1%、30.6% ± 11.6%（运动 1 分钟组显著高于其他 3 组），运动中（24 分钟时）与运动后（48 分钟时）的乳酸浓度只有运动 1 分钟组具有运动后显著高于运动中的现象（图 5.9B）。研究的结果显示，采用运动休息比为 1∶1 的高强度间歇训练（1 分钟跑步、1 分钟休息）并不合适。

Seiler 与 Sjursen（2004）的研究结果，运动休息比为 1∶1 的高强度间歇训练，采用 1 分钟（图 5.10A）、2 分钟（图 5.10B）、4 分钟（图 5.10C）的训练时间规划，休息结束时的心率会有随着反复次数增加而提高的现象；只有运动 6 分钟、休息 6 分钟组（图 5.10D）的休息期最后心率比较接近一致。由这个研究的结果来看，使用心率决定间歇训练的休息时间时，仍然有随着训练趟次的增加提高目标心率的必要。

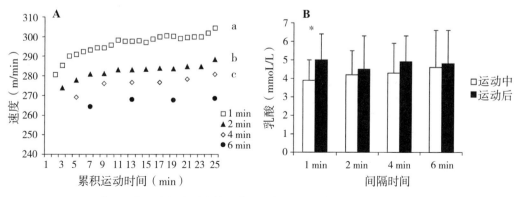

图 5.9　4 种不同高强度间歇训练的跑步速度与乳酸反应（Seiler，Sjursen，2004）

间歇训练休息时间的长短，似乎没有一个客观的量化标准。高强度间歇训练时的休息时间安排，只要不是太短（1分钟）或太长（4分钟以上），对于运动训练过程的摄氧量、乳酸浓度、自觉疲劳程度等的影响不大，对训练者的训练刺激极为接近。如果使用心率决定间歇训练的休息时间，训练者有必要随着运动期趋次的增加，提高休息心率的设定目标。

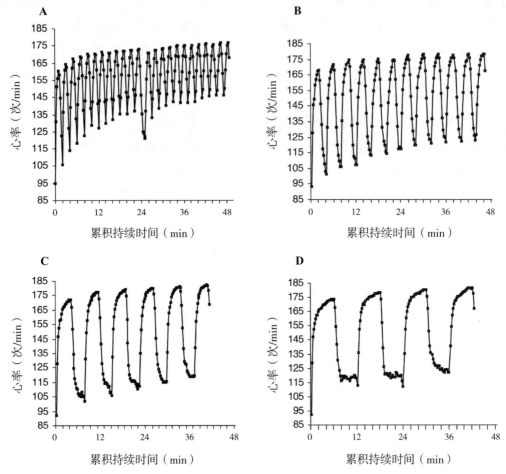

图 5.10　运动期与休息期 1∶1 的高强度间歇训练累积持续时间与心率的关系（Seiler，Sjursen，2004）

心血管循环转变对运动心率判定运动强度的影响

　　《运动时的心血管循环转变（cardiovascular drift）》（王予仕，2006）一文中指出，耐力性运动员在身体缺水的状态下长时间运动，会因为循环血量、平均动脉压、心输出量、每搏输出量的下降，造成运动时心率上升（Coyle 等，2001）。这种长时间运动时的心率随运动时间增加的现象，称为心血管循环转变或心脏循环转变。Coyle 与 Gonzalez–Alonso（2001）提出，运动时心血管循环转变与皮肤血流量、交感神经活动、身体的核心温度、血量的变化有关，进而造成每搏输出量与平均动脉压降低，形成运动心率增快的现象（图 5.11）。

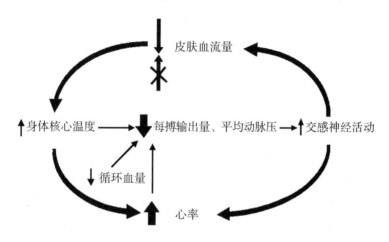

图 5.11　运动时心血管循环转变的原因
（Coyle, Gonzalez–Alonso, 2001）

　　由于运动训练经常会采用运动心率进行运动强度判定，再加上心率监测设备（如心率表）与软件（如心率监测 App）的发展，依运动心率来判定运动强度的方法，经常被推荐与使用。可是也有很多使用心率判定运动强度的疑问。有网友在运动生理学网站中留言如下："本人30 岁、168 cm、72 kg，polar 心率表显示最高心率为 191 次 /min、直立心率 55 次 /min、休息心率为 44 次 /min，用公式算出来的最大心率为 220–30（岁）= 190 次 /min，可是在公路车比赛后心率表记录为 100% ~ 105% 可以维持 60 ~ 90 分钟，当然早已超出极限值，请问这代表什么？"这种高强度长时间运动时运动心率偏快的问题，跟心血管循环转变有密切的关系。由此可见，使用运动心率作为运动强度判定、运动训练处方基础的方法，具有实际应用上的问题。

　　Wingo 等（2005）在室温 35℃、40% 湿度的环境下，对健康志愿参与者进行了 63% 最大摄氧量强度的长时间原地脚踏车运动。研究发现，健康志愿参与者在第 15 分钟、第 45 分钟时的心率分别为 151.1 次 /min ± 8.5 次 /min、169.3 次 /min ± 9.7 次 /min，心率增加了 12%、每搏输出量减少了 16%（图 5.12）；以心率进行运动强度判定时，第 15 分钟、第 45 分钟的心率分别是最大心率的 80.0% ± 3.7%、89.6% ± 3.9%，但是以摄氧量进行运动强度判定时，第 15 分钟、第 45 分钟的摄氧量分别是最大摄氧量的 62.7% ± 4.0%、63.7% ± 3.9%。在热环境下运动时，根据运动心率评估运动强度的百分比显然会有高估现象，而且运动时间越长高估的幅度越明显。

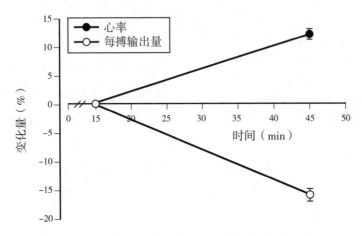

图 5.12　运动第 45 分钟相对于运动第 15 分钟时的心率和每搏输出量的变化（Wingo 等，2005）

Lafrenz 等（2008）针对经常训练的长跑选手的研究发现，在热（35 ℃）与冷（22 ℃）、湿度 40% 环境下，以 60% 最大摄氧量强度持续运动，第 45 分钟比第 15 分钟运动时的心率分别增快了 11%（35 ℃）与 2%（22 ℃），每搏输出量分别减少了 11%（35 ℃）与 2%（22 ℃），最大摄氧量分别降低了 15%（35 ℃）与 5%（22 ℃）（图 5.13A）。Wingo 与 Cureton（2006）以经常运动的志愿受试者为对象进行的研究发现，在运动开始后第 8 分钟至第 18 分钟加入风扇（气流速度 4.5 m/s）散热与否的条件，对于在热环境下进行 60% 最大摄氧量强度持续运动时，会有显著的运动心率差异（图 5.13B）。由此可见，在环境温度增加、没有使用散热设

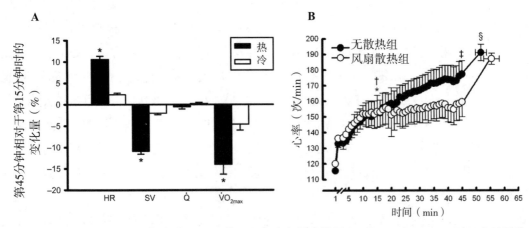

图 5.13　热环境下（35 ℃）（Lafrenz 等，2008）与风扇使用（Wingo，Cureton，2006）的影响
注：HR. 心率；SV. 每搏输出量；Q. 心输出量；VO_{2max}. 最大摄氧量

备的情况下，运动心率确实会逐渐增加，提高了运动心率判定运动强度的难度。

　　运动心率在运动时的变动性高，在运动时间增加、环境温度提高、没有散热设备的情境下，运动心率会随着运动时间的增加而提高，因此，使用运动心率判定运动强度或者以运动心率控制运动强度时，有必要针对环境温度、湿度等可能影响运动心率高低的变量，提出必要的说明，作为高估运动强度幅度的判定依据。

　　上述"公路车比赛后心率表记录为 100% ~ 105% 可以维持 60 ~ 90 分钟，当然早已超出极限值，请问这代表什么？"的问题，是台湾夏季气候、高温潮湿环境下运动心率随着运动时间的增加而提高的正常运动生理现象。运动参与者如果拥有监控运动时心率变化的工具（如心率表），建议以运动开始后 3 ~ 5 分钟的心率作为运动强度判定依据，当运动的时间越长时，高估运动强度的现象就越明显。

2017 台北渣打公益马拉松（2017 年 2 月 12 日），是台湾目前最受欢迎的马拉松比赛之一。台湾师范大学体育系王鹤森教授参加了男 50 ~ 59 岁全程马拉松比赛，比赛成绩大会时间 3 小时 33 分 02 秒、个人时间 3 小时 32 分 34 秒（11.9 km/h），总名次 318 名（3167 人、89.99%）、分组名次 39 名（515 人、92.62%）、性别名次 302 名（2721 人、88.94%）。

通过 garmin Fenix hr3 的手腕装置（手表）记录的王鹤森教授马拉松比赛全程的运动心率发现，51 岁的王鹤森教授运动心率最大值为 197 次 /min、平均心率为 178 次 /min，依据 Garmin 运动心率，区间 5 的运动时间长达 2 小时 41 分 35 秒（占运动全程的 76%），区间 4 的运动时间为 44 分 1 秒（占运动全程的 21%），区间 3 的运动时间为 7 分 1 秒（占运动全程的 3%）。实际上，比赛过程的手表记录温度介于 16 ~ 26 ℃（根据台湾气象局的记录，当天 6:00 ~ 10:00 的气温是 12.7 ~ 14.4 ℃），比赛路程的海拔高度变化也不大。

3 小时 30 多分钟的马拉松跑步期间，尽管前面 2.5 小时的跑步速度一致，大约都在每千米 4 分 50 秒左右，但是心率在前面 40 分钟逐渐由 150 次 /min 增加到 180 次 /min，然后维持这个心率长达 2 小时左右，一直到王鹤森教授在 2 小时 30 分钟左右停下来补充水分，同时跑步速度慢慢降低的时候出现了约十几分钟的降低现象，最后约 50 分钟的时间，尽管跑步速度已经显著降低，心率仍然又逐渐增加到 180 次 /min，并一直持续到比赛结束。依据运动生理学的基本概念来看，以高于最大心率预测值（220- 年龄，王鹤森教授预测的最大心率为 220-51=169 次 /min）持续运动超过 2 小时的现象（实际上王鹤森教授运动过程中的心率超过 180 次 /min），实在是超乎运动生理学理论范围，可是这又是实际存在的。

长时间运动时心率不稳定的现象，其实经常出现于长时间的耐力运动中。若利用心率来评估运动强度，运动时间太长时，可能形成心率评估运动强度百分比失真的问题。Wagner 与 Housh（1993）提出心率稳定阈值强度（physical working capacity at the heart rate threshold，PWCHRT）的概念时，即发现只有在极轻的强度运动时，心率才有可能稳定。即使运动强度不高的长时间运动时，维持心率稳定也是相当困难的。Coyle 与 Gonzalez-Alonso（2001）、王予仕（2006）指出，这种运动心率会随运动时间增加的特殊运动生理现象为心血管循环转变或心脏循环转变。

Coyle 与 Gonzalez-Alonso（2001）在整理过去的相关研究文献时发现，中等强度运动时间 10 分钟后，会因为每搏输出量与平均动脉压降低产生心率的漂移转变现象（图 5.14A）。而且，人体长时间运动（超过 20 分钟的长时间运动）时，因为出汗与水分供应不足，会导致循环血量、平均动脉压、心输出量、每搏输出量等生理指标下降，进而造成运动时的心率上升（图

5.14B）。运动过程的水分流失、体温增加、交感神经活动提高都可能是造成心血管循环转变的原因。Wingo、Ganio 与 Cureton（2012）的研究指出，心血管循环转变是指人体在中等强度运动下，持续运动超过 10 分钟后，出现心率逐渐增加、每搏输出量逐渐减少的生理现象，这种现象可能会伴随出现相对强度增加、最大摄氧量降低的状况。

　　Hartwell 等（2015）以 20 名大学男性划船选手为对象，进行 65% 心率储备强度的划船运动 60 分钟的研究发现，受试者平均心率在运动开始后就有逐渐增加的现象（运动后 3 分钟的划船负荷为 199.95 W ± 25.63 W、平均心率为 149.16 次 /min ± 6.67 次 /min，运动第 60 分钟的划船负荷为 199.40 W ± 23.77 W、平均心率为 168.37 次 /min ± 8.43 次 /min，图 5.15）。由此可见，65% 心率储备强度的 60 分钟（长时间）划船运动，确实也会有心血管循环转变现象。

　　但是，Mikus 等（2008）针对女性对运动训练量的反应研究发现，326 位平均年龄 57 岁、体重过重（BMI 25 ~ 34 kg/m²）、停经的坐式生活形态女性，进行 4 kkW（kkW: kilocalories per kilogram body weight per week，每周进行每千克体重 4 kcal 的能量消耗）、8 kkW、12 kkW

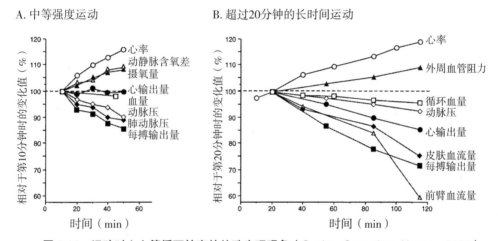

图 5.14　运动时心血管循环转变的特殊生理现象（Coyle，Gonzalez-Alonso，2001）

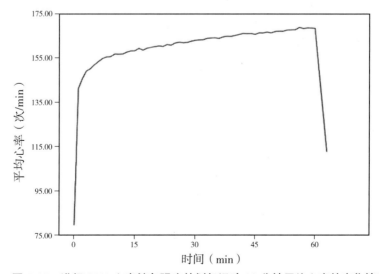

图 5.15　进行 65% 心率储备强度的划船运动 60 分钟平均心率的变化情况

的运动时［强度约 50% 峰值摄氧量、3 METS（代谢当量）、平均运动心率 106 ~ 108 次 / min］，经过 24 分钟、42 分钟、60 分钟的长时间运动后，运动最后阶段的心率仅增加 1 ~ 4 次 /min，METS 则没有改变。似乎当运动强度低到摄氧峰值的 50% 时，心血管循环转变的现象就会不明显。

事实上，在热环境下运动时，通过运动心率评估运动强度的百分比显然会有高估现象，运动时间越长高估的幅度越明显。而且，当环境温度增加、没有使用散热设备的情境下，运动心率确实会逐渐增加，提高了运动心率判定运动强度的难度。

从王鹤森教授参加马拉松比赛的运动心率变化来看，就算环境温度在 12 ~ 15 ℃，运动心率的心血管循环转变状况仍然相当显著，而且出现了超过最大心率的时间长达 2 小时 40 分钟以上的状况。鉴于此，运动强度、运动时间、运动者体能状况等对于心血管循环转变的影响，将是马拉松比赛过程中监测运动心率价值的重要条件。

第八节 运动后的心率恢复

　　运动前安静休息时的心率、运动时的心率上升率及运动后的心率恢复，是评估心脏功能的运动生理指标。就像安静休息时的心率有个体差异一样，运动后的心率恢复（heart rate recovery），也可用来评估心肺功能的好坏。但是，运动后心率的恢复情况会因为运动参与者的运动强度状况、心肺功能好坏等因素，而有显著的不同。一般来说，运动刚结束的1分钟内，心率的恢复最为明显。因此，相关的研究就以运动后1分钟或2分钟的心率恢复（心率下降次数）进行心肺功能与身体能力的评估。最近的研究发现，运动后的心率恢复可以用来评估运动参与者是否具有心脏疾病，并且能够用来预测心脏疾病患者的死亡率与存活率。

　　Cole 等（1999）以6年的时间，收集了2428名57岁 ±12岁、63%男性没有心脏疾病记录的对象，并且以运动后1分钟的心率下降小于（含等于）12次，来代表不正常的心率恢复。研究发现，共有639名（26%）受试者具备不正常心率恢复，心率恢复是死亡率强有力的预测工具（图5.16）。Cole 等（2000）进行的12年的持续记录发现，5234名受试者中，在亚极量运动后2分钟（心率下降小于或等于42次），不正常心率恢复的危险率达2.58%。由作者两次不同对象与观测时间（6年与12年）来看，采用2种不同的心率恢复评估方式（最大运动后1分钟心率下降小于或等于12次，亚极量运动后2分钟心率下降小于或等于42次）可以看出，这种运动后的心率恢复虽然可以有效预估死亡率，但尚缺乏标准化的评估方法。

　　Watanabe 等（2001）对5438名心脏疾病患者进行了持续3年的追踪与检测，并且针对最大跑步机下运动1分钟的心率恢复情况，进行了受试对象死亡率与心率恢复的分析（图

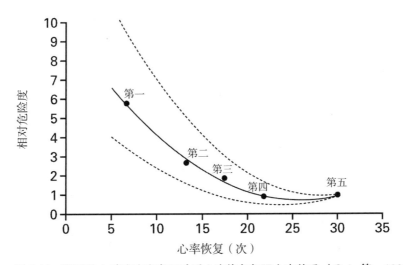

图 5.16　预测的心脏疾病患者运动后心率恢复与死亡率关系（Cole 等，1999）

5.17）。研究发现，全部受试对象的死亡率为 3.9%；心率恢复（运动 1 分钟心率下降次数）小于（含等于）18 次者有 805 名（15%），死亡率达到 9%；其他正常心率恢复者的死亡率则仅 2%。因此，运动后的心率恢复确实是判定心脏疾病患者死亡率强有力的工具。

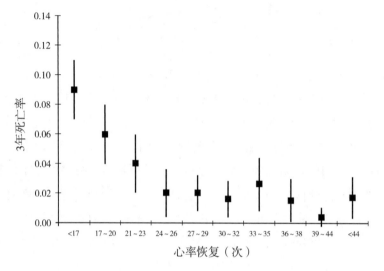

图 5.17　心脏疾病患者 3 年死亡率与心率恢复的关系（Watanabe 等，2001）

　　Shetler 等（2001）在 1987—1999 年进行的研究以 2193 名有胸痛的男性患者为对象，研究对胸痛患者进行了最大 10 分钟的个别渐增负荷的跑步机运动，并且记录了运动后心率恢复的情况。研究发现，运动后 1 分钟存活者、死亡者的心率恢复分别为 11.8 次 ±8.2 次、8.9 次 ±7.0 次，运动后 2 分钟分别为 33.1 次 ±12.9 次、25.8 次 ±12.4 次，运动后 3 分钟分别为 41.5 次 ±14.5 次、34.9 次 ±14.5 次，运动后 5 分钟分别为 43.8 次 ±15.0 次、37.9 次 ±15.1 次。因此，运动后 1 分钟心率下降小于或等于 12 次、运动后 2 分钟心率下降小于 22 次能够有效地预估胸痛患者的死亡率（图 5.18）。

　　运动员的心率恢复是否会显著低于非运动员呢？ Marsh（2003）进行的研究受试者为 30 名 12~14 岁的学生，其中 15 名学生为运动员、另外 15 名为非运动员。每位受试者测量 400 m 慢跑后到运动开始前（休息时）的心率恢复时间。研究发现，运动员平均恢复时间为 92 秒（最慢 300 秒、最快 60 秒），非运动员的平均恢复时间为 208 秒（最慢 360 秒、最快 60 秒）；运动训练似乎可以降低心率恢复的时间（作者的实验设计，似乎很难强烈证明是运动训练造成的还是他们原本的天赋）。Darr 等（1988）进行的研究受试者为 20 名男性。作者将受试者分为年轻训练者［24 岁 ±2 岁，最大摄氧量 63 mL/（kg·min）±3 mL/（kg·min）］、年长训练者［51 岁 ±2 岁，最大摄氧量 57 mL/（kg·min）±3 mL/（kg·min）］、年轻非训练者［25 岁 ±3 岁，最大摄氧量 44 mL/（kg·min）±2 mL/（kg·min）］、年长非训练者［57 岁 ±4 岁，最大摄氧量 36 mL/（kg·min）±4 mL/（kg·min）］4 组，受试者在最大努力的渐增负荷脚踏车运动后，训练者与非训练者的心率恢复并不受年龄的影响，但是训练者的心率恢复皆显著优于非训练者。研究发现，年龄并不是影响

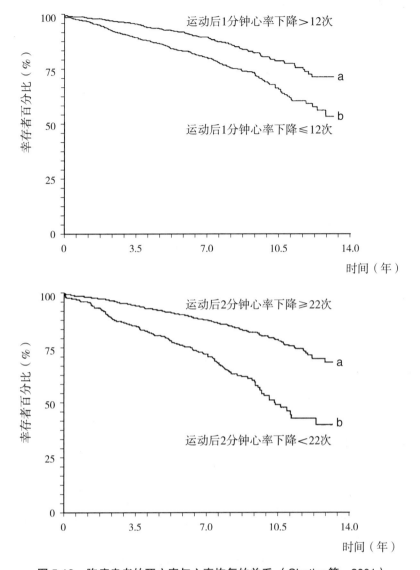

图 5.18　胸痛患者的死亡率与心率恢复的关系 （Shetler 等，2001）

心率恢复的因素，训练状况对于心率恢复具有显著影响。

　　经常训练者的心率恢复较快是很容易推论的。可是，包括运动时的强度高低、年龄的影响、性别的差异、平时的运动参与情形等，是否会影响运动后的心率恢复呢？除此之外，标准化的运动测验及标准化的心率恢复评估方式等都是未来值得进一步研究的课题。

1968 年墨西哥城（海拔 2240 m）奥运会，许多 3 km 以上比赛选手的成绩普遍低于 1964 年东京奥运会的纪录，但是这些选手回到平地不久，却出现了个人最佳的竞赛成绩。选手与教练领悟到在高地上停留与训练，似乎可以提高随后在海平面上竞赛的水平（林正常，2005b）。有一些居住在非洲高原的中长跑运动选手，如肯尼亚的中长跑选手，经常在国际竞赛场合名列前茅，因此，高地环境对人体有氧代谢能力的增进效果，也受到教练、选手、运动科学研究者的关注。

高地环境对于人体生理的主要影响，在于氧压低（大气压下降）产生的低氧适应现象。一般来说，人体处于高地环境中，马上会出现安静休息时肺换气量增加、心率增快、每搏输出量降低、心输出量降低等生理反应。随着高度的增加，最大摄氧量会下降。当进行相同程度的工作时（如以相同的速度慢跑），在高地则需付出较大的运动百分比负荷（最大摄氧量下降使得相对强度增加），让运动变得更加困难。

随着在高地环境停留时间的增加，人体会出现一些生理上的适应，包括肺换气增加、红细胞数和血红素浓度增加、尿中碳酸离子减少、组织肌肉的微血管开放数增加、肌红蛋白量增加、线粒体密度增加、借酶的变化以加强氧化能量等（林正常，2005a）。

尽管有一些研究支持高地训练的效果，但是对高地训练的真正效益仍有很大争议。张永政（2001）、Noahkes（2000）的研究支持高地训练在运动表现与生理反应上的效益，Levine 和 Stray-Gundersen（1992）与 Boning（1997）的研究则否定高地训练在最大有氧运动能力上的效果。大部分高地环境下的训练效果研究，并无法确定训练效果的来源是"高地环境的生理适应"还是"运动训练的效果"（实验设计上必须有控制组），这也是造成高地环境训练一直广受争议的主要原因。

有关高地训练的效益，一直有论文与专著进行评价（Wolski 等，1996；Wilber，2001；翁庆章、钟伯光，2002；Wilber，2004）。翁庆章与钟伯光（2002）在其专著中对高地训练优点与缺点（表 5.1）的分析为想要进行高地训练的运动教练与运动员提供了参考。郑景峰（2005）则整理了 Wilber（2004）在 *Altitude Training and Athletic Performance* 一书中对于高地环境可能出现的健康问题与应对指引。由这些高地训练的相关资料可以发现，从高地训练对训练的效果来看，确实不是纯粹正面的，特别是直接在高地停留的训练方式，最可能出现训练强度不足或过度训练的问题。林正常（2005a，2005b）指出进行高地训练时，除了高地训练的时程安排，高地的海拔高度、训练强度的设定与训练量的安排等，都会影响高地训练的效果与相关研究成果的正确性。在高地训练的实务操作方面，可能不像高地训练的实验研究，它需要相当严谨的实验设计与规划。如何使高地训练的内容可以确实增进运动表现，才是教练与运动选手在意的重点。毕竟成立高地训练中心的目的并不是为了研究的需要，而是为了实际促进运动员的竞技运动能力。

表 5.1　高地训练的优点与缺点（翁庆章，钟伯光，2002）

优点	缺点
携带、运送氧气的能力增加	平地、高地之间的往返需耗时来适应
利用氧气的能力增加	血液浓缩造成循环阻力加大
肌肉耐受高乳酸的能力增加	对肌肉代谢的不利影响
肌肉能量储量增加	容易出现过度训练

目前，世界上针对耐力型项目选手的高地训练方法，逐渐发展出 2 个较具备训练效果的方向（Wilber，2001，2004），其中一个方向为高住低练（live high – train low，LHTL），使用的方法除了在高地与较低海拔间往返，还包括使用常压低氧仪器、氧气补充法与低氧睡眠装置；另一方向为低住高练（live low–train high，LLTH），使用的方法为间歇性低氧训练（intermittent hypoxic training，IHT）。

LHTL 是最近几年来被广泛讨论的高地训练方式，即让运动员住在高地环境、在低海拔地区进行训练。LHTL 最早是由 Levin、Stray–Gundersen、Duhaime、Snell 和 Friedman 于 1991年提出的。Levine 与 Stray–Gundersen（1997）将 26 名受试者分成 LHTL 组（居住在海拔2500 m 的地区，而在 1250 m 的地区进行训练）与控制组，2 组分别进行 28 天相同的训练后，在整个训练计划后的第 3 天，LHTL 组的红细胞质量（+5%）与血红素（+9%）均显著增加，控制组则无改变；而 LHTL 组的 5 km 跑步时间显著减少（−13.4 秒）。除此之外，5 km 跑步时间在整个训练后的第 7、14、21 天时，均与第 3 天相同，Levine 与 Stray–Gundersen 便认为LHTL 的训练效果可能可以维持至离开后的 3 周。Gawthom 等（1998）发现，睡在 2700 m 高地 7 天的国家级女性耐力运动员，确实会显著影响（有别于控制组）睡眠时的心率与血红蛋白饱和率（血氧饱和度）。

LHTL 的实际效益还在持续探究中。也有一些研究否定了这种高地训练的方法。Ashenden等（1999）发现，在 3000 m 高地睡了 23 天（每天 8～10 小时的高地睡眠）的 13 名男性耐力运动员，血液中的血红蛋白数量并没有显著高于另外 7 名接受相同训练却睡在平地的耐力运动员。Wilber（2004）指出，适当的居住海拔高度为 2100～2500 m。居住于高地环境中，至少需 4 周的时间方能诱发血液与肌肉缓冲效益的适应效果。包宜芬（2005）则指出，LHTL本质上是让运动员分别接受缺氧负荷与运动负荷，既可以通过缺氧负荷改善运动员氧气运输与利用能力，又可以保持运动负荷时的正常强度训练，是优于传统上只停留在高地进行训练的方法。

运动科研人员与教练利用 LHTL 的原则，开发了常压低氧仪器、氧气补充法与低氧睡眠装置。

常压低氧仪器是在海平面（压力 760 mmHg）（毫米汞柱，mmHg 为非法定计量单位，1 mmHg≈ 0.133 kPa）上，通过加入 100% 氮气，将环境舱内空气的氧含量控制在约 15.3%，此时的氧分压约为 116 mmHg，亦如同在约 2500 m 高地时的环境。由于这种仪器是利用氮气进行控制，在芬兰称为"氮气屋"（郑景峰，2002）。

氧气补充法是利用额外的氧气供给，让运动员在高地进行高强度运动时，模拟海平面的正常氧含量状态或高氧含量状态，以提高运动员在高地训练时的运动强度。这种方法属于LHTL 的修正模式，可以让运动员居住在高地上，而训练时无须移动至较低海拔地区，让运动员训练时如在海平面上一般。

低氧睡眠装置包括高原训练舱与低氧帐篷系统，这些装置有助于运动员达成高住低练的要求（郑景峰，2002）。无论如何，这种模拟 LHTL 的设备，确实拥有让运动选手不必奔波往返高地与低海拔地区的优点，也是一个值得考量的模拟高地训练手段。

IHT 是依据短时间暴露于低氧环境可刺激体内红细胞生成素（erythropoietin，EPO）分泌的原理而发展出来的训练方法。由于 EPO 分泌的增加，有助于红细胞浓度的增加，最终可能提高最大摄氧量与耐力运动表现（Wilber，2001）。不过，IHT 的训练可分为休息阶段与训练阶段 2 类，训练效果也有一些差异。仅在休息阶段进行 IHT 的训练效果受到 Clark 等（1999）、Ingrid 与 Hendriksen（2003）的研究质疑。进行 IHT 的同时也进行运动训练，则获得了较多研究的支持（严克典，2006；吕裕雄，2006）。因此，IHT 配合训练的方式，被认为是较有效的高地训练手段。

该不该推广高地训练呢？美国科罗拉多斯普林斯训练中心（海拔 1839 m）与中国昆明海埂高原训练基地（海拔 1890 m）、青海多巴高原训练基地（海拔 2366 m），都是相当有名且有具体训练效益的高地运动训练中心，也是高地训练适合用来训练优秀运动选手的证明。

高地训练要先选定适合高地训练的运动项目。需要有氧运动能力的运动竞赛项目，特别适合进行高地训练（LHTL、IHT）。高地训练的环境也适合格斗项目（如跆拳道、柔道）的对战练习，以便让选手在 LLTH 的训练中，适应更高乳酸浓度的比赛环境。

高地训练的海拔高度可选择 1600～2600 m。高地训练应该在海拔 1000 m 左右建立训练中继站。为了避免高地环境降低运动训练强度与训练量，应该在海拔 1000 m 左右选择适当的训练环境，以便让需要进行高强度训练的选手，可以通过高地训练的规划，达到低氧环境适应与运动训练的双重效果。

如果没有适合高地训练的高山环境，可以考虑采用低氧仪器设备。低氧仪器的训练设备可以提供常压低氧环境，让高地训练的低氧刺激训练更加多样化。

高地训练特别适合在训练周期的冬季训练期与季节前期进行，有时候非耐力运动选手，会在比赛前 1 个月至高地进行短期的调整训练，或者在 2 次比赛中的第一次比赛结束时，立刻到高地进行调整训练，以便储备下一次比赛的基础。不同训练周期进行高地训练时，训练内容的安排与强度选择会有显著的不同。通常，冬季训练期与季节前期的高地训练应该进行4~12周，赛前的短周期调整与比赛后的调整阶段则进行2~4周。没有高地训练经验的选手不宜在赛前到高地训练中心进行调整训练。

高地训练可能不利于肌力的发展与营养提供，因此高地训练应该特别注意肌力训练设备的应用，以及注意葡萄糖、蛋白质、水与铁的补充。

第十节 高住低练

高地环境对于人体生理的主要影响在于氧压低（大气压下降）产生的低氧现象。一般来说，人体处于高地环境下，马上会出现安静休息时肺换气量增加、心率增快、每搏输出量降低、心输出量降低等生理反应。随着在高地环境停留时间的增加，人体则会出现一些生理上的适应，包括肺换气量增加、红细胞数和血红素浓度增加、尿中碳酸离子减少、组织肌肉的微血管开放数量增加、肌红蛋白量增加、线粒体密度增加，以及借酶的变化以加强氧化能量等。这些变化的主要功能是氧气不足时协助氧输送至身体组织。通常一个在高地停留 3~4 周的人回到平地后，2~4 周将会丧失这些因适应产生的生理变化。

在高地进行运动测验时，可以发现运动时间越长，成绩退步越严重，也就是以有氧系统为主要能量路径的运动项目退步较多。事实上，经过高地训练后回到平地，运动员的耐力表现成绩会不会提高仍有争论。大部分有关高地环境下的训练效果研究，并无法确定训练效果的来源是"高地环境的生理适应"还是"运动训练的效果"（实验设计上必须有控制组），这也是高地环境训练一直被广泛讨论的主要原因。但是，也有很多研究支持高地训练效果。张永政（2001）、Noahkes（2000）等的研究即非常支持高地训练在运动表现与生理反应上的效益。有关高地训练效益的讨论，其实还方兴未艾（Wolski 等，1996）。

无论如何，高住低练（即让运动员住在高地环境、在低海拔进行训练）是最近几年被广泛讨论的高地训练方式。研究发现，既然在高地环境下无法进行高强度的有氧耐力训练，让运动员住在高地的低氧环境，同时在低海拔地区进行完全相同的高强度有氧运动训练，应该可以同时获得高地的生理适应与正常的运动训练效果。Levine 与 Stray-Gundersen（1997）的研究也发现，选手在海拔 5000 m 高住低练的原则下训练后，5000 m 的成绩显著优于睡眠与训练皆在高地训练的相同能力控制组。Gawthom 等（1998）发现，对于国家级女性耐力运动员，睡在海拔 2700 m 高地 7 天确实会显著影响（有别于控制组）睡眠时的心率与血红蛋白饱和率。

高住低练的实际效益还在持续探究中。也有一些研究否定了这种高地训练的原则。Ashenden 等（1999）发现，在海拔 3000 m 高地睡了 23 天（每天 8~10 小时的高地睡眠）的 13 名男性耐力运动员，血液中的血红蛋白数量并没有显著高于另外 7 名接受相同训练、却居住在平地的耐力运动员。

其实，如果耐力运动员与教练能够适当维持训练的内容，不管是否能够将运动员送到高地居住，训练效果都不错。当环境与经费允许时，通过高住低练的原则来进行训练计划与内容的调整，也是很有帮助的运动训练设计。

第十一节 热应力指数

一般来说，在热环境中，我们经常以热应力指数（heat stress index）来代表环境辐射热、温度、相对湿度、风速等的热应力状况，热应力指数又称为湿球黑球温度指数（WBGT 指数，wet bulb globe temperature index）。WBGT 指数是评估热危害的重要指标之一，计算方法有：① WBGT 指数 =0.7× 自然湿球温度 +0.3× 黑球温度（户内或户外无日晒时）；② WBGT 指数 =0.7× 自然湿球温度 +0.2× 黑球温度 + 0.1× 干球温度（户外有日晒时）。自然湿球温度是指温度计外包湿纱布且未遮蔽外界气动所测得的温度，代表温度、湿度、风速等综合效应。黑球温度是指一定规格之中空黑色不反光铜球中央插入温度计所测量的温度，代表辐射热效应。干球温度是指温度计所测量的空气温度，主要代表单纯空气温度效应。在实际的操作中，湿球所用的水必须是蒸馏水，不能有杂质，因为有杂质时水分蒸发的速度会改变，就会影响读值。所用的纱布也是有规格的，太厚、太薄都不行，纱布的紧密度也是有要求的。在现代科技发展下，已有许多厂商发展出更新颖的仪器，可以长时间自动记录 WBGT 的数值，使用时更方便。

2003 年澳大利亚网球公开赛即采用 WBGT 指数，来计算比赛场地的气温。若发现 WBGT 指数高出指标（指数超出 28），赛事暂停，部分球场更会关闭顶棚，阻挡太阳光线直射，以降低场内温度。表 5.2、表 5.3 即列出热应力指数或 WBGT 指数，以及热应力指数的危险等级和可能造成的热伤害。从表格中的相关资料来看，当热应力指数在 26.7 ℃以下、32.2 ℃以上的环境温度时，似乎没有该不该进行身体活动训练的问题。在 26.7 ~ 32.2 ℃的热应力指数时，则需要考量服装状况、有否日照（室内或室外），以便进行更客观的环境温度影响评估。

有学者引用 Murphy 和 Ashe（1965）提出的结果，对 26.7 ~ 32.2 ℃的热应力指数状况提出了一些建议。热应力指数在 31.2 ℃以上时应避免任何运动训练；热应力指数在 29.5 ~ 30.5 ℃时，应该避免在阳光下进行长时间的身体活动；热应力指数在 26.5 ~ 28.8 ℃时，则应依据当时的状况自行判断活动与休息的时间。对于美式足球选手来说，由于身上穿着的服装与保护装备很多，即便是在热应力指数低于 26.5 ℃的环境下，也应该多注意水分的补充及休息时间的调配。

表 5.2　热应力指数对照表（℃）

气温	湿度								
	10%	20%	30%	40%	50%	60%	70%	80%	90%
40.0	36.7	40.0	43.3	48.9	55.6				
38.9	36.1	38.3	42.2	47.2	51.7				
37.8	35.0	37.2	40.6	43.3	48.9	55.6			
36.7	33.9	36.1	38.3	41.1	43.3	51.7			
35.6	32.8	35.0	36.7	40.0	42.2	48.9	53.3		
34.4	31.7	33.9	35.0	37.8	40.6	43.9	50.0		
33.3	30.6	32.2	33.3	35.6	37.8	41.1	45.6	50.0	
32.2	29.4	31.1	32.2	33.3	35.6	37.8	41.1	45.6	50.0
31.1	27.8	30.0	30.6	31.7	33.9	35.0	37.8	41.1	46.1
30.0	26.7	28.9	29.4	30.6	32.2	33.3	35.6	37.8	42.8
28.9	25.6	27.2	28.3	29.4	30.0	31.7	32.8	35.0	37.2
27.8	25.0	26.1	26.7	27.2	28.9	30.0	31.7	32.8	35.0
26.7	23.9	25.0	25.6	26.1	27.2	28.3	29.4	30.0	31.7
25.6	22.2	23.9	25.0	25.6	26.1	26.7	27.2	28.3	29.4
24.4	21.1	22.2	23.9	24.4	25.0	25.0	25.0	25.6	26.1
23.3	20.0	21.1	22.8	23.3	23.9	23.9	23.9	24.4	25.0

表 5.3　热应力指数的危险等级及可能造成的热伤害

热应力指数（℃）	危险等级	热伤害可能
低于 26.7	无	没有危险或很少发生危险
26.7 ~ 32.2	警戒	长时间的身体活动容易出现疲劳
32.2 ~ 40.6	极度警戒	长时间的身体活动可能出现热痉挛（heat cramps）或热衰竭（heat exhaustion）
40.6 ~ 54.4	危险	长时间的身体活动可能出现热痉挛、热衰竭及热射病（heat stroke）
54.4 以上	极度危险	有立即中暑的危险

有一些有关马拉松比赛的新闻中可以看出马拉松比赛时的环境温度是影响比赛成绩的重要条件。

Vihma（2010）针对1980—2008年斯德哥尔摩马拉松比赛时气温、相对湿度、风速、太阳短波辐射、热波长波辐射，以及降雨对未完成人数百分比、参与者表现的影响进行了统计分析。研究发现，未完成比赛人数百分比与气温、相对湿度显著相关（0.64、0.48），表示温度（图5.19A）、湿度越高，未完成比赛人数的百分比越多，其他环境变量与未完成比赛人数百分比没有显著相关。男性参赛者比赛1~3名成绩、1~250名成绩、1 001~1 250名成绩、4 001~4 250名成绩与比赛时环境温度的相关性分别为0.66（图5.19B绿色）、0.69（图5.19B红色）、0.72（图5.19B蓝色）、0.73（图5.19B黑色）。研究发现，环境温度越高，斯德哥尔摩马拉松比赛男性参赛者成绩越差。女性参赛者比赛1~3名成绩与比赛时环境温度没有显著相关性，1~250名成绩、1 001~1 250名成绩与比赛时环境温度的相关性分别为0.69、0.73。研究发现，环境温度越高，斯德哥尔摩马拉松比赛女性参赛者成绩越差，但是成绩最佳的3位女性参赛者未受到环境温度的影响。依据相关研究成果来看，能力越好的马拉松跑者受环境温度的影响越低。

El Helou等（2012）则分析了2001—2010年欧洲（巴黎、伦敦、柏林）和美国（波士顿、芝加哥、纽约）共60场比赛马拉松比赛的结果。

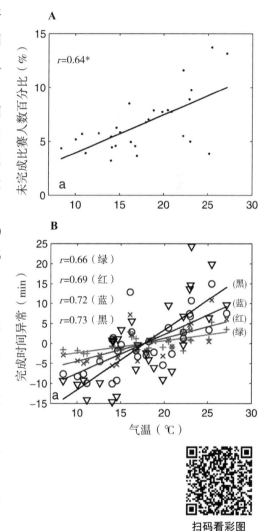

扫码看彩图

图5.19　斯德哥尔摩马拉松比赛中气温与未完成比赛人数百分比及成绩的关系（男性选手）（Vihma，2010）

除了总人数1 791 972名参赛者的马拉松比赛资料，每场比赛还收集温度（℃）、湿度（%）、露点（dew point）（温度℃）、海平面大气压（hPa），以及4种大气污染物NO_2、SO_2、O_3和PM_{10}的浓度（$\mu g/m^3$）。其中完成比赛人数最少的是2001年波士顿马拉松比赛，13 381人；

完成比赛人数最多的是 2010 年纽约马拉松比赛，44 763 人。比赛环境温度最低的是 2009 年芝加哥马拉松比赛，1.7 ℃；环境温度最高的是 2004 年波士顿马拉松比赛，25.2 ℃。2007 年 10 月芝加哥马拉松比赛因炎热及湿度高，比赛开始 4 小时后，宣布中断比赛，造成该次比赛未完成人数大增（图 5.20）。

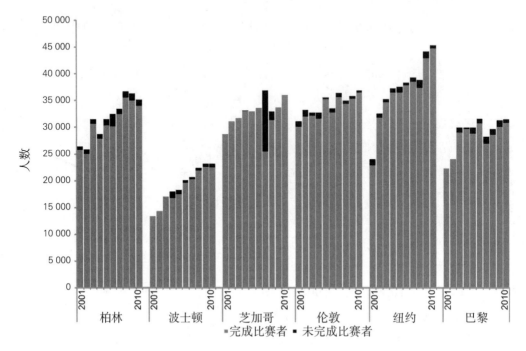

图 5.20　2001—2010 年六大马拉松比赛完成与未完成人数（El Helou 等，2012）

有关环境温度与马拉松比赛表现的关系（共 60 场比赛资料），男性 P1（第 1% 的成绩）、Q1（第 25% 的成绩）、中位数（完成比赛的第 50% 者的成绩）与环境温度的相关性分别是 0.48、0.44、0.40，女性的相关性分别是 0.31、0.35、0.30。收集的资料显示，环境温度的高低与马拉松比赛的成绩显著相关（图 5.21 显示的女性 P1、男性 Q1 的平均速度与环境温度

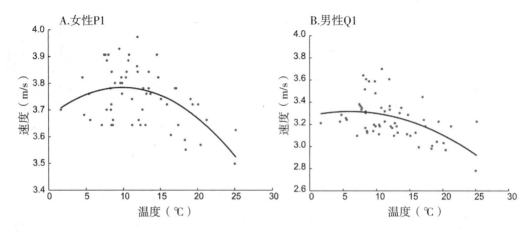

图 5.21　环境温度与马拉松比赛表现的关系（El Helou 等，2012）

的关系），湿度、NO$_2$也与马拉松比赛成绩显著相关。由于大气污染物浓度与跑步表现显著相关的状况与环境温度一致，因此作者认为环境温度可能才是造成马拉松表现变化的主要因素。

环境温度与马拉松比赛的成绩显著相关，温度越高马拉松比赛的成绩越差。马拉松比赛能力越佳者受到环境温度影响越小。在5～15 ℃的环境温度下进行马拉松比赛，可获得更好的比赛成绩。在低于5 ℃的环境温度下比赛，是不是会影响马拉松比赛表现，则需要进一步的研究分析。

在冷环境下活动，皮肤感到"冷"时，感觉神经会将此信息传至位于下丘脑的体温调节中枢，进而启动身体颤抖或末梢血管收缩等生理调节机制，来增加人体的新陈代谢，同时刺激肌肉收缩，减少血液流向身体表面。也就是说，人体通过增加基础代谢与降低身体热能流失的双重作用，防止出现体温过低的危险。

冷环境下运动时，人体的温度取决于热能的流失及产生是否平衡。一般来说，影响体温流失的因素包括身体组成与风寒指数（wind-chill index）。

由于皮下脂肪对于热的传导功能较低，可以隔绝身体内部组织热能的流失，因此可以通过皮脂厚度了解人体对冷的耐受程度。通常，女性的身体脂肪比例较高，对冷的耐受能力较强。

相同的温度下，风（空气流动）会通过对流及传导的途径加速身体热能散失、增加冷的程度。表 5.4 显示在气温 10 ℃时，如果风速达到 13.2 m/s，实际的风寒指数温度（wind-chill adjusted temperature，WAT）仅有 –3 ℃；在气温 4 ℃时，实际的 WAT 则仅有 –12 ℃；当 WAT 达到 –28 ℃以下时，应尽可能避免户外活动。

在极冷的环境下运动时，人体为了防止体温下降，会减少肌肉的血流量，使肌肉的收缩速度与力量皆明显下降。因此，在较低的温度环境从事相同速度及力量的动作时，必须选择减缓动作速度的运动方式，避免肌肉疲劳的过早出现。

人体在冷环境下进行相同强度的运动时，无氧代谢能量的比例会显著高于常温环境。也就是说，在冷环境下运动时，游离脂肪酸的代谢及氧化作用会显著降低，肌肉使用葡萄糖的

表 5.4　风寒指数温度

风速（m/s）	气温（℃）							
	10	4	–1	–7	–12	–18	–23	–29
0	9	3	–3	–9	–14	–21	–26	–32
2.2	4	–2	–9	–16	–23	–29	–36	–43
4.4	2	–6	–13	–21	–28	–38	–43	–50
6.6	0	–8	–16	–23	–32	–39	–47	–55
8.8	–1	–9	–18	–26	–34	–42	–51	–59
11.0	–2	–11	–19	–28	–36	–44	–53	–62
13.2	–3	–12	–20	–29	–37	–45	–55	–63

比例增加，容易造成更多的乳酸堆积。

在冷环境下运动时，换气量会显著增加，心率与心输出量则不会显著改变（通过血压上升来调节）。研究发现，以相同的速度在 17 ℃ 与 26 ℃ 的水温中游泳时，每分钟的摄氧量差距达 500 mL。由此可见，冷环境确实会显著增加人体运动时的心肺循环负荷。

人体口腔、咽喉、气管的正常温度为 26~32 ℃，当人体在冷环境下运动时，特别是在风速较强且运动强度较激烈的状况下，运动者往往会以口呼吸，容易造成口腔、咽喉等呼吸道不适。

相同温度下，水中传导作用丧失的热能是空气的 26 倍，静止的状态下浸泡于冷水中，水温越低，直肠温度下降得越快。当人体温度低于 32 ℃ 时，若无法缩短在水中的时间或者增加热能，使热能大量流失，可能导致严重的失温或者死亡。因此，冬季从事水上活动时，由于运动产生的热量无法长时间维持体温，可通过摄取糖类增加肌肉能量的来源，以及增加皮下脂肪或添加保暖衣服帮助隔绝身体内部热能的流失，以"开源"和"节流"双管齐下的方式维持体温。

另外，值得特别注意的群体是一些高龄、血压偏高、经常从事晨间运动的人，如果突然暴露于冷环境中，由于末梢血管收缩，血压会急剧升高，容易造成心血管病变。因此，天气过冷时，应避免户外运动。

冷环境下运动前应比常温下运动前做更多的热身运动，以伸展筋骨及促进血液循环。运动时，可以穿着贴身韵律服、风衣等，并且降低运动的强度，避免运动过程中出现生理上的不适应。运动后，如果汗水打湿了衣服，为防止体温急剧下降，应迅速换上干暖衣物，以免着凉。总之，在冷环境下运动，只要注意能量的补充及衣服保暖的问题，一样可以像在常温下运动一样享受运动所带来的乐趣。

功能性运动筛查（functional movement screen，FMS）是一套用以检测运动员整体的动作控制稳定性、身体平衡能力、柔韧性及本体感觉等能力的检测方式；通过 FMS，可简易地识别个体的功能限制和不对称发展（Cook 等，2006）。FMS 由 Gray Cook 与 Lee Burton 于 1995 年提出，自 1997 年起即被广泛应用，也是目前国际网球联合会（ITF）与职业网球联合会（ATP）所使用的身体评估标准，但是 FMS 一直到 2006 年才在运动科学的学术期刊中发表出来（Cook 等，2006），最近亦有不少相关的研究成果。

FMS 总共有 7 项检测方式，每一项的分数为 0~3 分，总分为 21 分。

第一项检测为深蹲（deep squat，DS）。受试者笔直站立，双脚分开与肩同宽，双手向上伸直平举一根棍子，接着屈膝下蹲，尽可能维持上半身垂直或与胫骨平行，同时让髋骨低于膝关节，且棍子、膝关节成一直线位于脚尖正上方。检测的是身体核心的平衡与稳定能力，左右髋关节力量是否平衡，踝与膝关节的力量使用，动作顺序是否正确等。

第二项检测为跨栏（hurdle step，HS）。受试者双脚并拢笔直站立，双手于肩后平举一根棍子，接着抬起右脚，脚尖朝上，跨过与胫骨等高的栏杆，然后右脚跟着地，脚尖依旧朝上。左右交换。在过程中尽可能保持身体平衡与肩膀水平。检测的是身体核心稳定性，跨栏时上半身是否会因下半身力量不足而失衡，跨栏时髋、膝与踝关节是否在同一平面上运动。

第三项检测为直线弓步蹲（in-line lunge，ILL）。双脚前后跨步且位于同一直线上，两脚间距为胫骨长度，同时双手持一根棍子笔直靠在身后，让后脑、后肩与臀部三点和棍子接触，接着屈膝前蹲让左膝刚好抵住右脚跟，同时保持身体与地面垂直，且身后三点依旧和棍子接触。左右交换。检测的是躯干稳定性，躯干核心力量是否足够，大腿内侧肌力是否足够，身体动作顺序是否正确。

第四项检测为肩关节灵活性（shoulder mobility，SM）。双手握拳，将拇指藏于示指与中指下方，然后右手在上、左手在下置于身后，尽可能让双手靠近。左右交换。检测的是肩关节的移动能力、上方手臂的肩关节屈曲与外旋能力、下方手臂的肩关节伸展与内旋能力。

第五项检测为直腿主动上抬（active straight leg raise，ASLR）。仰卧于地面，双手置于身侧，手掌朝下，然后尽可能地笔直上抬右腿，同时保持身体其他部位依旧平贴地面。左右交换。检测的是腿后肌群的伸展能力及柔韧性，核心肌群与髋关节在水平时能否正确发力。

第六项检测为躯干稳定俯卧撑（trunk stability push up，TSPU）。俯卧于地面，双手分开，上臂与肩同高，肘关节屈曲 90°，掌心贴地，同时脚尖抵住地面，以躯干与手臂力量撑起身体（身体仅以手掌和脚尖支撑）。检测的是躯干稳定度、核心力量、肩关节力量，身体动作顺序正确与否，左右肩关节的力量是否平衡。

第七项检测为四肢旋转稳定性（rotary stability，RS）。四足跪姿，双手平贴地面，手臂伸直，位于肩关节正下方，接着同时将左手与左脚同时向上举至水平，然后同时内缩左手与左脚，使左肘和左膝接触。左右交换。在整个过程中，尽可能保持身体稳定、平衡。检测的是受试者在身体失去平衡时的核心稳定度、身体旋转能力、同侧或对侧的稳定力。

在FMS中，躯干稳定俯卧撑、肩关节灵活性、四肢旋转稳定性检测也可以通过是否出现疼痛感来判定是否为零分（Minick等，2010）。

Minick等（2010）发现传统21分的FMS具备再测信度。Hickey等（2010）则发展了一套100分的FMS评分方式，而且发现100分的FMS具有较高的再测信度。Frost等（2011）的研究也发现，2种（21分与100分）不同的FMS评估方式皆具备再测信度。尽管研究发现FMS检测的再测信度极高，但是研究者似乎有意改进FMS的评估方式。

Lynn与Noffal（2010）研究发现，依据深蹲检测结果分组的20名大学生，深蹲高评分组在进行深蹲动作时的髋关节平均最大动量显著高于低评分组；但是在膝关节的平均最大动量方面，则与低评分组没有不同。Butler等（2009）比较了中学男女学生的FMS结果，发现女性中学生（19名）的部分FMS结果优于男性中学生（13名）。Okada等（2011）以28名健康自愿参与者为对象的研究发现，受试者的FMS结果与核心稳定性检测结果没有显著相关，FMS结果与运动表现（实心球投掷、节奏跑、单腿蹲）低相关。可惜这些研究并未在严谨的实验设计下进行，研究的结果难以说明FMS的检测效度。

Kiesel等（2007）以最高分21分的FMS检测方式，分析了46名职业橄榄球运动员。研究发现，FMS结果低于或等于14分的（10名）运动员，确实会有在赛季遭受重伤的现象（10名中有7名）；另外36名FMS结果高于14分的运动员则仅6名出现严重受伤状况。Kiesel等（2011）的研究以62名健康的职业橄榄球运动员为对象，受试者进行了7周的季后训练。研究发现，FMS会在训练后显著提升（图5.22）。

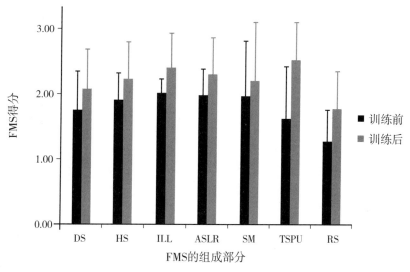

图5.22　7周训练后FMS显著提升（Kiesel等，2011）

Frost 等（2011）的研究以 65 名男性为对象，在进行 FMS 检测后，将受试者分为训练组（41名）与控制组（24名）。经过 12 周的计划性运动训练后，训练组与控制组的 FMS 并没有显著差异。这种通过实验设计方法进行的 FMS 结果，发现 FMS 并不会因为训练而具备增进效果，代表 FMS 的检测效度仍然值得怀疑。

有关 FMS 的相关学术研究结果，似乎对于 FMS 检测的效度，并没有一致的研究发现。似乎仍然有很多值得研究的课题，包括 FMS 的评分机制是否合理，FMS 检测与运动表现的关联性，不同检测对象（青少年、男女、老年人、不同项目运动选手）的 FMS 效益是否有所不同，核心稳定训练对于 FMS 的增进效果等，等待大家来验证与确认。

对于职业橄榄球运动员来说，FMS 检测 ≤ 14 分，可能是球季比赛出现运动伤害的原因（Kiesel 等，2007）。Butler 等（2013）的研究发现，FMS 检测 ≤ 14 分，可以区分消防员在学院学习时的受伤风险，而且在训练期间受伤的消防员，深蹲和躯干稳定俯卧撑的得分显著较未受伤者低（图 5.23）。但是，Newton 等（2017）的研究则发现，对于优秀的橄榄球选手来说，FMS 检测的结果与运动损伤并没有关系。对于运动员来说，造成运动损伤的可能因素很多，FMS 检测的总分与部分检测项目的得分是否与运动损伤有关联，实际中有很多研究的限制。

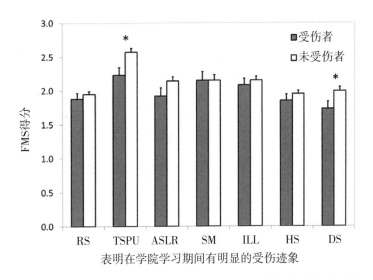

图5.23　FMS检测≤14分，可以区分消防员在学院学习的受伤风险

Mitchell 等（2016）针对 97 名（男 53 名、女 44 名）年龄 52 ~ 83 岁的中老年自愿参与者进行了 FMS 检测。研究发现，FMS 得分（全部受试者 12.2 分 ± 2.7 分，男性 11.8 分 ± 2.8 分、女性 12.8 分 ± 2.4 分）与年龄（$r = -0.531$）、BMI（$r = -0.270$）有显著负相关，与问卷调查的身体活动量（$r = 0.287$）有显著正相关；正常体重（BMI ≤ 24.9 的有 48 人）、体重过重（BMI 25.0 ~ 29.9 的有 38 人）、肥胖（BMI ≥ 30.0 的有 11 人）的 FMS 得分分别为 12.6 分 ± 2.8 分、12.5 分 ± 2.3 分、10.5 分 ± 2.4 分，肥胖者具有明显较差的 FMS 结果。对于中老年人来说，FMS 评估与年龄、BMI、身体活动量有密切关系，由此可见，FMS 评估也是间接评估中老年人身体机能的有效方法。

Loudon 等（2014）探究了性别与年龄是否会造成跑者的 FMS 评估差异。受试对象为 43

名跑者，其中 16 名女性（年龄 33.5 岁 ±8.7 岁）、27 名男性（年龄 39.3 岁 ±12.8 岁）。依据 Cook 等（2006）的 FMS 检测方法进行评估。研究发现，所有受试者 FMS 结果为 15.4 分 ±2.4 分，男性为 15.0 分 ±2.4 分，女性为 16.2 分 ±2.4 分（男女没有显著差异）；40 岁以下为 16.4 分 ±1.9 分，40 岁以上为 13.9 分 ±2.3 分（年龄组别间有显著差异），而且深蹲、跨栏、直线弓步 3 个测验都有年龄组别间的显著差异。对于跑步选手来说，年龄可能是造成 FMS 结果差异的主要因素，而且深蹲、跨栏、直线弓步的结果差异更明显。

Hotta 等（2015）对 84 名自愿参与实验的男性跑者为对象（年龄 20.0 岁 ±1.1 岁、身高 171.6 cm ±4.5 cm、体重 57.5 kg ±4.3 kg），进行了 7 项 FMS 的检测与肌肉骨骼系统伤害（6 个月内）的问卷调查。研究发现，所有跑者的 FMS 总分为 14.2 分 ±2.3 分（范围 7 ~ 18 分），总共有 43 名（51.2%）跑者的 FMS ≤ 14 分。6 个月内有跑步运动损伤跑者（15 名）、没有跑步运动损伤跑者（69 名）的 FMS 分数分别为 13.3 分 ±2.7 分、14.4 分 ±2.2 分，而且有跑步运动损伤跑者的深蹲与直腿主动上抬的评估结果，显著低于没有伤害的跑者（表 5.5）。对于跑步选手来说，深蹲与直腿主动上抬这两个动作的评估结果比 FMS 的整体评估结果更能够有效预测跑步运动损伤的危险性。

表 5.5 有损伤与无损伤跑者的 FMS 评估差异 （Hotta 等，2015）

易变因素	严重的跑步损伤		P 值
	6 个月内没有跑步运动损伤跑者（n=69）	6 个月内有跑步运动损伤跑者（n=15）	
FMS 总分	14.4 分 ±2.2 分	13.3 分 ±2.7 分	0.10
DS	1.8 分 ±0.7 分	1.3 分 ±0.7 分	0.01*
HS	2.1 分 ±0.3 分	2.0 分 ±0.0 分	0.20
ILL	2.0 分 ±0.4 分	1.9 分 ±0.7 分	0.26
SM	2.6 分 ±0.8 分	2.5 分 ±0.6 分	0.36
ASLR	2.3 分 ±0.6 分	1.6 分 ±0.5 分	< 0.01**
TSPU	2.0 分 ±1.0 分	2.5 分 ±0.8 分	0.06
RS	1.6 分 ±0.5 分	1.6 分 ±0.6 分	0.97

注：* P < 0.05，** P < 0.01

运动员出现运动损伤的可能原因很多，如果通过 FMS 评估可以进一步降低运动损伤发生的概率，适当地进行 FMS 评估会是非常有意义的训练监控手段。对于跑步运动员来说，特别针对深蹲、跨栏、直线弓步、直腿主动上抬等 FMS 项目进行评估与训练，有助于身体活动与控制能力的提升，可能会降低跑步运动损伤的发生。

第十六节　伸展训练可以提升跑步效率吗？

　　耐力训练（包含高强度间歇训练）、抗阻训练、高地（环境）训练、伸展训练、营养干预等，是提升跑步效率的五大方法（图 5.24；Barnes 等，2015）。长跑运动员与教练应了解伸展训练对跑步效率的影响，因为其是训练计划与实际执行训练的重要内容。

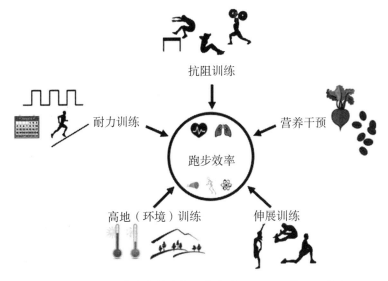

图 5.24　提升跑步效率的五大方法（Barnes 等，2015）

　　柔韧性较佳的跑者，跑步效率会不会比较好呢？ Tamra 与 Robert（2009）的研究以 8 名（4 名男生、4 名女生）大学长跑选手为对象，依据受试者 10 km 的跑步平均速度快慢，进行渐增速度跑步效率测验，同时还进行标准化的坐姿体前弯测验。研究发现，坐姿体前弯的成绩与绝对速度（男生 241.2 m/min、女生 198.32 m/min）、相对速度（10 km 跑步平均速度）下的跑步效率［mL/（kg·m）］皆成正比（$r=0.826$ 与 $r=0.606$，图 5.25），男生与女生的坐姿体前弯有显著的差别。具备较差柔韧性的大学长跑选手，可能更容易在肌肉与肌腱伸展收缩周期中提升弹性成分的效益，进而拥有较佳的跑步效率。由于男生长跑选手通常具备较差的柔韧性与较佳的跑步表现，再加上受试者人数仅有男、女各 4 人，长跑选手的坐姿体前弯能力越差、跑步效率越佳的结果仍需要进一步确认。

　　长期的伸展训练是不是会提升跑步效率呢？ Nelson 等（2001）的研究以 32 名（男、女各 16 名）大学生为对象，所有受试者进行正常的跑步训练，其中 50% 的受试者（男、女各 8 名）额外进行 10 周每周 3 天、每次 40 分钟的渐增强度柔韧性训练（总共有 15 个下肢肌群的伸展动作）。10 周后训练组（STR 组）坐姿体前弯显著提高 3.1 cm ± 2.2 cm，控制组（CON

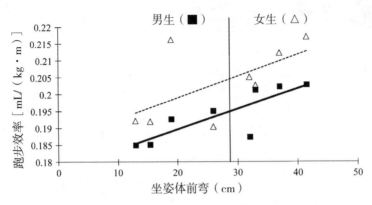

图 5.25　坐姿体前弯与跑步效率的相关性（Tamra 等，2009）

组）则为 0.0 cm ± 0.4 cm，但是受试者 70% 最大摄氧量强度的摄氧成本则都没有显著变化（图 5.26）。研究显示，在长时间的柔韧性训练后，柔韧性增强的状况下，被训练者的跑步效率并没有改变。Shrier（2004）整合了 9 篇进行长期伸展训练的研究，发现长期柔韧性训练可以增进肌力、垂直跳高度、速度等，但是并没有证据显示可以改善跑步效率。研究文献对于伸展训练的动作内容与方式（静态或动态），长期的伸展训练是否会提升跑步效率，仍需要进一步厘清。

　　进行伸展训练会不会立即改善跑步效率呢？Wilson 等（2010）对 10 名经常训练的男性长跑选手［年龄 25.0 岁 ±7.0 岁、最大摄氧量 64.0 mL/（kg·min）±2.8 mL/（kg·min）］，分别进行了伸展训练（16 分钟静态伸展、5 种下肢肌群伸展动作）与未伸展训练（16 分钟坐姿休息）条件下 30 分钟的最大距离跑步机跑步测验。研究发现，没有伸展训练与有伸展训练者 30 分钟最大跑步距离分别为 6.0 km ± 1.1 km、5.8 km ± 1.0 km，能量消

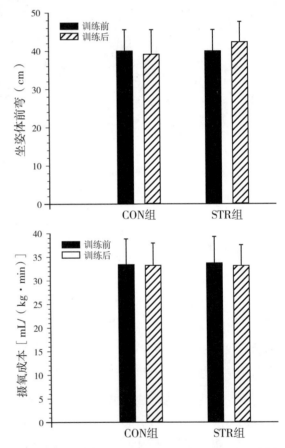

图 5.26　正常的跑步训练组与额外进行渐增强度柔韧性训练组的摄氧成本和坐姿体前弯对比（Nelson 等，2001）

耗量分别为 405 kcal ± 50 kcal、425 kcal ± 50 kcal（图 5.27）。长距离跑步前的伸展训练会降低耐力表现，同时增加跑步的能量消耗。也就是说，16 分钟的静态伸展训练会显著降低后续跑步的跑步效率。

　　Shrier（2004）整合了 23 篇伸展训练立即影响的研究，发现有 22 篇研究论文呈现伸展训

练不会增进等长肌力、等速力矩或垂直跳高度，只有 1 篇研究论文发现可以增进跑步效率。Behm 与 Chaouachi（2011）整理研究文献的结果后发现，静态伸展会立即对运动表现造成损害，如果伸展时间小于 90 秒、伸展强度小于不适的强度，可能不会影响后续的运动表现，而且可以提供较慢的离心收缩速度、较长时间的收缩伸展周期；延长动态伸展的时间则不会降低运动表现。在运动比赛前进行有氧活动与动态伸展是比较理想的热身活动。Barnes 与 Kilding（2015）整理研究文献后也指出，尽管伸展训练可能会降低下肢肌腱硬度，进而降低跑步效率，但是基于运动损伤预防与跑步步幅增加的需要，仍然有训练上的必要。

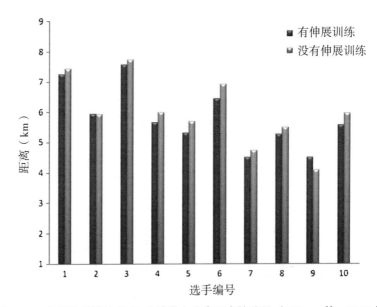

图 5.27　有无伸展训练者 30 分钟最大跑步距离的差异（Wilson 等，2010）

Baxter 等（2017）的文献探讨发现，伸展活动不仅对耐力跑者没有立即的显著优势，还会造成肌腱硬度和弹性能量储存减少，进而降低跑步效率。伸展训练对耐力跑者迟发性肌肉酸痛的预防影响也不大，也不会降低慢性运动损伤（髂胫束综合征、应力性骨折和足底筋膜炎）的患病率。伸展训练虽然是运动训练的主要内容之一，但是对耐力跑者没有任何优势，并且不是改善性能或减少损伤发生率的解决方案。

Carter 与 Greenwood（2015）在文献探讨中指出，运动前进行静态伸展会影响多方面的运动表现，包括跑步效率。因此作者建议，伸展活动或本体感受神经肌肉促进活动应在运动后或在单独的训练期间进行；如果伸展活动不会影响肌肉肌腱单元的硬度，改善柔韧性可能不会损害跑步效率。改善髋关节屈肌、股四头肌、足底屈肌柔韧性的训练（图 5.28），每周 2 天、每次进行 2 组、每组每个动作进行 15 ~ 60 秒的静态伸展，可能改善跑步机制，进而提升跑步效率。

尽管有研究认为，伸展训练或柔韧性训练是提升跑步效率的重要训练方法，但是仍然可以找到很多文献，否定伸展训练或柔韧性训练对跑步效率的提升效果，这些文献甚至认为伸展训练和柔韧性训练会降低跑步效率与运动表现。静态或动态伸展，伸展部位与动作差异，伸展是否造成肌腱硬度改变，以及被伸展者的个体差异等，都可能是造成矛盾结果的原因。

　　整体来看，伸展训练应该不是影响跑步效率的主要条件，但是为了避免柔韧性过差造成活动范围限制与动作控制，跑步远动员仍然有必要每周进行适当的伸展训练。

图 5.28　改善髋关节屈肌、股四头肌、足底屈肌柔韧性的训练（Carter，Greenwood，2015）

第六章

影响跑步表现的其他课题

第一节 稳定型与避震型跑鞋的选择

通常，参加长距离的跑步训练与比赛时，跑者都会穿着适当的跑鞋，以避免长时间训练与运动过程的腿部运动伤害。

一般来说，脚在跑步着地过程中，原则上会以脚跟外侧先着地，随着身体重心的向前移动，着地的压力中心会逐渐向前向内侧移动，最后压力中心会在踇趾附近离地［图6.1的正常（中立位）形态；Ersson，2002］。

除了这种脚压力中心正常形态的脚着地过程，以压力中心在脚掌内侧移动的内旋形态跑者或外侧移动的外旋形态跑者也不在少数。所谓的内旋形态的压力中心移动方式，是指小指侧脚掌向上或踝关节外翻的压力中心移动方式，通常也跟跑者足弓支撑能力较差（扁平足）有关；所谓的外旋形态的压力中心移动方式，是指踇趾侧脚掌向上或踝关节内翻的压力中心移动方式，通常也跟跑者足弓较高、支撑能力较佳（高足弓）有关。

Ersson（2002）在发表的网络文章中指出，跑步脚掌着地过程的压力中心移动方式，对选择适当的跑鞋非常重要。主要通过从后方观察跑者脚着地支撑期时跟腱的角度来判定移动方式。

跑步时不同的压力中心形态者，显然需要穿着不同类型的跑鞋，以便避免跑步运动损伤与提升跑步表现。跑鞋基本分3种，运动控制型跑鞋、稳定型跑鞋、避震型（或称为支撑型）跑鞋，分别适合压力中心内侧移动的内旋形态、正常移动形态、外侧移动的外旋形态。

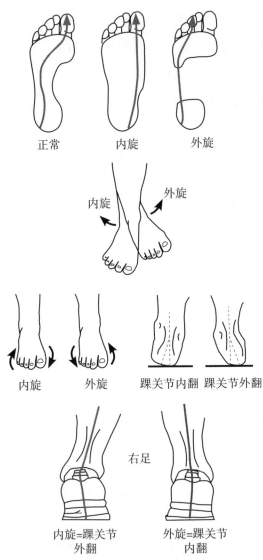

图6.1 跑步时脚着地类型

A. 内侧移动的内旋形态（pronated foot）= 运动控制型跑鞋（motion control shoe）

B. 正常移动形态（neutral foot）= 稳定型跑鞋（stability shoe）

C. 外侧移动的外旋形态（supinated foot）= 避震型跑鞋（cushion shoe）

图 6.2　跑鞋的 3 种类型（Griffiths，2011）

Feil（2013）在 *Running Shoes 101* 文章中指出，避震型跑鞋（图 6.3A）拥有容易弯曲的鞋底，具备吸收大量冲撞力且不会限制脚活动的功能，通常适合脚掌内旋不足、压力中心外旋形态的跑者。稳定型跑鞋（图 6.3B）拥有中等柔软度的鞋底，提供减震与基本稳定功能，适合正常移动型（中立位）跑者，是一般人最适合使用的跑鞋。运动控制型跑鞋拥有密度较高、较重、较厚的中段鞋底，具备最大的稳定性与支撑性（图 6.3C）。对跑者使用跑鞋的建议，大部分都是以脚着地压力中心形态为依据，内旋形态适用稳定型跑鞋或动作控制型跑鞋，正常形态适用稳定型跑鞋或避震型跑鞋，外旋形态适用避震型跑鞋。

穿较硬鞋底的跑鞋，是否确实具有降低跑步着地时脚内翻与旋前的功能呢？ Wit 等（1995）以 7 名经常训练跑者为对象进行了研究。作者分析了穿着软或硬底（midsole, soft shore Asker C40，hard shore Asker C65）跑鞋，在 4.5 m/s 速度跑步时，地面反作用力与脚活动角度的变化情况。研究发现，穿硬底鞋的跑者会有较低的地面垂直反作用力、更快的着地前踝关节初始外翻；穿软底鞋的跑者，在支撑中期会产生更大的外翻与旋

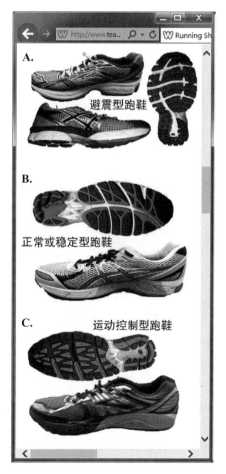

图 6.3　跑鞋类型（Feil，2013）

前。也就是说，穿适当的跑鞋确实可以改变脚与踝关节的动作形态，进而降低发生运动损伤的可能。

如果不考虑可能的跑步损伤，跑鞋是否可以提升跑步效率？Saunders 等（2004）的研究指出，提高跑步效率的条件极多，跑鞋的轻量化且高避震功能，确实是提升跑步效率的重要条件。Fuller 等（2014）整合文献结果后发现，跑步时的摄氧量与跑鞋重量成正比（图 6.4），当跑鞋每双的重量低于 440 g 时，对跑步时摄氧量没有显著负面影响。事实上，最近几年有一些针对赤足跑步与穿极简跑鞋可以提升跑步效率的研究结果（Cheung 与 Ngai，2015），但是这种轻量跑鞋的效应是否是重量轻或跑鞋鞋底设计的原因，似乎仍有必要进一步厘清。

依据个人的足宽、足长等条件选择合适的跑鞋是选择跑鞋的必要条件。如果是经常参与训练与比赛的跑步爱好者，进一步考量脚着地过程中的压力中心移动方式，或者是跟腱在着地中期的角度，可以更科学地选定合适的跑鞋。跟腱在着地中期越趋向直线（高足弓、外旋形态）时，比较适合穿着避震型跑鞋或运动控制型跑鞋；如果跟腱在着地中期的角度过大、足底全部贴地（扁平足、内旋形态）时，比较适合穿着稳定型跑鞋。穿着轻量化跑鞋，可以提升跑步效率，但是是否适合脚生物力学形态不同者，仍有进一步研究需要。

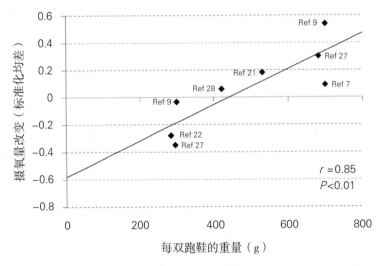

图 6.4　整合文献结果后发现跑步时的摄氧量与跑鞋重量成正比（Fuller 等，2014）

注：Ref. 引用文献

压力袜（小腿套）可以提升运动表现吗？

压力袜与梯度袜是近几年才流行的长时间跑步或骑车的运动配备，在各种路跑或骑车的运动场合都会看到参赛者使用。事实上，压力袜是预防静脉曲张恶化的重要工具，而且已经应用了很长时间。有治疗效果压力袜的压力应以脚踝为基础逐步向上递减压力，以将血液由脚踝有效地压迫至大腿（郑国良，2014）。小腿套则与压力袜不同，小腿套的功能比较类似肌内效贴的功能，但是很多业者都宣称小腿套具有与压力袜类似的效果。

压力袜的压力等级单位为 mmHg。根据压力大小，可将压力袜分为 4 级。第一级（10 ~ 20 mmHg）压力袜一般用于预防及治疗轻微静脉曲张；第二级（20 ~ 40 mmHg）压力袜则是有静脉曲张症状或激光手术后患者的选择；第三、四级（30 ~ 60 mmHg）压力袜则用于较严重的溃疡或静脉栓塞。虽然压力袜的评级标准很明确，但是真正符合标准的压力袜还需要经过认证机构的认证；大部分的业者以旦（旦尼尔，符号为 D，是计算人造长纤维丝粗细的单位）来简易区分压力袜的等级。旦越高则重量越重、紧实度越强；旦越低则透明度越高（郑国良，2014）。为了能够厘清使用压力袜或小腿套的功能、作用，购买时记得要确认压力等级及旦数，并且确认是否具有向上递减压力的设计。

不管是使用压力袜还是小腿套，运动者都希望能够提升运动表现及降低疲劳。研究发现，让受试者分别穿着梯度压力袜（graduated compression stockings，GCS 组，踝关节压力 18 ~ 22 mmHg，膝关节处压力 70%）或穿普通袜子（到踝关节高度，控制组），进行 2 次多阶段来回跑测验（间隔 1 小时），以及进行连续 10 km 路跑，穿梯度压力袜不会提升 10 km 跑步的成绩，但是会减轻运动后 24 小时的迟发性肌肉酸痛（图 6.5）。

Davies 等（2009）的研究为 11 名经常训练的受试者（7 女、4 男），分别进行 2 轮（间隔 1 星期）5 组 20 次最大下落跳后，穿下肢压力服饰或被动式恢复 48 小时。研究发现，运动后穿 48 小时的下肢压力服饰可以显著降低肌酸及肌肉酸痛指数，但是在短距离冲刺、敏捷性测验及垂直跳等运动表现上则无助益。

Kemmler 等（2009）以 21 名经常训练的中年受试者（39.3 岁 ± 10.9 岁）为对象进行了研究。受试者穿或不穿及膝压力袜进行跑步机最大努力跑步测验。研究发现，穿压力袜可以显著提升跑步的无氧阈。Ali 等（2010）的研究以 10 名竞技跑者为对象，采用双盲实验方式。受试者穿不同级别（0 mmHg、12 ~ 15 mmHg、23 ~ 32 mmHg）压力袜，进行 40 分钟、80% ± 5% 最大摄氧量强度的跑步测验。研究发现，穿不同等级压力袜进行非最大努力运动的运动生理反应并没有不同。有关 2010 年之前的相关研究显示，压力袜对运动表现的增进效果有限，虽然仍然还没有一致的结论，但是压力袜似乎可以促使运动后的疲劳恢复。

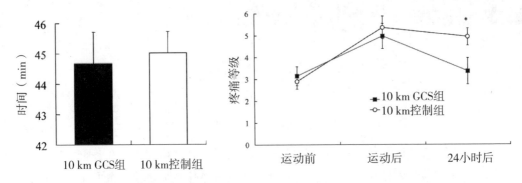

图 6.5　梯度压力袜对运动表现与肌肉酸痛的影响（Ali 等，2007）

Ali、Creasy 与 Edge（2011）的研究以 12 名竞技跑者为对象。受试者穿不同级别梯度压力袜，进行 0 mmHg（Con 组）、12~15 mmHg（Low 组）、18~21 mmHg（Med 组）、23~32 mmHg（Hi 组）随机次序平衡设计（图 6.6A），进行 4 次 10 km 的跑步测验。研究发现，10 km 跑步成绩并没有显著差异（图 6.6C）；但是对于 10 km 跑步前后的垂直跳高度差，Low 组、Med 组的表现优于控制组。有学者以 14 名经常训练的中年跑者为对象进行了研究。受试者穿或不穿小腿套，进行随机跑步测验。测验流程为休息 15 分钟、60% 最大摄氧量速度跑步 30 分钟、休息恢复 15 分钟、100% 最大摄氧量速度跑步到力竭。研究发现，穿小腿套不会改变

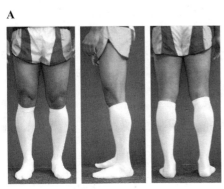

分组	踝关节压力（mmHg）	膝关节压力（mmHg）
Con组	0	0
Low组	15	12
Med组	21	18
Hi组	32	23

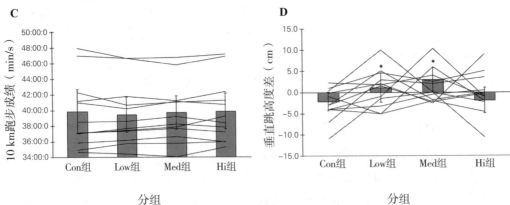

图 6.6　渐增压力袜对 10 km 跑步运动表现与跑步前后垂直跳高度差的影响（Ali 等，2011）

最大摄氧量速度的跑步力竭时间，但是会显著增加运动前与运动后恢复期的组织氧分压。使用小腿套跑步时，似乎也跟使用压力袜一样都不会提升跑步表现。

Vercruyssen 等（2014）以 11 名经常训练的跑步选手为对象进行了研究。受试者分为穿压力袜组（CS 组）和不穿压力袜组（non-CS 组）。2 组进行 15.6 km（3 圈、每圈 5.2 km、中间休息 40 秒抽血）的间歇跑走测验，除了跑步的运动表现之外，还测量受试者股外侧肌氧合指数（近红外线光谱分析 NIRS）。研究发现，跑步表现（图 6.7A）、运动期间最大心率并不会受有无穿压力袜的影响。无论是否穿压力袜，肌肉摄氧量（muscular oxygen uptake，mVO_2）与肌肉血流（muscular blood flow，mBF）皆显著增加，穿压力袜与不穿压力袜之间没有显著差异（图 6.7B）。研究发现，竞技跑步运动员在长时间越野跑步时穿压力袜并不会获得任何实际或生理上的益处。Coso 等（2014）以 36 名铁人三项运动员为对象进行了研究。受试者进行半铁人三项（29 ℃、73% 相对湿度）比赛测验，其中实验组 19 名受试者穿渐进式压力小腿套，控制组 17 名受试者穿一般袜子。研究显示，实验组与控制组各因变量皆无显著差异。穿压力小腿套对于参与铁人三项赛事并没有帮助，也不会降低肌肉损伤风险。由于研究所使用的压力袜与小腿套的品牌、压力等级、旦数等皆没有明确的定义，要验证压力袜是否会提升运动表现或降低运动产生的疲劳，其实仍然有很多限制。但是，似乎大部分近期的研究皆发现，压力袜与小腿套没有提升运动表现的效果。

对于一般人来说，选择购买压力袜、小腿套时，有必要确认购买产品的压力等级、压力分布、旦数等，如果压力袜或小腿套没有这些相关资料，似乎不穿反而更好。使用压力袜的研究报告较多，使用小腿套的研究报告则相对少了很多。大部分近期研究发现，穿压力袜、小腿套并不会改善运动表现，对于肌肉疲劳的恢复效果则没有一致的研究结果。压力手套、前臂套是否对手部运动表现有帮助，仍有待进一步的研究来厘清。

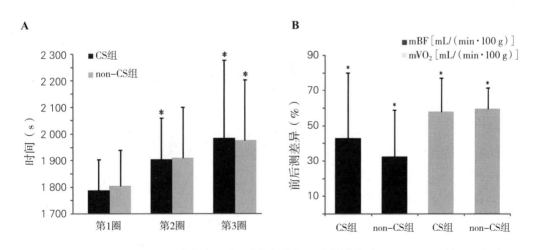

图 6.7　压力袜对跑步运动表现及对肌肉摄氧量与血流的影响（Vercruyssen 等，2014）

拖鞋或凉鞋在日常生活中使用广泛。拖鞋有很多样式，比较常见的是人字拖（Y拖）（flip-flops）和凉拖（sandals）。最近，很多跑者穿人字拖跑步，甚至有专门的人字拖马拉松比赛，应该是人字拖业者销售鞋子的商业操作。便宜、通风、避免黑脚趾等，都是让跑者穿着人字拖参与跑步训练与比赛的原因。但是，不认同穿人字拖跑步的原因，包括足背的保护不足，脚趾夹住人字拖的用力方式容易形成小腿前方肌肉疲劳，步幅缩短，鞋底容易磨损，地面反作用力偏高等。支持与反对的意见都有，实际上，有没有关于穿拖鞋跑步的相关研究呢？

林信良等（2009）对市售常见的拖鞋进行了研究。图6.8中1号拖鞋是最便宜的拖鞋［乙烯醋酸乙烯酯（EVA），18 mm］，2号拖鞋为蓝白拖鞋（EVA，17 mm），3号拖鞋也是较常见的拖鞋（EVA，28 mm）。4号拖鞋为人字拖（EVA，30 mm）。5号鞋为耐克全气垫慢跑鞋（Air Force 1 PRM 07，Jones）。以上鞋款均购自大卖场，尺寸为43码，鞋子皆为全新鞋，并将全鞋视为一体，故不将大底与中底分开。通过可携式避震反弹测试仪和测力板（Kistler 9287型），采用8.5 kg的撞击器（柱状体直径4.5 cm，撞击头为半径3.75 cm的半球体），由3 cm、4 cm、5 cm高度落下撞

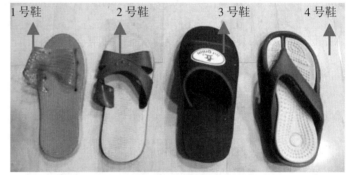

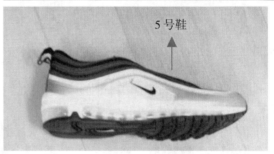

图6.8　市售的常见拖鞋和气垫慢跑鞋（林信良等，2009）

击鞋，撞击位置为由足跟向前量约为长度的25%（足跟宽度的中心）处。研究收集撞击过程的最大撞击值，用以比较鞋的避震性。研究结果发现，最大撞击力峰值和最大负荷率等避震能力参数表现上，并非以5号鞋（气垫慢跑鞋）表现最佳；最大撞击力峰值减少率（相对于5号鞋），4号鞋可减少17%～21%，3号鞋可减少10%～13%，1号鞋可减少3%～7%，2号鞋则增加了6%～7%。1号鞋在撞击后足跟处会出现下陷，需要较长时间才能恢复到原来的

厚度，无法搭配人体的步频使用，因此该鞋只适合短时间穿着。研究建议消费者选购 3 号和 4 号拖鞋，可提供良好的避震保护。

林家辉、邱文信（2010）针对人字拖对人体健康影响的文献指出，人字拖在上层只有一条耳带（图 6.9），无法保护足背，而且耳带施力点过小，不利于 5 个脚趾合作；中底层未加入气体及乳胶，避震较差，会造成足弓贴近鞋底，不利于吸收地面反作用力；底层部分则纹路不深，止滑功能较差。且穿人字拖时，人们走路的步幅变短；同时因担心拖鞋飞脱出去，走路时会下意识地弯曲脚趾以夹住鞋底；人字拖前后的厚度一样，导致足弓贴近鞋底增加了地面反作用力，对足弓及足跟无法形成支撑及吸收震动。这篇研究甚至在结论中建议，不应该穿拖鞋进行任何运动。

张盈琪、刘于诠（2012）的研究以 4 名大学生为对象，比较了这 4 名大学生穿着一般蓝白人字拖与穿着材质较软、鞋底前后削尖设计的特殊人字拖（图 6.10）走路时，下肢关节角度与地面反作用力的差异。研究发现，在走路时穿特殊人字拖鞋可以降低踝关节运动，并且显著降低最大负荷率。研究显示，这种使用较软鞋底的人字拖确实能够增强走路时的避震效果。可惜研究并没有针对跑步运动时的避震状况进行分析；而且特殊人字拖的带子也有明显的后拉、加大、加厚的状况。

Zhang 等（2013）的研究对象为 10 名健康男性。受试者分别穿 3 种类型的鞋子和赤足，以 1.3 m/s 的速度走路，比较地面反作用力、压力中心，以及下肢关节运动和动力学变量的差异。3 种鞋子为跑鞋（图 6.11A）、人字拖（图 6.11C）、凉拖（图 6.11B）。研究发现，穿跑鞋走路时，出现最小的第一峰值垂直地面反作用力、最大向前推进地面反作用力及在站立期较早的最大足背收缩时机。赤足行走时，产生较

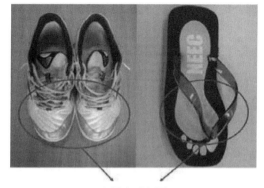

上层有无包覆

图 6.9 人字拖和运动鞋

图 6.10 一般人字拖和特殊人字拖

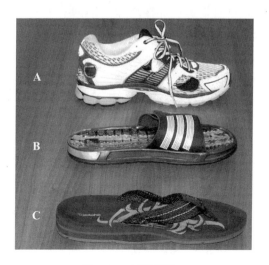

图 6.11 三种鞋类

大的内侧压力中心移位、较平坦的足部接触角，踝关节足底收缩接触角增加，以及产生较小的膝关节屈曲接触角和运动范围。作者得出结论时指出，时尚是推动人字拖和凉拖需求的原因，但是足部保护的需求会限制开放脚趾鞋类的选择。由于研究采用走路进行分析与比较，跑步时是否也有类似的情况，仍然需要进一步研究来厘清。

Price 等（2014）的研究有 40 名（20 名男性、20 名女性）受试者。研究分析了穿传统人字拖（图 6.12A）与 FitFlop［人字拖具有更宽、更靠近脚踝、更厚的带子及多重密度的中底，符合人体工程学。女性 FitFlop（Walkstar I，图 6.12B）、男性 FitFlop（Dass，图 6.12C）］走路的生物力学差异。研究发现，与赤足走路相比，穿传统人字拖会造成矢状面踝关节角度、向前平面运动的改变；穿 FitFlop 走路，则可以通过降低脚跟撞击时的最大负荷率、踝关节的运动学变化，降低传统人字拖的相关风险。

A	B	C
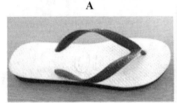		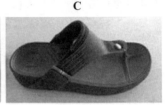

图 6.12　3 种人字拖

Morris 等（2017）研究了穿着人字拖鞋、轻便鞋（slipon style shoes，Croc®）、极简运动鞋（minimalist athletic shoes，VibramFivefingers®）时（图 6.13），自选速度走路的能量消耗和摄氧量差异。18 名健康成年男性，以自己选定的速度在跑步机上走路 1609 m，并且在走路结束后记录运动后过量氧耗（EPOC）。研究显示，自选速度、平均摄氧量、总能量消耗或者 EPOC 等变量都没有显著的不同。但是与穿极简运动鞋相比，在穿轻便鞋运动期间有更高的呼吸交换率（RER，$P = 0.031$）。选择不同的替代鞋，似乎不会导致步行速度或整体能量消耗的显著改变。然而，RER 的显著差异显示，穿轻便鞋时运动强度略有升高，可能与鞋底较软，影响整体机械效率有关。可惜研究没有与一般跑鞋比较，也没有进行跑步的差异比较。通过自选走路速度的实验设计方式，很难确认 RER 差异的原因。

穿拖鞋跑步好吗？首先，要先确认所穿拖鞋样式、结构、鞋底厚度与硬度等，否则很难简单地

轻便鞋

人字拖鞋

极简运动鞋

图 6.13　人字拖、轻便鞋和极简运动鞋

回答好或不好。如果可以加大、加长、加厚拖鞋带子，加强鞋底的硬度设计（较软的鞋底是不是比较好呢？研究结果并不明确），适当的训练穿着技巧（放松夹带子脚趾），穿拖鞋跑步可能是一个省钱、不会降低跑步效率的选择。可惜的是，大部分针对穿拖鞋运动的研究以分析走路为主，未来需要进行更多、更广泛的穿拖鞋跑步研究，进而建立穿拖鞋跑步的实证资料。

垂直跳测验是最常见且最简单的无氧运动能力测验，以跳跃高度经过简单的数学计算来代表受试者短时间的无氧运动能力（1秒以内的静止到最大表现的做功能力）。除了用于评估无氧运动能力，垂直跳测验也经常用于评估神经肌肉的疲劳状况。

在Taylor等（2012）的研究中，91%的被研究的教练或运动训练参与者会在训练过程中由训练监控系统监控训练状况。大部分的受试者（70%）认为有关训练负荷量化与疲劳和恢复监测一样重要，通过自我问卷调查（图6.14A）与运动能力测验（图6.14B）进行监控的比例可以看出，自我问卷调查以每天1次（33%）、每周几次（24%）监控较多，运动能力测验以每周1次（33%）、每月1次（30%）、每周几次（25%）监控较多。有关运动能力测验的部分，有54%的受试者采用跳跃表现进行评估。由此可见，垂直跳测验在监控疲劳和恢复状况中的重要性。

Twist和Highton（2013）的研究指出，评估橄榄球选手疲劳与恢复状况的指标，包括问卷（肌肉酸痛、心情、睡眠品质）、血液标记物［肌酸激酶、睾酮／皮质醇比值、谷氨酸／谷氨酰胺比值］、神经肌肉功能（垂直跳、爆发力）与运动测验（跑步速度、运动自觉疲劳程度量表、心率）。通过问卷指标评估的可靠性不确定，通过血液标记物评估的可靠性变异大，通过神经肌肉功能与运动测验评估的可靠性好。垂直跳测验是相关评估中最简单、最方便、最有效的方式。Twist和Highton（2013）指出，实际采用垂直跳测验作为疲劳与恢复状况指标时，最好能够每周或2~3天检测1次，检测的优点是可以很容易加入训练计划中，缺点是很难直接确认造成疲劳的原因。

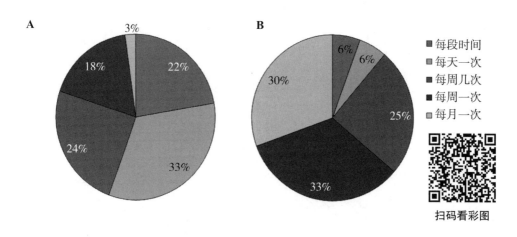

扫码看彩图

图6.14　自我问卷调查（A）与运动能力测验（B）进行训练负荷量化与疲劳和恢复监测的比例
（Taylor等，2012）

Coutts 等（2007）的研究发现，橄榄球选手经过 6 周渐增超负荷训练，然后经过 7 天逐步减少训练量后，橄榄球选手肌力、爆发力、耐力等能力在训练过度的条件下显著下降，在 7 天减量训练后显著恢复，而且肌酸激酶、睾酮／皮质醇比值、谷氨酸／谷氨酰胺比值等变量也有相同的变化。Byrne 等（2004）的文章也提到，运动后的迟发性肌肉酸痛会造成持续 4 天的垂直跳表现下降。由此可见，神经肌肉功能与运动测验，确实具备评估疲劳与恢复状况的作用。

Oliver 等（2008）的研究发现，年轻足球选手在 42 分钟的训练后，与训练前相比，蹲跳（SJ）、下蹲跳（CMJ）、着地反弹跳（DJ）分别显著减少了 1.4 cm、3.0 cm、2.3 cm（图 6.15），但是只有着地反弹跳的肌电图信号有显著的改变（可能是受试者之间的变异较大，造成测验结果的标准差偏高）。由此可见，不同的垂直跳测验都可用来评估足球运动后的疲劳状况，但是只有肌肉负荷较大的着地反弹跳的肌电图信号有显著的改变。

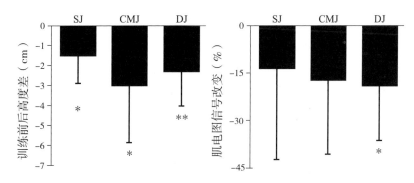

图 6.15　年轻足球选手在 42 分钟的训练前后蹲跳、下蹲跳、着地反弹跳的变化（Oliver 等，2008）

Andersson 等（2008）分析了女子足球选手在高强度足球比赛后垂直跳高度等的变化。作者把受试者分为动态恢复组和被动恢复组。动态恢复组每天进行 1 次 20 分钟有氧耐力脚踏车运动［60% 峰值心率（HRpeak）］、30 分钟上肢与下肢的低强度抗阻训练（50% 1RM），以及 10 分钟有氧耐力脚踏车运动［60% 峰值心率］，共进行 60 分钟的恢复期运动训练 2 次（2 天）；被动恢复组不进行动态恢复的训练。第一次比赛后 3 天，所有受试者再进行 1 次高强度的足球比赛，在不同的阶段记录 2 组受试者的垂直跳、短距离冲刺、膝关节等速肌力测量，以及肌酸激酶等疲劳生化指标等变量的变化状况。研究显示，足球比赛后 2 天内进行动态恢复，并不会加速神经肌肉疲劳的恢复（垂直跳下降没有显著差异，图 6.16）；研究同时分析的疲劳生化指标，也不会受动态恢复的影响。

垂直跳测验是很容易进行的测验，对于运动员与一般社会大众来说，通过定期的垂直跳测验监控，可以获得身体疲劳与恢复状态的指标，确实是很有实际应用价值的方式。跑者的疲劳状况，也可以通过垂直跳进行长期的监控。

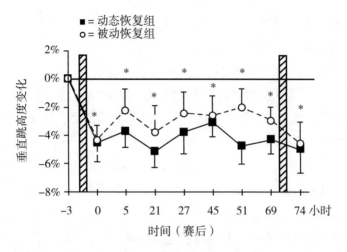

图 6.16　有无动态恢复训练对足球比赛后垂直跳高度变化的影响 （Anderson 等，2008）

第五节　运动前喝咖啡好吗？

运动前喝咖啡好吗？郑景峰教授指出："在1984年时，咖啡曾被国际奥林匹克委员会列为禁药，违规剂量为800 mg（在2~3小时内喝5~6杯的浓咖啡）。不过，在2004年1月1日已将咖啡移出禁药名单。"也就是说，有一段时间咖啡在运动场上是禁药，运动员不能大量摄取，相对的也代表摄取太多咖啡可能危害身体或造成比赛的不公平。

郑景峰教授也指出，Williams（2005）在 *Nutrition for health, fitness & sport* 一书中提到，摄取咖啡因的效果包括：①刺激中枢神经系统、增强警觉性、改善简单动作的反射时间（剂量200 mg），剂量高于400 mg时，则会增加焦虑与神经质而影响运动表现。②刺激肌浆网释放Ca^{2+}，增强肌肉收缩力，有助于高强度运动表现，可能与心理作用有关。③刺激心脏功能、血液循环及肾上腺素的释放。④刺激脂肪细胞释放游离脂肪酸，而提升休息时血液中的FFA浓度。⑤刺激肌肉与肝脏中的肝糖原分解。⑥增加肌肉中甘油三酯的使用（最近的研究发现，在长时间运动时，咖啡因并无法促进游离脂肪酸的使用及节省肝糖原的使用）。⑦促进耐力性运动表现（运动前1小时摄取），与刺激肾上腺素分泌、警觉性及情绪有关。使用咖啡因作增补剂之前，需先戒断2~4天。咖啡因是一种利尿剂，但目前的研究显示，只要均衡饮食，咖啡因并不会改变排汗量、血浆量与体温。摄取咖啡因的影响具有个体差异，在实际应用于比赛之前，最好自己先行试验（自行比较或由别人随机给药，记录自己的反应）。

郑景峰教授指出了咖啡因的副作用。例如，有些人饮用咖啡后会出现心律不齐、血压升高的情况。目前认为咖啡因与冠状动脉疾病的发生无明显关联。每天饮用3杯（每杯177~266 mL）左右咖啡，对大部分人不会有影响。根据欧盟食品科学专家委员会的评估，每日摄取量在300 mg以下不会对健康造成影响。至于有心血管疾病、心律不齐、肠胃病、长期失眠的患者与孕妇及孩童，最好避免或减少饮用含咖啡因的饮品。有骨质疏松时，如仍想享用咖啡的美味，请记得多补充钙，以免钙流失情况加重。咖啡因使钙流失的量很少（每杯咖啡约流失5 mg钙），只要补充2汤匙牛奶即可解决，建议喝咖啡时，仍要喝牛奶或摄取富含钙的食物。对于孕妇，美国妇产科医师学会目前建议每天摄取咖啡因不要超过200 mg。

吴庆瑞（1994）探讨了在运动前1小时饮用咖啡（咖啡因3 mg/kg体重）与白开水后，以50%最大摄氧量强度踩踏90分钟脚踏车运动对血脂及脂蛋白的急性影响。研究发现，饮用咖啡运动后甘油三酯显著高于饮用白开水运动后，但对总胆固醇和脂蛋白均没有影响。其实，几乎所有的研究都指出，摄取咖啡因可以显著增加血中游离脂肪酸的浓度。咖啡因会抑制磷酸果糖激酶及丙酮酸脱氢酶，增加脂肪氧化的速度，使血中游离脂肪酸浓度增加。咖啡因也会刺激脂肪细胞内的环磷酸腺苷浓度升高，增加脂解作用，进而促成血中游离脂肪酸与甘油三酯在摄取咖啡后显著地提高（吴庆瑞，1994）。

Stuart 等（2005）对比了摄取咖啡因（6 mg/kg 体重）和摄取安慰剂组的橄榄球选手，90分钟（上、下半场各40分钟，中场休息10分钟）橄榄球测验的结果。研究发现，传球准确度、30 m 冲刺、峰值功率测验等，会因摄取咖啡因显著提升，下半场再测验时（疲劳的效果），这些测验的结果也会显著优于摄取安慰剂组。受试者在测验过程中，血中咖啡因浓度与肾上腺素浓度都有显著上升的现象（图6.17）；摄取咖啡因不仅对长时间的耐力性运动有所助益，还对短时间瞬发性的运动能力有增进效果。

Bell 与 Mclellan（2003）对比了上午与下午（间隔6小时）摄取咖啡因（5 mg/kg 体重）或安慰剂对运动的影响。受试者分为 A、B、C、D 4组；A 组上、下午都摄取咖啡因，B 组上、下午都摄取安慰剂，C 组上午摄取咖啡因、下午摄取安慰剂，D 组上午摄取安慰剂、下午摄取咖啡因。A 组和 C 组下午进行 80% 最大摄氧量强度的运动时，持续运动时间仍然有显著的增进。也就是说早上摄取的咖啡因，可以有效地改善下午（间隔6小时）的耐力运动表现。有研究采用的是双盲与安慰剂控制的实验设计，研究发现摄取咖啡因（6 mg/kg 体重）后，可以显著提升长期间歇冲刺能力。有不少研究显示，摄取咖啡因可以改善运动表现。Kalmar（2005）的文章中也证实咖啡因对于肌肉的活动具有显著的影响，因此建议进行人体运动表现的实验时，有必要限制咖啡因的摄取。

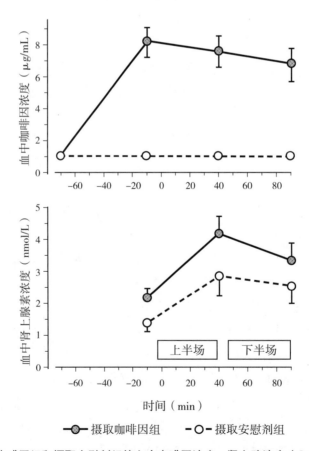

图 6.17　摄取咖啡因组和摄取安慰剂组的血中咖啡因浓度、肾上腺浓度（Stuart 等，2005）

有些研究的发现与之相反。例如，有的研究发现划船选手摄取咖啡因（6 mg/kg 体重、9 mg/kg 体重）后，相较于摄取安慰剂组，会有较高的血中游离脂肪酸浓度，但是在 2000 m 划船表现上则没有显著不同。有学者探究发现 7～9 岁的儿童摄取咖啡因（5 mg/kg 体重）后，并不会改变 25 W 与 50 W 脚踏车运动时的摄氧量与呼吸交换率（与摄取安慰剂组比较），但是会显著影响心率与血压。尽管有大部分的研究证实，摄取咖啡因对于运动表现具有显著的改善效果，但是仍然有研究显示，咖啡因的生理影响不足以改善运动表现。

有喝咖啡习惯的人，摄取咖啡因对其的影响是否不同呢？Fisher 等（1986）的研究发现，有喝咖啡习惯者摄取咖啡因（5 mg/kg 体重）的生理影响会显著降低，停止摄取咖啡因 4 天后，再度摄取咖啡因的生理影响会再度呈现。Hetzler 等（1994）研究习惯喝咖啡（每天平均摄取 674 mg ± 128 mg 咖啡因）的男性跑者，停止喝咖啡 2 天前后，在乳酸阈速度下跑步时的摄氧量、呼吸交换率、血中游离脂肪酸浓度等都没有显著不同，血中甘油浓度则有显著减少。Dodd 等（1991）针对 9 名每天喝咖啡 300 mg 以上与 8 名每天喝咖啡 25 mg 以下的经常运动男性，进行了摄取安慰剂、咖啡因（3 mg/kg 体重与 5 mg/kg 体重）后，进行渐增强度的最大努力运动测验。研究发现，无氧阈与最大摄氧量都不会因为摄取咖啡因而有显著的差异，但是血中游离脂肪酸浓度则出现有喝咖啡习惯组显著较高的现象。对于有喝咖啡习惯的人来说，运动前喝咖啡，似乎并不会提升运动表现。

第六节 运动前摄取低血糖指数食物会提升运动表现吗？

血糖指数（glycemic index，GI）是指在摄食含一定量（通常为 50 g）碳水化合物的食物后，血糖升高的曲线下面积（area under the curve，AUC）与相同状况下摄食标准食品（通常为葡萄糖或白面包）后所造成曲线下面积的比值。此数值以 1～100 排列，把食物分为低 GI（≤ 55）、中 GI（56～69）及高 GI（≥ 70）三类（林筱涵，刘珍芳，2010）。

一般来说，食物的 GI 只是一个"质"的度量，若要考虑"量"的度量，就要使用血糖负荷（glycemic load，GL）了。GL 的概念可以同时兼顾食物的质与糖类的含量，还可应用于摄取整个食物所造成的升糖效应。将所摄取食物中碳水化合物的含量乘以该食物的 GI 值所得出的数值即为 GL 值。依据 GL 值可把食物分成低 GL（≤ 10）、中 GL（11～19）及高 GL（≥ 20）食物。也有学者提出血糖葡萄糖当量（glycemic glucose equivalent，GGE）的理论，其表示相对于葡萄糖而言所造成的升糖效应，也就是在给予某一份量食物时，相对于多少克葡萄糖会产生的血糖变化。GGE = 食物的 GI 值 ×（葡萄糖重量 / 食物重量）× 100%（林筱涵，刘珍芳，2010）。

低 GI 饮食已被证实是健康的饮食型态。蔡秀梅（2010）、陈燕华（2015）指出低 GI 饮食具有以下好处：①较有饱腹感且不容易饿，可避免过量饮食。②可降低血中胰岛素值，减少热量产生及脂肪形成。③对减少体脂有帮助，且可维持瘦体重。④可降低甘油三酯、总胆固醇及低密度脂蛋白（LDL）。⑤可提升高密度脂蛋白（HDL）。⑥可协助调控血糖值，降低心血管疾病、糖尿病及其并发症的危险性。Brand-Miller 等（2003）整合 14 篇研究论文发现，低 GI 食物对于糖尿病患者的血糖控制具有临床作用，效果类似药物的作用。由此可见，低 GI 饮食确实是很有价值的健康饮食方式。

王香生等（2003）研究发现，运动前 2 小时进食低 GI 食物，比提供同等热量的高 GI 食物能更有效地提高长跑运动的能力。运动前 3 小时摄取低 GI 食物，跑步力竭时间（强度为 70% 最大摄氧量、108.8 分钟 ±4.1 分钟）会显著长于摄取高 GI 食物（101.4 分钟 ±5.2 分钟）；研究同时也发现，低 GI 饮食对于摄食后血糖也会有显著的影响（图 6.18），同时会产生摄食后安静时的胰岛素分泌下降、运动时血浆中甘油三酯与甘油浓度增加的现象。林依婷、刘珍芳（2007）整理文献发现，运动前摄取低 GI 食物能延长力竭时间，提升运动表现；运动过程选择中至高 GI 食物，可维持运动员耐力及延缓疲劳发生；运动后摄取高 GI 的食物，能迅速补充运动时消耗的肝糖原，快速恢复运动员的体力。过去确实有不少运动前摄取低 GI 的食物提升耐力运动表现的研究结果。

Donaldson 等（2010）的文章中提到，运动前（不管是运动前 1 小时或更少的时间，还是运动前 1 ~ 3 小时）摄取低 GI 的食物，对于耐力运动表现的提升效果并没有一致的研究结果，有些研究发现可以提升耐力运动表现，有些研究则发现不会提升耐力运动表现。Burdon 等（2016）整合 19 篇相关的研究，发现运动前摄取低 GI 的碳水化合物饮食，对于耐力表现并没有明显的益处；作者探究对耐力表现的影响不一致的原因包括运动前的摄取时间、GL、食物的组成、受试者的体能状况等。由此可

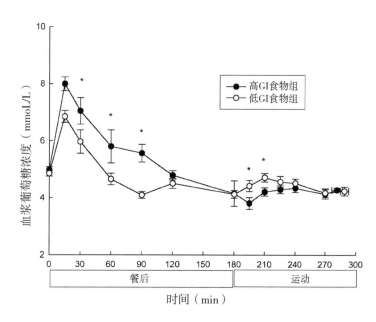

图 6.18　摄取高、低 GI 食物对血糖的影响（Wu 等，2006）

见，运动前摄取低 GI 食物是否会提升耐力运动表现，仍然有很多需要厘清的影响变量。

　　摄取低 GI 食物是否会影响间歇性运动表现呢？ Hulton 等（2012）研究了在运动前 3.5 小时摄取低 GI 食物后受试者的 1 km 跑步表现。研究发现，摄取低 GI 食物的跑步成绩为 210.2 秒 ± 19.1 秒，摄取高 GI 食物的跑步成绩为 215.8 秒 ± 22.6 秒，摄取低 GI 食物的跑步表现仅提升了 2.78%（图 6.19）。

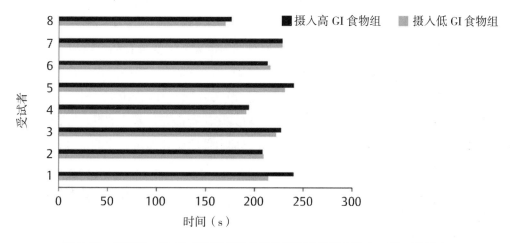

图 6.19　摄取高、低 GI 食物对间歇性运动表现的影响（Hulton 等，2012）

　　Bennett 等（2012）的研究发现，摄取低 GI 食物（以小扁豆为主）的间歇冲刺表现（5 次 1 分钟的冲刺、间隔 2.5 分钟的走路休息）与摄取高 GI 的食物（以土豆为主）并没有不同，但是低 GI 饮食会延长高强度间歇冲刺期间的代谢分布（增加运动中血糖浓度、降低乳酸浓度、降低血中胰岛素浓度、减少碳水化合物氧化）。Little 等（2010）则在运动前 2 小时，让

受试者分别摄取低 GI 与高 GI 食物。2 组 5 次冲刺的总距离皆会显著高于控制组（禁食）（图 6.20A），但是摄取低 GI 与高 GI 食物的 2 组，冲刺的总距离并没有显著差异；血糖浓度在高强度间歇运动期间，3 组也没有显著差异（图 6.20B）。整合 3 篇相关的研究结果发现，运动前 2～3.5 小时摄取低 GI 食物，相对于摄取高 GI 食物，虽然具有代谢上的效益，但是并不会提升间歇性高强度运动的表现。

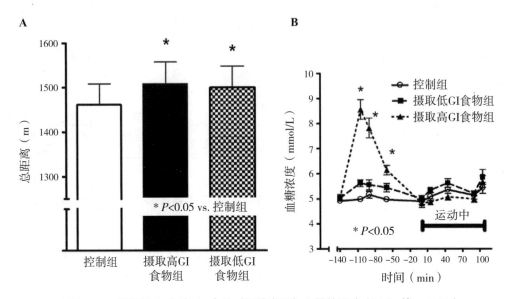

图 6.20　摄取低 GI 与高 GI 食物对运动表现与血糖的影响（Little 等，2010）

小扁豆是低 GI 食物（以葡萄糖为标准的 GI=26，以白面包为标准的 GI=36；Burke 等，1998），每份 150 g 小扁豆的 GL 为 5。美国健康专业月刊《健康》将韩国的泡菜、日本的纳豆、西班牙的橄榄油、希腊的优酪乳和印度的小扁豆评为世界五大健康食品。因为小扁豆是低 GI 食物，西方医学家认为，小扁豆适合糖尿病、高血压、心血管疾病患者食用，因此产量在过去半个世纪增加了 5 倍！鉴于低 GI 食物在健康饮食与降低心脏病风险上的作用，Genki Bar® 公司研发出以小扁豆为主的运动能量棒，供运动员在比赛前与比赛中食用。依据 Genki Bar® 公司的陈述，小扁豆是低 GI 碳水化合物食物，再加上低脂肪、高蛋白质的组合，可提供身体的最佳吸收与利用。

小扁豆（Lens culinaris，又称兵豆）的颜色有黄色、红橙色、绿色、棕色和黑色等。小扁豆的蛋白质含量在蔬菜中排名第三，含有 22%～35% 的蛋白质，其也富含膳食纤维及叶酸，现已成为世界上很多国家的主要食品之一。在欧洲和北美洲，小扁豆在去壳之后被用来做汤，经常和鸡肉、猪肉、大米一起烹制（黄贞祥，2016）。

100 g 干燥的小扁豆含有膳食纤维 30 g、碳水化合物 60 g、蛋白质 26 g、脂肪 1 g，以及各种维生素，并且富含矿物质，总热量为 353 kcal（梁海林，2015）。浸泡煮熟后的小扁豆，平均每 100 g 约含膳食纤维 6 g（骆慧雯，2016），是同重量白米饭膳食纤维（0.6 g）的 10 倍，比煮熟的薏仁膳食纤维（2.5 g）、糙米饭膳食纤维（2.4 g）要高出许多。每天用小扁豆代替

1/3 或 1/4 的白米饭，轻轻松松就可以摄取更多的膳食纤维，让瘦身减重变得更简单。

　　低 GI 饮食确实是健康的饮食方式，特别是对于心血管疾病、糖尿病、代谢综合征患者，以及减重人群等。低 GI 饮食对耐力运动表现、间歇性高强度运动表现的影响，仍然需要进一步的厘清。运动前摄取时间、血糖负荷、食物组成、受试者体能状况等，都可能是低 GI 饮食影响运动表现的重要变量。小扁豆是低 GI、低脂质、高膳食纤维、高蛋白质的食物，可能很适合在运动前 1~3 小时摄取。

每年运动会的长距离比赛中，总会出现几位中途退出比赛的选手，其中不乏经常训练且表现优异的跑者。造成这些优秀跑步选手在长时间运动状况下出现身体不适的主要原因，除了能量供应物质不足形成的"撞墙"现象，身体水分的流失与补充问题也是重要因素。

在湿热的环境下，运动时出现出汗过多（热衰竭）或出汗功能减退（中暑）现象，造成身体活动能力下降的情形很普遍。就算是经常训练的运动员，如果水分供应不足或供应的方式不良，仍然会在运动时出现身体不适。国际田径规则中，有路跑、马拉松等长距离比赛设置饮水／饮料站的规定，其目的就是避免长时间的运动竞赛对运动选手造成伤害。

其实，不只是运动者才需要补充水分，人体每天至少需要 2 000 mL 的水分补充。喝水不但可以补充运动后流失的汗水，还可以延缓身体的老化、让肌肤变得更有光泽与弹性、维持膀胱肌肉功能、促进胃肠蠕动、维持正常体温、帮助睡眠、减少焦虑，以及预防痛风性关节炎与肾结石等。

一般人很容易从身体出汗的状况来决定水分补充的多寡。有关运动与水分补充的广告（运动饮料、含钙饮料、升氧饮料等），会影响一般人的水分补充观念。无论如何，切实了解运动过程中出汗的原因，并且进一步明了补充水分的正确时机与方法，对于一般人与经常参与运动者来说皆相当重要。

运动时出汗的主要意义在于维持身体的正常体温。人体运动时，通过有氧或无氧性能量代谢过程，产生肌肉活动时需要的能量。但是，只有低于 25% 的代谢能量，被实际用于肌肉的机械效益。人体代谢产生的能量，大部分被转换为热能，使肌肉与身体的温度升高。通过脑部温度调节中枢的影响，运动时，人体会出现皮肤血管舒张的现象，以增加皮肤的散热（传导、对流、辐射）能力，同时，身体会动员更多的汗腺，以出汗蒸发散热的方式，达到排除多余体热的目的。人体安静休息时，主要以辐射的方式散热。运动时，则主要以出汗蒸发的方式散热（约占 80%）。也就是说，出汗是运动时排除多余体热的主要生理反应。对于经常运动者而言，出汗机能的提升，代表身体体温调节功能的增强，也是运动能力进步的评估变量之一。

环境的温度与湿度、空气流通状况、运动强度、服装、运动者的个体差异，以及是否擦拭汗水等，都会改变运动时的出汗状况。汗水在蒸发前，若擦拭或滴落地上，则不会有蒸发散热的效果，对身体并没有冷却的作用。减肥者若穿着不透风的服装，在热环境下运动，出汗量会显著增加，甚至可以在 1～2 小时内超过 2 000 mL 以上。运动后马上冲澡或擦干身体的做法，对于身体冷却的效果很有限；再出汗，以便蒸发身体多余的热，是必然会出现的人体生理反应。相反的，如果运动后没有擦干汗水，或者长期穿着被汗水打湿的衣服，可能因为汗水的过度蒸发，造成身体体温的流失，特别是在风速较强的环境下，更容易出现体温流失的现象。因此，在运动后的"适当时间"，擦干汗水、换下湿透的衣服，对体温的维持非常重要。只是这个"适当时间"到底是多久，仍需视运动者的运动状况与环境因素来决定。

什么时候该补充水分呢？其实，运动前 30 分钟，就应该先补充 300～500 mL 水分；运动过程中，每 20 分钟应该补充 150～300 mL 水分；运动后，再充分地补充水分或饮料。整体而言，运动时补充水分的时机，主要以预防水分补充不足，避免运动时身体热量过高为主要的考量。人体内水分不足时，"口渴"的机制极为迟缓；但是运动过程中的水分代谢反应，却立即需要人体生理转化，而且，人体没有其他足以完全替代的生理反应。运动员、一般运动者、军人、警察、工人等，需要长时间在热环境下活动者，必须特别注意水分的适当补充，否则当出现"中暑"反应，身体无法正常排除多余的体热时，可能出现永远无法弥补的伤害。而且，并不是运动能力好和经常训练者，就不会出现水分补充不足形成身体不适的现象；任何参与运动者，都可能出现身体体热调节上的问题。水分的补充看似简单，但对于人体运动时的正常运作却极为重要。此外，人体呼吸系统的换气状况，在运动过程中会显著提高（呼吸次数与呼吸深度皆会显著增加），就算是在运动刚结束时，换气也需要一段时间才会较为缓和。因此，剧烈运动后的水分补充时机，有必要显著延后，否则极易出现（饮水时）呼吸道封闭形成的呼吸系统不适。对于剧烈运动，运动前的水分补充尤为重要。

市面上有很多标示"运动专用"的饮料，也有很多社会大众经常把"运动饮料"当作每日水分补充的来源。最近，甚至出现了标榜提升运动表现的"升氧运动饮料"。事实上，在运动前或运动过程中，摄取市面上的各种饮料，并不是适当的水分补充方式。放凉的白开水反而是较佳的水分补充选择。市面上销售的饮料，为了迎合大众口味，通常糖的比例过高，摄取后短时间内（约 30 分钟左右），反而易出现胰岛素分泌形成的血糖下降现象，不利于运动时体内的能量与水分供应。对于有饮用"运动饮料"习惯的人群而言，通常，我们会建议将"运动饮料"与白开水，依据 1∶3（或 1∶4）的比例调配，减少糖与矿物质的浓度。事实上，除非每天进行 2～3 小时以上的剧烈活动，每天的出汗量超过 2 000 mL 以上，否则在正常的饮食状态下，即可获得身体运动时流失的矿物质，不必由"运动饮料"来额外补充。摄取凉白开水（15～22 ℃），可以获得比一般温度的饮水更快的水分补充（胃肠排空时间较短），同时，还可以直接以传导冷却的方式，适当缓和运动形成的体温上升现象，是较佳的水分补充来源。

尽管水分的适当补充，对于人体生理机能的维护很重要，但是，并不是补充的水分越多越好。过度补充水分，反而会增加心脏与肾脏的负担。依据个人的实际生理需要，每日补充 2000～3000 mL 白开水（运动者应酌量增加），每次补充水分以不超过 500 mL 的白开水为原则，是最佳的水分补充方法。

我们经常在媒体上看到酒后驾车发生车祸的报道，饮酒后的反应迟钝（反应时间增加）、心神丧失现象，是容易发生车祸的主要原因，也是饮酒不得驾车的主要理论基础。事实上，酒精的过度摄取，一直是各界关注的问题。

运动场上，最有名的酒精问题：在1972年以前，酒精曾被奥运会视为运动强化剂；在1968年罗马奥运会时，曾有两位手枪射击选手因饮酒而被取消资格。不过，酒精后来从强化剂中被删除，不再列为禁止之列。

一般来说，饮酒后，酒精到达胃中无须消化即可被吸收，大约1/5的酒精可以慢慢地经胃壁吸收进入血液，其余的酒精由小肠迅速吸收进入血液。饮酒后，酒精进入血液的速度受以下几种情况的影响：①空腹喝酒，酒精进入血液较快；②高脂肪及高糖食物会减慢酒精进入血液的速度；③溶于水的二氧化碳（如汽水、苏打水）与酒混合（如调制的鸡尾酒）饮用时，会增加酒精吸收速度，所以喝香槟酒的人都知道，香槟影响头脑的判断力的速度比其他酒类更快。

酒精进入血液后，马上随着血液到达全身各个器官。但是，酒精并无法在肌肉中代谢，因此肌肉无法直接从酒精中取得能量。10%的酒精由肾脏（排泄）和肺脏（换气）排出体外，而90%的酒精在肝脏中分解代谢。酒精的氧化能量达7.1 kcal/g，介于糖类与脂肪之间，而且它的代谢途径极具活性。在肝脏中，酒精可以经肝脏氧化，进一步进入电子传递链（又称呼吸链）而产生能量。当肝脏中产生的热量过多时，肝细胞就会将酒精变成油脂，然后储存于肝脏或者送到全身使用和储存。长期饮酒形成的酒精中毒，是指酒精摄取过度，造成肝脏中产生的热量过多，引起肝脏脂肪化、高脂血症，严重者则造成肝硬化。

由于酒精被氧化代谢时，需要乙醇脱氢酶与乙醛脱氢酶的催化，同时亦需要维生素 B_1 与烟酸等的参与，如果饮酒过多过快，超过肝脏制造这些酶的速度，则酒精与乙醛会在血液中积存。所以，每小时能排除多少酒精，依每个人肝脏供应这些酶的能力而定。一般一个100 kg的人每小时大约可以排除10 g酒精。有些亚洲人因遗传的关系，体内的乙醛脱氢酶与众不同，氧化代谢能力很弱，饮少量酒就会有乙醛中毒现象。

许多营养学家认为，偶尔少量饮酒，在不影响摄取营养食物的情况下，酒精的毒害只是暂时性的，身体可以有足够的时间恢复正常。也有研究发现，少量饮酒可以增加血液中的高密度脂蛋白、减少低密度脂蛋白，因此减少了由于脂肪沉积而引起的血管阻塞。事实上，适当的饮酒是否对人体有益，一直是有争议的话题。

除此之外，酒精还会使人体的维生素需要量增加。如果经常过量饮酒，又没有适当的营养素补充，营养素缺乏症就会呈现。此外，视网膜要全力对付入侵的酒精而无暇顾及用于视力的维生素A代谢。脑视丘下部受酒精干扰，不能产生抗利尿激素，导致尿量过多，造成镁、钙、钾、锌等离子自小便中过度流失。同时，肝脏细胞也因忙于酒精的分解代谢而会忽略把维生素D变成有效激素。由此可见，长期过度饮酒对身体确实是有害的。

以往有关酒精对运动能力表现影响的研究发现，酒精并不会增强甚至会降低运动表现。可见酒精并不是运动表现的强化剂，更是奥运会取消酒精为禁药的主要原因之一。过度酗酒到"喝醉"时，会有"能力丧失"的危险。另一方面，适度的饮酒会不会降低身体或心理上的不稳定性，仍然是值得进一步探讨的问题。虽然射击运动员认为摄取酒精可以提高他们的表现，但是，由于眼睛瞄准目标的准确度，可能因饮酒而降低，因此，饮酒反而可能降低射击运动员的表现。少量饮酒确实可以减少身体的发抖，而提高精密性比赛项目（射箭、射击）的运动表现。尽管相关的研究报告中，对酒精能否帮助身体或心理上的稳定性有不同的看法，但是，就练习与比赛情境的观点来看，在练习前或练习过程中从来不摄取酒精的运动员，突然在比赛前饮酒，也是不利于精密性比赛表现的做法。

酒精降低有氧运动的能力，得到大部分研究报告的证实。一般来说，造成有氧运动能力降低的原因包括：①降低柠檬酸循环：由于酒精在肝脏细胞质的氧化代谢，会增加可用还原型烟酰胺腺嘌呤二核苷酸（NADH）的量，因此提高了NADH与烟酰胺腺嘌呤二核苷酸（NAD）的比值，而形成柠檬酸循环中苹果酸脱氢酶的活性降低，降低有氧运动的能力。②增加乳酸与丙酮酸的比值：由于NADH与NAD的比值提高，降低乳酸转变为丙酮酸的代谢，形成乳酸过高现象，降低有氧运动的能力。③增加脱水现象：酒精有利尿作用，当身体内水分减少过多时，就会降低有氧运动的能力。④减少可利用糖类：肌肉收缩时，即先使用糖类作为能量的来源。由于摄取酒精会降低肌肉中肝糖原的储存与内脏葡萄糖的水平，同时会因降低血糖量而减少肝脏中糖的新生作用，即使血液中可利用糖类减少。⑤可能形成心理上的不良影响。

所有有关酒精对运动时身体生理反应影响的研究，皆发现饮酒后会有不良的运动生理影响。摄取酒精对安静、亚极量运动与最大运动时，摄氧量、心率、心输出量、每搏输出量、动静脉血氧含量差与总周围组织阻力的影响（表6.1）显示，摄取酒精不会显著改变最大运动时的身体生理变化。

尽管酒精的摄取不会改变最大运动时的运动生理反应，但会显著降低外在的最大有氧运动表现。总而言之，饮酒不仅不会提升最大运动能力，反而会增加安静与亚极量运动时的身体负荷，因此不适合运动参与者饮用。

身体内酒精的排除受到肝脏中氧化酶催化的影响，因此当饮酒过多过快、超过肝脏制造这些酶的速度时，酒精与乙醛会在血液中积存。每小时能排除多少酒精，依每个人肝脏供应这些酶的能力而定，运动本身并不会改变酒精的新陈代谢。但是，运动有增加酒精排除速度的好处。运动提高酒精排除速度的原因，并不是在于肌肉直接或间接使用酒精的热量，而是因为体温升高造成肝脏中酶活性的提高，以及运动时由出汗与呼气排出的酒精增加。也有研究发现，长期运动训练提高酒精排除速度的原因是运动提高了肝脏原浆微粒的酒精氧化代

表 6.1　酒精对不同活动方式的摄氧量、心率、心输出量等的影响

活动方式	摄氧量	心率	心输出量	每搏输出量	动静脉血氧含量差	总周围组织阻力
坐式休息	上升	上升	上升	不变	下降	下降
亚极量运动	上升	上升	上升	不变	下降	下降
最大运动	不变	不变	不变	不变	不变	不变

谢，但是，并没有改变肝脏中的乙醇脱氢酶的活性。无论如何，运动确实会增加酒精的排除速度。

激烈运动前的适当伸展热身可以提高肌肉骨骼系统对于剧烈活动的适应程度，间接降低运动参与过程的伤害发生率。但是，对于跑者而言，过度的下肢伸展活动并非都有益处。踝关节足底收缩与内翻的活动范围是判定跑者是否容易发生胫骨前侧疼痛的重要指标。跑者如果进行过度伸展踝关节的足底收缩与内翻活动，不利于下肢运动损伤的预防。通常，跑者需要强调的伸展活动包括大腿前、后侧肌群伸展活动（膝关节与髋关节的收缩与伸展）、小腿后侧肌群伸展活动（踝关节足背收缩）等。

对于经常跑步的一般跑者与竞技跑者来说，任何下肢运动损伤都是令人苦恼的事情，因为损伤可能造成严重的跑步或生活障碍，而且往往会持续影响伤者很长时间。研究调查发现，有高达 35%～65% 的一般与竞技跑者曾经发生过下肢运动损伤。由此可见，下肢运动损伤是跑者既讨厌又不得不面对的麻烦。

在跑步时，每跑 1 步，跑者脚部就必须承受 1 次 2～3 倍自己体重的负荷，而且，每跑 1 km 大约要跑 1000 步。由此可见，跑者下肢在跑步时的负荷，应该就是形成下肢运动损伤的最大原因。但是，有一些跑者在严格且长距离的跑步训练后，并没有形成下肢运动损伤，因此，如果只以跑者跑步时的下肢地面反作用力负荷来说明跑者下肢运动损伤的形成，似乎显得过于笼统且不切实际。事实上，应该还有一些其他的决定性因素，也是造成跑者下肢运动损伤的主要原因。

基本上，形成跑者下肢运动损伤的原因，可以分为个人因素与训练因素两部分。个人因素包括性别、年龄、跑步经验、身高与体重、下肢关节柔韧性与肌力、钙质的摄取及原来的运动损伤等。训练因素（下节详细阐述）包括每周跑步距离、比赛经验、伸展运动、跑步地面、晨跑或晚上跑步、每周跑步次数、跑步速度、脚着地时的动作及跑步时穿着的跑鞋等。

性别差异会影响跑者下肢运动损伤的发生吗？一般来说，年轻的女性运动员，如果具有体重过轻与月经周期不规律的情况，往往骨密度低于一般较少运动的女子，进而增加了肌肉骨骼系统损伤的可能性。男性跑者如果出现骨密度过低的现象也会出现相同的肌肉骨骼系统损伤。由此可见，性别的差异似乎不是造成跑者下肢运动损伤的主要原因。女性跑者如果出现体重太轻与月经周期不规律的情况，应就医检查且特别注意身体的调养，以避免下肢运动损伤的发生。

年龄是不是形成跑者下肢运动损伤的原因呢？就初学跑步健身或刚开始加入跑步运动行列的不同年龄跑者来说，年龄较大者确实在身体协调性、柔韧性、反应时间、平衡性、肌力与肌耐力等方面都有显著的退化现象，参与跑步运动时的危险因素自然较高。但是，就经常跑步的跑者来说，随着年龄的增长，跑步的经验与身体能力一定比同年龄层的初学者佳，发生下肢运动损伤的概率反而会低。因此，不易清楚界定跑者年龄与下肢运动损伤间的关联性。

跑者的跑步经验可以显著减少下肢运动损伤的发生。跑步经验较多者，由于下肢肌肉骨骼系统的长期适应，可以减少下肢运动损伤的发生；但是，跑步经验的增加，必须是长期累积的结果，而不是短时间内的跑步距离增加或跑步次数提高，否则可能适得其反。

BMI 与跑者下肢运动伤害呈 U 形关系。也就是说，BMI 较低与较高者，容易发生下肢运动损伤。不过，由于长期跑步具有减肥的效果，跑者长期跑步后的体重是否可以作为体重对下肢运动损伤形成的标准，仍然必须进一步探讨。很显然，体重较重者每跑 1 步的地面反作用力会较大，体重过轻者可能出现身体骨密度过低的情况，都可能造成下肢运动损伤。

下肢关节柔韧性是形成跑者下肢运动损伤的原因之一。研究发现，患有胫骨前侧疼痛的跑者，踝关节的内翻柔韧性、跟骨与小腿中线的角度、足底收缩角度、踝关节内翻与外翻角度有别于一般未患病的跑者； 患有足底筋膜炎（plantar fascutis）的跑者，踝关节的足底收缩角度显著大于一般跑者。跑者踝关节的柔韧性与下肢运动损伤似乎有某种关系存在，不过是否具有因果关系仍需要进一步研究。

下肢肌力是否与下肢运动损伤的发生有关，因为受到受伤跑者的治疗与康复的影响，不易获得有效的研究成果。如果完全从运动损伤的观点来看，拥有较佳肌力的跑者，自然较易避免下肢运动损伤的发生。除此之外，作用肌与拮抗肌间的肌力是否平衡（如大腿前、后侧肌力比），也是很重要的影响因素。

钙质的适当摄取可以有效避免跑者的下肢运动损伤。研究发现，每天 500 mg 以上的钙质摄取量，确实可以减少跑者下肢运动损伤的发生。最佳的每日钙质摄取量还需要进一步的探讨。此外，跑者如果曾经有下肢运动损伤史，再发生损伤的概率一定较未受过伤者高。通常，跑者个人的跑步习惯、原受伤部位功能的减退，以及不适宜的肌肉骨骼生物力学问题等，都是曾受伤跑者容易再次受伤的可能原因。

造成跑者下肢运动损伤的训练因素

跑步时段是否会影响下肢运动损伤的发生呢？一般来说，通过生物钟的调整，跑者仅在每天的特定时段（如清晨或晚上）跑步，一般不至于出现下肢运动损伤。只是，仍应考虑清晨跑步前的热身活动是否足够，晚上跑步时的环境光线是否充足。

每周的跑步距离是评估跑者下肢运动损伤发生率的重要指标。毕竟，增加跑步距离等于增加跑者下肢与地面撞击的次数，发生运动损伤的概率自然会提高。只是，跑步距离增加多少容易出现下肢运动损伤，则是一个很难回答的问题。而且，每周跑步次数与每次跑步距离也与每周的跑步距离有关。依据美国运动医学会的建议，每周应运动3次以上，但是，对于经常长距离跑步的跑者来说，每周跑步次数太多（如每天1次），不利于跑者疲劳的恢复，容易形成跑者的下肢运动损伤。跑者如果有每天跑步的习惯，应该在每周的跑步训练计划（或运动处方）中，安排其他有别于跑步方式的活动（如腿部肌力训练、伸展活动、协调动作训练等），以降低腿部肌肉骨骼系统的负担。

跑步的速度应该快或慢呢？一般来说，跑步的速度与脚所承受的地面反作用力成正比，因此，增加跑步的速度即代表跑者的下肢负荷加重，发生损伤的概率自然较高。为了降低地面反作用力，减小步幅、增加步频会有显著的帮助。通常，跑者在低速与高速跑步时，易以增加步幅的方式来跑步，下肢运动损伤的发生率则会增高。适当练习以"小步伐"的方式跑步，避免"弹跳式"的跑步方法，可以避免下肢运动损伤的发生。

跑步地面与地面反作用力的大小显著相关，间接影响跑者下肢运动损伤的发生率。一般来说，跑步的经验、每周跑步距离、之前的运动损伤等，是影响跑者在坚硬地面跑步的重要因素，特别是刚加入跑步行列的女性跑者。选择在草地或泥土地面跑步，会比在塑胶跑道、柏油路面或水泥地上跑步佳。此外，上、下坡跑步也是造成跑者下肢运动损伤的重要因素，特别是上坡跑时踝关节的过度旋前与下坡跑时胫骨前肌的离心收缩加大，都易使跑者下肢过度负荷，造成运动损伤的发生。

跑步时，脚在着地的同时，踝关节的内翻与足背收缩动作可以避免脚与地面的巨大撞击，而且跑者的体重会沿着足部的外侧缘传递，此时足部呈轻旋后状态，接着体重自外侧经过横弓转移到足底肉球，此时足部由中立位变为旋前位，使足部可以平稳地接触地面，最后在足部恢复旋后之时，以足趾为固定的连杆来完成离地动作。如果足部转变成旋前姿势太早或太晚，则足弓、踝关节、胫骨、腓骨和膝关节皆可能出现运动损伤。事实上，通过跑者跑鞋的磨损情形可以清楚分辨跑者的着地动作是否正确（图6.21）。跑鞋内侧磨损较多的跑者（如以脚尖跑步的跑者），显示他跑步时脚有过度旋前的现象，容易形成下肢运动损伤。

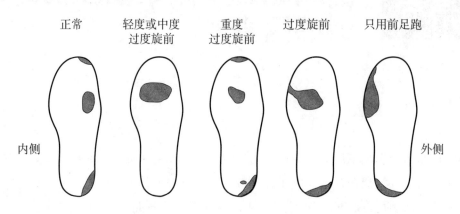

图6.21　跑者跑鞋的磨损情形与跑者的着地动作的对应关系（杨荣森，1985）

　　穿着一双舒适且能吸收震荡的跑鞋跑步，是减少地面反作用力的有效方法之一。但是，通常跑鞋在使用至483～805 km（跑步距离）及以上时，其避震效果可能只剩下50%，因此，跑者的跑鞋在使用一段时间后即应更换，否则容易因为避震功能降低而造成下肢运动损伤。此外，在跑鞋的足底纵弓处加入柔软的特制鞋垫，以及在鞋跟内侧比鞋底外部增高一点，都可以减少跑者跑步时的旋前动作过大，间接减少发生下肢运动损伤的可能。

　　无论如何，当一位认真跑步、希望获取运动好处的运动参与者出现下肢运动损伤时，其沮丧是可以预见的。毕竟，"运动有益健康"的观念早已深入人心，但是，高比例的运动损伤发生率也是事实。了解形成跑者下肢运动损伤的可能原因，进而针对跑者个人与训练上的重重因素，进行详细的分析评估，一定可以避免下肢运动损伤的发生。

第十一节 胫骨前侧疼痛

一位笔者指导的中长距离跑步选手跟笔者抱怨，他的右小腿前侧在跑步时有明显的疼痛现象，而且训练量增加时，疼痛会更严重；也有一些积极参与运动的一般跑者会有小腿前侧肌肉在运动时或运动后酸痛的现象，严重时会有小腿前侧肿胀且疼痛的情况出现。

事实上，胫骨前侧疼痛的诊断与治疗并不复杂，运动员与一般跑者出现胫骨前侧疼痛的症状时，仍然可以在适当的治疗与康复后完全恢复。不过，胫骨前侧疼痛的问题也不是简单到将运动员交给医生即可。如果不完全了解胫骨前侧疼痛的症状、形成原因、治疗方法等，不仅很容易使病情恶化或复发，甚至会使极具潜力的选手就此沉寂，也会造成患病的一般跑者误以为"运动有害健康"。

胫骨前侧疼痛可以依据损伤的程度分为4级。第一级胫骨前侧疼痛是指只有在跑步后才会出现暂时性疼痛或不适感，而且这种状况处于开始阶段；第二级胫骨前侧疼痛，跑步过程中即会有胫骨前侧疼痛，但不会影响运动表现；第三级胫骨前侧疼痛，在刚开始跑步时就会有显著的疼痛，而且会限制跑步的表现；第四级胫骨前侧疼痛，在休息、不运动时，也会有胫骨前侧疼痛。

从病理生理学角度来看：第一级损伤的原因是肌肉轻微炎症与肌肉功能下降；第二级损伤主要由较轻微的肌肉与肌腱炎症引起；第三级损伤主要由肌肉与肌腱炎症、骨膜炎或骨骼的微小创伤引起；第四级损伤则由软组织功能下降、骨筋膜隔室综合征（特别是有肿胀出现时）或应力性骨折引起。由此可见，胫骨前侧疼痛的形成是渐进性的，损伤的程度往往因为跑者对此类伤害的了解程度会有不同的发展，对胫骨前侧疼痛有认识的运动参与者，往往能够迅速避免胫骨前侧疼痛的进一步发展或恶化。

小腿疼痛依据部位来区分，通常以小腿前内侧的胫骨中部应力综合征或胫骨前侧疼痛、外侧骨筋膜隔室综合征、胫骨前肌拉伤等较为普遍，而且最常出现在小腿上端或下端1/3附近（大部分为下端）。应力性骨折、骨膜的撕裂性疼痛或者骨筋膜隔室综合征等，皆可能是造成疼痛的主因。由于胫骨、胫骨骨膜与小腿后侧深层肌群是紧邻的，而且可以直接从外表简单分辨位置，因此，伤者即便无法在受伤初期明显诊断出小腿前内侧的受伤状况，却也能够粗略地评估受伤情形。小腿前外侧肌、腓骨骨膜与腓骨的受伤情况，则因为小腿前外侧肌肉的包覆，由疼痛的部位来分辨比较困难。

有时候从患者的症状（疼痛的范围、部位、程度），能够简单分辨胫骨前侧疼痛，不过其诊断结果，有时并不具有积极作用。例如，大部分胫骨前侧疼痛，仅是运动引起微血管的渗透增加，导致肌腔隙间发生肿胀和压力增加，进而形成患处缺血造成的。如果没有适当的休息与伸展肌肉，可能导致恶性循环，损伤与疼痛会因此越来越严重，甚至疼痛部位会逐渐蔓延开来。如果疼痛的部位极为固定，而且跑步与地面冲击时会有刺痛感，则可能是应力性骨折的症状。通常，胫骨前侧疼痛的影响长达几个月以上时，几乎皆合并2种或3种形式的损伤。在损伤恢复的后期，进行患处X线检查，才能够确实分辨出受伤的状况与形式。

形成胫骨前侧疼痛的原因可能是踝关节解剖结构缺陷、踝关节柔韧性与肌力不佳、跑步时踝关节过度旋前、跟腱过紧、胫前与胫后肌力不平衡、改变原有的运动形式（新跑鞋、新地形、跑步地面太硬、运动量急剧增加、强度提高等）、在运动场内一直以相同的方向跑步（会使外侧脚过度旋前）、跑鞋使用过久避震效果减弱、身心疲劳形成新陈代谢功能减退、女性跑者骨质疏松症（可能合并停经与应力性骨折）及钙质摄取量不足等。由此可见，诊断胫骨前侧疼痛时，除了评估疼痛症状本身，亦应了解运动者的病史与运动参与史，特别是伤者在受伤时或损伤恶化过程中的运动情形、跑步动作与环境、营养状况及身心健康情形等，都是判断胫骨前侧疼痛的重要情况。如果没有找出病因，胫骨前侧疼痛极易复发。

治疗胫骨前侧疼痛时，休息与运动量减少是避免恶化的最基本安排。通过游泳、骑脚踏车或其他不会增加下肢负荷的身体活动方式，不仅能够维持身体的基本运动能力，还可以达成避免伤害恶化的风险。增加两次运动参与的时间间隔，也是相当有效的基本处理方式。此外，冰敷患部、伸展小腿各肌群、减少运动时的体重传递（运动鞋、鞋垫、矫具的使用等）、非类固醇消炎药物以及贴扎等，都是治疗胫骨前侧疼痛时必须同时考量的治疗方法。

对于一般人群，如果在运动（特别是跑步、快走等）过程中或运动结束后，有小腿前侧轻微疼痛或不舒适时，即应适当考虑运动的环境是否合适，运动的强度与量是否过多或者增加太快，踝关节的活动能力（柔韧性与肌力）是否太差，有无身体或心理上的疲劳状况，鞋子是否使用过久没有更换等。特别是休息一段时间没有运动，重新开始参与运动者，更应注意逐渐增加运动负荷，小心避免运动的可能危险，才能享受运动的乐趣。

第十二节　冰敷的方法

冰敷是冷冻治疗的一种，具有方法简单、用物容易取得、疗效不错等优点，因此在急性损伤发生后的 24~48 小时内，经常被用于减轻疼痛、抑制炎症过程、收缩血管减少水肿及降低新陈代谢等，进而达到治疗急性运动损伤的目的。有时，慢性运动损伤的康复治疗过程中，也会配合冰敷来进行适当的运动损伤控制；甚至，棒球投手（或其他以最大运动能力重复进行运动的运动员）在比赛后，也会利用冰敷预防迟发性肌肉酸痛的发生，以便能够尽快恢复手臂肌肉的功能。

冰敷的最大生理功能是降低身体局部组织的温度。皮肤冷感受器的正常反应温度范围为 10~41 ℃。当正常冰敷过程中，皮肤温度持续下降至 15 ℃ 左右时，由于皮肤对冷的正常感觉，会促使交感神经紧张，经过一连串的生理反应，进而达到收缩血管、降低血流的功能。如果，冰敷的时间过长或冰敷的方法不恰当，可能使皮肤温度低于 10 ℃，那么，皮肤对冷的正常反应，将会因为感受器的不正常反应而改变，进而出现血管扩张与冷损伤的情形。

一般来说，正常冰敷时，随着皮肤温度的降低，在刚开始的 3 分钟左右会有冷的感觉，2~7 分钟会有灼热与疼痛感，5~12 分钟会有局部麻痹、疼痛麻木、刺激反应被阻断等反应，12~15 分钟则会出现不增加新陈代谢的深层组织血管放松现象（表 6.2），此时，冰敷即应停止，以避免皮肤温度过低出现冷损伤。当然，这样的冰敷生理反应，会随着冰敷物的大小、水分的多寡，以及冰敷的范围与被冰敷者先前的运动状态等有所不同。通常，用看不到冰块的冰水进行冰敷时，不易出现第三阶段以上的冰敷生理反应；以冰块直接冰敷时，则可能在 5 分钟内出现第四阶段的冰敷生理反应。例如，冰块不断移动的冰按摩时间，通常不会超过 10 分钟。

表 6.2　冰敷的生理反应（张雯琍，1987）

阶段	开始冰敷后的时间	反应
1	0~3 分钟	冷的感觉
2	2~7 分钟	灼热、疼痛
3	5~12 分钟	局部麻痹、麻木疼痛、刺激反应被阻断
4	12~15 分钟	不增加新陈代谢的深层组织血管放松

尽管，冰敷的概念已普遍得到认同，但是，一般人却往往不清楚如何进行冰敷。通常，学校的体育组（室）与健康中心会把水装入小塑料袋中冷冻备用，这种由冷冻的冰块直接接触皮肤的冰敷方式，容易出现冰敷范围过小、皮肤表面温度过低等缺点。因此，了解冰敷的

正确使用方法，对治疗急性运动损伤就显得非常重要。

以超市买到的小包冰块来进行脚踝冰敷为例，进行 15 分钟的冰敷演示。首先，将超市买到的冰块打开，倒入另外一个塑料袋（置物袋）中；加入 50% 的水，使塑料袋中呈现冰块与水混合的状况；将塑料袋打结，打结的部位稍微靠上部；将塑料袋摊平后，直接放在需要冰敷的皮肤上；加上弹性绷带后，冰敷 15 分钟；取下冰敷物后，会发现冰敷处皮肤微红。

事实上，通过水的媒介，冰敷的时间不仅可以延长，还可以避免冰敷可能形成的冷损伤，达到治疗急性运动损伤的目的。至于水的多寡，则需视使用的冰块大小而定。如果使用的是"刨冰"，那么使用的水就要少一点；使用较大的冰块时，水就要多一点。实际进行冰敷时，还应随时与被冰敷者交流冰敷的感觉，当被冰敷者的冰痛感持续 5 分钟以上或更久，而且没有任何改善的趋势时，应随时停止冰敷，以避免冷损伤的发生。

第七章

相关课题

世界卫生组织与相关合作组织聚焦于高血压的全球性问题，并将 2013 年世界健康日的主题定为"高血压"。高血压影响全世界超过 1/3 的成人，但是许多人并不知道自己有高血压。高血压致死的原因多是心脏疾病与中风，高血压增加心脏病发作、中风和肾功能衰竭的风险。若不加以控制，高血压也会导致失明、心律不齐和心力衰竭。幸好，高血压是可以预防与治疗的。

亚洲运动及体适能专业学院（AASFP，2008）针对高血压人群运动处方的资料显示，减轻体重、DASH 饮食（一种预防及控制高血压的饮食模式）、减少钠的摄入、运动健身、戒烟、戒酒等，都是降低与控制血压的有效策略（表 7.1）。运动控制血压成为重要的高血压治疗策略之一。高血压人群运动的原则如下：

频率：每周 3 ~ 7 次的有氧运动可有效地降低血压，血压在一次有氧运动后会降低，而且可以保持一段时间，因此每天运动会更理想地控制血压。

强度：控制在储备心率的 40% ~ 70%。

时间：进行 30 ~ 60 分钟的有氧运动。

类型：以全身大肌群参与的有氧运动为主，如走路、慢跑、骑车、游泳等。辅助以抗阻训练，抗阻训练虽然不是最主要的运动方式，但应该与有氧运动相结合，以轻阻力、高重复次数为主。

AASFP（2008）建议高血压人士进行运动训练时，应该特别注意：训练前静态血压是否太高（≥ 200/110 mmHg），接受药物治疗的高血压患者应注意控制运动强度，在抗阻训练时一定不要屏气，注意高温环境训练时各种不适信号和症状，以及规律服用降压药等。

表 7.1 改变生活方式以降低和控制血压（AASFP，2008）

改变方式	收缩压大致降低的程度	建议
减轻体重	5~20 mmHg	BMI 控制在 18.5 ~ 22.9 kg/m² （亚洲人）
DASH 饮食	8~14 mmHg	饮食中多吃蔬菜和水果，少摄入饱和脂肪和胆固醇
减少钠的摄入	2~8 mmHg	建议每日摄入食盐量不超过 6 g
运动健身	4~9 mmHg	每天锻炼 30 分钟，每周大部分天数进行锻炼
戒烟、戒酒	2~4 mmHg	建议每日饮酒的酒精量不超过 30 mL，大约相当于 750 mL 啤酒（酒精浓度为 4%）、250 mL 葡萄酒（酒精浓度为 12%）、80 mL 威士忌（酒精浓度为 36%）

规律运动是预防和治疗高血压的有效策略之一。Hagberg 等（2000）的文献显示，运动可以降低 75% 左右高血压患者的收缩压约 10.5 mmHg、舒张压约 8.6 mmHg。女性高血压患者通过运动降低血压的人数百分比与下降值都高于男性（女 89%、男 82%），不同年龄的高血压患者运动降低血压的效果类似，运动训练的强度以小于 70% 最大摄氧量的血压降低效果较佳，就算仅进行 1 周的运动也能够显著降低坐式生活高血压患者的血压。体重减轻可能不是运动降低血压的重要条件，种族差异可能是高血压的影响条件之一。

Fagard（2001）的研究证实，每周 3 ~ 5 次、每次 30 ~ 60 分钟、以 40% ~ 50% 最大摄氧量的强度进行运动，对高血压患者降低血压的效果最佳。高强度的运动对血压的防治效果研究结果并不一致。邱艳芬等（2002）的研究也发现，高血压患者进行 12 周、每周 2 次、每次 35 ~ 50 分钟、强度 55% 最大摄氧量的脚踏车运动后，确实可以显著降低收缩压与舒张压；作者建议高血压患者进行运动前，须注意热身运动的重要性，在运动初期 1 个月及运动前 10 分钟，须加强监测血压，以防血压过度升高。Cornelissen 与 Fagard（2005）的研究则建议：虽然抗阻训练对于休息时血压的降低效果小，中等强度的抗阻训练若搭配有氧运动，不仅可以提升全身肌肉功能，还可以降低血压与避免心血管疾病。Cardoso 等（2010）的论文也发现，有氧运动确实可以有效降低高血压患者的血压，但是阻力运动则没有强烈的证据证实有效。

尽管大部分研究确认规律运动可以有效预防和治疗高血压，但是仍然有部分（可能达到 25%）高血压患者无法通过规律运动达到控制与治疗的效果（Hagberg 等，2000）。Cardoso 等（2010）的论文也指出，单次有氧运动会降低高血压患者的血压，而且血压降低的状况会持续几小时之久（图 7.1）。

朱嘉华（2012）则建议采用 24 小时动态血压监测，解决临床血压检测次数太少与白衣高血压的问题。单次有氧运动后的血压降低现象，可能是运动造成高血压患者血压降低的主要机制，因此了解运动后的低血压反应，可以更明确地了解运动预防与治疗高血压的原因。

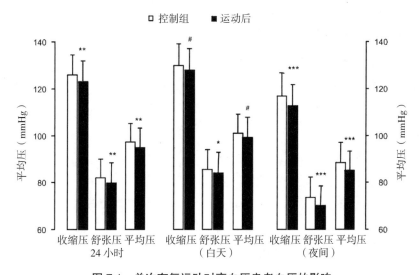

图 7.1　单次有氧运动对高血压患者血压的影响

Ciolac 等（2008）以 50 名长期治疗的高血压患者（18 名男性、32 名女性，年龄 46.5 岁 ±8.2 岁、BMI 27.8 kg/m² ± 4.7 kg/m²）为对象，以随机的方式进行 2 次 24 小时的动态血压监测，其中 1 次进行强度 60% 心率储备、40 分钟的脚踏车运动。研究发现，运动后的 24 小时动态血压显著降低（收缩压 126 mmHg ± 8.6 mmHg vs. 123.1 mmHg ± 8.7 mmHg，$P=0.004$；舒张压 81.9 mmHg ± 8 mmHg vs. 79.8 mmHg ± 8.5 mmHg，$P=0.004$），舒张压白天降低显著（85.5 mmHg ± 8.5 mmHg vs. 83.9 mmHg ± 8.8 mmHg，$P=0.04$），整体血压晚上降低显著（收缩压 116.8 mmHg ± 9.9 mmHg vs. 112.5 mmHg ± 9.2 mmHg，$P<0.001$；舒张压 73.5 mmHg ± 8.8 mmHg vs. 70.1 mmHg ± 8.4 mmHg，$P<0.001$）。长期治疗的高血压患者，在 60% 心率储备强度、40 分钟的脚踏车有氧运动后，24 小时动态血压降低的现象，证实了有氧运动在高血压治疗上的重要性。

Rezk 等（2006）以 17 名年轻健康受试者（23 岁 ± 1 岁）为对象，随机对不运动控制组、40% 强度组、80% 强度组进行 3 次实验，每次实验间隔至少 7 天，实验皆在下午 1～3 点进行。40% 强度组、80% 强度组分别以 40%、80% 的 1 RM 进行 6 个动作（动作间休息 90 秒）的 3 组、每组 20 次（40% 强度）与 10 次（80% 强度）、组间休息 45 秒的抗阻训练，结束抗阻训练后进行持续 90 分钟的休息与定时血压测量。图 7.2 为抗阻训练后的血压变化资料。针对一般健康的年轻受试者来说，以 40%、80% 的 1 RM 进行抗阻训练，运动后 30 分钟会显著降低收缩压、舒张压、平均压；以 40% 的 1 RM 进行抗阻训练，还可以显著降低运动后 15～30 分钟期间的舒张压。抗阻训练后的低血压现象，可能是交感神经的恢复期调节，在心输出量下降、心率上升、每搏输出量下降的状况下，降低了收缩压与舒张压。

Melo 等（2006）则以服用降压药卡托普利的 41～50 岁、患高血压的女性为对象，随机进行 2 次实验（一次不运动休息 40 分钟，另一次进行 6 种抗阻训练、强度为 40% 的 1 RM、每种运动 3 组、每组 20 次抗阻训练，2 次实验至少间隔 7 天），在实验前与实验后 120 分钟进行动态血压测量。患高血压的女性

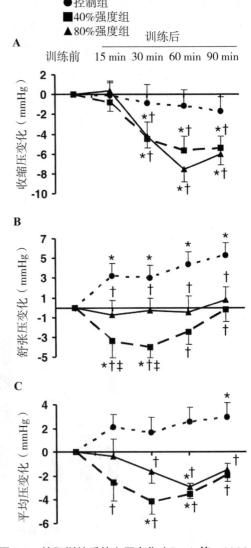

图 7.2　抗阻训练后的血压变化（Rezk 等，2006）

进行 40% 的 1 RM 低强度抗阻训练后，运动后的收缩压、舒张压皆显著低于没有运动的控制组；而且血压越高的受试者，运动后收缩压、舒张压下降的幅度越大（图7.3）。不管是一般健康成人还是高血压患者，以中低强度阻力进行抗阻训练后，也会出现运动后的血压下降反应。至于较高强度的抗阻训练是否会出现运动后的血压下降反应，似乎还需要更进一步的研究来证实。

由于有氧运动（强度为 40%～70% 最大摄氧量、运动时间 30～50 分钟）、中低强度（至少 6 个动作、负荷为 40% 的 1 RM）的抗阻训练后，经常会出现血压下降的反应，表示高血压患者应该每天进行至少 30 分钟的低强度身体活动。高血压患者有必要了解血压在运动后的下降现象，而且这种血压下降反应往往会持续几小时。

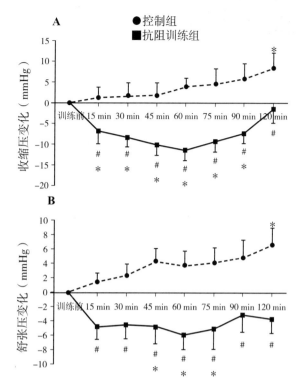

图 7.3　女性高血压患者不训练与低强度抗阻训练后收缩压与舒张压的变化（Melo 等，2006）

并非所有的研究皆支持单次有氧运动会产生运动后血压下降反应（Hagberg 等，2000；Cardoso 等，2010），可能有 1/4 的高血压患者不会有运动后的血压下降现象，因此高血压患者不应该仅以运动的方式来进行高血压防治。

运动实际热量消耗数值，是可以直接计算评估的。

基本上，要获得运动参与者的运动消耗热量，必须有 2 个基本的条件，一个是动态运动强度记录，一个是运动参与者的最大摄氧量数值。有关动态运动强度记录，可以通过记录运动心率来获得；有关运动参与者的最大摄氧量，经常需要用到年龄、身高、体重、男女等数据，因为大部分最大摄氧量数据都是根据受试者的状况与能力来推算的。

比较常见的动态运动强度判定包括摄氧量、负荷与耐力、运动自觉疲劳程度量表、心率等方法。虽然大部分的健身器材，如跑步机、脚踏车、椭圆机的控制面板上都会有实际的运动强度资料，但是这是跑步机的跑步速度、脚踏车与椭圆机阻力数据，并无法正确评估运动热量消耗，特别是对于运动能力较佳或较差的人。笔者推荐采用心率的方式，来记录运动过程的运动强度变化，因为测量记录心率所需要的经费较少、精确度也相对较高，而且目前可记录心率的手表也非常普遍。不过，使用运动心率评估运动强度变化时，也需要注意运动时的心血管循环转变的相关问题。也就是，注意运动时间增加后高估运动热量消耗的状况。

有关最大摄氧量的推估部分，则是另外一个正确评估运动热量消耗的关键课题。由于心肺耐力较佳者的最大摄氧量高，心肺耐力较差者的最大摄氧量低，因此造成相同运动强度运动时或者在相同心率条件下运动时，能力不同者会出现不同的运动热量消耗数值。因此，只要是没有进行最大摄氧量推估的运动热量消耗推算，大概都会有低估心肺能力较佳者、高估心肺耐力较差者的状况。利用运动参与者的身高、体重、年龄、安静心率、性别等基本变量预测最大摄氧量是最粗浅的最大摄氧量预测方式。有关运动热量消耗的专业知识，仍然还未普及到运动健身器材的专业应用上。

实际的运动参与者最大摄氧量评估，涉及不少专业运动生理学知识与昂贵的运动能量代谢检测设备，一般运动参与者有兴趣的话，可以找体育相关科系的运动生理学实验室进行评估，也有一部分医院可以提供运动心电图、运动摄氧分析的评估服务，不过可能需要找到专业的医生才行。目前，有不少简易评估最大摄氧量的方法，只要是通过运动参与者实际运动的方式进行推算，结果都会比以基本变量推算准确。

有了最大摄氧量的推算结果与运动过程的运动强度数据就能够计算出运动者的运动能量消耗。如果运动过程为 30 分钟（以 40% 最大摄氧量运动 15 分钟、以 50% 最大摄氧量运动 5 分钟、以 60% 最大摄氧量运动 5 分钟、以 70% 最大摄氧量运动 5 分钟），运动参与者的最大摄氧量为 50 mL/（kg·min）、体重为 70 kg，那么 30 分钟的运动消耗的氧气为：70 kg ×〔50 mL/（kg·min）× 40% × 15 min + 50 mL/（kg·min）× 50% × 5 min + 50 mL/（kg·min）×

60% × 5 min + 50 mL/（kg·min）× 70% × 5 min］= 52 500 mL，30 分钟运动消耗的热量约为 262.5 kcal（以每升氧气消耗 5 kcal 热量计算），即 1098.8 kJ。

如果运动强度采用运动心率来推算，运动参与者应该记得"运动心率的百分比会有略高于摄氧量百分比（如 80% 最大心率约为 70% 的最大摄氧量）"的现象，实际应用时才不至于有高估运动热量消耗的情况。

铁人三项比赛的顺序是游泳、自行车、跑步，因此探讨铁人三项比赛时，游泳强度高低对后续自行车、跑步表现的影响，对于铁人三项竞技选手、热爱参与铁人三项比赛的业余选手，显得相当重要。

游泳之后进行自行车运动会有什么运动生理的影响呢？Laursen 等（2000）以 8 名参加过加拿大铁人三项赛、平均每周训练 16.4 小时 ±0.9 小时的男性铁人三项选手［年龄 34 岁 ±2 岁、身高 175 cm ± 2 cm、体重 71.3 kg ± 1.8 kg、最大摄氧量 63.2 mL/（kg·min）±2.1 mL/（kg·min）］为对象，进行 2 次 3 小时、自选踩踏频率的自行车运动测验，其中一次受试者先在 50 m 室内游泳池中进行 3000 m 游泳（SB 组）。研究发现，在自行车运动之前进行 3000 m 的游泳运动（完成时间为 52 分 28 秒 ±1 分 48 秒），虽然会造成自行车运动过程的踩踏负荷下降（222 W ± 14 W、212 W ± 13 W），但是两者没有显著差异；受试者自行车运动过程的心率也会降低（147 次 /min ± 5 次 /min、143 次 /min ± 4 次 /min），但是也没有显著差异（图 7.4）。对于超耐力铁人三项选手来说，自行车运动前的 3000 m 游泳，并不会影响自行车运动的表现。

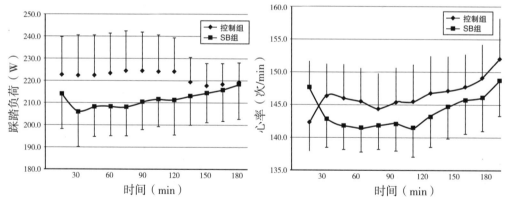

图 7.4 自行车运动前的 3000 m 游泳对踩踏负荷的影响（Laursen 等，2000）

Peeling 等（2005）以 9 名铁人三项选手［21.2 岁 ±2.6 岁、77.5 kg ± 3.8 kg、187.1 cm ± 6.1 cm、峰值摄氧量 68.77 mL/（kg·min）±8.07 mL/（kg·min）］为对象，依据 750 m 游泳测验最佳成绩（25 m 游泳池）为标准，进行 3 次不同游泳速度（S80 组为游泳测验最佳成绩的 80%～85%，S90 组为 90%～95%，S100 组为 98%～102%）的 750 m 游泳测验后，进行 500 kJ 做功量（约 20 km 自行车运动）的自选踏频原地自行车做功量测验，然后进行户外 5 km 跑步（250 m 草地跑道）测验。根据研究记录的 3 组游泳时的划频、划幅发现，游泳速度不同会造成划频的显著差异，但是在划幅方面则没有显著差异（图 7.5）。研究发现，S80

组、S90 组、S100 组的游泳成绩分别为 733.6 秒 ± 65.7 秒、672.6 秒 ± 57.3 秒、619.2 秒 ± 54.9 秒，500 kJ 的自行车成绩分别为 1654.1 秒 ± 140.3 秒、1682.3 秒 ± 155.2 秒、1808.7 秒 ± 201.8 秒（S80 组与 S90 组显著少于 S100 组），跑步成绩分别为 1208.7 秒 ± 73.9 秒、1258.0 秒 ± 78.3 秒、1265.1 秒 ± 75.2 秒（3 组没有显著差异），总运动时间则分别为 3658.1 秒 ± 164.8 秒、3681.0 秒 ± 213.6 秒、3763.4 秒 ± 222.1 秒，S80 组的总运动时间少于 S90 组与 S100 组（图 7.6）。以游泳最佳成绩的 80%~85% 进行游泳后，再进一步参与自行车、跑步比赛，反而会获得更好的铁人三项成绩。

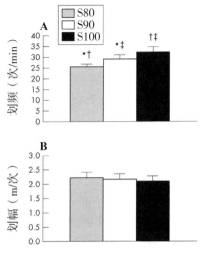

图 7.5 游泳速度与划频、划幅之间的关系（Peeling 等，2005）

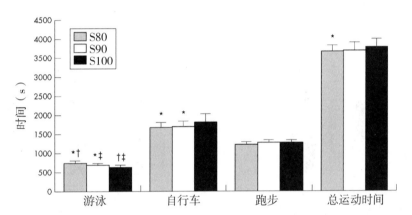

图 7.6 不同游泳强度对随后自行车及铁人三项成绩的影响（Peeling 等，2005）

Bentley 等（2007）则以 9 名铁人三项选手［年龄 25.1 岁 ± 5.8 岁、身高 175.8 cm ± 6.5 cm、体重 69.5 kg ± 7.2 kg、最大摄氧量 69.3 mL/（kg·min）± 3.6 mL/（kg·min）、每周训练 15.6 小时 ± 4.6 小时、最大做功负荷 321.1 W ± 28.5 W］为对象，分别进行 3 次 400 m 自由泳后再进行 20 分钟原地自行车运动的测验。3 次游泳的强度分别为最大速度游泳 400 m（SC100%组）、90% 的最大速度游泳 400 m（SC90% 组），以及有人带领的跟随位置进行最大速度游泳 400 m（SCdraft 组）。研究显示，SC100% 组、SC90% 组、SCdraft 组的平均速度分别为 1.26 m/s ± 0.11 m/s、1.13 m/s ± 0.10 m/s、1.27 m/s ± 0.10 m/s，划频分别为 37 次 /min ± 4 次 /min、31 次 /min ± 4 次 /min、38 次 /min ± 4 次 /min，随后进行 20 分钟原地自行车运动的平均负荷则有 SC100% 组显著低于 SC90% 组、SCdraft 组的现象（图 7.7）。

运动过程中乳酸浓度与运动自觉疲劳程度量表测试，则出现 SC90% 组在游泳后显著低于 SC100% 组、SCdraft 组的现象（图 7.8），自行车运动时与运动后则没有显著差异。这个研究再次验证以较低强度（90% 的最大速度）游泳后，可以显著提高随后自行车运动的表现；而且，游泳时如果在有人带领下在尾随位置游泳，不必降低游泳速度也可以达到提高随后自行车运动的效果。Delextrat 等（2003）的研究也发现，以跟随位置游泳可以提升随后自行车运动的效率达

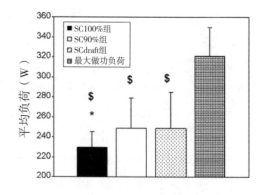

图 7.7　3 次不同强度游泳后进行 20 分钟原地自行车运动的平均负荷对比（Bentley 等，2007）

4.8%，可能是跟随前方游泳者游泳时，造成相对强度降低，获得低强度游泳随后自行车运动效率提高效应。

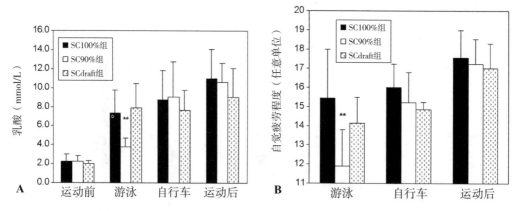

图 7.8　游泳速度不同随后自行车运动过程的乳酸、自觉疲劳程度变化（Bentley 等，2007）

为什么有人带领下游泳可以提升随后自行车运动的表现呢？ Charard 与 Wilson（2003）以原地游泳装置（flume environment），进行游泳者在侧面跟随位置下、不同距离条件下的生理反应与水流阻力（drag）的变化测试（图 7.9）。研究结果显示，跟随位置以落后领游者 0 ～ 50 cm（游泳者在领游者脚趾后面）时阻力降低 20% ～ 21%，而且摄氧量（降低 11%）、心率（降低 6%）、乳酸浓度（降低 38%）、自觉疲劳程度（降低 20%）、划频（降低 6%）皆会显著降低，划幅（增加 6%）会显著增加；跟随者在领游者侧面距离 100 cm 时，水流阻力以跟随在领游者手指位置后面 50 cm（降低 6%）～ 100 cm（降低 7%）处阻力最小，超过 200 cm 之后的阻力与没有跟随的阻力相似。

对于铁人三项选手或在开放水域游泳的比赛者，距离前方领游者（脚趾）后面 0 ～ 50 cm 处的阻力最小；如果在领游者侧面 100 cm，则以落后领游者（以手指位置为准）50 ～ 100 cm 的跟随位置游泳，将可以降低游泳时的水流阻力。在较低的水流阻力下游泳，相对强度会降低。

　　为了提升游泳随后自行车、铁人三项完赛成绩表现，游泳时以最佳游泳成绩的 80%～90% 强度进行比赛，反而可以获得更好的自行车运动表现，甚至可能提高铁人三项完赛成绩表现。如果在游泳比赛时，选择以跟随领游者 0～50 cm 的跟随位置游泳，或者以距离领游者侧面 100 cm、落后 50～100 cm 的跟随位置游泳，不需要降低游泳的速度，就可能提高游泳随后自行车、三项完赛成绩表现。

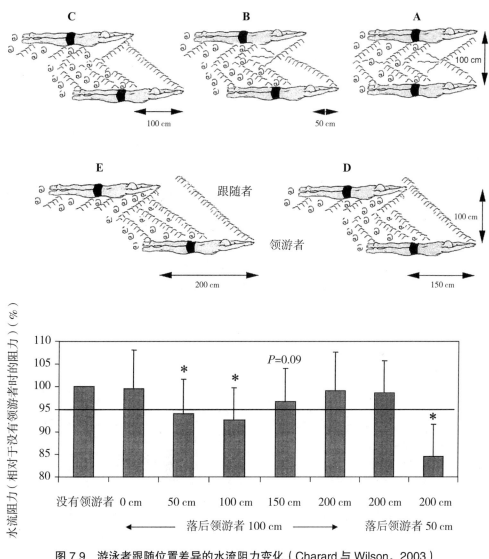

图 7.9　游泳者跟随位置差异的水流阻力变化（Charard 与 Wilson，2003）

注：*.游泳时，没有领游和不同领游状况之间有显著差异，$P < 0.01$

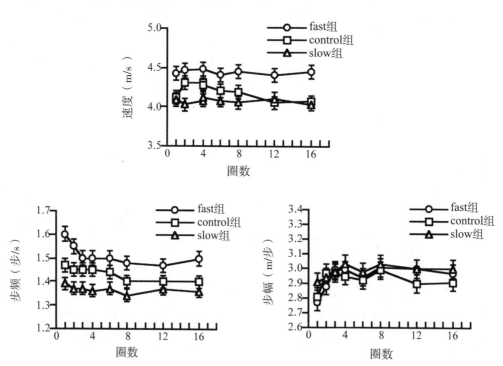

第四节 自行车踩踏频率对随后跑步表现的影响

铁人三项比赛时，除了游泳强度会影响随后自行车及跑步的表现，自行车比赛过程的踩踏频率也是影响整体表现的一个重要因素。

先来看看自行车踩踏频率不同时，随后的跑步表现是不是真的会改变。Gottschall 与 Palmer（2002）的研究对象为 13 名男性大学铁人三项选手（年龄 24.8 岁 ±1.20 岁、体重 72.7 kg ± 1.42 kg、身高 1.80 m ± 0.02 m）。受试者分别进行 3 次 30 分钟的自行车运动，以及 3200 m 的跑步测验，3 次自行车运动时分别以自选踩踏频率（control 组）、+20%（fast 组）、−20%（slow 组）的方式进行。研究显示，增加自行车 20% 踩踏频率，可以提高 3200 m 跑步的平均速度与步频（图 7.10）。

图 7.10 自行车踩踏频率对随后跑步表现、步频、步幅的影响（Gottschall，Palmer，2002）

Bernard 等（2003）的研究对象为 9 名铁人三项选手［年龄 24.9 岁 ±4.0 岁、身高 179.0 cm ± 3.9 cm、体重 70.8 kg ± 3.8 kg、最大摄氧量 68.1 mL/（kg·min）±6.5 mL/（kg·min）］。受试者分别进行 3 次 20 分钟自行车紧接着 3000 m 跑步的运动，3 次 20 分钟自行车运动采用 60 r/min、80 r/min、100 r/min 的踩踏频率实验设计，实际的 3 次踩踏频率为 61.6 r/min ± 2.6 r/min、

82.7 r/min ± 4.3 r/min、98.2 r/min ± 1.7 r/min。自行车运动后跑步 3000 m 的时间分别为 625.7 秒 ± 40.1 秒、630.0 秒 ± 44.8 秒、637.7 秒 ± 57.9 秒（没有显著差异，图 7.11A），不同阶段的跑步速度之间也没有显著差异，但是不同阶段的摄氧量百分比，则有 60 r/min 组显著高于 80 r/min、100 r/min 组的现象（图 7.11B）。较低踩踏频率（60 r/min）的铁人三项选手，需要更高的摄氧量来维持跑步的表现。王颢翔（2014）以 7 名（年龄 26.43 岁 ± 6.81 岁、身高 173.86 cm ± 6.24 cm、体重 64.00 kg ± 5.86 kg）铁人三项选手为研究对象，分别进行 3 次 10 分钟固定做功量（70% 最大功率）的低（60 r/min）、高（100 r/min），以及自选踩踏频率（109.14 r/min ± 4.47 r/min）的骑车运动，随后进行 70% 最大摄氧量速度跑步 10 分钟。研究显示，以 60 r/min 踩踏频率、70% 最大功率强度骑车 10 分钟，会出现较高的随后固定速度跑步摄氧量。

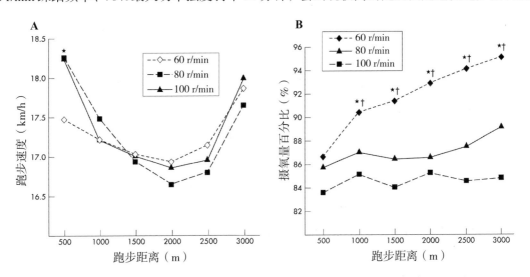

图 7.11　自行车踩踏频率对随后跑步表现、摄氧的影响（Bernard 等，2003）

Tew（2005）以优秀铁人三项选手［年龄 38.9 岁 ± 15.4 岁、体重 72.2 kg ± 5.2 kg、身高 176 cm ± 6 cm、最大摄氧量 71.9 mL/（kg·min）± 5.1 mL/（kg·min）、最大功率 351.3 W ± 15.5 W］为对象，分别进行 3 次（慢：71.8 r/min ± 3.0 r/min；自选踩踏频率：84.5 r/min ± 3.6 r/min；快：97.3 r/min ± 4.3 r/min）、70% 最大功率强度的 60 分钟自行车运动紧接着 10 km 跑步的测验。研究显示，尽管一开始的跑步速度有低踩踏频率跑步速度显著偏低的状况，但 10 km 的跑步成绩并没有显著不同（49 分 58 秒 ± 8 分 20 秒、49 分 09 秒 ± 8 分 26 秒、49 分 28 秒 ± 8 分 09 秒）（图 7.12）。当跑步距离增加到 10 km 时，自行车踩踏频率的快慢，并不会影响随后进行较长距离跑步的成绩。尽管较早的研究发现，较高踩踏频率的自行车运动可以提高随后跑步的表现，可是，后来的研究却发现，较高的自行车踩踏频率虽然会显著降低随后跑步的摄氧量，但是并不一定能够提升跑步表现，这可能跟铁人三项选手的训练状况、随后跑步距离的长短有关。

也有一些结果完全相反的研究文献。Vercruyssen 等（2002）以经过严格训练的铁人三项选手（年龄 24.0 岁 ± 3.0 岁、体重 71.1 kg ± 6.5 kg、身高 180.6 cm ± 8.16 cm）为对象，分别

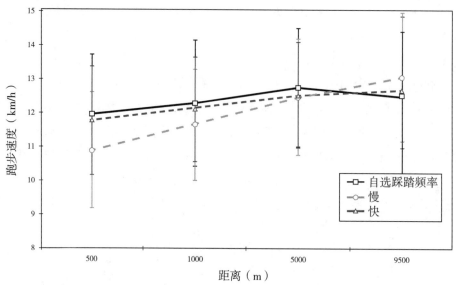

图 7.12　自行车踩踏频率对随后 10 km 跑步速度的影响（Tew，2005）

以机械理想踩踏频率（90 r/min）、自选踩踏频率（81.2 r/min ± 7.2 r/min）、能量摄取为准的理想踩踏频率［energetically optimal cadence（EOC），72.5 r/min ± 4.6 r/min］，进行 3 次 30 分钟、通气阈增加 5% 负荷强度的自行车运动后再跑步至衰竭的测验。结果显示，采用 EOC 后跑步摄氧量会显著低于另外两种较快的踩踏频率后的跑步摄氧量。

Vercruyssen 等（2005）以 8 名铁人三项选手［年龄 28.9 岁 ± 7.4 岁，身高 178.3 cm ± 5.7 cm，体重 73.3 kg ± 6.0 kg，自行车峰值摄氧量 67.6 mL/（kg·min）± 3.6 mL/（kg·min）、跑步峰值摄氧量 68.9 mL/（kg·min）± 4.6 mL/（kg·min），最大功率 395 W ± 34 W、最快速度 19.5 km/h ± 0.9 km/h］为对象，随机进行 3 次（不同踩踏频率）30 分钟 90% 乳酸阈强度的自行车运动。3 次踩踏频率分别是受试者自选频率（freely chosen cadence，FCC）、低于自选频率 20% 的频率（−20%），以及高于自选频率 20% 的频率（+20%）。紧接着自行车运动之后，受试者以 85% 最快速度（16.7 km/h ± 0.7 km/h）跑步到力竭。研究发现，尽管踩踏频率有 74 ~ 75 r/min（−20%）、94 ~ 95 r/min（FCC）、108 ~ 109 r/min（+20%）的差异，自行车的阻力分别为 263 W ± 28 W、264 W ± 30 W、261 W ± 29 W，3 次踩踏自行车的总做功量极为接近。受试者以 85% 最快速度跑步至力竭的时间则分别为 894 秒 ± 199 秒、651 秒 ± 212 秒、624 秒 ± 214 秒（图 7.13）；但是跑步时的摄氧量、步频等则没有显著的不同。这个研究结果显示，以较低的踩踏频率（74 ~ 75 r/min、−20%）进行自行车运动，可以显著提高随后 85% 最快速度的最大持续运动时间。

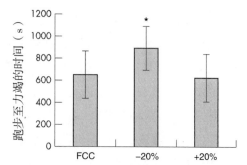

图 7.13　自行车踩踏频率改变的实况与随后跑步表现差异（Vercruyssen 等，2005）

以往的研究显示，自行车踩踏频率对随后跑步表现的影响并没有确定的结果，有些研究发现较快（100 r/min 左右）的踩踏频率可以提高随后跑步的表现，有些研究则发现较慢的踩踏频率（75 r/min 左右）才可以提高。事实上，铁人三项比赛距离的差异造成了长时间运动的变数增加，提高了相关研究实验设计的困难度，研究结果的变异性也相对提高。Candotti 等（2009）的研究指出，铁人三项选手、自行车选手在进行不同踩踏频率时的运动效率显著不同，而且踩踏频率增加会降低自行车运动的运动效率，这或许也是造成不同踩踏频率自行车运动后跑步表现差异的原因之一。Landers 等（2011）针对 51 名世界杯铁人三项比赛男性选手的研究发现，自行车踩踏频率（96.8 r/min ± 2.7 r/min）、跑步步频（90.9 r/min ± 2.4 r/min）都与铁人三项比赛的跑步成绩没有显著相关性，反而是跑步的步长与铁人三项比赛的跑步成绩呈显著负相关。Bonacciab 等（2011）针对优秀国际级铁人三项选手的研究发现，20 分钟低强度或 50 分钟高强度的自行车运动，并不会改变优秀铁人三项选手随后跑步的神经肌肉控制与跑步效率。

对于刚刚参与铁人三项训练的运动员来说，游泳划频、自行车踩踏频率、跑步步频等，都是参与铁人三项比赛时的重要训练与比赛控制条件；初学者或一般铁人三项运动参与者，在参加较短距离的铁人三项比赛时，可能采用较高的自行车踩踏频率（100 r/min 左右）对随后跑步表现会有帮助。对于优秀的铁人三项选手来说，在控制自行车最大功率负荷百分比的条件下，或许自行车踩踏频率并不是影响随后跑步表现的主要变量。

第五节 骑自行车模式对随后跑步表现的影响

铁人三项比赛时，自行车踩踏频率可能会影响随后的跑步表现。在固定做功负荷的条件下，踩踏频率的快慢控制仅是实验室实验设计的状况，运动员、运动参与者不太容易在比赛现场即时调整踩踏频率、齿轮比，进而维持自行车做功负荷（可能需要即时做功负荷、踩踏频率的工具等功率计系统）。实际进行铁人三项比赛时的自行车比赛，踩踏频率、做功负荷往往会不断变动，以配合整体行进速度、调整自行车比赛时的状况。因此，了解不同的自行车骑乘模式对随后跑步表现的影响，将更有助于提高铁人三项比赛中自行车运动的效益，提升铁人三项竞技表现。

自行车比赛时持续跟车尾随（continuous draft triathlon，CDT）、交替轮车领骑（alternate draft triathlon，ADT）对随后的跑步表现有什么影响呢？Hausswirth 等（2001）以 10 名国家等级铁人三项选手为对象，进行了 2 次半程铁人三项比赛（0.75 km 游泳、20 km 自行车、5 km 跑步）的研究。所有受试者先进行自行车 ADT 测验，测验时自行车项目每 500 m 改变一次领骑跟车位置；另外一次测验时，自行车项目持续跟车尾随在一位职业自行车选手之后。研究发现（表 7.2），2 次测验的游泳成绩（CDT 614 秒 ±20 秒、ADT 618 秒 ±25 秒）、自行车成绩（CDT 1765 秒 ±26 秒、ADT 1758 秒 ±31 秒）在固定的时间下，自行车运动过程的换气量、摄氧量、心率、乳酸浓度都有 CDT 时显著低于 ADT 时的现象，踩踏频率也有 CDT 组（85 r/min ±5.8 r/min）显著低于 ADT 组（102 r/min ±6.2 r/min）的现象，而且随后 5 km 跑步成绩 CDT 组（1008 秒 ±33 秒）显著优于 ADT 组（1049 秒 ±21 秒），ADT 组在跑步时的平均速度、摄氧量、换气量、心率、乳酸浓度都显著低于 CDT 组跑步时（可能疲劳造成跑步时的速度、生理反应欠佳）。研究也发现造成跑步成绩优劣的原因，在于 ADT 组在首个 1000 m 跑步时步幅下降、步频增加。这个研究证实铁人三项比赛自行车运动时持续跟车尾随的重要性，也说明团队进行铁人三项比赛的战略需要与重点。

表 7.2 自行车比赛时 ADT、CDT 对随后运动表现的影响

	ADT	CDT	方差分析
游泳（0.75 km）	618 秒 ±25 秒	614 秒 ±20 秒	无统计学差异
骑自行车（20 km）	1758 秒 ±31 秒	1765 秒 ±26 秒	无统计学差异
跑步（5 km）	1049 秒 ±21 秒	1008 秒 ±33 秒 *	$P < 0.01$

注：*. 与相应的 ADT 值显著不同

Suriano 等（2007）的研究发现，以 90% 乳酸阈固定负荷骑自行车 30 分钟后，在跑步机上以高速度（16.7 km/h ± 0.7 km/h）跑步至力竭的时间（平均 10 分 51 秒），显著低于每 5 分钟增加或减少 20% 负荷骑自行车 30 分钟后相同速度的跑步时间（平均 15 分 9 秒）。

Bernard 等（2007）的研究发现，自选固定自行车强度 ［约 80% MAP（maximal aerobic power，最大做功负荷）］、变动自行车强度（68% ~ 92% MAP）的 20 km 自行车运动后，并不会改变随后 5 km 的跑步成绩（自选固定强度组 1134 秒 ±64 秒、变动强度组 1168 秒 ±73 秒）。Lepers 等（2008）的研究则发现，固定 75% MAP 强度的 30 分钟自行车运动，以及 ±15%、±5%、±10% 的 75% MAP 自行车运动后，膝关节伸肌的最大自主收缩肌力（maximal voluntary contraction，MVC）有相同的降低表现（约 –11%）。

Hill 与 Gibson（2012）的研究则发现，每 5 分钟或 1 分钟改变一次负荷（增加与降低 15%）的 30 分钟自行车运动，并不会影响随后 5 km 的跑步成绩（1393 秒 ±221 秒、1382 秒 ±184 秒）。Etxebarria 等（2013）进行了 2 次 1 小时的自行车运动测验。一次以 60% MAP 骑车 1 小时，另一次间歇进行 6 次、每次 10 分钟、功率为 40% MAP 至 140% MAP 的变动负荷自行车运动。研究随后测试了 2 次自行车运动对跑步 9.3 km 的影响。研究发现，在没有骑车的条件下，跑步 9.3 km 的成绩为 33 分 42 秒 ±2 分 32 秒，60% MAP 固定负荷自行车运动后的跑步成绩为 34 分 50 秒 ±2 分 49 秒，变动负荷自行车运动后的跑步成绩为 35 分 32 秒 ±3 分 18 秒。图 7.14 为跑步 4 圈（共 9.3 km）的成绩，在跑步的前半段距离中，变动负荷组的跑步时间显著高于固定负荷组；改变自行车运动过程的负荷，将会显著影响随后跑步前半段的跑步表现。

以往有关固定或变动负荷自行车运动随后跑步表现的影响，并没有一致的研究结果。有些研究发现固定负荷骑自行车有助于随后的跑步表现，有些研究则发现变动负荷骑自行车可以增加高速度跑步的力竭时间，也有研究发现 2 种骑自行车模式并不会改变随后的跑步成绩。或许固定负荷的强度（60% MAP、80% MAP、90% 乳酸阈等）、变动负荷强度的变化范围、改变负荷强度的时间变化节奏等，都是固定或变动自行车运动负荷对随后跑步表现影响的重要因素。铁人三项选手或许需要在训练时测试自己的变动负荷骑自行车模式，以便能够确实有效地适应自行车实际比赛状况，并且获得更好的随后跑步成绩。

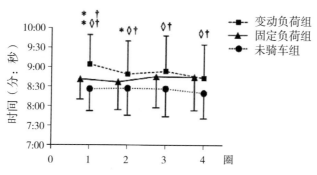

图 7.14　固定负荷、变动负荷自行车运动对随后跑步表现的影响（Etxebarria 等，2013）

对于骑自行车模式对随后跑步表现的影响，似乎"持续跟车尾随"的骑乘模式是比较明确有效的比赛策略。由于变动负荷的骑自行车模式是比赛时配合集团行进速度的必然趋势，当自行车变动负荷的范围不太大（强度变化 ±20%）时，似乎不会影响随后的跑步表现，如果变动负荷范围过大（40%~140%的最大有氧动力）时，有可能会降低随后跑步的初期表现。为了确认铁人三项比赛时骑自行车的变动负荷范围，铁人三项选手有必要实验确认最大有氧动力的负荷，通过运动科学的检测方法，确认自行车变动负荷的实际应用范围。

第六节 跑步是决定铁人三项成绩的关键吗?

正式的铁人三项赛距离为游泳 3.8 km、自行车 180 km、跑步 42.2 km。自 2000 年悉尼奥运开始,铁人三项列入奥运会正式比赛项目,奥运会比赛距离为游泳 1.5 km、自行车 40 km、长跑 10 km。由于 3 种运动项目的特殊性,一般运动参与者参与铁人三项的训练困难度极高,它是众多耐力运动参与者梦想挑战的比赛。

既然铁人三项比赛是由游泳、自行车、跑步组合而成的耐力比赛,那么哪一个项目对比赛成绩的影响比较大呢? Frohlich 等(2008)收集 2003—2007 年铁人三项世界杯赛的成绩并分析了每年 55 ~ 72 位完赛选手及名次前 20 名选手的 3 个运动项目与比赛成绩的相关系数。研究发现,全部完赛选手 3 个运动项目成绩与比赛成绩皆显著相关,但是名次前 20 名选手仅跑步成绩与比赛成绩具备显著相关性,也就是说优秀铁人三项选手的跑步成绩与整体成绩显著相关。2007 年铁人三项世界锦标赛比赛前 20 名选手游泳、自行车、跑步的标准分数(Z 分数)变化图(图 7.15)也呈现出跑步成绩与铁人三项比赛成绩的密切相关性。

Frohlich 等(2013)对 2012 年伦敦奥运会的铁人三项比赛资料进行分析后发现,10 km 跑步成绩在 29 分钟以下是获胜的关键。Frohlich 等(2014)的研究则指出,具备优异游泳、自行车能力的铁人三项选手,就算增加游泳、自行车的训练量也无法弥补跑步表现的影响。Frohlich 研究团队,通过铁人三项比赛各分项成绩的统计分析,确认了铁人三项比赛时的跑步成绩与铁人三项成绩的重要相关性。

Rust 等(2011)收集 184 名业余男性铁人三项选手的年龄、人体测量学数据、训练及以往参赛经验信息,进行了以铁人三项成绩为效标的多元逐步回归分析。研究发现,虽然铁人三项比赛时的游泳平均速度、自行车平均速度、跑步平均速度皆与铁人三项比赛时的成绩呈显著负相关(−0.22、−0.29、−0.39),但是与马拉松最佳成绩、奥运会距离的铁人三项最佳成绩的相关性更高(0.62、0.60,图 7.16),逐步回归分析的结果显示,铁人三项成绩(分钟)= 152.1+1.332 ×［马拉松最佳成绩(分钟)］+ 1.964 ×［奥运会距离的铁人三项最佳成绩(分钟)］(r^2 = 0.65)。

Rust 等(2013)分析了 2009—2012 年的铁人三项世界杯赛奥运会距离的铁人三项比赛的男女选手成绩差异。研究发现,男女铁人三项选手游泳、自行车、跑步成绩差异分别是 9.1% ± 5.1%、9.5% ± 2.7% 及 14.3% ± 2.4%,男女铁人三项选手跑步成绩的差异显著大于游泳、自行车项目的成绩。

Rust 研究团队通过更进一步的统计分析,发现铁人三项比赛时的跑步成绩、选手的跑步能力与铁人三项成绩显著相关。

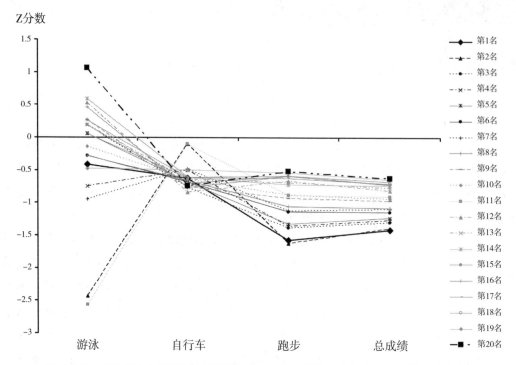

图 7.15　2007 年铁人三项世界锦标赛前 20 名选手游泳、自行车、跑步的 Z 分数变化
（Frohlich 等，2008）

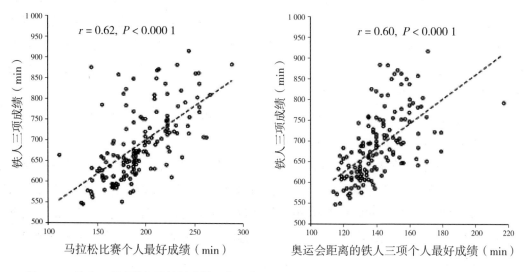

图 7.16　铁人三项成绩与马拉松成绩、奥运会距离的铁人三项成绩的相关性（Rust 等，2011）

　　Vleck 等（2006）以 24 名自愿参与研究的铁人三项选手为对象，根据 2002 年铁人三项世界杯赛的成绩，进行比赛成绩前 12 名（前 50%）与后 12 名（后 50%）选手在比赛游泳、自行车、跑步时，不同比赛距离位置的速度比较（游泳记录 222 m、496 m、693 m、915 m、1 189 m、1 385 m 的瞬时速度，自行车计算每圈 6.7 km 平均速度，跑步则记录 4 圈在 993 m、2.5 km 处的瞬时速度）。

图 7.17 显示前 50% 与后 50% 铁人三项成绩选手，在不同比赛项目最后的排序状况：在游泳比赛的最后排序上有显著差异，游泳 + 自行车比赛的最后排序则没有显著差异（游泳排序在后的选手有加快自行车速度的趋势），全部比赛的最后排序呈现显著差异。游泳比赛时，排名前 50% 选手前 500 m 的游泳速度显著快于后 50% 选手，后面的 1 000 m 则没有游泳速度上的差异；自行车比赛时，排名后 50% 选手在前 20 km 加快自行车速度（第二圈速度显著快于前 50% 选手），来缩短与前 50% 选手的距离，所有选手在自行车比赛后 20 km 皆有降低速度的趋势；跑步比赛时，排名前 50% 选手的跑步速度皆显著比后 50% 选手快（$P < 0.01$）。研究显示，游泳比赛时的前 500 m 成绩，可能就是造成比赛名次的重要条件。

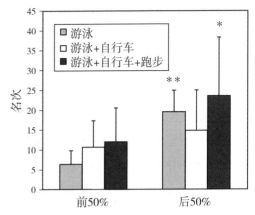

图 7.17　前 50% 和后 50% 铁人三项成绩选手，在不同比赛项目最后的排序状况

Landers 等（2008）的研究也提出，游泳比赛的排序是影响铁人三项比赛的重要因素。分段记录铁人三项比赛时的游泳、自行车、跑步速度可以发现，铁人三项比赛各项目的速度并不是以固定速度的方式进行，游泳项目先快后慢，自行车项目逐渐加快到 50% 路程后速度减慢，跑步则是先快后维持一定的速度到比赛结束。

跑步的成绩优劣与铁人三项成绩确实显著相关，铁人三项选手应该特别加强跑步训练。优秀的铁人三项选手通常在游泳比赛前半段，已经具备比赛速度上的优势，接着在游泳比赛后半段、自行车比赛时，维持优势与调节体力，并且在跑步比赛中奋力向前。跑步确实是决定铁人三项成绩的关键，但是优异的游泳表现，似乎是促成跑步成绩的另一重要条件。

第七节 跑步初期配速对铁人三项成绩的影响

铁人三项比赛成绩与跑步成绩息息相关，因此，铁人三项比赛时跑步如何配速，对于比赛成绩具有决定性的影响。一般来说，运动比赛的配速策略包括负向配速策略、全力冲刺配速策略、正向配速策略、等速配速策略、曲线配速策略（包括U形、反J形、J形）、可变配速策略（Abbiss，Laursen，2008）（图7.18）。

一般来说，短时间的高强度比赛通常采用全力冲刺配速策略，当比赛时间增加到 1.5 ~ 2 分钟时，则采用正向配速（前快后慢）策略；比赛时间超过 2 分钟的项目，等速配速策略、可变配速策略的采用，则需视地形与环境情况调整；当遇到超长时间比赛项目时，则可采用随着比赛时间增加逐渐减少运动强度的正向配速策略。实际上，运动比赛配速策略，除了受比赛时间的影响，还受运动参与者的能力、训练与比赛经验、个人喜好等影响，并不易出现完美、理想的配速策略，而且运动者运动能力可能比配速策略还重要。

铁人三项比赛时跑步项目如何配速呢？ Meur 等（2009）以法国与瑞士铁人三项国家代表队的选手为对象（6名男性、6名女性），分析了他们2007年北京世界铁人三项锦标赛奥运会标准距离的成绩。研究发现，男性（图7.19B）与女性（图7.19A）铁人三项选手跑步成绩（33分0秒 ±1分9秒、38分35秒 ±1分9秒）具有显著差异；男女运动员受试者在平地、下坡、上坡或循环路线上都是采用正向配速策略（先快后慢）。

Renfree 与 Gibso（2013）研究了2009年国际田联女子马拉松锦标赛的资料。研究依据参赛选手的排名，每25% 分为一组，共分为4组。研究发现，成绩最好的第一组所有每 5 km 的平均速度都优于其他3组，而且第一组与第二组选手在前 15 km 的平均速度有越来越快的趋势，成绩较差的第三组与第四组选手则有平均速度逐渐降低的状况；所有选手在最后的 2 km，都有加速的趋势（图7.20）。优秀女子马拉松选手的跑步速度，在 15 km、30 km 及比赛最后出现配速高峰，配速策略比较趋向于可变配速；一般成绩的女子马拉松选手则采用正向配速策略或者反J形曲线配速策略进行马拉松比赛。

Lima-Silva 等（2010）收集了 24 名男性耐力跑者 10 km 跑步成绩，并对 10 km 比赛成绩低于 35.6 分钟（8人）、高于 39.1 分钟（8人）的配速（图7.21）进行了比较。研究发现，成绩较佳的耐力跑者 10 km 跑步采用了反J形曲线配速策略；成绩较差的耐力跑者 10 km 跑步趋向于采用等速配速策略。由于铁人三项比赛必须先进行游泳、自行车运动，才会进行跑步比赛，跑步配速策略可能与仅进行跑步比赛者有所差异。

Hausswirth 等（2010）以 10 名经常训练的铁人三项选手为对象，在游泳、自行车固定强度的测验之后，依据跑者 10 km 测验成绩的平均速度，进行 +5%、–5%、–10% 速度的跑

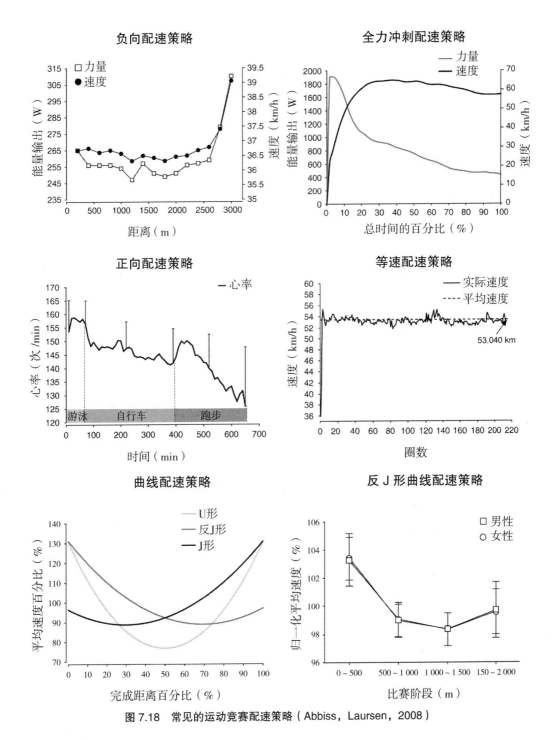

图 7.18 常见的运动竞赛配速策略（Abbiss，Laursen，2008）

步项目首个 1 km 配速，1 km 之后则由运动者自行调控跑步速度。研究发现，以上 3 种首个 1 km 速度控制下的跑步成绩，分别为 2178 秒 ± 121 秒、2028 秒 ± 78 秒、2087 秒 ± 88 秒，−5% 速度组获得最佳的跑步成绩，整体奥运会标准铁人三项比赛的成绩也是 −5% 速度组的成绩最佳。首个 1 km −5% 速度组的 10 km 跑步配速，趋向于反向配速策略（前慢后快）；+5% 速度组的 10 km 跑步配速，则趋向于正向配速策略（前快后慢）（图 7.22）。

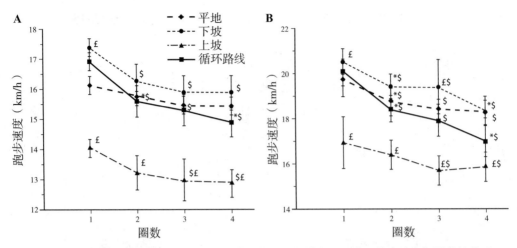

图 7.19 2007 年北京世界铁人三项锦标赛男性、女性铁人三项选手跑步速度与圈数的关系

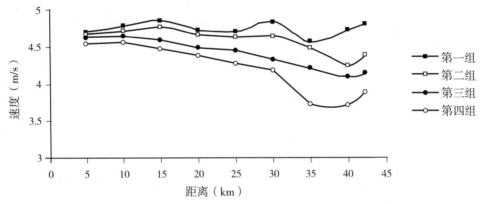

图 7.20 马拉松跑步比赛配速（Renfree，Gibso，2013）

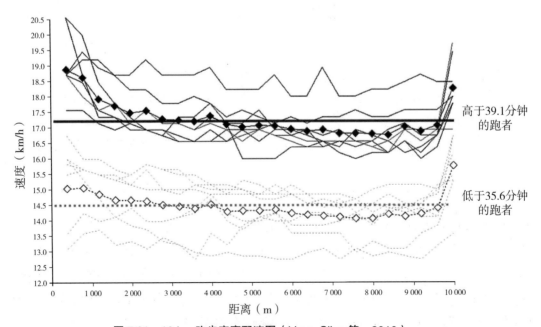

图 7.21 10 km 跑步竞赛配速图（Lima-Silva 等，2010）

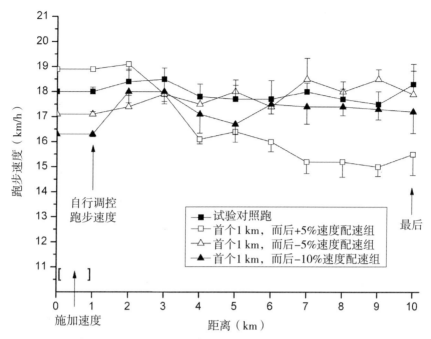

图 7.22 铁人三项比赛 10 km 跑步分段速度变化（Hausswirth 等，2010）

Taylor 与 Smith（2014）则以铁人三项选手为对象，进行了冲刺距离铁人三项比赛时的跑步配速策略实验。研究以标准的冲刺距离铁人三项测验的成绩为准，以 5 km 跑步前 1.66 km 成绩 +3% 或 −3% 速度的方式，进行跑步前 1/3 距离的配速测验。研究发现，97%、100%、103% 配速的跑步成绩为 1371 秒 ±108 秒、1360 秒 ±125 秒、1346 秒 ±108 秒，以 103% 配速的跑步成绩最佳（没有显著差异）。这个研究的结果证实，冲刺距离铁人三项比赛时跑步项目初期速度较快（以铁人三项比赛的跑步配速为基础）的成绩会比较好。但是，Hausswirth 等（2010）的研究则发现，以单独跑步 10 km 的跑步配速为基础时，−5% 的初期速度会获得更好的跑步成绩。两篇论文的结果不同，可能是因为配速的基础不同，也可能是因为跑步的距离相差 1 倍。为了获得更有效率的铁人三项比赛跑步配速策略，似乎应该依据相同跑步成绩基础（铁人三项比赛时的跑步成绩，或者直接依据临界速度无氧阈等），才能够获得严谨的比较基础。

铁人三项比赛中的跑步项目通常采用正向配速策略（先快后慢）或者反 J 形曲线配速策略（先快后慢再快）。跑步初期的速度可能会影响铁人三项比赛的跑步成绩与总成绩，那么跑步初期的配速应该如何制订呢？可以把 95% 的跑步单独测验平均速度或者 103% 的铁人三项比赛跑步平均速度作为跑步初期的配速。依据这样的配速进行初期跑步，应该配速多远的距离最有效，有待后续的研究或专业的选手、教练来验证。

MEMO

后记

世界六大马拉松比赛

2018 年、2019 年台北马拉松比赛数据分析

世界六大马拉松比赛

　　世界六大城市马拉松赛，包括东京马拉松、波士顿马拉松、伦敦马拉松、柏林马拉松、芝加哥马拉松、纽约马拉松。世界马拉松大满贯除了这六个比赛以外，还包含两年一次的世界田径锦标赛马拉松和四年一次的奥运会马拉松比赛。能够参加世界六大马拉松比赛，是全世界所有马拉松爱好者的训练目标。

　　东京马拉松比赛，自 2007 年开始，每年 3 月举行。2018 年报名马拉松比赛的有 319 777 人，抽签后完成比赛人数为 34 510 人（男生 26 611 人、女生 7 899 人），3 小时内完成比赛的有 1 533 人（4.4%，男生 1 434 人、女生 99 人）。3～4 小时完成比赛的有 7 405 人（21.5%），4～5 小时完成比赛的有 10 422 人（30.2%）。女生最佳成绩是埃塞俄比亚籍 Birhane Dibaba 在 2018 年跑出的 2 小时 19 分 51 秒，男生最佳成绩是肯尼亚籍 Wilson Kipsang Kiprotich 在 2017 年跑出的 2 小时 03 分 58 秒（后记表 1）。

　　波士顿马拉松比赛，自 1897 年开始，2019 年 4 月举行第 123 届比赛，是世界上最古老的城市马拉松比赛。2018 年完成马拉松比赛人数为 25 831 人（男生 14 203 人、女生 11 628 人）。女生最佳成绩是埃塞俄比亚籍 Buzunesh Deba 在 2014 年跑出的 2 小时 19 分 59 秒，男生最佳成绩是肯尼亚籍 Geoffrey Kiprono Mutai 在 2011 年跑出的 2 小时 03 分 02 秒（后记表 1）。

　　伦敦马拉松比赛，自 1981 年开始，每年 4 月举行。2018 年完成马拉松比赛人数为 40 097 人（男生 23 678 人、女生 16 419 人）。女生最佳成绩是英国籍 Paula Radcliffe 在 2003 年跑出的 2 小时 15 分 25 秒，男生最佳成绩是肯尼亚籍 Eliud Kipchoge 在 2016 年跑出的 2 小时 03 分 05 秒（后记表 1）。

　　柏林马拉松比赛，自 1974 年开始，每年 9 月举行。2018 年完成马拉松比赛人数为 40 775 人（男生 28 443 人、女生 12 332 人）。男女最佳成绩都是在 2018 年跑出，女生最佳成绩是肯尼亚籍 Gladys Cherono 跑出的 2 小时 18 分 11 秒，男生最佳成绩是肯尼亚籍 Eliud Kipchoge 跑出的 2 小时 01 分 39 秒（后记表 1），同时是目前全世界男生马拉松最佳纪录。

　　芝加哥马拉松比赛，自 1977 年开始，每年 10 月举行。2018 年完成马拉松比赛人数为 44 549 人（男生 23 912 人、女生 20 637 人）。女生最佳成绩是英国籍 Paula Radcliffe 在 2002 年跑出的 2 小时 17 分 18 秒，男生最佳成绩是肯尼亚籍 Dennis Kipruto Kimetto 在 2013 年跑出的 2 小时 03 分 45 秒（后记表 1）。

　　纽约马拉松比赛，自 1970 年开始，每年 11 月举行。2018 年完成马拉松比赛人数为 52 705 人（男生 30 582 人、女生 22 123 人）。女生最佳成绩是肯尼亚籍 Margaret Okayo 在 2003 年跑出的 2 小时 22 分 31 秒，男生最佳成绩是肯尼亚籍 Geoffrey Kiprono Mutai 在 2011 年跑出的 2 小时 05 分 06 秒（后记表 1）。

后记表 1　世界六大马拉松比赛资料

比赛	东京马拉松	波士顿马拉松	伦敦马拉松
日期	3 月	4 月	4 月
地点	日本东京	美国波士顿	英国伦敦
起始	2007	1897	1981
女生最佳成绩	埃塞俄比亚 Birhane Dibaba 2 小时 19 分 51 秒（2018）	埃塞俄比亚 Buzunesh Deba 2 小时 19 分 59 秒（2014）	英国 Paula Radcliffe 2 小时 15 分 25 秒（2003）
男生最佳成绩	肯尼亚 Wilson Kipsang Kiprotich 2 小时 03 分 58 秒、（2017）	肯尼亚 Geoffrey Kiprono Mutai 2 小时 03 分 02 秒（2011）	肯尼亚 Eliud Kipchoge 2 小时 03 分 05 秒（2016）
比赛	柏林马拉松	芝加哥马拉松	纽约马拉松
日期	9 月	10 月（哥伦布日前）	11 月
地点	德国柏林	美国芝加哥	美国纽约
起始	1974	1977	1970
女生最佳成绩	肯尼亚 Gladys Cherono 2 小时 18 分 11 秒（2018）	英国 Paula Radcliffe 2 小时 17 分 18 秒（2002）	肯尼亚 Margaret Okayo 2 小时 22 分 31 秒（2003）
男生最佳成绩	肯尼亚 Eliud Kipchoge 2 小时 01 分 39 秒（2018）	肯尼亚 Dennis Kipruto Kimetto 2 小时 03 分 45 秒（2013）	肯尼亚 Geoffrey Kiprono Mutai 2 小时 05 分 06 秒（2011）

依照世界六大马拉松比赛成绩，男女最佳成绩的平均速度（后记图 1），对于女性马拉松选手来说，伦敦马拉松成绩最好，芝加哥马拉松成绩次之，纽约马拉松成绩最差；对于男性马拉松选手来说，柏林马拉松成绩最好，波士顿马拉松与伦敦马拉松成绩次之，纽约马拉松成绩最差。尽管波士顿马拉松在 2019 年举办了第 123 届，但是参加比赛的人数却是世界六大

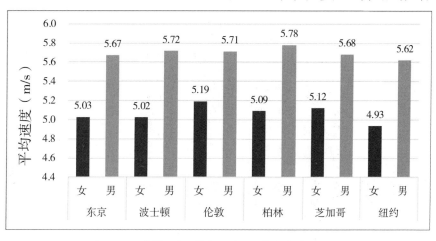

后记图 1　世界六大马拉松比赛男女最佳成绩平均速度

马拉松比赛中最少的。纽约马拉松虽然参加人数最多（2018 年参赛人数 52 705 人），但是比赛的男女最佳成绩却最差。

依照世界六大马拉松比赛成绩，2018 年女生第 1 名、第 50 名、第 100 名、第 150 名、第 200 名的比赛成绩（后记图 2），除了第 1 名比赛成绩与柏林马拉松、伦敦马拉松、东京马拉松、纽约马拉松较接近外，第 50 名、第 100 名、第 150 名、第 200 名比赛成绩的排序，都是芝加哥马拉松最佳、伦敦马拉松最差。在亚洲的东京马拉松、在欧洲的伦敦马拉松，可能受到地域关系限制，第 150 名之后的成绩就有略慢的趋势。对于女子马拉松选手来说，依照 2018 年的比赛成绩来看，芝加哥马拉松比赛可能难度最低（成绩比较好），伦敦马拉松比赛可能难度最高（成绩比较差）。

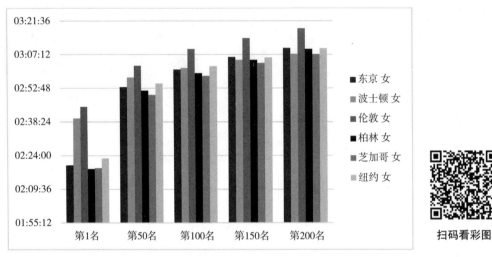

后记图 2　2018 年马拉松比赛女子第 1 名、第 50 名、第 100 名、第 150 名、第 200 名成绩对比

依照世界六大马拉松比赛成绩，2018 年男生第 1 名、第 50 名、第 100 名、第 150 名、第 200 名的比赛成绩（后记图 3），除了第 1 名比赛成绩柏林马拉松最佳（创新世界纪录）外，

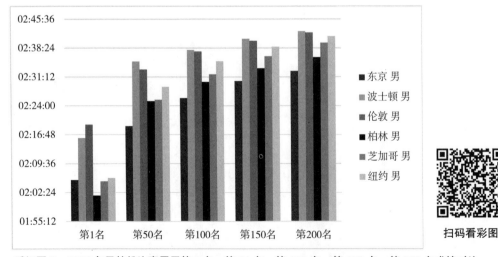

后记图 3　2018 年马拉松比赛男子第 1 名、第 50 名、第 100 名、第 150 名、第 200 名成绩对比

第 50 名、第 100 名、第 150 名、第 200 名比赛成绩的排序，都是东京马拉松最佳、柏林马拉松次之、波士顿马拉松与伦敦马拉松最差。波士顿马拉松虽然是世界上最古老的城市马拉松比赛，但是对于具备优异长跑能力的男性跑者来说，似乎比赛难度较高（成绩比较差）。波士顿马拉松参加比赛的人数不到纽约马拉松参加比赛人数的一半，可能是造成成绩较差的原因之一。

东京马拉松、波士顿马拉松、伦敦马拉松、柏林马拉松、芝加哥马拉松、纽约马拉松（世界六大马拉松比赛），每年吸引 2 万多到 5 万多的马拉松爱好者参与（真正报名参加的人数更多，主办单位通过抽签的方式控制参赛人数）。尽管波士顿马拉松在 2019 年 4 月举办了第 123 届比赛，但是由 2018 年参赛者的比赛成绩来看，对于男子马拉松爱好者来说，波士顿马拉松的难度似乎最大（比赛成绩较差），东京马拉松、柏林马拉松似乎是难度较低（比赛成绩较佳）的马拉松比赛。伦敦马拉松则是难度最大（比赛成绩较差）的女子马拉松比赛。

2018年、2019年台北马拉松比赛数据分析

台北马拉松比赛于1986年开始举办。2019年起，台北马拉松成为中国台湾第一个通过国际田径联合会（国际田联，IAAF）铜标签认证的市区马拉松，也是台湾最具指标性之一的马拉松盛会。富邦金控自2009年开始赞助台北马拉松，至今已经11年，是台北马拉松最长期的赞助伙伴。运动生理学网站与Bravelog运动趣网站合作，收集了2018年、2019年参加台北马拉松比赛的数据资料，进行进一步的分析。

2018年报名台北马拉松比赛的男生跑者共6516人，完成比赛且分段资料完整的（剔除国际选手、未完成比赛、检查点未完整记录的参赛者）共5339人；3小时内、3~3.5小时、3.5~4小时、4~4.5小时、4.5~5小时、5小时以上完成比赛的人数，分别为124人、598人、1117人、1179人、1224人、1097人。2019年报名男生跑者共6927人（+6.3%），完成比赛且分段资料完整的共5861人（+9.8%），不同比赛成绩人数分别为117人（-5.6%）、679人（+13.5%）、1180人（+5.8%）、1238人（+5.0%）、1204人（-1.6%）、1443人（+31.5%）（后记图4A）。

2018年报名台北马拉松比赛的女生跑者共1242人，完成比赛且分段资料完整的共907人；3.5小时内、3.5~4小时、4~4.5小时、4.5~5小时、5小时以上完成比赛的人数，分别为29人、135人、203人、254人、286人。2019年报名女生跑者共1476人（+18.8%），完成比赛且分段资料完整的共1124人（+23.9%），不同比赛成绩人数分别为34人（+17.2%）、165人（+22.2%）、267人（+31.5%）、283人（+11.4%）、375人（+31.1%）（后记图4B）。

依据2018年、2019年台北马拉松比赛数据，2019年，女生报名与完成比赛的人数明显增加约20%，男生也呈现增加约10%的状况。比赛成绩5小时以上的男女人数分别增加31.5%、31.1%，由此可见，有意愿参与马拉松比赛的社会大众，仍然有持续增加的现象。但是，成绩在3小时内的男女生人数皆减少（女生2018年2人，2019年0人），显示参与马拉松比赛的人数增加，虽然有提升整体的马拉松比赛表现，但是最佳表现的人数并没有增加。

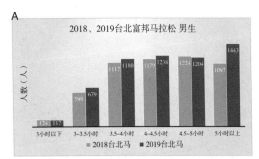
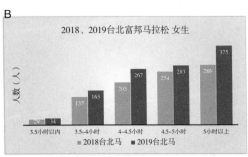

后记图4　2018年、2019年台北马拉松男女比赛成绩人数分析

依据 Santos-Lozano 等（2014）整理的 2006—2011 纽约马拉松比赛成绩数据，可以发现不同能力跑者皆采用前快后慢的方式进行马拉松比赛，而且能力较佳跑者的速度变化较小，成绩较差的休闲跑者速度变化较大。在"马拉松比赛的配速方法"（第三章第十二节）中，依据整理的文献资料，马拉松比赛配速以采用先快后慢的正向配速策略（positive pacing strategy）最为常见。依据 2018 年、2019 年台北马拉松比赛数据，男生、女生的速度变化范围（2018 年为 20.8%、16.7%，2019 年为 27.4%、18.8%）、速度变化的平均值（%）[速度变化平均值（%）=（每一位跑者的分段速度 – 该跑者自己的平均速度）/ 跑者自己的平均速度]、速度变化标准差如后记图 5 所示。依据比赛数据分析，男女跑者的配速方式皆采用前快后慢，2019 年

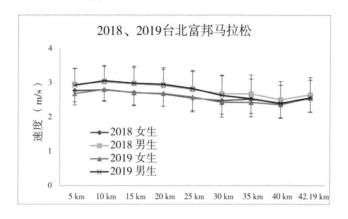

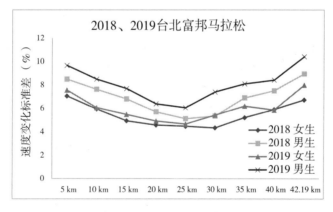

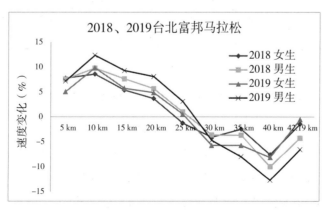

后记图 5　2018 年、2019 年台北马拉松男女比赛配速分析

男女在最后 10 km 速度慢于 2018 年，可能是 5 小时以上跑者人数分别增加 31.5%、31.1%，造成比赛末段整体平均速度下降。

男生跑者成绩 3 小时内、3～3.5 小时、3.5～4 小时、4～4.5 小时、4.5～5 小时、5 小时以上的速度变化范围（2018 年为 7.7%、10.9%、15.2%、18.6%、23.9%、27.4%，2019 年为 8.3%、15.2%、20.2%、25.7%、29.2%、31.2%）、速度变化（平均）、速度变化标准差如后记图 6 所示。依据比赛数据，男生跑者的配速方式皆是前快后慢，而且速度快的跑者速度变化（%）较小、标准差也比较小，速度慢的跑者速度变化（%）较大、标准差也比较大。

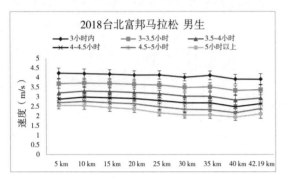
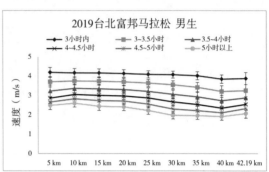

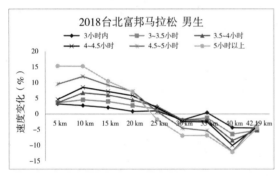
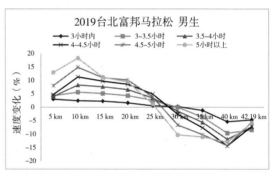

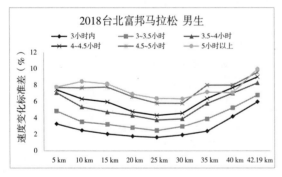
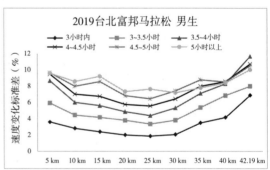

后记图 6　2018 年、2019 年台北马拉松男生比赛配速分析

女生跑者成绩 3.5 小时内、3.5～4 小时、4～4.5 小时、4.5～5 小时、5 小时以上的速度变化范围（2018 年为 5.5%、9.5%、13.2%、16.4%、23.1%，2019 年为 7.1%、10.9%、15.8%、19.2%、22.8%）、速度变化（平均）、速度变化标准差如后记图 7 所示。依据比赛数据，女生跑者的配速方式也皆是前快后慢，而且速度快的跑者速度变化（%）较小、标准差也比较小，

速度慢的跑者速度变化（%）较大、标准差也比较大。依据跑步成绩与配速变化的资料来看，不管是男生或女生马拉松跑者，能力较差的跑者配速的能力比较差，马拉松比赛过程的速度变化比较大。由此可见，训练跑步时的配速能力，可能是提升跑步表现的重要训练手段。

台北马拉松 2018 年、2019 年比赛数据资料显示，5 小时以上成绩的马拉松参与者增加超过 31%，而且整体马拉松表现有逐渐提升的趋势，尤其是女生参与马拉松比赛的质量都有显著的进步（不过女生参赛人数仅有男生的五分之一，仍有很大成长空间）。可惜的是，3 小时以内的跑者人数减少，这一现况值得进一步探究。

不管是 2018 年、2019 年的台北马拉松比赛数据，男女不同成绩的马拉松跑者，都有采用先快后慢配速的趋势，而且马拉松比赛的配速与表现有特殊的关联。采用更快的跑步速度，维持跑步速度的稳定，都是参与马拉松比赛的重要条件，也是进行马拉松训练的重要课题。

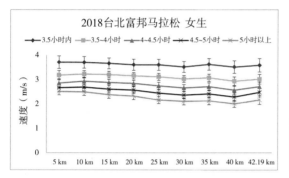
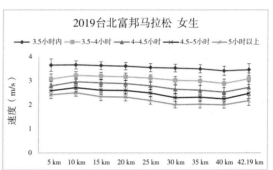

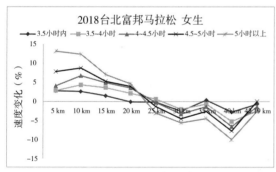
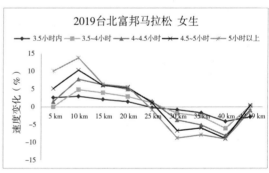

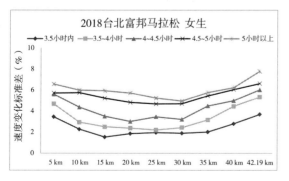
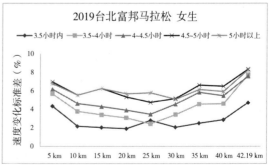

后记图 7　2018 年、2019 年台北马拉松女生比赛配速分析

参考文献

第一章

1. 跑者广场——马拉松普查网
2. 2014 亚运会网站资料
3. 王秋竣、吴文骞、郑子健提供资料
4. 谢伸裕、吴忠芳、曹德弘、张苹苹、黄一昌、黄秀慧、黄沧海 (2002)。发展运动生理学。73-96，合记图书。台北市。
5. 林惠美、曾国维、陈永盛 (2015)。运动员成长追踪在训练科学之运用。大专体育，132，35-43。
6. 程文欣 (2006)。心跳率控制跑步速度之耐力训练效果研究。中正大学运动与休闲教育研究所，未出版硕士论文。
7. Armstrong, N., Welsman, J. R., Nevill, A. M., & Kirby, B. J. (1999). Modeling growth and maturation changes in peak oxygen uptake in 11–13 yr olds. Journal of Applied Physiology, 87(6), 2230–2236.
8. Armstrong, N., & Welsman, J. R. (1994). Assessment and interpretation of aerobic fitness in children and adolescents. Exercise and Sport Sciences Revews, 22, 435–476.
9. Al-Hazzaa, H. M. (2001). Development of maximal cardiorespiratory function in Saudi boys. Saudi Medicine Journal, 22(10), 875–881.
10. Barnes, K. R., Mcguigan, M. R., & Kilding, A. E. (2014). Lower-body determinants of running economy in male and female distance runners. Journal of Strength & Conditioning Research, 28(5), 1289–1297.
11. Baxter, J., & Piazza, S. J. (2014). Plantar flexor moment arm and muscle volume predict torque-generating capacity in young men. Journal of Applied Physiology, 116(5), 538–544.
12. Balyi, I., & Way, R. (2015). The role of monitoring growth in long-term athlete development. Published by the Canadian Sport Centres.
13. Beunen, G., Baxter-Jones A. D. G., Mirwald, R. L., Thomas, M., Lefevre, J., Malina, R. M., & Bailey, D. A. (2002). Intraindividual allometric developmwnt of aerobic power in 8- to 16-year-old boys. Medicine & Science in Sports & Exercise, 33(3), 503–510.
14. Cunningham, D. A., Paterson, D. H., Blimkie, C. J. R., & Donner, A. P. (1984). Development of cardiorespiratory function in circumpubertal boys: a longitudinal study. Journal of Applied Physiology, 56(2), 302–307.
15. Daniels, J., & Gilbert, J. R. (1979). Oxygen Power: Performance Tables for Distance Runners, Oxygen Power. USA.
16. Donato, A. J., Tench, K., Glueek, D. H., Seals, D. R., Eskurza, I., & Tanaka, H. (2002). Declines in physiological functional capacity with age: a longitudinal study in peak swimming performance. Journal of Applied Physiology, 94, 764–769.
17. Eler, N. (2018). The correlation between right hand finger ratio (2D：4D) and the parameters of anthropometric and physical fitness in children. Journal of Human Sciences, 15(1), 656–664.
18. Eskurza, I., Donato, A. J., Moreau, K. L., Seals, D. R., & Tanaka, H. (2002). Changes in maximal aerobic capacity with age in endurance-trained women: 7-yr follow-up. Journal of Applied Physiology, 92, 2303–2308.
19. Fleg, J. L., Morrell, C. H., Bos, A. G., Brant, L. J., Talbot, L. A., Wright, J. G., & Lakatta, E. G. (2005). Accelerated longitudinal decline of aerobic capacity in healthy older adults. Circulation, 112, 674–682.
20. Getthner, G. A., Thomis, M. A., Eynde, B. V., Maes, H. H. M., Loos, R. J. F., Peeters, M., Claessens, A. L. M., Vlietinck, R., Malina, R. M., & Beunen, G. P. (2004). Growth in peak aerobic power during adolescence. Medicines Science in Sports and Exercise, 36(9), 1616–1624.
21. Goran, M., Fields, D. A., Hunter, G. R., Herd, S. L., & Weinsier, R. L. (2000). Total body fat does not influence maximal aerobic capacity. International Journal of Obesity, 24, 841–848.
22. Helgerud, J. (1994). Maximal oxygen uptake, anaerobic threshold and running economy in women and men with similar performances level in marathons. European Journal of Applied Physiology, 68, 155–161.
23. Hill, R., Simpson, B., Manning, J., & Kilduff, L. (2012). Right - left digit ratio (2D：4D) and maximal oxygen uptake, Journal of Sports Sciences, 30(2), 129–134.
24. Holzapfel, S. D. (2013). Relationship between a proxy of prenatal testosterone (2D：4D) and determinants of endurance running performance. Eastern Kentucky University. Online Theses and Dissertations.
25. Holzapfel, S. D., Chomentowski III, P. J., Summers, L. A. M., & Sabin, M. J. (2016). The relationship between digit ratio (2D：4D), VO_{2max}, ventilatory threshold, and running performance. International Journal of Sports Sciences and Fitness, 6(1), 1–30.
26. Hone, L. S. E., & McCullough, M. E. (2012). 2D：4D ratios predict hand grip strength (but not hand grip endurance) in men (but not in women). Evolution and Human Behavior, 33, 780–789.
27. Hönekopp, J., & Schuster, M. (2010) A meta-analysis on 2D:4D and athletic prowess: Substantial relationships but neither hand out-predicts the other. Personality and Individual Differences, 48, 4–10.
28. Joyner, M. J., Ruiz, J. R., & Lucia, A. (2011). The two-hour marathon: who and when? Journal of Applied Physiology, 110(1), 275–277.
29. Lara, B., Salinero, J. J., & Del Coso, J. (2014). The relationship between age and running time in elite marathoners is U-shaped. Age, 36, 1003–1008.
30. Lepers, R., & Cattagni, T. (2012). Do older athletes reach limits in their performance during marathon running? Age, 34(3), 773 - 781.
31. Landers, G. J., Blanksby, B. A., & Ackland, T. R. (2011). The relationship between stride rates, lengths, and body size and their effect on elite triathletes'running performance during competition. International Journal of Exercise Science, 4(4), 238–246.
32. Lacour, J.-R., & Bourdin, M. (2015). Factors affecting the energy cost of level running at submaximal speed. European Journal of Applied Physiology, 115(4), 651–673.
33. Longman, D., Stock, J. T., & Wells, J. C. K. (2011). Digit ratio (2D:4D) and rowing ergometer performance in males and females. American Journal of Physical Anthropology, 144, 337–341.
34. Maiorana, A., O'driscoll, G., Dembo, L., Goodman, C., Taylor, R., & Green, D. (2001). Exercise training, vascular function, and functional capacity in middle-aged subjects. Medicine & Science in Sports & Exercise, 33(12), 2022–2028.
35. Midgley, A. W., McNaughton, L. R., & Jones, A. M. (2007). Training to enhance the physiological determinants of long-distance running performance. Sports Medicine, 37(10), 857–880.
36. Mooses, M. (2014). Anthropometric and physiological determinants of running economy and performance from Estonian recreational to Kenyan national level distance runners. Doctor Thesis, Institute of Sport Pedagogy and Coaching Sciences, Faculty of Exercise and Sport Sciences, Centre of Behavioural, Social, and Health Sciences, University of Tartu, Tartu, Estonia.
37. Mooses, M., Moses, K., Haile, D. W., Durussel, J., Kaasik, P., & Pitsiladis, Y. P. (2015). Dissociation between running economy and running performance in elite Kenyan distance runners. Journal of Sports Science, 33(2), 136–144.
38. Mcmurray, R. G., Harrell, J. S., Bradley, C. B., Deng, S., & Bangdiwala, S. I. (2002). Predicted maximal aerobic power in youth is related to age, gender, and ethnicity. Medicine & Science in Sports & Exercise, 34(1), 145–151.
39. Philippaerts, R. M., Vaeyens, R., Janssens, M., Renterghem, B. V., Matthys, D., Craen, R., Bourgois, J., Vrijens, J., Beunen, G., & Malina, R. M. (2006). The relationship between peak height velocity and physical performance in youth soccer players. Journal of Sports Sciences, 24(3), 221–230.
40. Rowland, T., Goff, D., Martel, L., & Ferrone, L. (2000). Influence of cardiac functional capacity on gender defferences in maximal oxygen uptake in children. Chest, 117(3), 629–635.
41. Running for Fitness : Weight and performance

42. Rutenfranz, J. (1986). Longitudinal approach to assessing maximal aerobic power during growth: the European experience. Medicine & Science in Sports & Exercise, 18(3), 270–275.

43. Sano, K., Nicol, C., Akiyama, M., Kunimasa, Y., Oda, T., Ito, A., Locatelli, E., Komi, P. V., & Ishikawa, M. (2015). Can measures of muscle-tendon interaction improve our understanding of the superiority of Kenyan endurance runners? European Journal of Applied Physiology, 115(4), 849–859.

44. Saunders, P. U., Pyne, D. B., Telford, R. D., & Hawley, J. A. (2004). Factors affecting running economy in trained distance runners. Sports Medicine, 34(7), 465–485.

45. Scholz, M. N., Bobbert1, M. F., van Soest, A. J., Clark, J. R., & van Heerden, J. (2008). Running biomechanics: shorter heels, better economy. The Journal of Experimental Biology, 211, 3266–3271.

46. Stiefel, M., Knechtle, B., & Lepers, R. (2014). Master triathletes have not reached limits in their Ironman triathlon performance. Scandinavian Journal of Medicine & Science in Sports, 24(1), 89–97.

47. Storen, O., Helgerud, J., Stoa, E. M., & Hoff, J. (2008). Maximal strength training improves running economy in distance runners. Medicine & Science in Sports & Exercise, 40(6), 1089–1094.

48. Taboga, P., Lazzer, S., Fessehatsion, R., Agosti, F., Sartorio, A., & di Prampero, P. E. (2012). Energetics and mechanics of running men: the influence of body mass. European Journal of Applied Physiology. 112(12), 4027–4033.

49. Tanaka, H., DeSouza, C. A., Jones, P. P., Stevenson, E. T., Davy, K. P., & Seals, D. R. (1997). Greater rate of decline in maximal aerobic capacity with age in physically active vs. sedentary healthy woman. Journal of Applied Physiology, 83(6), 1947–1953.

50. Tanaka, H., & Seals, D. R. (1997). Age and gender interactions in physiological functional capacity: insight from swimming performance. Journal of Applied Physiology, 82(3), 846–851.

51. Tanaka, H., & Seals, D. R. (2003). Invited review: dynamic exercise performance in masters athletes: insight into the effects of primary human aging on physiological functional capacity. Journal of Applied Physiology, 95, 2152–5162.

52. Tolfrey, K., Barker, A., Thom, J. M., Morse, C. I., Narici, M. V., & Batterham, A. M. (2006). Scaling of maximal oxygen uptake by lower leg muscle volume in boys and men. Journal of Applied Physiology, 100, 1851–1856.

53. Trowbridge, C. A., Gower, B. A., Nagy, T. R., Hunter, G. R., Treuth, M. S., & Goran, M. I. (1997). Maximal aerobic capacity in African-American and Caucasian prepuertal children. American Journal of Physiology, 273(36), E809–E814.

54. Weiss, E. P., Spina, R. J., Holloszy, J. O., & Ehsani, A. A. (2006). Gender differences in the decline in aerobic capacity and its physiological determinants during the later decades of life. Journal of Applied Physiology, 101, 938–944.

55. Wilson, T. M., & Tanaka, H. (2000). Meta-analysis of the age-associated decline in maximal aerobic capacity in men: relation to training status. American Journal of Physiology: Heart Circulatory Physiology, 278, H829–H834.

第二章

1. 毛祚彦、林贵福 (2006)。二十公尺渐速折返跑研究及发展。运动生理暨体能学报，4，55–64。

2. 余鉴纮、方进隆 (2002)。PACER 测验和最大摄氧量相关之研究。体育学报，33，33–42。

3. 林信甫与庄泰源 (2003)：跑步经济性及其相关影响因素探讨。中华体育，17(3)，53–60。

4. 林正常 (2000)。临界速度在耐力训练上的应用。运动生理周讯，49。http://www.epsport.net/epsport/week/show.asp?repno=49

5. 郑景峰 (2009)。摄氧量可以做什么？运动生理周讯，267。http://www.epsport.net/epsport/week/show.asp?repno=267

6. 吴政勋 (2007)。正常成人行走的生理耗能指数。特殊教育与

7. 王顺正、林玉琼、吴忠芳、林正常 (2002)。速度耐力模式评量无氧跑步能力与最大瞬间速度之研究。体育学报，33，1–10。

8. 吕香珠 (1991)。无氧动力测验的新诠释及其应用时机。中华体育，4(4)，61–69。

9. 吴忠芳、王顺正、林玉琼、庄泰源、林正常 (2000)。长跑选手无氧跑步能力判定法之比较研究。体育学报，28，369–378。

10. 王顺正、林正常 (1992)。临界负荷、肌电图疲劳阈值与无氧阈值的关系研究，体育学报，14，207–226。

11. 王顺正、林正常 (1996)。登阶测验评估最大摄氧量的效度概化，体育学报，20，351–362。

12. 王顺正、吴颢照、王锭尧、林正常 (2005)。单次间歇临界速度测验的效度研究，体育学报，38，2，1–12。

13. 王顺正、林必宁、王予仕、余奕德、黄彦钧、程文欣、陈信良、吴忠芳 (2005)。跑步机固定心跳率跑速变异的效度与信度研究。第四届华人运动生理与体适能学者学会年合暨学术发表会专刊，中国文化大学。

14. 王鹤森 (1992)。无氧阈值测定法之比较研究。未出版硕士论文，台湾师范大学体育研究所。

15. 王锭尧、王顺正 (2004)。心肺恢复指数与最大摄氧量的相关研究。体育学报，37，91–102。

16. 吴忠芳 (2002)。非最大跑步运动摄氧量与心跳率推算临界速度之效度研究。未出版硕士论文，台湾师范大学体育研究所。

17. 吴忠芳、王顺正、林必宁 (2006)。固定心跳率跑步变异 (RSVHRC) 在跑步机上之应用。台中学院体育，3，51–58。

18. 吕盈贤 (2005)。田径场心肺恢复指数评量高中男生心肺适能之研究。未出版硕士论文，中正大学运动与休闲教育研究所，嘉义县。

19. 林正常 (1995)。运动生理学实验指引。师大书苑，台北市。

20. 林必宁 (2006)。运动强度与时间对跑步机固定心跳率跑速变异之影响。未出版硕士论文，中正大学运动与休闲教育研究所，嘉义县。

21. 胡文瑜、谢旻宏、王予仕、黄彦钧、王顺正 (2006)。不同时段测验固定心跳率跑速变异之信度研究。台湾运动生理暨体能学会 2006 年年会及学术研讨会，台北市。

22. 杨群正 (2005)。最大脂肪代谢率强度跑步运动之脂肪代谢变化研究。未出版硕士论文，中正大学运动与休闲教育研究所，嘉义县。

23. Abad, C. C. C., Barros, R. V., Bertuzzi, R., Gagliardi, J. F. L., Lima-Silva, A. E., Lambert, M. I., & Pires, F. O. (2016). 10 km running performance predicted by a multiple linear regression model with allometrically adjusted variables. Journal of Human Kinetics, 51, 193–200.

24. Aunola, S., & Rusko, H. (1992). Does anaerobic threshold correlate with maximal lactate steady-state? Journal of Sports Science, 10(4), 309–323.

25. Bangsbo, J., Iaia, F. M., & Krustrup, P. (2008). The yo-yo intermittent recovery test – a useful tool for evaluation of physical performance in intermittent sports. Sports Medicine, 38(1), 37–51.

26. Bernard, O., Ouattara, S., Maddio, F., Jimenez, C., Charpenet, A., Melin, B., & Bittel, J. (2000). Determination of the velocity associated with VO_{2max}. Medicine in Sports & Exercise, 32(2), 464–470.

27. Berthoin, S., Baquet, G., Dupont, G., Blondel, N., & Mucci, P. (2003). Critical velocity and anaerobic distance capacity in prepubertal children. Canadian Journal of Applied Physiology, 28(4), 561–575.

28. Billat, L. V., & Koralsztein, J. P. (1996). Significance of the velocity at VO_{2max} and time to exhaustion at this velocity. Sports Medicine, 22(2), 90–108.

29. Billat, V. L., Flechet, B., Petit, B., Muriaux, G., & Koralsztein, J. P. (1999). Interval training at VO_{2max}: effects on aerobic performance and overtraining markers. Medicine & Science in Sports & Exercise, 31(1), 156–163.

30. Bosquet, L., Duchene, A., Lecot, F., Dupont, G., & Leger, L. (2006). Vmax estimate from three-parameter critical velocity models: validity and impact on 800m running performance prediction. European Journal of Applied Physiology, 97, 34–42.

31. Bosquet, L., Delhors, P. R., Duchene, A., Dupont, G., & Leger, L. (2007). Anaerobic running capacity determined from a 3-parameter systems model: relationship with other anaerobic indices and with running performance in the 800 m-Run. International Journal of Sports Medicine, 28, 495-500.

32. Boullosa, D. A., Tonello, L., Ramos, I., Silva, A. d. O., Simoes, H. G., & Nakamura, F. Y. (2013). Relationship between aerobic capacity and yo-yo IR1 performance in Brazilian professional futsal players. Asian Journal of Sports Medicine, 4(3), 230-234.

33. Bragada, J. A., Santos, P. J., Maia, J. A., Colaco, P. J., Lopes, V. P., & Barbosa, T. M. (2010). Longitudinal study in 3000m male runners: relationship between performance and selected physiological parameters. Journal of Sports Science and Medicine, 9, 439-444.

34. Bull, A. J., Housh, T. J., Johnson, G. O., & Rana, S. R. (2008). Physiological responses at five estimates of critical velocity. European Journal of Applied Physiology, 102, 711-720.

35. Castagna, C., Impellizzeri, F. M., Chamari, K., Carlomagno, D., & Rampinini, E. (2006). Aerobic fitness and yo-yo continuous and intermittent tests performances in soccer players: a correlation study. Journal of Strength and Conditioning Research, 20(2), 320-325.

36. Castagna, C., Impellizzeri, F., Cecchini, E., Rampinini, E., & Alvarez, J. C. B. (2009). Effects of intermittent-endurance fitness on match performance in young male soccer players. Journal of Strength and Conditioning Research, 23(7), 1954-1959.

37. Caird, S.J., McKenzie, A.D., & Sleivert, G.G. (1999). Biofeedback and relaxation techniques improves running economy in sub-elite long distance runners. Medicine & Science in Sports & Exercise, 31(5), 717-722.

38. Conley, D. L., & Krahenbuhl, G. S. (1980). Running economy and distance running performance of highly trained athletes. Medicine & Science in Sports & Exercise, 12(5), 357-360.

39. de Souza, K. M., de Lucas, R. D., Grossl, T., Costa, V. P., Guglielmo, L. G. A., & Denadai, B. S. (2014). Performance prediction of endurance runners through laboratory and track tests. Revista Brasileira de Cineantropometria e Desempenho Humano, 16(4), 465-474.

40. Delussu, A. S., Morone, G., Iosa, M., Bragoni, M., Paolucci, S., & Traballesi, M. (2014). Concurrent validity of physiological cost index in walking over ground and during robotic training in subacute stroke patients. BioMed Research International, Article ID 384896.

41. Florence, S., & Weir, J. P. (1997). Relationship of critical velocity to marathon running performance. European Journal of Applied Physiology, 75, 274-278.

42. Fredrickson, E., Ruff, R. L., & Daly, J. J. (2007). Physiological cost index as a proxy measure for the oxygen cost of gait in stroke patients. Neurorehabilitation and Neural Repair, 21(5), 429-434.

43. Foster, C., & Lucia, A. (2007). Running economy -the forgotten factor in elite performance. Sports Medicine, 37(4-5), 316-319.

44. Franch, J., Madsen, K., Djurhuus, M. S., & Pedersen, P. K. (1998). Improved running economy following intensified training correlates with reduced ventilatory demands. Medicine & Science in Sports & Exercise, 30(8), 1250-1256.

45. Fukuda, D. H., Smith, A. E., Kendall, K. L., Dwyer, T. R., Kerksick, C. M., Beck, T. W., Cramer, J. T., & Stout, J. R. (2010). The effects of creatine loading and gender on anaerobic running capacity. Journal of Strength and Conditioning Research, 24(7), 1826-1833.

46. Graham, R. C., Smith, N. M., & White, C. M. (2005). The reliability and validity of the physiological cost index in healthy subjects while walking on 2 different tracks. Archives of Physical Medicine and Rehabilitation, 86(10), 2041-2046.

47. Health-calc.com/bleep-test/

48. Hill, D. W., & Rowell, A. L. (1996). Running velocity at VO_{2max}. Medicine & Science in Sports & Exercise, 28(1), 114-119.

49. Housh, T. J., Cramer, J. T., Bull, A. J., Johnson, G. O., & Housh, D. J. (2001). The effect of mathematical modeling on critical velocity. European Journal of Applied Physiology, 84, 469-475.

50. Jones, A. M., & Carter, H. (2000). The effect of endurance training on parameters of aerobic fitness. Sports Medicine, 29(6), 373-386.

51. Jones, A. M., Carter, H., & Doust, J. H. (1999). Effect of six weeks of endurance training on parameters of aerobic fitness. Medicine & Science in Sports & Exercise, 31(5s), s280.

52. Kyrolainen, H., Belli, A., & Komi, P.V. (2001). Biomechanical factors affecting running economy. Medicine & Science in Sports & Exercise, 33(8), 1330-1337.

53. Kyrolainen, H., Pullinen, T., Candau, R., Avela, J., Huttunen, P., & Komi, P.V. (2000). Effects of marathon running on running economy and kinematics. European Journal of Applied Physiology, 82(4), 297-304.

54. Lavin, K. M., Guenette, J. A., Smoliga, J. M., & Zavorsky, G. S. (2013). Controlled-frequency breath swimming improves swimming performance and running economy. Scandinavian Journal of Medicine & Science in Sports, doi: 10.1111/sms.12140. Wiley Online Library.

55. Leger, L., & Gadoury, C. (1989). Validity of the 20 m shuttle run test with 1 min stages to predict vo2max in adults. Canadian Journal of Sport Sciences, 14(1), 21-26.

56. Lin, J. C., & Wang, S. C. (1999). The physiological responses of running at critical velocity for distance runners. Abstract. Medicine & Science in Sports & Exercise, 31(5), s371.

57. Lucia, A., Esteve-Lanao, J., Oliva'n, J., Go'mez-Gallego, F., San Juan, A. F., Santiago, C., Pe'rez, M., Chamorro, C., & Foster, C. (2006). Physiological characteristics of the best Eritrean runners - exceptional running economy. Applied Physiology, Nutrition, and Metabolism, 31, 1-11.

58. Midgley, A. W., McNaughton, L. R., & Jones, A. M. (2007). Training to enhance the physiological determinants of long-distance running performance. Sports Medicine, 37(10), 857-880.

59. Moritani, T., & deVries, H., A. (1980). Anaerobic threshold determination by surface electromyography. Abstract. Medicine & Science in Sports & Exercise, 12, 86.

60. Perry, S. R., Housh, T. J., Johnson, G. O., Ebersole, K. T., & Bull, A. J. (2001). Heart rate and ratings of perceived exertion at the physical working capacity at the heart rate threshold. Journal of Strength and Conditioning Research, 15(2), 225-229.

61. Raj, R., Amiri, H. M., Wang, H., & Nugent, K. M. (2014). The repeatability of gait speed and physiological cost index measurements in working adults. Journal of Primary Care & Community Health, 5(2), 128-133.

62. Rampinini, E., Sassi, A., Azzalin, A., Castagna, C., Menaspa, P., Carlomagno, D., & Impellizzeri, F. M. (2010). Physiological determinants of Yo-Yo intermittent recovery tests in male soccer players. European Journal of Applied Physiology, 108(2), 401-409.

63. Saunders, P. U., Pyne, D. B., Telford, R. D., & Hawley, J. A. (2004). Factors affecting running economy in trained distance runners. Sports Medicine, 34(7), 465-485.

64. Sharma, H., & Sarkar, A. (2016). Correlation between six minute walk test and physiological cost index in healthy indian females. International Journal of Science and Research, 5(2), 1386-1391.

65. Stegmann, H., Kindermann, W., Schnabel, A. (1981). Lactate Kinetics and Individual Anaerobic Threshold. International journal of Sports Medicine, 02(3), 160-165.

66. Tjelta, L. I., Tjelta, A. R., & Dyrstad, S. M. (2012). Relationship between velocity at anaerobic threshold and factors affecting velocity at anaerobic threshold in elite distance runners. International Journal of Applied Sports Sciences, 24(1), 8-17.

67. Tjelta, L. I., & Shalfawi, S. A. I. (2016). Physiological Factors affecting performance in elite distance runners. Acta Kinesiologiee Universitatis Tartuensis, 22, 7-19.

68. Wagner, L. L., & Housh, T. J. (1993). A proposed test for determining physical working capacity at the heart rate threshold. Research Quality for Exercise and Sport, 64(3), 361-364.

69. Weston, A. R., Mbambo, Z., & Mybrugh, K. H. (2000). Running economy of African and Caucasian distance runners. Medicine &

Science in Sports & Exercise, 32(6), 1130–1134.

70. Zacca, R., Wenzel, B. M., Piccin, J. S., Marcilio, N. R., Lopes, A. L., & Castro, F. A. S. (2010). Critical velocity, anaerobic distance capacity, maximal instantaneous velocity and aerobic inertia in sprint and endurance young swimmers. European Journal of Applied Physiology, 110, 121–131.

71. Zagatto, A. M., Kalva–Filho, C. A., & Loures, J. P. (2013). Anaerobic running capacity determined from the critical velocity model is not significantly associated with maximal accumulated oxygen deficit in army runners. Science & Sports, 28(6), e159–e165.

72. http://www.5-a-side.com/

第三章

1. 林正常校阅 (2013)。应用运动生理学——整合理论与应用。艺轩图书，台北市。

2. American College of Sports Medicine (2009). American College of Sports Medicine position stand. Progression models in resistance training for healthy adults. Medicine & Science in Sports & Exercise, 41, 687–708.

3. Abbiss, C. R., & Laursen, P. B. (2008). Describing and understanding pacing strategies during athletic competition. Sports Medicine, 38(3), 239–252.

4. Baar, K. (2014). Using nutrition and molecular biology to maximize concurrent training. Sports Science Exchange, 27(136), 1–5.

5. Berg, K. (2003). Endurance training and performance in runners – research limitations and unanswered questions. Sports Medicine, 33(1), 59–73.

6. Billat, V., & Lopes, P. (2006). Indirect Methods for estimation of aerobic power. In P. J. Maud & C. Foster (Eds), Physiological Assessment of Human Fitness (p22). Champaign, IL: Human Kinetics.

7. Bragada, J. A., Santos, P. J., Maia, J. A., Colaco, P. J., Lopes, V. P., & Barbosa, T. M. (2010). Longitudinal study in 3000m male runners: relationship between performance and selected physiological parameters. Journal of Sports Science and Medicine, 9, 439–444.

8. Bosquet, L., Duchene, A., Lecot, F., Dupont, G., & Leger, L. (2006). Vmax estimate from three–parameter critical velocity models: validity and impact on 800m running performance prediction. European Journal of Applied Physiology, 97, 34–42.

9. Burgomaster, K.A., Hughes, S.C., Heigenhauser, G.J., Bradwell, S.N., & Gibala, M.J. (2005). Six sessions of sprint interval training increases muscle oxidative potential and cycle endurance capacity in humans. Journal of Applied Physiology, 98, 1985–1990.

10. Campos, G. E. R., Luecke, T. J., Wendeln, H. K., Toma, K., Hagerman, F. C., Murray, T. F., Ragg, K. E., Ratamess, N. A., Kraemer, W. J., & Staron, R. S. (2002). Muscular adaptations in response to three different resistance–training regimens: specificity of repetition maximum training zones. European Journal of Applied Physiology, 88(1–2), 50–60.

11. Creer, A. R., Ricard, M. D., & Conlee, R. K. (2004). Neural, metabolic, and performance adaptations to four weeks of high intensity sprint–interval training in trained cyclists. International Journal of Sports Medicine, 25(2), 92–98.

12. Coyle, E.F. (2005). Very intense exercise–training is extremely potent and time efficient: a reminder. Journal of Applied Physiology, 98(6), 1983–1984.

13. Dankel, S. J., Mattocks, K. T., Jessee, M. B., Buckner, S. L., Mouser, J. G., Counts, B. R., Laurentino, G. C., Loenneke, J. P. (2017). Frequency: the overlooked resistance training variable for inducing muscle hypertrophy? Sports Medicine, 47(5), 799–805.

14. Dolgener, F. A., Kolkhorst, F. W., & Whitsett, D. A. (1994). Long slow distance training in novice marathoners. Research Quarterly for Exercise and Sport, 65(4), 339–346.

15. de Souza, E. O., Tricoli, V., Roschel, H., Brum, P. C., Bacurau, A. V. N., Ferreira, J. C. B., Aoki, M. S., Neves–Jr, M., Aihara, A. Y., da

Rocha Correa Fernandes, A., & Ugrinowitsch, C. (2013). Molecular adaptations to concurrent training. International Journal of Sports Medicine, 34(3), 207–213.

16. Edge, J., Bishop, D., & Goodman, C. (2006). The effects of training intensity on muscle buffer capacity in females. European Journal of Applied Physiology, 96, 97–105.

17. Esteve–Lanao, J., San Juan, A. F., Earnest, C. P., Foster, C., & Lucia, A. (2005). How do endurance runners actually train? relationship with competition performance. Medicine & Science in Sports & Exercise, 37(3),496–504.

18. Ely, M. R., Martin, D. E., Cheuvront, S. N., & Montain, S. J. (2008). Effect of ambient temperature on marathon pacing is dependent on runner ability. Medicine & Science in Sports & Exercise, 40(9), 1675–1680.

19. Figueiredo, V. C., de Salles, B. F., & Trajano, G. S. (2018). Volume for muscle hypertrophy and health outcomes: the most effective variable in resistance training. Sports Medicine, 48(3), 499–505.

20. Foster, C., Florhaug, J. A., Franklin, J., Gottschall, L., Hrovatin, L. A., Parker, S., Doleshal, P., & Dodge, C. (2001). A new approach to monitoring exercise training. Journal of Strength and Conditioning Research, 15(1), 109–115.

21. Fragala, M. S., Cadore, E. L., Dorgo, S., Izquierdo, M., Kraemer, W. J., Peterson, M. D., & Ryan, E. D. (2019). Resistance training for older adults: position statement from the National Strength and Conditioning Association. The Journal of Strength and Conditioning Research, 33(8), 2019–2052.

22. Gibala, M. J., Little, J. P., & van Essen, M. (2006). Short–term sprint interval versus traditional endurance training: similar initial adaptations in human skeletal muscle and exercise performance. The Journal of Physiology, 575(3), 901–911.

23. Guglielmo, L. G. A., Junior, R. J. B., Arins, F. B., & Dittrich, N. (2012). Physiological indices associated with aerobic performance in the distances of 1,5 km, 3 km and 5 km. Motriz: Revista de Educacao Fisica, 18(4), 690–698.

24. Hamstra–Wright, K. L., Coumbe–Lilley, J. E., Kim, H., McFarland, J. A., & Huxel Bliven, K. C. (2013). The influence of training and mental skills preparation on injury incidence and performance in marathon runners. Journal of Strength and Conditioning Research, 27(10), 2828–2835.

25. Hickson, R. C. (1980). Interference of strength development by simultaneously training for strength and endurance. European Journal of Applied Physiology, 45, 255–263.

26. Hottenrott, K., Ludyga, S., & Schulze, S. (2012). Effects of high intensity training and continuous endurance training on aerobic capacity and body compostion in recreationally active runners. Journal of Sports Science and Medicine. 11(3), 483–488.

27. International Association of Athletics Federations (IAAF) (2008). Training at the lactate turpoint. IAAF @-letter for CECS Level II Coaches. http://www.rdcsanjuan.org/ attachments/article/43/training%20at%20the%20lactate%20at%20turnpoint.pdf

28. Izquierdo–Gabarren, M., de Txabarri Exposito, R. G., Garcia–Pallares, J., Sanchez–Medina, L., de Villarreal, E. S. S., & Izquierdo, M. (2010). Concurrent endurance and strength training not to failure optimizes performance gains. Medicine & Science in Sports & Exercise, 42(6), 1191–1199.

29. Impellizzeri, F. M., Rampinini, E., Coutts, A. J., Sassi, A., & Marcora, S. M. (2004). Use of RPE–based training load in soccer. Medicine & Science in Sports & Exercise, 36(6), 1042–1047.

30. Jones, A. M., & Carter, H. (2000). The effect of endurance training on parameters of aerobic fitness. Sports Medicine, 29(6), 373–386.

31. Karp, J. R. (2009). The science of endurance. New Studies in Athletics, 24(4), 9–14.

32. Karp, J. R. (2011). 8 ways to improve distance running performance. http://www.rivercityraces.com/files/user/Ways_to_Improve_Distance_Running_Performance.pdf

33. Karp, J. R. (2012). Five lessons i have learned from physiology and

how they can make you a faster runner. Olympic Coach Magazine, 23(2), 4–10.

34. Kilgore, L. (2006). The paradox of the aerobic fitness prescription. The Crossfit Journal Articles. 52, 1–6.

35. Leite, R. D., Prestes, J., Rosa, C., de Salles, B. F., Maior, A., Miranda, H., & Simão, R. (2011). Acute effect of resistance training volume on hormonal responses in trained men. Journal of Sports Medicine and Physical Fitness, 51(2), 322–328.

36. Londeree, B. R. (1997). Effect of training on lactate/ventilatory thresholds : a meta–analysis. Medicine & Science in Sports & Exercise., 29, 837–843.

37. Loprinzi, P. D., & Brown, K. (2012). Empirical examination of predictors of 2–mile time trial performance in high school cross–country runners. Track & Cross Country Journal, 2(2), 239–243.

38. Lucia, A., Hoyos, J., Santalla, A., Earnest, C., & Chicharro, J. L. (2003). Tour de France versus Vuelta a Espana : which is harder. Medicine & Science in Sports & Exercise, 35(5),872–878.

39. Luc í a, A., Hoyos, J., P é rez, M., & Chicharro, J. L. (2000). Heart rate and performance parameters in elite cyclists: a longitudinal study. Medicine & Science in Sports & Exercise, 32(10), 1777–1782.

40. Morton, R. H. (1996). A 3–parameter critical power model. Ergonomics, 39, 611–619.

41. Morton, R. H., Fitz–Clarke, J. R., & Banister, E. W. (1990). Modeling human performance in running. Journal of Applied Physiology, 69(3), 1171–1177.

42. Ogasawara, R., Loenneke, J. P., Thiebaud, R. S., & Abe, T. (2013). Low–load bench press training to fatigue results in muscle hypertrophy similar to high–load bench press training. International Journal of Clinical Medicine, 2013, 4, 114–121.

43. Paavolainen, L., Hakkinen, K., Hamalainen, I., Nummela, A., & Rusko, H. (1999). Explosivestrength training improves 5–km running time by improving running economy and muscle power. Journal of Applied Physiology, 86(5), 1527–1533.

44. Padilla, S., Mujika, I., Orbananos, J., Santisteban, J., Angulo, F., & Goiriena, J. J. (2001). Exercise intensity and load during mass–start stage races in professional road cycling. Medicine & Science in Sports & Exercise, 33(5), 796–802.

45. Parra, J., Cadefau, J. A., & Rodas, G. (2000). The distribution of rest periods affects performance and adaptations of energy metabolism induced by high–intensity training in human muscle. Acta Physiologica Scandinavica, 169(2), 157–165.

46. Pina, F. L. C., Nunes, J. P., Nascimento, M. A., Ribeiro, A. S., Mayhew, J. L., & Cyrino, E. S. (2019). Similar effects of 24 weeks of resistance training performed with different frequencies on muscle strength, muscle mass, and muscle quality in older women. International Journal of Exercise Science, 12(6), 623–635.

47. Renfree, A., & Gibso, A. S. C. (2013). Influence of different performance levels on pacing strategy during the women's world championship marathon Race. International Journal of Sports Physiology and Performance, 7, 279–285.

48. Santos–Lozano, A., Collado, P. S., Foster, C., Lucia, A., & Garatachea, N. (2014). Influence of sex and level on marathon pacing Strategy. Insights from the New York City Race. International Journal of Sports Medicine, 35, 1–6.

49. Schoenfeld, B. J., Ratamess, N. A., Peterson, M. D., Contreras, B., Sonmez, G. T., & Alvar, B. A. (2014). Effects of different volume–equated resistance training loading strategies on muscular adaptations in well–trained men. The Journal of Strength & Conditioning Research, 28(10), 2909–2918.

50. Schoenfeld, B. J., Ratamess, N. A., Peterson, M. D., Contreras, B., & Tiryaki–Sonmez, G. (2015). Influence of resistance training frequency on muscular adaptations in well–trained men. The Journal of Strength & Conditioning Research, 29(7), 1821–1829.

51. Schoenfeld, B. J., Ogborn, D., & Krieger, J. W. (2016). Effects of resistance training frequency on measures of muscle hypertrophy:

a systematic review and meta–analysis. Sports Medicine, 46(11), 1689–1697.

52. Schoenfeld, B. J., Ogborn, D., & Krieger, J. W. (2017). Dose–response relationship between weekly resistance training volume and increases in muscle mass: A systematic review and meta–analysis. Journal of Sports Science, 35(11), 1073–1082.

53. Schoenfeld, B. J., Grgic, J., Ogborn, D., & Krieger, J. W. (2017). Strength and hypertrophy adaptations between low– vs. high–load resistance training: a systematic review and meta–analysis. The Journal of Strength & Conditioning Research, 31(12), 3508–3523.

54. Schoenfeld, B. J., Contreras, B., Krieger, J., Grgic, J., Delcastillo, K., Belliard, R., & Alto, A. (2019). Resistance training volume enhances muscle hypertrophy but not strength in trained men. Medicine & Science in Sports & Exercise, 51(1), 94–103.

55. Seiler, S. (2010). What is best practice for training intensity and duration distribution in endurance athletes? International Journal of Sports Physiology and Performance, 5, 276–291.

56. Seiler, S., & Tonnessen, E. (2009). Intervals, thresholds, and long slow distance: the role of intensity and duration in endurance training. Sportscience, 13, 32–53.

57. Sinnett, A. M., Berg, K., Latin, R. W., & Noble, J. M. (2001). The relationship between field tests of anaerobic power and 10–km run performance. Journal of Strength and Conditioning Research, 15(4), 405–412.

58. Stkren, K., Helgerud, J., Stka, E. M., & Hoff, J. (2008). Maximal strength training improves running economy in distance runners. Medicine & Science in Sports & Exercise, 40(6), 1089–1094.

59. Vollaard, N. B. J., Cooper, C. E., & Shearman, J. P. (2006). Exercise–induced oxidative stress in overload training and tapering. Medicine and Science in Sports and Exercise, 38(7),1335–1341.

60. Vuorimaa, T., Hakkinen, K., Vahasoyrinki, P., & Rusko, H. (1996). Comparison of three maximal anaerobic running test protocols in marathon runners, Middle–distance runners and sprinters. International Journal of Sports and Medicine, 17(2), S109–S113.

61. Williams, M. (2014). Training to improve your running ability. http://www.tidewaterstriders.com/site/wpontent/uploads/docs/trainingtorunfaster.pdf

62. Wilson, J. M., Marin, P. J., Rhea, M. R., Wilson, S. M. C., Loenneke, J. P., & Anderson, J. C. (2012). Concurrent training: a meta–analysis examining interference of aerobic and resistance exercise. Journal of Strength & Condition Research, 26(8), 2293 – 2307.

第四章

1. 罗瑭匀、骆燕萍、詹明昇、张家豪 (2017)。不同垫步模式对女子篮球选手非轴心脚膝关节负荷之差异。大专体育学刊，19(4)，361–373。

2. 林信甫与庄泰源 (2003)：跑步经济性及其相关影响因素探讨。中华体育，17(3)，53–60。

3. 跑动智能鞋垫数据库 (2016)。中国跑者跑姿大数据报告。http://mp.weixin.qq.com/s/Ju92gmWRhVnz2CBCg22Gyw

4. Altman, A. R., & Davis, I. S. (2012a). A kinematic method for footstrike pattern detection in barefoot and shod runners. Gait Posture, 35(2), 298–300

5. Altman, A. R., & Davis, I. S. (2012b). Barefoot running: biomechanics and implications for running injuries. Current Sports Medicine Reports, 11(5), 244–250.

6. Barnes, K. R., & Kilding, A. E. (2015). Running economy: measurement, norms, and determining factors. Bames and Kilding Sports Medicine – Open, 1(8), 1–15.

7. Belli, A., Lacour, J. R., Komi, P. V., Candau, R., & Denis, C. (1995). Mechanical step variability during treadmill running. European Journal of Applied Physiology and Occupational Physiology, 70, 510–517.

8. Besier, T. F., Fredericson, M., Gold, G. E., Beaupr é , G. S., & Delp, S. L. (2009). Knee muscle forces during walking and running

in patellofemoral pain patients and pain-free controls. Journal of Biomechanics, 42(7), 898–905.

9. Brughelli, M., & Cronin, J. (2008). Influence of running velocity on vertical, leg and joint stiffness – Modelling and Recommendations for Future Research. Sports Medicine, 38(8), 647–657.

10. Brughelli, M., Cronin, J., & Chaouachi, A. (2011). Effects of running velocity on running kinetics and kinematics. Journal of Strength and Conditioning Research, 25(4), 933–939.

11. Carpes, F. P., Mota, C. B., & Faria, I. E. (2010). On the bilateral asymmetry during running and cycling – a review considering leg preference. Physical Therapy in Sport, 11, 136–142.

12. Cavanagh, P. R., & Lafortune, M. A. (1980). Ground reaction forces in distance running. Journal of Biomechanics, 13, 397–406.

13. Chavet, P., Lafortune, M. A., & Gray, J. R. (1997). Asymmetry of lower extremity responses to external impact loading. Human Movement Science, 16(4), 391–406.

14. de Ruiter, C. J., Verdijk, P. L., Verker, W., Zuidema, M. J., & de Haan, A. (2013). Stride frequency in relation to oxygen consumption in experienced and novice runners. European Journal of Sport Science, 14(3), 251–258.

15. Folland, J. P., Allen, S. J., Black, M. I., Handsaker, J. C., & Forrester, S. E. (2017). Running technique is an important component of running economy and performance. Medicine Science in Sports and Exercise. 49(7), 1412–1423.

16. Forrester, S., & Townend, J. (2013). Effect of running velocity on footstrike angle in recreational athletes. http://www.asbweb.org/conferences/2013/abstracts/349.pdf

17. Foster, C., & Lucia, A. (2007). Running economy –the forgotten factor in elite performance. Sports Medicine, 37(4–5), 316–319.

18. Girard, O., Millet, G. P., Slawinski, J., Racinais, S., & Micallef, J. P. (2013). Changes in running mechanics and spring–mass behaviour during a 5-km time trial. International Journal of Sports Medicine, 34, 832–840.

19. Gomez-Molina, J., Ogueta-Alday, A., Stickley, C., Camara, J., Cabrejas-Ugartondo, J., & Garcia-Lopez, J. (2017). Differences in spatiotemporal parameters between trained runners and untrained participants. Journal of Strength Condition Research, 31(8), 2169–2175.

20. Gomez-Molina, J., Ogueta-Alday, A., Camara, J., Stickley, C., Rodriguez-Marroyo, J. A., & Garcia-Lopez, J. (2017). Predictive variables of half-marathon performance for male runners. Journal of Sports Science and Medicine, 16, 187–194.

21. Gomez-Molina, J., Ogueta-Alday, A., Camara, J., Stickley, C., & Garcia-lopez, J. (2017). Effect of 8 weeks of concurrent plyometric and running training on spatiotemporal and physiological variables of novice runners. European Journal of Sport Science, 18(2), 162–169.

22. Gruber, A. H., Umberger, B. R., Braun, B., & Hamill, J. (2013). Economy and rate of carbohydrate oxidation during running with rearfoot and forefoot strike patterns. Journal of Applied Physiology, 115, 194–201.

23. Hamill, J., & Gruber, A. (2012). Running injuries: forefoot versus rearfoot and barefoot versus shod: a biomechanist's perspective. 30th Annual Conference of Biomechanics in Sports, Melbourne.

24. Hunter, I., & Smith, G. A. (2007). Preferred and optimal stride frequency, stiffness and economy: changes with fatigue during a 1-h high-intensity run. European Journal of Applied Physiology, 100, 653–661.

25. Hutchinson, A. (2011). The problem with 180 strides per minute: some personal data. http://sweatscience.com/the-problem-with-180-strides-per-minute-some-personal-data/

26. Karamanidis, K., Arampatzis, A., & Bruggemann, G. P. (2003). Symmetry and reproducibility of kinematic parameters during various running techniques. Medicine & Science in Sports & Exercise, 35(6), 1009–1016.

27. Korhonen, M. T., Suominen, H., Viitasalo, J. T., Liikavainio, T.,

Alen, M., & Mero, A. A. (2010). Variability and symmetry of force platform variables in maximum-speed running in young and older athletes. Journal of Applied Biomechanics, 26, 357–366.

28. Landers, G. J., Blanksby, B. A., & Ackland, T. R. (2011). The relationship between stride rates, lengths, and body size and their effect on elite triathletes 分 running performance during competition. International Journal of Exercise Science, 4(4), 238–246.

29. Lieberman, D. E., Venkadesan, M., Werbel, W. A., Daoud, A. I., D'Andrea, S., Davis, I. S., Mang'Eni, R. O., & Pitsiladis, Y. (2010). Foot strike patterns and collision forces in habitually barefoot versus shod runners. Nature, 463, 531–535.

30. Mercer, J., Dolgan, J., Griffin, J., & Bestwick, A. (2008). The physiological importance of preferred stride frequency during running at different speeds. Journal of Exercise Physiology (online), 11(3), 26–32.

31. Millet, G. Y., Morin, J-B., Degache, F., Edouard, P., Feasson, L., Verney, J., & Oullion, R. (2009). Running from paris to beijing: biomechanical and physiological consequences. European Journal of Applied Physiology, 107(6), 731–738.

32. McMahon, T. A., & Cheng, G. C. (1990). The mechanics of running: how does stiffness couple with speed? Journal of Biomechanics, 23(S1), 65–78.

33. Monte, A., Muollo, V., Nardello, F., & Zamparo, P. (2017). Sprint running: how changes in step frequency affect running mechanics and leg spring behaviour at maximal speed. Journal of Sports Science, 35(4), 339–345.

34. Moore, I. S. (2016). Is there an economical running technique? a review of modifiable biomechanical factors affecting running economy. Sport Medicine, 46, 793–807.

35. Moore, I. S., Jones, A. M., & Dixon, S. J. (2014). Relationship between metabolic cost and muscular coactivation across running speeds. Journal of science and medicine in sport, 17(6), 671–676.

36. Mohr, M., Lorenzen, K., Palacios-Derflingher, L., Emery, C., & Nigg, B. M. (2018). Reliability of the knee muscle co-contraction index during gait in young adults with and without knee injury history. Journal of Electromyography and Kinesiology, 38, 17–27.

37. Morin, J. -B., Dalleau, G., Kyrolainen, H., Jeannin, T., & Belli, A. (2005). A simple method for measuring stiffness during running. Journal of Applied Biomechancis, 21, 167–180.

38. Morin, J. B., Samozino, P., Zamezati, K., & Belli, A. (2007). Effects of altered stride frequency and contact time on leg-spring behavior in human running. Journal of Biomechanics, 40, 3341–3348.

39. Morin, J. B., Samozino, P., & Millet, G. Y. (2011). Changes in running kinematics, kinetics, and spring – mass behavior over a 24-h run. Medicine & Science in Sports & Exercise, 43(5), 829–836.

40. Nigg, S., Vienneau, J., Maurer, C., & Nigg, B. M. (2013). Development of a symmetry index using discrete variables. Gait and Posture, 38, 115–119.

41. Nummela, A., Keranen, T., & Mikkelsson, L. O. (2007). Factors related to top running speed and economy. International Journal of Sports Medicine, 28(8), 655–661.

42. Ogueta-Alday, A., Morante, J. C., Gomez-Molina, J., & Garcia-Lopez, J. (2018). Similarities and differences among half-marathon runners according to their performance level. PLoS ONE, 13(1), e0191688.

43. Paavolainen, L., Hakkinen, K., Hamalainen, I., Nummela, A., & Rusko, H. (1999). Explosive-strength training improves 5-km running time by improving running economy and muscle power. Journal of Applied Physiology, 86(5), 1527–1533.

44. Pappas, P., Paradisis, G., & Vagenas, G. (2015). Leg and vertical stiffness (a)symmetry between dominant and non-dominant legs in young male runners. Human Movement Science, 40, 273–283.

45. Perl, D. P., Daoud, A. I., & Lieberman, D. E. (2012). Effects of footwear and strike type on running economy. Medicine & Science in Sports & Exercise, 44(7), 1335–1343.

46. Richardson, J. L. (2013). Effect of step rate on foot strike pattern and running economy in novice runners. All Graduate Plan B and other Reports. Paper 287. Utah State University.

47. Snyder, K. L., & Farley, C. T. (2011). Energetically optimal stride frequency in running: the effects of incline and decline. The Journal of Experimental Biology, 214, 2089–2095.

48. Steudel–Numbers, K. L., & Wall–Scheffler, C. M. (2009). Optimal running speed and the evolution of hominin hunting strategies. Journal of Human Evolution, 56(4), 355–360.

49. Santos–Concejero, J., Granados, C., Irazusta, J., Bidaurrazaga–Letona, I., Zabala–Lili, J., & Gil, S. M. (2013). Differences in ground contact time explain the less efficient running economy in North African runners. Biology of Sport, 30, 181–187.

50. Santos–Concejero, J., Tam, N., Granados, C., Irazusta, J., Bidaurrazaga–Letona, I., Zabala–Lili, J., & Gil, S. M. (2014a). Stride angle as a novel indicator of running economy in well–trained runners. Journal of Strength and Conditoning Research. 28(7), 1889–1895.

51. Santos–Concejero, J., Tam, N., Granados, C., Irazusta, J., Bidaurrazaga–Letona, I., Zabala–Lili, J., & Gil, S. M. (2014b). Interaction effects of stride angle and strike pattern on running economy. International Journal of Sport Medicine. 35(13), 1118–1123.

52. Santos–Concejero, J., Granados, C., Irazusta, J., Bidaurrazaga–Letona, I., Zabala–Lili, J., Tam, N., & Gil, S. M. (2014c). Influence of the biomechanical variables of the gait cycle in running economy. Revista internacional de ciencias del deporte. 36(10), 96–108.

53. Saunders, P. U., Pyne, D. B., Telford, R. D., & Hawley, J. A. (2004). Factors affecting running economy in trained distance runners. Sports Medicine, 34(7), 465–485.

54. Taboga, P., Kram, R., & Grabowski, A. M. (2016). Maximum–speed curve–running biomechanics of sprinters with and without unilateral leg amputations. Journal of Experimental Biology, 219, 851–858.

55. Tam, N., Santos–Concejero, J., Coetzee, D. R., Noakes, T. D., & Tucker, R. (2017). Muscle co–activation and its influence on running performance and risk of injury in elite Kenyan runners. Journal of Sports Sciences, 35(2), 175–181.

56. Vagenas, G., & Hoshizaki, B. (1992). A multivariable analysis of lower extremity kinematic asymmetry in running. International Journal of Sport Biomechanics, 8, 11–29.

57. van Oeveren, B. T., de Ruiter, C. J., Beek, P. J., & van Dieen, J. H. (2017). Optimal stride frequencies in running at different speeds. Plos One, 12(10), e0184273.

58. Weyand, P. G., Sternlight, D. B., Bellizzi, M. J., & Wright, S. (2000). Faster top running speeds are achieved with greater ground forces not more rapid leg movements. Journal of Applied Physiology, 89(5), 1991–1999.

第五章

1. 王予仕 (2006)。运动时的心血管循环转变 (cardiovascular drift)。运动生理周讯，218。http://www.epsport.net/epsport/week/show.asp?repno=218

2. 林正常 (2015)。有氧运动·无氧阈值。运动生理周讯，324。http://www.epsport.net/epsport/week/show.asp?repno=324

3. 傅正思、许绩胜、马君萍、王耀聪 (2013)。心跳率在跑步训练上的应用。兴大体育学刊，12，153–160。

4. 林必宁、王锭尧、王彦钦、杨群正、吕蓝贤、王顺正 (2005)。固定心跳率跑速变异评估 3000 公尺跑步成绩之研究。运动生理周讯，201。http://www.epsport.net/epsport/week/show.asp?repno=201

5. 邱艳芬、于博芮、陈幸眉 (2002)。高血压病患进行中度运动之短期与长期效应。台湾医学，6(1)，17–24。

6. 程文欣 (2006)。心跳率控制跑步速度之耐力训练研究。未出版硕士论文，中正大学，嘉义县。

7. 郑景峰 (2002)。高地训练法。运动生理周讯，131。http://

www.epsport.net/epsport/week/show.asp?repno=131。

8. 郑景峰 (2005)。《高地训练与运动表现》一书之观后感。运动生理周讯，202。http://www.epsport.net/epsport/week/show.asp?repno=202。

9. 包宜芬 (2005)。高住低练法之探讨。国民体育季刊，34(1)，29–34。

10. 吕裕雄 (2006)。不同间歇低氧踏车训练对最大摄氧量之影响。未出版硕士论文。嘉义大学体育与健康休闲研究所。

11. 林正常 (2005a)。运动生理学，增订二版。师大书苑，台北。

12. 林正常 (2005b)。高地训练的效果与策略。国民体育季刊，34(1)，20–28。

13. 张永政 (2001)。高原训练对中长跑运动员的有氧能力影响。体育学报，30，311–321。

14. 翁庆章、钟伯光 (2002)。高原训练的理论与实践。人民体育出版社，北京。

15. 严克典 (2006)。间歇低氧训练对有氧适能与心率变异性表现之影响。未出版博士论文。台湾师范大学体育研究所。

16. Arbab–Zadeh, A., Perhonen, M., Howden, E., Peshock, R. M., Zhang, R., Adams–Huet, B., Haykowsky, M. J., Levine, B. D. (2014). Cardiac Remodeling in Response to 1 Year of Intensive Endurance Training.Circulation, 130, 2152–2161.

17. Ashenden, M. J., Gore, C. J., Dobson, G. P., & Hahn, A. G. (1999). "Live high, train low" does not change the total haemoglobin mass of male endurance athletes sleeping at a simulated altitude of 3000m for 23 nights. European Journal of Applied Physiology and Occupational Physiology, 80(5), 479–484.

18. Barnes, K. R., & Kilding, A. E. (2015). Strategies to improve running economy. Sports Medicine, 45(1), 37–56.

19. Baxter, C., Mc Naughton, L. R., Sparks, A., Norton, L., & Bentley, D. (2017). Impact of stretching on the performance and injury risk of long–distance runners. Research in Sports Medicine, 25(1), 78–90.

20. Behm, D. G., & Chaouachi, A. (2011). A review of the acute effects of static and dynamic stretching on performance. European Journal of Applied Physiology, 111(11), 2633–2651.

21. Boning, D. (1997). Altitude and hypoxia training a short review. International Journal of Sports Medicine, 18, 565–570.

22. Butler, R. J., Contreras, M., Burton, L. C., Plisky, P. J., Goode, A., & Kiesel, K. (2013). Modifiable risk factors predict injuries in firefighters during training academies. Work, 46, 11–17.

23. Butler, R. J., Elkins, B., Kiesel, K. B., & Plisky, P. J. (2009). Gender differences in functional movement screen and Y–balance test scores in middle school aged Children. Medicine & Science in Sports & Exercise, 41(5), S183.

24. Carter, J., & Greenwood, M. (2015). Does flexibility exercise affect running economy? a brief review. Strength and Conditioning Journal, 37(3), 12–21.

25. Clark, S. A., Dixon, J., Gore, C. J., & Hahn, A. G. (1999). 14 days of intermittent hypoxia does not alter haematological parameters amongst endurance trained athletes. Proceedings from the Gatorade International Triathlon Science Ⅱ Conference (p.54–61). Noosa: Australia.

26. Cole, C. R., Blackstone, E. H., Pashkow, F. J., Snader, C. E., & Lauer, M. S. (1999). Heart–rate recovery immediately after exercise as a predictor of mortality. The New England Journal of Medicine, 341, 1351–1357.

27. Cole, C. R., Foody, J. M., Blackstone, E. H., & Lauer, M. S. (2000). Heart rate recovery after submaximal exercise testing as a predictor of mortality in a cardiovascularly healthy cohort. The American College of Physicians, 132, 552–555.

28. Cook, E. G., Burton, L., & Hogenboom, B. (2006). The use of fundamental movements as an assessment of function – Part 1. North American Journal of Sports Physical Therapy, 1(2), 62–72.

29. Cook, E. G., Burton, L., & Hogenboom, B. (2006). The use of fundamental movements as an assessment of function – Part 2. North American Journal of Sports Physical Therapy, 1(3), 132–139.

30. Coyle, E. F., & Gonzalez–Alonso, J. G. (2001). Cardiovascular drift

during prolonged exercise: new perspective. Exercise and Sports Science Reviews, 29(2), 88–92.

31. Darr, K. C., Bassett, D. R., Morgan, B. J., & Thomas, D. P. (1988). Effects of age and training status on heart rate recovery after peak exercise. American Journal of Physiology : Heart Circulatory physiology, 254, H340–H343.

32. El Helou, N., Tafflet, M., Berthelot, G., Tolaini, J., Marc, A., Guillaume, M., Hausswirth, C., & Toussaint, J. –F. (2012). Impact of environmental parameters on marathon running performance. PLoS ONE, 7(5), e37407.

33. Faude, O., Kindermann, W., & Meyer, T. (2009). Lactate Threshold Concepts. How Valid are They? Sports Medicine, 39(6), 469–490.

34. Foster, C., Florhaug, J. A., Franklin, J., Gottschall, L., Hrovatin, L. A., Parker, S., Doleshal, P., & Dodge, C. (2001). A new approach to monitoring exercise training. Journal of Strength and Conditioning Research, 15(1), 109–115.

35. Frost, D. M., Beach, T. A., Callaghan, J. P., & McGill, S. M. (2011). Movement screening for performance: what information do we need to guide exercise progression? Journal of Strength & Conditioning Research, 25, S2–S3.

36. Gawthorn, K., Gore, C., Martin, D., Spence, R., Lee, H., Ryan-Tanner, R., Clark, S., Logan, P., & Hahn, A. (1998). Sleeping hr and %SaO2 in national team female endurance athletes during a 7–day "live–high, train–low" camp. Australian Conference of Science and Medicine in Sport 1998– Program and Abstract Book. Adelaide: Australia.

37. Hartwell, M. L., Volberding, J. L., & Brennan, D. K. (2015). Cardiovascular drift while rowing on an ergometer. Journal of Exercise Phyiology, 18(2), 95–102.

38. Hickey, J. N., Barrett, B. A., Butler, R. J., Kiesel, K. B., & Plisky, P. J. (2010). Reliability of the functional movement screen using a 100–point grading scale. Medicine & Science in Sports & Exercise, 42(5), S392.

39. Hotta, T., Nishiguchi, S., Fukutani, N., Tashiro, Y., Adachi, D., Morino, S., Shirooka, H., Nozaki, Y., Hirata, H., Yamaguchi, M., & Aoyama, T. (2015). Functional movement screen for predicting running injuries in 18– to 24–year-old competitive male runners. Journal of Strength and Conditioning Research, 29(10), 2808–2815.

40. Ingrid, J. M., & Hendriksen, T. M. (2003). The effect of intermittent training in hypobaric hypoxia on sea-level exercise: a cross–over study in humans. European Journal of Applied Physiology, 88, 396–403.

41. Kiesel, K., Plisky, P., & Voight, M. L. (2007). Can serious injury in professional football be predicted by a preseason functional movement screen? North American Journal of Sports Physical Therapy, 2(3), 147–159.

42. Kiesel, K., Plisky, P., & Butler, R. (2011). Functional movement test scores improve following a standardized off–season intervention program in professional football players. Scand Journal of Medicine Science and Sports, 21(2), 287–292.

43. Lafrenz, A. J., Wingo, J. E., Ganio, M. S., & Cureton, K. J. (2008). Effect of ambient temperature on cardiovascular drift and maximal oxygen uptake. Medicine & Science in Sports & Exercise, 40(6), 1065–1071.

44. Levine, B. D., & Stray-Gundersen, J. (1992). Altitude training does not improve running performance more than equivalent training near sea level in trained runners. Medicine & Science in Sports & Exercise, 24(Supplement 5), 569.

45. Levine, B. D., & Stray-Gundersen, J. (1997). Effect of moderate-altitude acclimatization with low altitude training on performance. Journal of Applied Physiology, 83, 102–112.

46. Levine, B. D., Stray-Gundersen, J., Duhaime, G., Snell, P. G., & Friedman, D. B. (1991). "living high – training low": the effect of altitude acclimatization/normoxic training in trained runners. Medicine & Science in Sports & Exercise, 23(Supplement 4), 25.

47. Loudon, J. K., Parkerson-Mitchell, A. J., Hildebrand, L. D., & Teague, C. (2014). Functional movement screen scores in a group of running athletes. The Journal of Strength and Conditioning Research, 28(4), 909–913.

48. Lynn, S. K., & Noffal, G. J. (2010). Hip and knee moment differences between high and low rated functional movement screen (FMS) Squats. Medicine & Science in Sports & Exercise, 42(5), S402.

49. Luc í a, A., Hoyos, J., P é rez, M., & Chicharro, J. L. (2000). Heart rate and performance parameters in elite cyclists: a longitudinal study. Medicine & Science in Sports & Exercise, 32(10), 1777–1782.

50. Marsh, M. K. (2003). How Quick is your heart rate recovery? California State Science Fair, 2003 Project Summary. Project Number J1010.

51. Mikus, C. R., Earnest, C. P., Blair, S. N., & Church, T. S. (2008). Heart rate and exercise intensity during training: observations from the DREW study. British Journal of Sports Medicine, 43(10), 750–755.

52. Minick, K. I., Kiesel, K. B., Burton, L., Taylor, A., Plisky, P., & Butler, R. J. (2010). Interrater reliability of the Functional Movement Screen. Journal of Strength & Conditioning Research, 24(2), 479–486.

53. Mitchell, U. H., Johnson, A. W., Vehrs, P. R., Feland, J. B., & Hilton, S. C. (2016). Performance on the functional movement screen in older active adults. Journal of Sport and Health Science, 5(1), 119–125.

54. Nelson, A. G., Kokkonen, J., Eldredge, C., Cornwell, A., & Glickman–Weiss, E. (2001). Chronic stretching and running economy. Scandinavian Journal of Medicine and Science in Sports, 11, 260–265.

55. Newton, F., McCall, A., Ryan, D., Blackburne, C., F ü nten, K., Meyer, T., Lewin, C., & McCunn, R. (2017). Functional movement screen (FMS™) score does not predict injury in english premier league youth academy football players. Science and Medicine in Football, 1(2), 102–106.

56. Noahkes, T. D. (2000). Altitude training for enhanced athletic performance. International Sportmed Journal, 1(2), 1–2.

57. Okada, T., Huxel, K. C., & Nesser, T. W. (2011). Relationship between core stability, functional movement, and performance. Journal of Strength & Conditioning Research, 25(1), 252–261.

58. Scharhag–Rosenberger, F., Meyer, T., Walitzek, S., & Kindermann, W. (2009). Time course of changes in endurance capacity: A 1–yr training study. Medicine & Science in Sports & Exercise, 41(5), 1130–1137.

59. Seiler, S., & Hetlelid, K. J. (2005). The impact of rest duration on work intensity and RPE during interval training. Medicine & Science in Sports & Exercise, 37(9), 1601–1607.

60. Seiler, S., & Sjursen, J. E. (2004). Effect of work duration on physiological and rating scale of perceived exertion responses during self-paced interval training. Scandinavian Journal of Medicine and Science in Sports, 14, 318–325.

61. Shetler, K., Marcus, R., Froelicher, V. F., Vora, s., Kalisetti, D., Prakash, M., Do, D., & Myers, J. (2001). Heart rate recovery : validation and methodolgic issues. Journal of the American College of Cardiology, 38, 1980–1987.

62. Shrier, I. (2004). Does stretching improve performance? a systematic and critical review of the literature. Clinical Journal of Sport Medicine, 14, 267–273.

63. Tamra, L. T., & Robert, J. B. (2009). Sit-and-reach flexibility and running economy of men and women collegiate distance runners. Journal of Strength and Conditioning Research, 23(1), 158–162.

64. Vihma, T. (2010). Effects of weather on the performance of marathon runners. International Journal of Biometeorology, 54, 297–306.

65. Wagner, L. L., & Housh, T. J. (1993). A proposed test for determining physical working capacity at the heart rate threshold. Research Quarterly for Exercise and Sport, 64(3), 361–364.

66. Watanabe, J., Thamilarasan, M., Blackstone, E. H., Thomas, J. D., &

Lauer, M. S. (2001). Heart rate recovery immediately after treadmill exercise and left ventricular systolic dysfunction as predictors of mortality. Circulation, 104, 1911.

67. Wilber, R. L. (2001). Current trends in altitude training. Sports Medicine, 31(4), 249–265.

68. Wilber, R. L. (2004). Altitude training and athletic performance. Champaign IL: Human Kinetics Publishers.

69. Wingo, J. E., & Cureton, K. J. (2006). Body cooling attenuates the decrease in maximal oxygen uptake associated with cardiovascular drift during heat stress. European Journal of Applied Physiology, 98, 97–104.

70. Wingo, J., Lafrenz, A. J., Ganio, M. S., Edwards, G. L., & Cureton, K. J. (2005). Cardiovascular drift is related to reduced maximal oxygen uptake during heat stress. Medicine & Science in Sports & Exercise, 37(2), 248–255.

71. Wingo, J. E., Ganio, M. S., & Cureton, K. J. (2012). Cardiovascular drift during heat stress: implications for exercise prescription. Medicine & Science in Sports & Exercise, 40(2), 88–94.

72. Wilson, J. M., Hornbuckle, L. M., Kim, J.-S., Ugrinowitsch, C., Lee, S.-R., Zourdos, M. C., Sommer, B., & Panton, L. B. (2010). Effects of static stretching on energy cost and running endurance performance. Journal of Strength and Condition Research, 24(9), 2274–2279.

73. Wolski, L. A., McKenzie, D. C., & Wenger, H. A. (1996). Altitude training for improvements in sea level performance: is there scientific evidence of benefit? Sports Medicine, 22(4), 251–263.

74. Young, C. C., Morris, G. A., Dempsey, R. L., Virulhsri, P., Ribar, M. A., Gammons, M. R., Rodriguez, J. M., & Niedfeldt, M. W. (2004). The reproducibility of computerized heart rate monitoring as control for running studies. Medicine & Science in Sports & Exercise,36(5),S26.

75. http://www.functionalmovement.com/SITE/index.php

第六章

1. 林信良、洪得明、刘于诠、徐伟麟 (2009)。市售拖鞋材料避震能力的比较。大专体育学刊, 11(3), 81–94。

2. 林家辉、邱文信 (2010)。人字拖鞋对人体健康的影响。中华体育, 24(3), 27–32。

3. 张盈琪、刘于诠 (2012)。穿着牛头牌新式与市售传统人字拖鞋行走之运动生物力学分析。华人运动生物力学期刊, 7, 79–83。

4. 郑国良 (2014)。静脉曲张恶化, 弹性袜惹祸。Pchome 健康乐活。http://pchome.uho.com.tw/sick.asp?aid=1481

5. 吴庆瑞 (1994)。持续运动前摄取咖啡对运动前后人体中血脂及血脂蛋白之影响。体育学报, 17, 391–410。

6. 王香生、陈亚军、骆卓明 (2003)。运动前进食不同血糖指数食物对长跑能力的影响。中国运动医学杂志, 5, 453–457。

7. 林筱涵、刘珍芳 (2010)。食物升糖指数之测定与应用。台湾膳食营养学杂志, 2(1), 7–12。

8. 林依婷、刘珍芳 (2007)。食物的升糖指数及其对耐力运动表现之影响。中华体育, 21(2), 15–22。

9. 陈燕华 (2015)。外食族的你, 低 GI 的没? 卫生福利部国民健康署健康九九网站, 健康专栏。http://health99.hpa.gov.tw/Article/ArticleDetail.aspx?TopIcNo=122& DS=1–Article

10. 黄贞祥 (2016)。解读小扁豆的基因体密码。Case 读报, 台大科学教育发展中心。http://case.ntu.edu.tw/blog/?p=24127

11. 梁海林 (2015)。蛋白质是牛肉 1.6 倍! 她用小扁豆 50 天腰瘦 11 公分。早安健康精选书摘。https://www.everydayhealth.com.tw/article/9598

12. 蔡秀梅 (2010)。运用低 GI、轻松战胜糖尿病。天主教圣马尔定医院糖尿病人保健中心, 糖尿病保健专刊, 11(2), 1–2。

13. 骆慧雯 (2016)。纤维比糙米多! 小扁豆减重新宠儿。华人健康网。http://health.businessweekly.com.tw/AArticle.aspx?ID=ARTL000055983&p=2

14. Ali, A., Creasy, R. H., & Edge, J. A. (2010). Physiological effects of wearing graduated compression stockings during running. European Journal of Applied Physiology, 109, 1017–1025.

15. Ali, A., Creasy, R. H., & Edge, J. A. (2011). The effect of graduated compression stockings on running performance. Journal of Strength and Conditioning Research, 25(5), 1385–1392.

16. Andersson, H., Raastad, T., Nilsson, J.,Paulsen, G., Garthe, I., & Kadi, F. (2008). Neuromuscular fatigue and recovery in elite female soccer: effects of active recovery. Medicine & Science in Sports & Exercise, 40(2), 372–380.

17. Bell, D. G., & Mclellan, T. M. (2003). Effect of repeated caffeine ingestion on repeated exhaustive exercise endurance. Medicine & Science in Sports & Exercise, 35(8), 1348–1354.

18. Bennett, C. B., Chilibeck, P. D., Barss, T., Vatanparast, H., Vandenberg, A., & Zello, G. A. (2012). Metabolism and performance during extended high–intensity intermittent exercise after consumption of low– and high–glycaemic index pre–exercise meals. British Journal of Nutrition, 108, S81–S90.

19. Brand–Miller, J., Hayne, S., Petocz, P., & Colagiuri, S. (2003). Low‐glycemic index diets in the management of diabetes–a meta–analysis of randomized controlled trials. Diabetes Care, 26(8), 2261–2267.

20. Burdon, C. A., Spronk, I., Cheng, H. L., & O'Connor, H. T. (2016). Effect of glycemic index of a pre–exercise meal on endurance exercise performance: a systematic review and meta–analysis. Sports Medicine, 46. DOI: 10.1007/s40279–016–0632–8

21. Burke, L. M., Collier, G. R., & Hargreaves, M. (1998). Glycemic index–a new tool in sport nutrition? International Journal of Sport Nutrition, 8, 401–415.

22. Byrne, C., Twist, C., & Eston, R. (2004). Neuromuscular function after exercise–induced muscle damage: theoretical and applied implications. Sports Medicine, 34(1), 49–69.

23. Cheung, R. T., & Ngai, S. P. (2015). Effects of footwear on running economy in distance runners: A meta–analytical review. Journal of Science and Medicine in Sport, 18, doi:10.1016/j.jsams.2015.03.002

24. Coso, J. D., Areces, F., Salinero, J. J., Gonzalez–Millan, C., Abian–Vicen, J., Soriano, L., Ruiz, D., Gallo, C., Lara, B., & Calleja–Gonzalez, J. (2014). Compression stockings do not improve muscular performance during a half–ironman triathlon race. European Journal of Applied Physiology, 114(3), 587–595.

25. Coutts, A., Reaburn, P., Piva, T. J., & Murphy, A. (2007). Changes in selected biochemical, muscular strength, power, and endurance measures during deliberate overreaching and tapering in rugby league players. International Journal of Sports Medicine, 28, 116–124.

26. Davies, V., Thompson, K. G., & Cooper, S. M. (2009). The effects of compression garments on recovery. Journal of Strength and Conditioning Research, 23(6), 1786–1794.

27. Dodd, S. L., Brooks, E., Powers, S. K., & Tulley, R. (1991). The effect of caffeine on graded exercise performance in caffeine naive versus habituated subjects. European Journal of Applied Physiology, 62(6), 424–429.

28. Donaldson, C. M., Perry, T. L., & Rose, M. C. (2010). Glycemic index and endurance performance. International Journal of Sport Nutrition and Exercise Metabolism, 20, 154–165.

29. Ersson, B. (2002). Shoe analysis. http://www.shoedoc.se/skoeng.asp

30. Feil, C. (2013). Running Shoes 101: Part 2. http://www.teamchiroames.com/blog/ archives/02–2013

31. Fisher, S. M., McMurray, R. G., Berry, M., Mar, M. H., & Forsythe, W. A. (1986). Influence of caffeine on exercise performance in habitual caffeine users. International Journal of Sports Medicine, 7(5), 276–280.

32. Fuller, J. T., Bellenger, C. R., Thewlis, M. D., Tsiros, M. D., & Buckley, J. D. (2014). The effect of footwear on running performance and running economy in distance runners. Sports Medicine, 45(3), 411–422.

33. Hetzler, R. K., Warhaftig–Glynn, N., Thompson, D. L., Dowling,

E., & Weltman, A. (1994). Effects of acute caffeine withdrawal on habituated male runners. Journal of Applied Physiology, 76, 1043–1048.

34. Hulton, A. T., Gregson, W., Maclaren, D., & Doran, D. A. (2012). Effects of GI meals on intermittent exercise. International Journal of Sports Medicine, 33, 756–762.

35. Kalmar, J. M. (2005). The influence of caffeine on voluntary muscle activation. Medicine & Science in Sports & Exercise, 37(12), 2113–2119.

36. Kemmler, W., von Stengel, S., Kockritz, C., Mayhew, J., Wassermann, A., & Zapf, J. (2009). Effect of compression stockings on running performance in men runners. Journal of Strength and Conditioning Research, 23(1), 101–105.

37. Little, J. P., Chilibeck, P. D., Ciona, D., Forbes, S., Rees, H., Vandenberg, A., & Zello, G. A. (2010). Effect of low- and high-glycemic-index meals on metabolismand performance during high-intensity, intermittent exercise. International Journal of Sport Nutrition and Exercise Metabolism, 20, 447–456.

38. Morris, C., Chander, H., Wilson, S., Loftin, M., Wade, C., & Garner, J. (2017). Impact of alternative footwear on human energy expenditure. Journal of Human Sport and Exercise, 12(4), 1220–1224.

39. Oliver, J., Armstrong, N., & Williams, C. (2008). Changes in jump performance and muscle activity following soccer-specific exercise. Journal of Sports Sciences, 26(2), 141–148.

40. Price, C., Andrejevas, V., Findlow, A. H., GrahamSmith, P., & Jones, R. (2014). Does flipflop style footwear modify ankle biomechanics and foot loading patterns? Journal of Foot and Ankle Research, 7, 40. http://www.jfootankleres.com/content/7/1/40

41. Saunders, P. U., Pyne, D. B., Telford, R. D., & Hawley, J. A. (2004). Factors affecting running economy in trained distance runners. Sports Medicine, 34(7), 465–485.

42. Stuart, G. R., Hopkins, W. G., Cook, C., & Cairns, S. P. (2005). Multiple effects of caffeine on simulated high-intensity team-sport performance. Medicine & Science in Sports & Exercise, 37(11), 1998–2005.

43. Taylor, K. L., Chapman, D. W., Cronin, J. B., Newton, M. J., & Gill, N. (2012). Fatigue monitoring in high performance sport: a survey of current trends. Journal of Australian Strength & Conditioning, 20(1), 12–23.

44. Twist, C. & Highton, J. (2013). Monitoring fatigue and recovery in rugby league players. International Journal of Sports Physiology and Performance, 8, 467–474.

45. Vercruyssen, F., Easthope, C., Bernard, T., Hausswirth, C., Bieuzen, F., Gruet, M., & Brisswalter, J. (2014). The influence of wearing compression stockings on performance indicators and physiological responses following a prolonged trail running exercise. European Journal of Sport Science, 14(2), 144–150.

46. Wit, B. D., Clercq, D. D., & Lenoir, M. (1995). The effect of varying midsole hardness on impact forces and foot motion during foot contact in running. Journal of Applied Biomechanics, II, 395–406.

47. Zhang, X., Paquette, M.R., & Zhang, S. (2013). A comparison of gait biomechanics of flip-flops, sandals, barefoot and shoes. Journal of Foot and Ankle Research, 6, 45.

第七章

1. 朱嘉华 (2012)。从二十四小时动态血压监测的观点探讨高血压的运动处方。中华体育，26(1)，9–18。

2. 邱艳芬、于博芮、陈幸眉 (2002)。高血压病患进行中度运动之短期与长期效应。台湾医学，6(1)，17–24。

3. AASFP (2008). 运动医学系列 - 高血压人士的运动处方。http://www.aasfp.com/hk/HKCMS/upload/84_594/2008July02tchi.pdf

4. 台湾地区各县市 2009 至 2011 年 18 岁以上过重及肥胖平均盛行率

5. 邹静萱 (2013)。性别、年龄及身体质量指数对椭圆机智慧型

体重管理系统的运动强度设定差异研究。国科会大专学生专题研究计划 (NSC-1012815C194024H) 报告书。

6. 王颖翔 (2014)。不同踩踏频率骑车对随后跑步经济性之影响。未出版之硕士论文。中正大学运动与休闲教育研究所，嘉义县。

7. Abbiss, C. R., & Laursen, P. B. (2008). Describing and understanding pacing strategies during athletic competition. Sports Medicine, 38(3), 239–252.

8. Bernard, T., Vercruyssen, F., Grego, F., Hausswirth, C., Lepers, R., Vallier, J-M., & Brisswalter, J. (2003). Effect of cycling cadence on subsequent 3 km running performance in well trained triathletes. British Journal of Sports Medicine, 37, 154–159.

9. Bentley, D. J., Libicz, S., Jougla, A., Coste, O., Manetta, J., Chamari, K., & Millet, G. P. (2007). The effects of exercise intensity or drafting during swimming on subsequent cycling performance in triathletes. Journal of Science and Medicine in Sport, 61.

10. Bernard, T., Vercruyssen, F., Mazure, C., Gorce, P., Hausswirth, C., & Brisswalter, J. (2007). Constant versus variable-intensity during cycling: effects on subsequent running performance. European Journal of Applied Physiology, 99(2), 103–111.

11. Bonacciab, J., Saundersc, P. U., Alexanderd, M., Blanchb, P., & Vicenzinoa, B. (2011). Neuromuscular control and running economy is preserved in elite international triathletes after cycling. Sports Biomechanics, 10(1), 59–71.

12. Burke, L. E., Wang, J., & Sevick, M. A. (2011). Self-Monitoring in Weight Loss: A Systematic Review of the Literature. Journal of the American Dietetic Association, 111, 92–102.

13. Candotti, C. T., Loss, J. F., Bagatini, D., Soares, D. P., Rocha, E. K., Oliveira, A. R., & Guimaraes, A. C. S. (2009). Cocontraction and economy of triathletes and cyclists at different cadences during cycling motion. Journal of Electromyography and Kinesiology, 19, 915–921.

14. Cardoso Jr, C. G., Gomides, R. S., Queiroz, A. C. C., Pinto, L. G., Lobo, F. S., Tinucci, T., Mion Jr, D., & Forjaz, C. L. M. (2010). Acute and chronic effects of aerobic and resistance exercise on ambulatory blood pressure. Clinics, 65(3), 317–325.

15. Ciolac, E. G., Guimaraes, G. V., D Avila, V. M., Bortolotto, L. A., Doria, E. L., & Bocchi, E. A. (2008). Acute aerobic exercise reduces 24-h ambulatory blood pressure levels in long-term-treated hypertensive patients. Clinics, 63(6), 753–758.

16. Charard, J–C., & Wilson, B. (2003). Drafting distance in swimming. Medicine & Science in Sports & Exercise, 35(7), 1176–1181.

17. Cornelissen, V. A., & Fagard, R. H. (2005). Effect of resistance training on resting blood pressure: a meta-analysis of randomized controlled trials. Journal of Hypertension, 23(2), 251–259.

18. Delextrat, A., Tricot, V., Bernard, T., Vercruyssen, F., Hausswirth, C., & Brisswalter, J. (2003). Drafting during swimming improves efficiency during subsequent cycling. Medicine & Science in Sports & Exercise, 35(9), 1612–1619.

19. Etxebarria, N., Anson, J. M., Pyne, D. B., & Ferguson, R. A. (2013). Cycling attributes that enhance running performance after the cycle section in triathlon. International Journal of Sports Physiology and Performance, 2013, 8, 502–509.

20. Fagard, R. H. (2001). Exercise characteristics and the blood pressure response to dynamic physical training. Medicine & Science in Sports & Exercise, 33(6), s484–s492.

21. Frohlich, M., Klein, M., Pieter, A., Emrich, E., & Giesing, J. (2008). Consequences of the three disciplines on the overall result in olympic-distance triathlon. International Journal of Sports Science and Engineering, 2(4), 204–210.

22. Frohlich, M., Balter, J., Pieter, A., Schwarz, M., & Emrich , E. (2013). Model-theoretic optimization approach to triathlon performance under comparative static conditions – results based on the olympic games 2012. International Journal of Kinesiology & Sports Science, 1(3), 9–14.

23. Frohlich, M., Balter, J., Emrich, E., & Pieter, A. (2014). Can the

influence of running performance in olympic-distance triathlon be compensated for? Journal of Athletic Enhancement, 3(1), 100–134.

24. Gottschall, J. S., & Palmer, B. M. (2002). The acute effects of prior cycling cadence on running performance and kinematics. Medicine & Science in Sports & Exercise, 34(9), 1518–1522.

25. Hagberg, J. M., Park, J. J., & Brown, M. D. (2000). The role of exercise training in the treatment of hypertension. Sports Medicine, 30, 193–206.

26. Hausswirth, C., Vallier, J., Lehenaff, D., Brisswalter, J., Smith, D., Millet, G., & Dreano, P. (2001). Effect of two drafting modalities in cycling on running performance. Medicine & Science in Sports & Exercise, 33(3), 485–492.

27. Hausswirth, C., Le Meur, Y., Bieuzen, F., Brisswalter, J., & Bernard, T. (2010). Pacing strategy during the initial phase of the run in triathlon: influence on overall performance. European Journal of Applied Physiology, 108, 1115–1123.

28. Hill, C. F., & Gibson, A. S. C. (2012). The effect of power alternation frequency during cycling on metabolic load and subsequent running performance. Journal of Science & Cycling, 1(2), 35–41.

29. Landers, G. J., Blanksby, B. A., & Rackland, T. (2011). Cadence, stride rate and stride length during triathlon competition. International Journal of Exercise Science, 4(1), 40–48.

30. Landers, G. J., Blanksby, B. A., Ackland, T. R., & Monson, R. (2008). Swim positioning and its influence on triathlon outcome. International Journal of Exercise Science, 1(3), 96–105.

31. Laursen, P. B., Rhodes, E. C., & Langill, R. H. (2000). The effects of 3000-m swimming on subsequent 3-h cycling performance: implications for ultraendruance triathletes. European Journal of Applied Physiology, 83, 28–33.

32. Lepers, R., Theurel, J., Hausswirth, C., & Bernard, T. (2008). Neuromuscular fatigue following constant versus variable-intensity endurance cycling in triathletes. Journal of Science and Medicine in Sport, 11(4), 381–389.

33. Lima-Silva, A. E., Bertuzzi, R. C. M., Pires, F. O., Barros, R. V., Gagliardi, J. F., Hammond, J., Kiss, M. A., & Bishop, D. J. (2010). Effect of performance level on pacing strategy during a 10-km running race. European Journal of Applied Physiology, 108, 1045–1053.

34. Meur, Y. L., Hausswirth, C., Dorel, S., Bignet, F., Brisswalter, J., & Bernard, T. (2009). Influence of gender on pacing adopted by elite triathletes during a competition. European Journal of Applied Physiology, 106, 535–545.

35. Melo, C. M., Filho, A. C. A., Tinucci, T., Mion Jr, D., & Forjaz, C. L. M. (2006). Postexercise hypotension induced by low-intensity resistance exercise in hypertensive women receiving captopril. Blood Pressure Monitoring, 11(4), 183–189.

36. Peeling, P. D., Bishop, D. J., & Landers, G. J. (2005). Effect of swimming intensity on subsequent cycling and overall triathlon performance. British Journal of Sports Medicine, 39, 960–964.

37. Renfree, A., & Gibso, A. S. C. (2013). Influence of different performance levels on pacing strategy during the women's world championship marathon Race. International Journal of Sports Physiology and Performance, 7, 279–285.

38. Rezk, C. C., Marrache, R. C. B., Tinucci, T., Mion Jr, D., & Forjaz, C. L. M. (2006). Post-resistance exercise hypotension, hemodynamics, and heart rate variability: influence of exercise intensity. European Journal of Applied Physiology, 98, 105–112.

39. Rust, C. A., Knechtle, B., Knechtle, P., Rosemann, T., & Lepers, R. (2011). Personal best times in an Olympic distance triathlon and in a marathon predict Ironman race time in recreational male triathletes. Open Access Journal of Sports Medicine, 2, 121–129.

40. Rust, C. A., Lepers, R., Stiefel, M., Rosemann, T., & Knechtle, B. (2013). Performance in Olympic triathlon: changes in performance of elite female and male triathletes in the ITU World Triathlon Series from 2009 to 2012. SpringerPlus, 2, 685, 1–7.

41. Suriano, R., Vercruyssen, F., Bishop, D., & Brisswalter, J. (2007).

Variable power output during cycling improves subsequent treadmill run time to exhaustion. Journal of Science & Medicine in Sport, 10(4), 244–251.

42. Taylor, D., & Smith, M. F. (2014). Effects of deceptive running speed on physiology, perceptual responses, and performance during sprint-distance triathlon. Physiology & Behavior, 133, 45–52.

43. Tew, G. (2005). The effect of cycling cadence on subsequent 10km running performance in well-trained triathletes. Journal of Sports Science and Medicine, 4(3), 342–353.

44. Vercruyssen, F., Brisswalter, J., Hausswirth, C., Bernard, T., Bernard, O., & Vallier, J-M. (2002). Influence of cycling cadence on subsequent running performance in triathletes. Medicine & Science in Sports & Exercise, 34(3), 530–536.

45. Vercruyssen, F., Suriano, R., Bishop, D., Hausswirth, C., & Brisswalter, J. (2005). Cadence selection affects metabolic responses during cycling and subsequent running time to fatigue. British Journal of Sports Medicine, 39, 267–272.

46. Vleck, V. E., Burgi, A., & Bentley, D. J. (2006). The consequences of swim, cycle, and run performance on overall result in elite olympic distance Triathlon. International Journal of Sports Medicine, 27, 43–48.

后记

1. Bravelog 运动趣。https://bravelog.tw
2. Santos-Lozano, A., Collado, P. S., Foster, C., Lucia, A., & Garatachea, N. (2014). Influence of sex and level on marathon pacing Strategy. Insights from the New York City Race. International Journal of Sports Medicine, 35, 1–6.